연봉 2배 올리는
공매투자 이야기

연봉 2배 올리는
공매투자 이야기

1판 1쇄 | 2014년 11월 17일

지은이 김동희
펴낸이 김동희
펴낸곳 도서출판 채움

출판등록 2012년 10월 29일(제321-2012-000219호)
주소 서울시 서초구 사평대로 52길 1, 302호(서초동, 대경빌딩)
전화 02-534-4112~3
팩스 02-534-4117

Copyright©Chaeum, Inc.
이 책의 저작권은 저자와 출판사에 있습니다.
서면에 의한 저자와 출판사의 허락 없이 책의 전부 또는 일부 내용을 사용할 수 없습니다.

ISBN 978-89-969676-9-9 13320

저자와의 협의에 의해 인지는 붙이지 않습니다.
잘못 만들어진 책은 구입처나 본사에서 교환해 드립니다

연봉 2배 올리는
공매투자 이야기

| 김동희 지음 |

도서출판 채움

> **머리말**

당신의 연봉 2배 만들고 부자되는 실전공매 이야기!

  이 책은 직장여성인 이 과장과 홍 대리가 내집 마련과 부족한 연봉을 위해서 고민하던 중 새로운 공매공부를 시작해서 내집 마련의 꿈을 이루고, 부족한 연봉을 공매로 채워가는 과정으로 성공적인 노후를 대비하는 어느 30~40대의 직장여성의 이야기를 그렸다.

  이 과장 일행은 공매에 도전하는 과정에서 5명의 든든한 지원군을 만나 다시 7총사로 뭉치게 된다.

  김 선생은 7총사와 공매여행을 함께 하면서 직접 선장이 되어 인도하면서 7총사가 공매를 정복할 수 있도록 만드는 이야기 형식으로 그려서 독자분 들은 따라만 하면 성공할 수 있도록 기술했다.

  현대인들이 가장 고민하는 문제 중의 하나가 미래가 불확실하다.

  그 불확실성 중에서 가장 큰 비중이 돈에 관한 문제다. 돈이 인생의 목적이 될 수 없지만, 이것에 목을 맬 수밖에 없는 것 또한 우리들의 현실이다. 이러한 문제를 해결하기 위해 7총사가 나섰다.

  7총사중 이 과장과 홍 대리가 먼저 공매를 시작하다.

 홍 대리, 티 타임 갖자!

요즘 물가도 많이 오르고 아이들이 중학교를 두명이나 다니니, 교육비가 장난이 아니야! 월급의 대부분이 아이들 교육비와 생활비에 지출하고 우리 부부가 사용할 수 있는 비용을 빼고 나면 저축할 수 있는 돈이 얼마 안돼서 우리들의 노후를 걱정하고 있어…

벌써 내 나이도 40이 넘었는데, 지금 전세로 살고 있고 전세금은 자꾸 오른다고 하지 정말 이대로는 안될 것 같아, 어떻게 든 다른 수를 써 봐야지. 생활의 안정을 위해서 우선적으로 내집 마련이 필요할 텐데 …

 저는 초등학생인 데도 들어가는 비용이 많아서 어려운데 …

얼마 전에 제 친구한테서 전화가 왔어요.

아파트를 장만해서 집들이를 한다고 초대해서 갔다가 왔는데, 이해가 안 되어 돈이 어디서 나서 아파트를 마련했느냐고 물어보았더니 친구가 놀라운 얘기를 하더군요.

몇 년 전부터 어떻게 하면 내집 마련을 할 수 있을까 하는 고민을 하다가 어느 날 뉴스에서 공매로 사면 일반매매나 경매 보다 싸게 살 수가 있어서 공매 인기가 높아지고 있다는 말을 듣고 "여기서 주택마련의 길을 찾아보자" 라는 생각으로 공매공부를 시작하였는데, 처음에는 자신이 없어서 입찰에 참여하지 못하고 공부만 하다가 같이 공부했던 동료들이 투자하는 것을 보고 용기를 내서 공매투자를 하게 되었답니다.

친구가 공매로 내집 마련하면 부동산중개업소에서 일반 매물로 취득하는 것보다 20% 정도는 싸게 살 수가 있어서 그 만큼 적은 금액을 갖고 내 집을 마련할 수 있는 좋은 계기가 된 다고요.

과장님 저랑 공매공부 안해 보실래요?

친구의 말로는 회사 업무가 끝나고 공매 공부를 할 수 있는 학원도 있고, 공매 책도 있어서 마음만 먹고 3개월 정도 공부하면 기본적인 공매를 배울 수 있고, 아파트

공매물건 정도는 입찰이 가능하답니다.

 그래, 홍 대리.

우리 한번 해보자고, 우리는 마음만 먹으면 못 하는 일이 없잖아. 회사에서 우리가 하지 못하는 일이 어디 있었나. 그래서 여장부라는 별명까지 얻었는데…, 시작은 어렵겠지만 공매도 잘 할 수 있을 것야! 일단 공매 책을 구입해서 공부하기로 하자.

 저는 MK회사에 근무하고 있는 박민기고 나이는 30세입니다.

제가 살던 주택이 공매당하는 바람에 보증금 5,000만원 중 최우선변제금 2,000만원만 받고 3,000만원을 손해를 보았습니다. 이번 공매특강도 그래서 참석했고요.

 선생님 저는 민기씨와 같은 경험은 없지만 평생 금융계에 몸담고 있다가 정년 퇴직한 정한국입니다. 저는 퇴직후 할 일이 없어서 고민하다가 공매에 대해서 알게 되었고 선생님께서 특강을 하신다고 해서의 겸사 겸사 공매특강을 듣게 되었습니다. 저도 공매제자로 받아 주세요.

선생님 저도요.

김 소위는 대학을 졸업하고 초급장교가 된지 얼마 안된 28세의 젊은 청춘이다. 그런데 그가 임차한 주택이 공매당하는 바람에 어쩔 수 없이 낙찰 받게된 인연으로 공매를 시작하게 되었다.

박 영민 부부는 흑석동에서 전세보증금 1억5,000만원에 임차해서 4년 동안 거주하고 있었는데, 어느날 임대인에게 전화가 와서 보증금 5,000만원 올려 달라고 해서 다투게 되었다. 그래서 이사갈 결심을 하고 주변지역 전세 물건을 찾다가 전세 보증금으로 상도동 다세대주택을 낙찰 받게 된 것이 공매를 시작한 동기다.

7총사에 마지막으로 참가한 박 선생은 얼마 전까지 교직에 몸 담고 있다가 교장 선생님으로 정년 퇴직한 분이다. 장안동에 있는 다가구주택을 공매로 낙찰 받아 임대소득을 높이게 된 것이 공매를 시작한 동기다.

제가 찾아 보았더니 공매 책은 김 선생님이 쓰신 책으로 이 책과 2013년 1월경에 "남들 경매할 때 나는 공매한다" 와 2010. 2월에 " 실전공매 완전정복 " 밖에 없는데 그중에서 우리들에게 맞는 책은 이 책인것 같아요. 소액투자로 내집 마련하면서 연봉 2배 버는 방법이 마음에 듭니다.

그리고 이 책은 "온비드 119"에서 공매 동영상 15강을 무료로 제공하고 있어서 동영상을 보면서 책을 읽으면 공매를 쉽고 정확하게 이해할 수 있습니다.

〈7총사는 홍 대리 말에 고개를 끄덕이면서 이 책으로 공부하기로 했다〉

필자는 3040때부터 내집 마련과 부족한 연봉, 그리고 노후 연금을 위해서 준비가 필요하다고 생각한다.

그 준비로 공매시장은 좋은 비상구가 될 수 있다는 판단이다.

그래서 이 책은 다음과 같은 내용들을 담고 있다.

01 소액투자로 성공한 11가지 사례, 02공매로 내집 마련하면서 재테크에 성공한 6가지 이야기, 03 전세보증금으로 내집 마련? 임대공매로 생활 터전을 마련하는 비밀? 6개, 04 공매에서 기본적인 권리분석과 실전투자 이렇게 해라, 05 이 과장이 공매로 아파트에 입찰해서 낙찰 받고 성공한 사례와 동영상을 통한 입찰 현장학습, 06 공매로 낙찰 받았던 9가지 사례로 실전능력을 향상하는 과정, 07 수탁재산과 유입자산 공매는 어떻게 찾아서 입찰하면 되나?

08 국유재산 매각공매와 임대공매를 알아보는 시간, 09 신탁회사 등에 관한 공매, 10 공매로 낙찰 받고 명도는 이렇게 해라! 마지막으로 설악산 산장에서 특수권리 특강과 남들이 꺼리는 특수한 공매물건에 투자한 사례를 듣고 조촐한 자리를 끝으로 공매이야기를 마감하게 된다. 그리고 김 선생이 지면이 부족해서 못다한 이야기는

"온비드 119 김선생의 특별과외"를 통해서 들을 수 있다.

　7총사들은 김 선생 따라 공매를 시작하게 되었고 지금은 내집 마련은 물론 소액자본으로 공매물건에 지속적으로 투자해 수익을 올리고 있다.

　그래서 필자는 이 책으로 독자 분들도 부족한 연봉을 채우면서 미래를 준비하는 데에 도움이 되기를 희망한다.

2014. 11. 17.

김 동 희 지음

Contents

Chapter 1 직장인들이 부족한 연봉을 공매로 채우기 시작하다

01 이 과장 일행이 부족한 월급으로 내집 마련과 노후를 걱정하고 있다 ······ 040

02 이과장과 홍대리가 부족힌 연봉을 공매로 채우기에 도전하다 ······ 044

Chapter 2 공매가 뭐고, 어떠한 장점으로 직장인이 공매를 선호하나?

01 공매는 어떠한 장점이 있기에 직장인들이 선호하나? ······ 048
- ❖ 공매는 어떠한 장점이 있는 가? ······ 049
  - (1) 공매는 경매보다 입찰경쟁률이 낮다 ······ 049
  - (2) 현장입찰이 아니라 인터넷으로 공매 입찰참여가 가능하다 ······ 049
  - (3) 경매와 같은 입찰참여 비용을 절약할 수 있다 ······ 049
  - (4) 매각절차가 신속하게 진행된다 ······ 050
  - (5) 대금 납부기한과 납부최고기한에 지연이자가 없다 ······ 050
  - (6) 공매물건은 다양하고, 매각공매와 임대(대부)공매도 있다 ······ 050

02 공매는 어디서 어떻게 진행되고 있나? ······ 052
- ❖ 자산관리공사의 공매대행 또는 직접공매 ······ 053
- ❖ 국세청, 지방세무서, 지방자치단체(시·군·구청 등), 정부기관 등]의 공매 ······ 053
- ❖ 국민건강보험, 국민연금보험, 고용·산재보험 등의 공매 ······ 053
- ❖ 정부투자 공기업 등의 공매 ······ 053
- ❖ 금융권 및 기업 등의 공매 ······ 054
- ❖ 이용기관 등의 공매 ······ 054

❖ 예금보험공사(공적자금운영)(www.kdic.or.kr)   054
  (1) 금융기관 파산과 공적자금회수방법   054
  (2) 파산배당절차   054
❖ 정리금융공사(www.rfc.or.kr)   055
❖ 나라신용정보(www.naracredit.com)   055
❖ 농협자산관리공사(www.acamco.co.kr)   055
  (1) 농협자산관리공사의 주요업무   055
  (2) 공매대행업무   056
  (3) 공매진행절차   056
❖ 산림청의 공매   056
❖ 신탁회사 등의 직접공매   057
❖ 각 금융기관보유 부실재산 정리를 위한 직접공매   057
❖ 개인기업 등의 비업무용자산을 정리를 위한 직접공매   057

Chapter 3 공매의 종류와 매각절차, 그리고 경매와의 차이점은?

01 공매물건은 어떠한 것이 있나요?   060
  ❖ KAMCO 공매대상물건과 매각방법   061
    (1) 압류재산 공매(공개경쟁입찰원칙)   061
    (2) 수탁재산 공매(공개경쟁입찰+유찰(수의)계약)   061
    (3) 국유재산 공매(공개경쟁입찰+유찰(수의)계약)   062
    (4) 유입자산 공매(공개경쟁입찰+유찰(수의)계약)   062
    (5) 고정자산 공매(공개경쟁입찰+유찰(수의)계약)   062
  ❖ 이용기관 등의 공매대상물건과 매각방법   062
    (1) 이용기관재산에 대한 매각 또는 임대(대부)방법   062
    (2) 공매대상물건   063
  ❖ 금융기관, 신탁회사, 기업 등의 비업무용 재산 등의 공매   063

02 입찰자 입장에서 본 공매·경매 입찰 및 매각절차도   064
  ❖ 공매와 경매에서 물건 선정 후 입찰가를 결정 방법   064
  ❖ 공매물건 낙찰 받고 잔금납부 및 배분까지 마무리 되는 과정   066
  ❖ 경매물건 낙찰 받고 공매와 같이 마무리 되는 과정   066

03 공매와 경매는 어떠한 차이가 있나요? 067
  ❖ 공매는 무엇을 의미하나요? 067
  ❖ 이번에는 경매가 궁금하네요 067
  ❖ 공매와 경매는 이런 차이가 있습니다 068

Chapter 4 공매 소액투자가 가능하다? 3,000만원 투자해서 2,000만원 버는 진실

01 KAMCO 온비드사이트 이용방법과 공매물건 검색 071
  ❖ KAMCO 온비드(Onbid)에서 어떤 일을 하고 있나? 071
  ❖ 온비드 회원가입 및 공인인증서 등록절차 073
  ❖ 온비드에서 입찰대상 공매물건 검색방법 073
    (1) 통합 검색을 통한 입찰대상물건 검색방법 073
    (2) 전체물건 검색을 통한 입찰대상물건 검색방법 075
    (3) 캠코공매물건 검색을 통한 입찰대상물건 검색방법 076
    (4) 이용기관물건 검색을 통한 입찰대상물건 검색방법 076
    (5) 은행동산담보물건 검색을 통한 입찰대상물건 검색방법 ... 076

02 다세대주택 일부지분을 2,900만원에 사서 2,000원 벌기 077
  ❖ 지분공매 물건의 사진과 주변 현황도 078
  ❖ KAMCO 지분공매(8분의 1) 입찰정보내역 079
  ❖ 지분공매 입찰대상 물건분석표 080
  ❖ 지분공매 물건에 대한 권리분석과 배분표 작성 081
  ❖ 재개발로 인한 분양자격 유무와 매수인의 건물인도청구 및 부당이득 081
  ❖ 낙찰 받고 다른 지분권자에게 바로 매각한 사례입니다 082

03 수원시 엘링다세대주택에 2,000만원 투자해서 2,100만원 벌기 083
  ❖ 엘링다세대주택의 사진과 주변 현황도 084
  ❖ 공매 입찰정보내역 물건분석 085
  ❖ 이 다세대주택은 3명이 입찰에 참여했다 086

04 안산시 오피스텔에 2,330만원 투자해서 1,430만원의 양도차익이 발생하다 087
  ❖ 강희그랜드오피스텔의 사진과 주변 현황도 087

- ❖ 공매 입찰정보내역 물건분석 … 088
- ❖ 강희그랜드오피스텔을 이순신이 3대 1의 경쟁률을 뚫고 낙찰 받다 … 089

05 수원시 우림빌라에 2,070만원에 투자로 1,940원의 양도차익 … 090
- ❖ 우림빌라의 사진과 주변 현황도 … 090
- ❖ 공매 입찰정보내역 물건분석 … 091
- ❖ 이 우림빌라는 3명이 입찰에 참여했다 … 092

06 대전시 다세대주택을 시세보다 1,200만원 싼 3,850만원에 낙찰 받다 … 093
- ❖ 다세대주택의 사진과 주변 현황도 … 093
- ❖ 공매 입찰정보내역 물건분석 … 094
- ❖ 이 다세대주택은 이정선이 단독으로 낙찰 받았다 … 095

07 부산에 있는 아파트에서 6,100만원에 낙찰 받아 수익을 올린 사례다 … 096
- ❖ 아파트의 사진과 주변 현황도 … 096
- ❖ 공매 입찰정보내역 물건분석 … 097
- ❖ 부산에 있는 아파트를 정 소령이 3대 1의 경쟁을 뚫고 낙찰 받았다 … 098

Chapter 5 공매로 내집 마련하면서 재테크에 성공한 이야기

01 공매로 내집 만들기 무작정 따라 하기 … 102
- ❖ 김 선생이 KAMCO 온비드에서 입찰대상 주택을 찾고 있다 … 103
- ❖ 이 아파트의 사진과 내부 및 주변 현황도 … 103
  - (1) 아파트의 사진과 내부 및 평면도 … 104
  - (2) 아파트 주변 현황도 … 104
- ❖ 이 영민이 입찰할 주택의 정보내역 … 106
  - (1) 온비드 입찰정보내역 … 106
  - (2) 공매재산명세서 … 108
- ❖ 공매입찰대상 물건분석표 작성과 권리분석 방법 … 109
  - (1) 공매입찰대상 물건분석표 … 110
  - (2) 이 공매물건분석에서 유의할 점에 대해서 알아 보자! … 111
  - (3) 종합적인 물건분석과 권리분석 후 배분표 작성 … 111

❖ 지금까지 조사한 자료를 종합분석해서 입찰에 참여해라 112
　(1) 무주택자가 공매로 낙찰 받아 2년 보유 후 매각하면 수익은 얼마? 113
　(2) 공매로 낙찰 받아 1년 보유 후 매각하면 수익은 얼마? 118
❖ 이영민 부부가 입찰해서 3대 1의 경쟁을 뚫고 낙찰받았다 119

02 재건축대상 아파트로 내 집 만들고 2년 보유후 매각했다 121

❖ 신반포 아파트의 사진과 내부 및 주변 현황도 121
　(1) 아파트의 사진과 내부 및 평면도 121
　(2) 아파트 주변 현황도 122
❖ 신반포 아파트의 입찰정보 내역 124
❖ 박 소령이 단독으로 입찰에 참여해서 낙찰 받았다 125

03 아파트를 낙찰 받아 3년 거주 후 양도세를 비과세 받은 사례 129

❖ 문래동 아파트의 사진과 내부 및 주변 현황도 129
　(1) 아파트의 사진과 내부 및 평면도 129
　(2) 아파트 주변 현황도 130
❖ 문래동 아파트의 입찰정보 내역 131
❖ 홍길동 부부가 이 아파트를 8대 1의 경쟁률을 뚫고 낙찰 받았다 132

04 이철민이 후곡마을아파트를 낙찰받아 3년 거주후 비과세 받은 사례다 134

❖ 일산 후곡마을아파트의 사진과 내부 및 주변 현황도 134
　(1) 아파트의 사진과 내부 및 평면도 134
　(2) 아파트 주변 현황도 135
❖ 일산 후곡마을아파트의 입찰정보 내역 136
❖ 이철민이 3대 1의 경쟁률을 뚫고 아파트를 공매로 낙찰 받다 138

Chapter 6 전세보증금으로 내집 마련? 임대공매로 생활 터전을 마련하는 비밀?

01 도시형 생활주택 원룸을 보증금으로 마련하다 143

❖ 도시엔 제에이동 203호 원룸의 사진과 내부 및 주변 현황도 143
　(1) 원룸의 사진과 내부 현황 143
　(2) 원룸의 주변 현황도 144
❖ 도시엔 제에이동 203호 원룸의 입찰정보 내역 146

- ❖ 김 소위가 단독으로 원룸을 낙찰 받게 되다   147

02 상도동 다세대주택을 전세보증금으로 마련하다   148

- ❖ 비발디캐슬 다세대주택의 사진과 내부 및 주변 현황도   149
  - (1) 비발디캐슬 다세대주택의 사진과 내부 현황   149
  - (2) 비발디캐슬 다세대주택의 주변 현황도   150
- ❖ 비발디캐슬 다세대주택의 입찰정보 내역   151
- ❖ 박영민 부부가 4대 1의 경쟁을 뚫고 공매로 낙찰 받았다   153

03 다가구주택을 전세보증금으로 마련하면서 임대수익도 챙기기   156

- ❖ 다가구주택의 사진과 내부 및 주변 현황도   157
  - (1) 다가구주택의 사진과 내부 및 평면도   157
  - (2) 다가구주택 주변 현황도   157
- ❖ 다가구주택의 입찰정보 내역   158
- ❖ 박 선생이 다가구주택을 단독으로 낙찰 받고 기뻐하고 있다   162

04 민기가 임대(대부)공매로 아파트를 600만원에 낙찰 받아 신혼집을 마련하다   164

- ❖ 온비드에서 입찰할 임대공매 주택 찾기   164
- ❖ 임대공매 아파트의 입찰정보 내역   165
- ❖ 임대아파트의 사진과 지도 및 주변 현황도   166
- ❖ 공매공고 정보내역   167
- ❖ 민기가 아파트를 임대공매로 낙찰 받아 기뻐하고 있다   172

05 단독주택을 임대(대부)공매로 2,300만원에 낙찰 받아 부모님을 모시다   175

- ❖ 임대공매 단독주택의 사진과 주변 현황도   175
- ❖ 임대공매 단독주택의 입찰정보 내역   176
- ❖ 박 사장이 단독주택을 임대공매로 낙찰 받아 기뻐하고 있다   177

06 홍길동은 한강맨션을 임대공매로 2,100만원에 낙찰 받았다   179

- ❖ 임대공매 한강맨션의 사진과 주변 현황도   179
- ❖ 임대공매 한강맨션의 입찰정보 내역   180
- ❖ 홍길동이 한강맨션을 임대공매에서 단독으로 낙찰 받았다   181

Chapter 7 공매에서 기본적인 권리분석과 실전투자 이렇게 해라

01 공매에서 권리분석은 말소기준을 이해하면서 시작 합니다   184
- 공매물건에서 기본적인 권리분석은 어떻게 하면 되나요?   184
- 말소기준이 되는 채권을 알면 권리분석의 절반 성공이다   186
  - (1) 말소기준권리란   186
  - (2) 말소기준이 되기 위한 요건   186
  - (3) 공매물건에서 말소기준이 되는 사례   186

02 채권과 물권의 종류와 이들 채권 간의 우선순위는 어떻게 되나요?   190
- 채권과 물권의 종류   190
- 채권 상호 간에 우선순위는 어떻게 결정해서 배분 하나요?   190
  - (1) 1순위 [필요비, 유익비](민법 제367조)   191
  - (2) 2순위 [주택 및 상가임차인과 근로자의 최우선변제금]   191
  - (3) 3순위 [당해세]   191
  - (4) 4순위 [일반조세채권](당해세를 제외한 세금)   192
  - (5) 5순위 [공과금(국민건강, 국민연금, 고용보험, 산재보험)]   192
  - (6) 6순위 [저당권부채권] 근저당권, 전세권, 담보등기, 확정일자부 임차권, 등기된 임차권(민법621조)]   192
  - (7) 7순위 [일반임금채권(최우선변제금을 제외한 임금·퇴직금)]   193
  - (8) 8 순위 [일반조세채권]   193
  - (9) 9순위 [공과금(국민건강, 국민연금, 고용보험, 산재보험)]   193
  - (10) 10순위 [일반채권자]   193

03 공매는 진행하는 기관마다 권리분석을 다르게 해야 한다   194

04 입찰할 물건을 찾았다면 권리분석과 실전투자 이렇게 하세요.   197
- 이 영민이 입찰할 주택의 온비드 입찰정보 내역   198
- 1차적으로 입찰정보 내역에서 물건분석을 하는 방법   199
  - (1) 매각물건의 현황분석으로 돈 되는 우량한 물건을 찾는 것이 먼저다.   199
  - (2) 말소기준권리를 찾고 인수할 권리가 있는지를 확인해라   202
  - (3) 임차인이 있는 경우 대항력 유무와 배분요구 여부를 먼저 판단해라!   206
  - (4) 조세나 공과금채권이 있다면 당해세 유무, 체납세액, 법정기일 등을 확인   207
  - (5) 매각대금을 가지고 예상배분표를 작성해 보자   208

(6) 인수할 권리나 금액이 있는 가를 확인해라　　　　　　　　　　209
　　(7) 남을 가망이 없거나 대위변제 등으로 공매 취소가능성을 검토　　210
　　(8) 주택명도 입찰하기 전부터 대응전략이 필요하다　　　　　　　210
❖ 등기부와 대장 등의 공적장부를 통한 2차적인 물건분석　　　　　　211
　　(1) 등기부등본을 열람과 권리를 분석하는 방법　　　　　　　　　211
　　(2) 토지대장과 건축물대장에 대한 분석　　　　　　　　　　　　214
　　(3) 지적도, 임야도(시·군·구청에서 발급가능)　　　　　　　　　215
　　(4) 토지이용계획확인원　　　　　　　　　　　　　　　　　　　215
❖ 현장답사를 통한 3차적인 물건분석　　　　　　　　　　　　　　　215
　　(1) 현장조사를 통해서 우량한 아파트 고르기　　　　　　　　　　215
　　(2) 현장조사를 통해서 우량한 단독주택, 다가구주택 고르기　　　216
　　(3) 연립주택, 다세대주택인 경우　　　　　　　　　　　　　　　216
　　(4) 상가건물　　　　　　　　　　　　　　　　　　　　　　　　216
　　(5) 농지를 경매로 투자 시 유의사항　　　　　　　　　　　　　　217
　　(6) 아파트 등의 집합건물에서 관리비 연체에 대한 조사　　　　　218
　　(7) 임대차관계조사(전입세대 열람)　　　　　　　　　　　　　　218
❖ 마지막으로 수익성분석하고 입찰가격을 결정하면 됩니다.　　　　　219
　　(1) 지금까지 조사한 자료를 종합분석해서 입찰에 참여해라　　　219
　　(2) 이영민 부부가 입찰해서 3대 1의 경쟁을 뚫고 낙찰 받았다　　220

Chapter 8　주택과 상가임차인들은 어떠한 권리를 가지고 있나요?

01 주택임차인이 가지고 있는 권리에 대해서 말해 주세요　　　　　224
　❖ 주택임대차보호법의 적용을 받을 수 있는 건물은　　　　　　　　224
　❖ 주택임차인의 대항력이 발생하려면　　　　　　　　　　　　　　224
　　(1) 일반거래로 소유자가 바뀌는 경우 대항력은　　　　　　　　　224
　　(2) 공매나 경매절차에서는 조금 다르게 적용되고 있다　　　　　224
　❖ 공매나 경매절차에서 임차인의 우선변제권은　　　　　　　　　　225
　　(1) 임차인이 최우선변제에 관한 사항과 적용대상범위?　　　　　225
　　(2) 확정일자에 의한 우선변제권은 어떻게 되는가　　　　　　　　227
　　(3) 임차인의 최우선변제권요건과 확정일자에 의한 우선변제요건　228
　❖ 임차인의 대항력·우선변제권, 다른 물권과의 우선순위　　　　　228
　　(1) 근저당권 설정 ⇨ 임차인이 전입 ⇨ 세금압류로 공매가 진행된 사례　229

(2) 임차인이 전입 ⇨ 근저당권 설정 ⇨ 세금압류로 공매가 진행된 사례　229
   (3) 근저당권 설정 ⇨ 을 임차인 확정일자 후에 전입하고 같은 날 병 세금압류가 진행된 사례　229
 ❖ 임차인의 최우선변제금과 확정일자 우선변제금, 다른 채권자 등과 배분연습　230
 ❖ 임대차계약기간과 계약의 갱신 및 묵시적 갱신에 대하여　232
   (1) 임대차계약기간(주임법 제6조)　232
   (2) 계약의 갱신과 묵시적갱신　232
   (3) 묵시적 갱신의 경우의 임대기간과 계약해지 방법　233
 ❖ 임차권 등기명령제도 및 등기한 임차권에서 알아야 할 것　233
   (1) 임차권등기명령제도(주임법 제3조의3)　233
   (2) 민법에 따른 주택임대차등기의 효력(주임법 3조의4)　234
 ❖ 임대차의 양도와 전대차에서 주의할 점　234
 ❖ 전세를 월세로 전환 시 적용되는 이자율 상한선 하향조정　235

02 상가건물 임차인은 어떠한 권리를 갖고 있죠?　236

 ❖ 상임법의 적용을 받을 수 있는 대상은 어떻게 되는가!　237
 ❖ 대항요건을 갖춘 상가임차인의 대항력은 언제 발생되는가!　238
 ❖ 공매절차에서 상가임차인의 우선변제권은　238
   (1) 상가임차인의 소액보증금 중 일정액(최우선변제권)　238
   (2) 상가임차인의 확정일자 우선변제권　239
 ❖ 상가건물에서 임차인의 권리와 다른 채권자 간의 배당순위　240
   (1) 등기부상 권리와 부동산상의 권리를 정리하여 분석해 보면　241
   (2) 배분표를 작성해 보면 더 쉽게 이해할 수 있다!　242
 ❖ 상임법의 적용을 받는 임차인의 최단 계약기간　244
 ❖ 상가임차인의 계약갱신 요구권과 임대인의 계약갱신 거절　244
 ❖ 임대차의 양도와 전대차의 준용　244
 ❖ 전세를 월세로 전환 시 적용되는 이자율 상한선 하향조정　244
 ❖ 상가임차인 권리보호제도 개정안　245
   (1) 모든 상가건물 임대차에 대항력 인정 개정안　245
   (2) 권리금 회수기회 보호 강화안을 살펴보면　245

Chapter 9 등기부에 등기된 채권을 공부하는 시간입니다

01 근저당권은 어떠한 권리인가요? 250

❖ 근저당권은 어떠한 권리를 가지게 되나요? 250
❖ 저당권의 효력이 미치는 목적물의 범위는 252
  (1) 제시 외 건물에 대한설명과 저당권의 효력이 미치는 범위 252
  (2) 저당권의 효력의 범위(민법 제358조) 253
  (3) 부합물의 경우(민법 제256조) 253
  (4) 종물의 경우(민법 제100조) 253
❖ 근저당권과 다른 채권자와 우선순위 결정은 254
  (1) 특별우선채권과의 우선순위 254
  (2) 근저당권의 우선변제권 254
  (3) 저당권부 채권(근저당권, 전세권, 담보가등기, 확정일자부 임차권, 임대차등기) 간의 우선순위 254
  (4) 근저당권과 조세채권 및 공과금 간의 우선순위 254
  (5) 근저당권과 일반임금채권(최우선변제권 있는 임금 제외)간의 우선순위 255
  (6) 근저당권과 일반채권 간의 우선순위 255

02 전세권은 어떠한 권리가 있고, 주임법상 임차권과의 차이점은 256

❖ 전세권자는 어떠한 권리인가요? 256
❖ 전세권에 의한 경매신청 방법과 우선변제권은 256
  (1) 임의경매신청(아파트·다세대·연립 등의 집합건물) 256
  (2) 강제경매신청(단독·다가구와 같은 주택) 257
❖ 선순위전세권과 후순위전세권의 대항력과 소멸 257
  (1) 선순위 전세권(말소기준권리보다 먼저 설정된 전세권) 등 258
  (2) 후순위 전세권(말소기준권리보다 후순위로 설정된 전세권) 등 260
❖ 전세권이 선순위와 후순위인 사례를 통해서 분석하기 260
  (1) 전세권설정등기가 최선순위인 경우 260
  (2) 전세권설정등기가 후순위인 경우 261

03 가압류와 압류의 차이와 어떠한 권리를 가지고 있나요? 262

❖ 가압류란? 262
❖ 압류란? 262
❖ 가압류채권과 타 권리등과의 우선순위에 따른 배당방법 263

(1) 이철민 가압류 ? 이기자 근저당권순인 경우 263
(2) A 가압류 5,000만원 ⇨ B 근저당 3,000만원 ⇨ C 가압류 2,000만원 ⇨
    C 강제경매 신청시 264

❖ 전소유자의 가압류(압류)와 다른 채권자 간의 권리관계 264
(1) 전소유자의 가압류(압류)와 다른 채권자 간에 배당하는 방법 264
(2) 전소유자의 가압류 등과 타 권리 등과의 우선순위에 따른 권리분석 266

Chapter 10 김 선생이 조세 · 공과금 · 임금채권 특강을 시작하다

주제 : 3040 인을 위한 조세 · 공과금 · 임금채권 특강 268

제1강 조세채권 간의 우선순위와 다른 채권과의 우선순위 268

❖ 조세채권의 우선특권은 268
❖ 조세채권은 동순위가 원칙이지만 예외가 있죠 268
❖ 조세채권과 근저당권이 혼재 시 배당방법 269
❖ 조세채권과 임금채권, 공과금, 일반채권 간의 우선순위 269

제2강 공과금 상호 간의 우선순위와 다른 채권 간의 우선순위 270

❖ 공과금 상호 간에는 동순위가 원칙입니다 270
❖ 공과금과 근저당권 간의 우선순위 270
❖ 공과금과 임금채권, 조세채권, 일반채권간의 우선순위 271

제3강 임금채권 상호 간의 우선순위와 다른 채권 간의 우선순위 271

❖ 근로자의 임금채권중 최우선변제금 271
❖ 임금채권 상호 간에는 동순위가 원칙 271
❖ 임금채권(최우선변제금제외)과 저당권채권과의 우선순위 271
❖ 임금채권, 조세채권, 공과금채권, 일반채권 간의 우선순위 272

제4강 조세·공과금·임금채권과 다른 채권이 혼재시 배당방법 273

❖ 특강 사례 Ⅰ 《갑 근저당 ⇨ 을 임차인 ⇨ 병 당해세》 273
❖ 특강 사례 Ⅱ 《갑 근저당 ⇨ 을 임차인 ⇨ 병 임차인 ⇨ 정 일반세금》 273

❖ 특강 사례 Ⅲ 《갑 일반세금 ⇨ 을 일반임금 ⇨ 병 공과금 ⇨ 정 당해세》   274

Chapter 11 압류재산공매는 어떠한 절차로 진행되고 있나요?

01 KAMCO에 공매대행은 어떻게 해서 이루어 지게 되나요?   278

02 압류재산공매의 전반적인 흐름도   278

03 공매대행업무와 공매대행통지   280
- ❖ 공매대행업무   280
- ❖ 공매대행통지   280
  - (1) 공매대행통지서 앞면(실제 공매통지서가 송달되었던 내용)   282
  - (2) 공매대행통지서(뒷면)   283

04 공매 가능여부에 대한 권리분석   284
- (1) 공매 가능여부에 대한 기본적인 권리분석 후 실익이 있는 경우   284
- (2) 공매 가능여부에 대한 기본적인 권리분석 후 실익이 없는 경우   284

05 공매대상 재산에 대한 현황조사(징수법 제62조의2)   284

06 공매물건 감정평가와 최초 매각예정가격 결정   285
- ❖ 공매물건 감정평가   285
- ❖ 최초 매각예정가격 결정   285

07 공매공고와 공매공고 등기제도   286
- ❖ 공매공고 절차 및 시기   286
- ❖ 공매공고 등기제도 도입(징수법67조의2신설)   286
- ❖ 공매공고와 임차인 등의 권리관계   287
  - (1) 대항력 유지 존속시한   287
  - (2) 소액보증금 중 일정액 우선변제 요건   287

08 공매의 통지 대상과 공매통지서에 기재되어 있는 내용 … 288

❖ 공매의 통지 … 288
❖ 공매통지서에 기재되어 있는 내용 … 288
❖ 공매통지서 양식(실제 공매통지서가 송달되었던 내용) … 289

09 공매재산명세서의 작성(징수법 제68조의3) … 290

10 공매물건에 대한 기본정보 제공 … 290

11 공매진행의 취소 및 중지의 요건 … 291

(1) 공매의 취소 및 공고(징수법 제69조) … 291
(2) 공매의 중지(국세징수법 71조) … 291
(3) 압류해제의 요건(국세징수법 제53조) … 292

12 공매 입찰 시 입찰자격의 제한 … 292

(1) 매수인의 제한(66조) … 292
(2) 공매참가의 제한(72조) … 293

13 공매 입찰방법 종합정리 … 294

❖ 공매입찰서 작성방법과 대리인 또는 공동입찰 시 입찰방법 … 294
❖ 입찰참여 방법과 입찰 회수 … 294
  (1) 압류공매인 경우 입찰절차 … 295
  (2) 공매물건별로 입찰참여 횟수의 제한 … 295
❖ 공매입찰보증금 … 296
  (1) 입찰보증금 … 296
  (2) 입찰보증금 납부 시 유의사항 … 296
  (3) 낙찰자가 잔금을 납부하지 않을 경우 입찰보증금의 처리방법 … 296
❖ 개찰 및 보증금 반환 그리고 유찰된 물건의 새매각 … 297
  (1) 입찰의 마감 및 개찰 … 297
  (2) 입찰보증금 보관 및 반환 … 297
  (3) 유찰된 물건의 새매각 … 297

14 매각결정과 대금납부, 그리고 재공매 … 298

❖ 매각결정의 효력과 교부방법 … 298

- ❖ 공유자우선매수신청자에 대한 매각결정과 전 최고액입찰자의 지위   298
- ❖ 매각결정과 대금납부기한, 납부최고기간 10일   299
  - (1) 매각결정통지서(실제 발급받았던 양식임)   300
  - (2) 입찰보증금 영수증(실제 발급받았던 양식임)   301
  - (3) 매수대금납부 최고서(실제 발급받았던 양식임)   302
- ❖ 재공매를 실시하게 되는 경우   303

15 공매에서의 소유권이전절차   303

Chapter 12 이 과장이 공매로 아파트에 입찰해서 낙찰 받고 성공한 사례와 동영상을 통한 입찰 현장학습

01 캠코공매물건검색을 통한 입찰대상물건 검색방법   306
- ❖ 캠코공매물건을 물건검색을 통한 검색방법   306
- ❖ 캠코공매물건을 캠코공매일정을 통한 검색방법   307
- ❖ 입찰대상물건 선정   308
- ❖ 입찰할 아파트의 온비드 입찰정보 내역   309
- ❖ 어떠한 연유로 이 아파트를 입찰대상으로 선정하게 되었을까?   310
  - (1) 아파트의 사진과 내부 및 평면도   310
  - (2) 아파트 주변 현황도   311

02 아파트를 낙찰 받으면 인수할 권리가 없이 안전할까?   312
- ❖ 말소기준권리를 찾고 인수할 권리가 있는지를 확인해라   312
- ❖ 이 공매물건분석에서 유의할 점에 대해서 알아보자!   315

03 종합적인 물건분석과 권리분석 후 배분표 작성   317

04 지금까지 조사한 자료를 종합분석해서 입찰에 참여해라   318
- (1) 무주택자가 공매로 낙찰 받아 2년 보유 후 매각하면 수익은 얼마?   318
- (2) 공매로 낙찰 받아 1년 보유 후 매각하면 수익은 얼마?   318

05 입찰할 공매물건에서 입찰서 제출과 입찰보증금 납부   319
- ❖ 온비드 인터넷 입찰서 작성   319

❖ 입찰내역확인 및 입찰참가 준수규칙 확인 ··· 321
❖ 입찰참가자 준수규칙과 공인인증서 및 입찰 제출내역 확인 ··· 322
　(1) 입찰참가시 공고문 및 입찰참가자준수규칙을 숙지 확인 ··· 323
　(2) 입찰참가자 준수규칙에 동의 ··· 323
　(3) 전자서명정보(아래의 문서에 전자서명을 합니다) 확인 ··· 324
❖ 입찰서 제출완료사항 및 입찰내역과 입찰보증금 확인 ··· 325
❖ 입찰물건에 대한 입찰진행 내역과 입찰결과 확인 ··· 327
　(1) 입찰보증금 납부하기 전에 입찰진행 내역 ··· 327
　(2) 입찰보증금 납부 확인 ··· 328
　(3) 입찰결과를 확인하는 방법 ··· 329
❖ 매각결정과 대금납부 기한을 확인하는 방법 ··· 331

06 다가구주택에서 토지만 매각될 때 직접 입찰하면서 동영상으로 설명하는 시간 ··· 332

❖ 온비드 인터넷 입찰서 작성 ··· 333
　(1) 아파트의 사진과 내부 및 평면도 ··· 334
　(2) 아파트 주변 현황도 ··· 334
❖ 지상 다가구주택이 경매로 매각 절차가 진행 중에 있다 ··· 334
❖ 종합적인 물건분석과 권리분석 후 배분표 작성 ··· 335
❖ 입찰할 공매물건에서 입찰서 제출과 입찰보증금 납부 ··· 335
❖ 토지가 공매로 다음과 같이 매각되었다 ··· 336

Chapter 13 공매로 낙찰 받았던 9가지 사례로 실전능력을 향상하는 과정

01 전철역 주변 다가구주택을 공매로 취득해서 원룸으로 리모델링하기 ··· 338

❖ 다가구주택의 온비드공매 입찰정보 내역 ··· 338
❖ 왜 이 다세대주택을 입찰대상으로 선정하게 되었을까? ··· 339
　(1) 이 다가구주택의 사진과 내부 및 평면도 ··· 340
　(2) 다세대주택 주변 현황도 ··· 340
❖ 물건분석 및 권리분석 및 배분 ··· 341
　(1) 물건분석 및 주변현황 ··· 341
　(2) 다가구주택의 임대차정보와 등기부등본 상의 권리내역 ··· 341
　(3) 권리분석과 배분표 작성 ··· 342
❖ 투자대비 임대수익율은 어떻게 되겠는 가! ··· 343

- ❖ 입찰에 참여해서 2대 1의 경쟁률을 뚫고 낙찰 받았다 344
- ❖ 매수이후 대응방법 345

02 대항력 있는 임차인 미배분금 인수할 때 양도 시 취득가액으로 인정 받으려면? 349

- ❖ 일신건영아파트의 온비드공매 입찰정보 내역 349
- ❖ 일신건영아파트의 사진과 주변 현황도 350
- ❖ 공매 입찰대상 물건분석 내역 351
- ❖ 공매물건에 대한 분석 및 배분표 작성 351
- ❖ 건영 아파트에 입찰해서 단독으로 낙찰 받았다 352
- ❖ 낙찰자의 인수금액 확인절차와 양도세 신고 시 취득가액에 포함하기 위한 조건 353
  - (1) 낙찰자의 인수금액 확인 절차 353
  - (2) 양도세 신고 시 취득가액에 포함하기 위한 조건 355

03 진흥아파트 3분의 1 지분공매의 입찰 절차에서 권리분석과 매수 이후 대응방법 356

- ❖ 진흥아파트 3분의 1 지분의 온비드공매 입찰정보 내역 357
- ❖ 이 아파트 3분의 1지분은 필자의 지인이 단독으로 낙찰 받았다 358
- ❖ 지분공매 입찰대상 물건분석표 358
- ❖ 토지 지분공매 절차에서 공매물건의 위치와 주변 현황도 359
- ❖ 지분공매 물건에 대한 권리분석과 배분표 작성 360
- ❖ 매수 이후의 대응 현황 362

04 매각결정이 확정되기 전 공유자우선매수신청으로 차순위매수신고인이 된 사례 363

- ❖ 신정동 단독주택의 온비드공매 입찰정보 내역 363
- ❖ 이 다가구주택은 필자가 3대 1의 경쟁을 뚫고 낙찰 받았다 364
- ❖ 공매 입찰대상 물건분석표 365
  - (1) 공매물건에 대한 분석 365
  - (2) 배분표를 작성하여 보자 366

05 공매로 낙찰 받고 나서 채무자 요청으로 매각결정 취하에 동의해 준 사례 368

- ❖ 목동 아파트의 온비드공매 입찰정보 내역 368
- ❖ 공매 입찰대상 물건분석표 369
- ❖ 공매물건에 대한 분석 및 배분표 작성 370

06 경매가 진행되고 있는 것을 공매낙찰자가 먼저 대금 납부하여 소유권을 취득한 사례　371

 ❖ 평촌 경남아파트의 온비드공매 입찰정보 내역　371
 ❖ 평촌 경남아파트의 공매물건내역　373
 ❖ 공매물건에 대한 분석 및 배분표 작성　373
 ❖ 공매와 경매가 동시에 진행되면 어떻게 하면 되죠?　375

07 농지가 공매와 경매로 경합되는 사례에서 어떻게 하면 되나?　376

 ❖ 농지가 공매로 매각되는 경우　376
  (1) 농지의 온비드공매 물건정보 내역　377
  (2) 농지 공매물건의 위치와 주변 현황도　378
  (3) 이 농지를 공매로 낙찰 받아 소유권을 취득하려면　378
 ❖ 농지가 경매로 매각되는 경우　379
  (1) 농지의 경매 물건정보 내역　379
  (2) 이 농지를 경매로 낙찰 받아 소유권을 취득하려면　380
 ❖ 농지의 의의와 농지취득자격증명이란　382
  (1) 농지의 의의와 농지취득자격증명 대상면적　382
  (2) 농지취득자격증명 신청방법　382
  (3) 관할 발급관청과 경매집행법원의 농지에 대한 해석 차이　382

08 전 경매에서 배당요구한 선순위임차인이 공매에서도 배분요구해 낙찰자가 손해 볼 뻔한 사례에서 벗어나다　384

 ❖ 하이츠빌라가 경매로 매각되는 경우　384
 ❖ 공매입찰물건 내역과 입찰결과　385
 ❖ 잘못 낙찰 받게된 사연과 그 상황에서 탈출한 방법　386

09 조세채권을 몰라서 3번씩 임차보증금을 포기하게 된 사례　387

 ❖ 채권 상호 간의 우선순위　387
  (1) 특별우선채권인 경우 물권에 우선해서 변제받는다　387
  (2) 담보물권과 저당권부 채권 간의 우선순위　388
  (3) 조세채권과 저당권부 채권 간의 우선순위　388
  (4) 공과금채권과 저당권부 채권 간의 우선순위　388
  (5) 일반임금채권과 저당권부 채권 간의 우선순위　388
  (6) 우선변제권이 없는 가압류 등의 일반채권　388
  (7) 일반채권 상호 간의 우선순위　389

- ❖ 조세채권과 저당권부 채권이 혼재 시 우선순위 결정방법 389
- ❖ 극동아파트의 온비드공매 입찰정보 내역 389
- ❖ 입찰대상물건에 대한 분석과 실패한 낙찰 390
- ❖ 정확한 배분표 작성과 어떻게 해야 성공적인 낙찰자가 되는가? 391
  - (1) 종전 낙찰자들이 인수해야할 임차보증금 392
  - (2) 이 물건을 또 6,251만원에 낙찰 받았는데 성공했을까? 392

Chapter 14 수탁재산과 유입자산 공매는 어떻게 찾아서 입찰하면 되나?

01 금융기관 및 공공기관의 비업무용 재산에 대한 수탁재산 공매 396
- ❖ 수탁재산의 매각 흐름도 396
- ❖ 금융기관 등의 비업무용 재산에 대한 수탁재산의 매각 397
  - (1) 매각방법 397
  - (2) 유찰계약(수의계약) 398
- ❖ 매매대금 납부와 대금완납 전 사용 및 소유권이전 398
  - (1) 매매대금 납부방법 398
  - (2) 매수자 명의변경(대금완납 전 명의 변경가능) 399
  - (3) 대금납부 전 사용 399
  - (4) 대금선납 400
  - (5) 대금완납 전 소유권이전 가능 400
  - (6) 담보대출융자 가능 400
- ❖ 수탁재산 구입 시 유의사항 400
- ❖ 낙찰 받고 나서 대응방법 401
  - (1) 낙찰 받았을 때(수의계약 포함) 401
  - (2) 토지거래허가지역 401
  - (3) 농지취득자격증명 401
  - (4) 부동산거래실거래신고 401
  - (5) 소유권이전등기 402
  - (6) 해제된 경우의 계약의 부활 402
  - (7) 명도책임 402

02 양도세 감면대상 물건에 대한 수탁공매 402
- ❖ 매각위임대상주택 402

(1) 1세대 1주택의 특례로 비과세가 적용되는 주택 ... 403
(2) 조합원입주권을 소유한 1세대 1주택의 특례로 비과세 적용되는 주택 ... 403
(3) 부득이한 사유가 있어 비사업용 토지로 보지 아니하는 토지 ... 403
❖ 매각방법 ... 404
❖ 양도세 감면대상 수탁재산 매각 흐름도 ... 404
❖ 매각의뢰 접수 시 구비서류 ... 404
❖ 매각수수료 ... 405
❖ 명도책임은 매도자에 있다 ... 405
❖ 매각예정가격 ... 405
❖ 매각대금 납부조건은 3개월 일시불로 한다 ... 405
❖ 유찰계약(수의계약) ... 405

03 유입자산공매 ... 406

❖ 유입자산이란 ... 406
❖ 유입자산의 매각방법과 명도책임 ... 406
  (1) 입찰 ... 406
  (2) 유찰계약 ... 407
  (3) 분양 ... 407
  (4) 유입자산의 명도책임 ... 407
❖ 매매대금의 납부기한 ... 407
  (1) 일시급 납부 ... 407
  (2) 할부납부 ... 408
❖ 소유권이전 ... 408
  (1) 대금완납 전 소유권이전 ... 408
  (2) 대금 완납 후 소유권이전 ... 408
❖ 매수자 명의변경 ... 408
❖ 대금완납 전 점유사용 ... 409
❖ 매매계약의 해약 ... 409

04 수탁재산과 유입자산 공매 입찰대상물건 검색방법 ... 410

❖ 수탁재산과 유입자산 공매물건을 검색하는 방법 ... 410
  (1) 물건검색을 통한 공매물건을 검색하는 방법 ... 410
  (2) 캠코공매일정을 통한 공매물건을 검색하는 방법 ... 411

05 금융기관 등의 수탁재산 공매물건에 입찰하기 412

❖ 에너지관리공단의 수탁재산 공매물건에 입찰하기 412
　(1) 온비드 입찰정보 내역 412
　(2) 이 오피스텔을 입찰대상으로 선정하게 된 이유는? 413
　(3) 공매 공고정보 내용과 2014년 제6회 수탁재산 공매공고문 확인 415
　(4) 이 오피스텔은 5대 1의 경쟁을 뚫고 홍길동이 낙찰 받았다 417

❖ 국방기술품질원의 수탁재산 공매물건에 입찰하기 418
　(1) 온비드 입찰정보 내역 418
　(2) 이 아파트를 입찰대상으로 선정하게 된 이유는? 420
　(3) 공매 공고정보 내용과 2014년 제3회 수탁재산 공매공고문 확인 420
　(4) 이 아파트는 2대 1의 경쟁을 뚫고 이순신이 낙찰 받았다 420

❖ 매각이 진행 중인 상봉1동 새마을금고의 수탁재산 공매 421
　(1) 아파트의 사진과 내부 및 주변 현황도 421
　(2) 유찰계약(수의계약) 체결이 가능한 시기는 언제? 422
　(3) 입찰자가 없어서 공고후 재매각 되는 온비드 입찰정보 423

06 양도세 감면대상 수탁재산 공매물건에 입찰 참여하기 424

❖ 양도세 감면대상 우남아파트 수탁재산 공매에 입찰하기 424
　(1) 온비드 입찰정보 내역 424
　(2) 유찰 되었다가 재매각 시 유찰계약을 할 수 있었던 시기? 426
　(3) 이 아파트를 입찰대상으로 선정하게 된 이유는? 426
　(4) 공매 공고정보 내용과 2013년 제4회 수탁재산 공매공고문 확인 427
　(5) 이 아파트를 단독으로 강감찬이 낙찰 받았다 428

Chapter 15　국유재산의 매각공매와 임대공매를 알아보는 시간이다

01 국유재산의 매각공매는 어떻게 진행되고 있나요? 430

❖ 국유재산 관리 430
　(1) 국유재산의 범위 430
　(2) 국유재산의 분류 431
　(3) 관리기관별 재산관리 유형 431
　(4) 국유재산관리 431

- ❖ 국유재산 매각방법 — 432
- ❖ 국유재산 매각절차흐름도 — 433
- ❖ 국유재산 가격결정 및 소유권이전 — 433
  - (1) 매각재산 가격결정 — 433
  - (2) 매각잔금 납부 — 434
  - (3) 소유권이전 — 434

02 국유재산의 임대공매에 관해서 알아보는 시간입니다 — 435

- ❖ 국유재산 대부 — 435
- ❖ 임대(대부)방법 — 435
  - (1) 원칙 – 공개경쟁입찰방식 — 435
  - (2) 예외 – 수의계약방식 — 435
  - (3) 대부계약 체결 후 사용 — 436
- ❖ 임대(대부)기간 및 대부료 — 436
  - (1) 임대기간 — 437
  - (2) 대부료산정 : 연간대부료=재산가액 × 사용요율 — 437
  - (3) 대부료 납부방법 — 437
- ❖ 임대(대부)계약의 해지 — 438

03 국유재산의 유가증권 공매절차는 어떻게 진행 되나요? — 438

- ❖ 국세물납이란? — 438
- ❖ 국세물납 유가증권의 종류 — 438
- ❖ 국세물납 유가증권 관리기관 — 439
- ❖ 국세물납 주식 관리·처분 흐름도 — 439
- ❖ 매각방법 — 440
  - (1) 상장주식 — 440
  - (2) 비상장주식 — 440
- ❖ 비상장주식 매각절차(경쟁입찰방식) 및 준비서류 — 440
  - (1) 경쟁입찰절차 — 440
  - (2) 준비서류 — 440
- ❖ 잔대금납부 및 주권 교부 — 440

04 온비드에서 입찰할 매각공매와 임대공매 물건 찾기 — 441

- ❖ 매각공매와 임대공매 물건을 검색하는 방법 — 442
  - (1) 물건검색을 통한 공매물건을 검색하는 방법 — 442

(2) 캠코공매일정을 통한 공매물건을 검색하는 방법 ... 442

05 국유재산의 매각공매 물건을 낙찰 받아 성공한 사례 ... 444

❖ 영종주공아파트가 국유재산 공매로 매각되고 있습니다. ... 444
   (1) 영종주공아파트의 입찰정보 내역 ... 444
   (2) 아파트의 사진과 지도 및 주변 현황도 ... 445
   (3) 공매공고 정보내역 ... 447

❖ 박 선생이 국유재산 공매로 현대아파트에 입찰하고 있어요 ... 450
   (1) 현대아파트의 입찰정보 내역 ... 450
   (2) 아파트의 사진과 주변 현황도 ... 452
   (3) 공매공고 정보내역 ... 454

❖ 정 사장이 국유재산 공매로 토지를 낙찰 받아 건물을 신축하려 한다 ... 456
   (1) 봉천동 토지의 입찰정보 내역 ... 456
   (2) 아파트의 사진과 주변 현황도 ... 457
   (3) 정 사장이 봉천동 토지를 단독으로 낙찰 받아서 축하하고 있다 ... 460

06 국유재산 임대공매 물건을 낙찰 받아 성공한 사례 ... 461

❖ 민기가 임대공매로 아파트를 낙찰 받아 신혼집을 마련하다 ... 461
   (1) 임대공매 아파트의 입찰정보 내역 ... 461
   (2) 임대아파트의 사진과 지도 및 주변 현황도 ... 463
   (3) 2014년도 12회차 국유재산 대부공매 공고 정보내역 ... 463
   (4) 민기가 아파트를 임대공매로 낙찰 받아 기뻐하고 있다 ... 464

❖ 단독주택을 임대공매로 낙찰 받아 부모님을 모시다 ... 464
   (1) 임대공매 단독주택의 사진과 주변 현황도 ... 464
   (2) 임대공매 단독주택의 입찰정보 내역 ... 465
   (3) 박 사장이 단독주택을 임대공매로 낙찰 받아 기뻐하고 있다 ... 465

❖ 홍길동은 한강맨션을 임대공매로 낙찰 받았다 ... 465
   (1) 임대공매 한강맨션의 사진과 주변 현황도 ... 465
   (2) 임대공매 한강맨션의 입찰정보 내역 ... 465
   (3) 홍길동이 한강맨션을 임대공매에서 단독으로 낙찰 받았다 ... 465

Chapter 16 이용기관재산 공매물건에서는 어떻게 투자해야 성공하나?

01 이용기관재산 공매는 어떻게 진행되고 있나? 468
- 이용기관은 어떠한 기관 등이 있나요? 468
- 이용기관재산에 대한 매각 또는 임대공매 방법 469
  - (1) 이용기관재산의 입찰 또는 유찰계약(수의계약) 469
  - (2) 온비드사이트에서 낙찰 받고 이후의 절차 470

02 이용기관재산의 매각공매 470
- 이용기관 등의 매각공매 흐름도 471
- 공고방법과 감정평가에 따른 최초 매각예정가격 결정 472
  - (1) 공고방법 472
  - (2) 감정평가에 따른 최초 매각예정가격 결정 472
- 입찰기간, 개찰일시 및 개찰장소 472
- 입찰보증금 및 최고액입찰자(낙찰자) 결정방법 473
  - (1) 입찰보증금 및 납부방법 473
  - (2) 최고액입찰자(낙찰자) 결정방법 473
- 계약체결 방법과 대금납부 후 소유권이전 방법 474
  - (1) 계약체결방법과 부동산 실거래가 신고 474
  - (2) 매각대금 납부방법 474
  - (3) 소유권이전 등기방법과 명도 474

03 이용기관재산의 대부공매 475
- 이용기관 등의 대부공매절차 476
- 공고방법과 대부료(사용료) 산정방법 476
  - (1) 공고 방법 476
  - (2) 대부료(사용료) 산정방법 477
  - (3) 입찰기간, 개찰일시 및 개찰장소 478
  - (4) 입찰보증금 및 최고액입찰자(낙찰자) 결정방법 478
  - (5) 계약체결(사용허가 신청)방법과 대금 납부후 임대 개시 478
  - (6) 사용허가기간과 허가기간 이후 479

| 04 | 온비드에서 입찰할 매각공매와 임대공매 물건 찾기 | 480 |

| 05 | 한국감정원의 소유 아파트가 이용기관 매각공매로 진행되고 있다 | 481 |

❖ 상계주공아파트가 이용기관 공매로 매각되고 있습니다 · 481
　(1) 상계주공아파트의 입찰정보 내역 · 481
　(2) 아파트의 사진과 지도 및 주변 현황도 · 482
　(3) 공매공고정보 내용과 공고문 · 484

| 06 | 김 선생이 부천시청 소유 토지를 공매로 낙찰 받았던 사례이다 | 488 |

❖ 온비드 입찰물건 정보 내역은 다음과 같습니다 · 488
❖ 시유재산 공매물건 분석 · 489

| 07 | 잠실고등학교 매점이 임대공매로 진행되고 있어요 | 492 |

❖ 잠실고등학교 학교매점이 임대공매 되고 있습니다 · 492
　(1) 잠실고등학교 학교매점의 입찰정보 내역 · 492
　(2) 학교매점 사진 · 493
　(3) 공매공고정보 내용과 공고문 · 493
❖ 학교매점 임대공매 물건분석 · 495
❖ 정 사장이 학교매점을 13대 1의 경쟁을 뚫고 낙찰 받았다 · 496

| 08 | 신탁회사 등의 이용법인 공매 | 497 |

Chapter 17 신탁회사 등의 직접공매로 성공하려면?

| 01 | 담보신탁과 처분신탁이란 | 500 |

❖ 담보신탁이란 · 500
❖ 처분신탁이란 · 501

| 02 | 담보신탁 절차 및 신탁재산의 반환, 또는 공매실행 | 502 |

❖ 담보신탁 신청절차 · 502
❖ 담보신탁절차도 · 502

❖ 신탁재산의 반환 및 공매실행		503
(1) 채무 상환 후 소유권 환원		503
(2) 채무 불이행 시 공매 실행		503

03 신탁공매 진행절차   504

04 생보부동산신탁 공매절차에서 낙찰 받고 점유자를 명도한 경우   506

- ❖ 생보부동산신탁 공매공고   506
- ❖ 입찰대상 공매물건 정리와 권리분석 및 배분표 작성   507
  - (1) 입찰대상 공매물건 정리   507
  - (2) 신탁공매물건의 권리분석 및 배당표 작성   508
- ❖ 신탁공매매각대금에서 배분우선순위 결정   509
- ❖ 공매낙찰 후 5일 이내에 공매부동산 매매계약서 작성   511

05 한국토지신탁 공매절차에서 낙찰 받고 점유자를 명도한 경우   512

- ❖ 한국토지신탁 공매공고   512
- ❖ 입찰대상 공매물건 정리와 권리분석 및 배분표 작성   513
  - (1) 입찰대상 공매물건 정리   513
  - (2) 위 공매물건에 대한 권리분석 및 배당표 작성   514
- ❖ 공매낙찰 후 5일 이내에 공매부동산 매매계약서 작성   515

Chapter 18 공매로 낙찰 받고 명도는 이렇게 해라!

01 건물 명도도 전략이 필요하다   518

02 점유자가 없거나 있어도 문을 열어주지도 않으면   521

- (1) 내용증명통보서   522

| 03 | 협의가 이루어져 명도합의각서를 작성하는 방법 | 523 |

| 04 | 반드시 이사비용을 지급하거나 강제집행을 하는 것은 아니다 | 525 |

| 05 | 협의가 안 될때 법적으로 어떻게 하면 되나요? | 527 |

- ❖ 부동산의 인도명령 신청 … 527
- ❖ 건물명도(인도)청구소송 … 528
- ❖ 점유이전금지가처분이란 … 529

Chapter 19 · 7총사가 설악산 산장에서 특수권리를 정복하고 있다

| 01 | 먼저 가처분과 가등기를 분석하는 시간입니다 | 535 |

- ❖ 부동산 처분금지가처분을 분석하는 시간 … 535
  - (1) 가처분이란 … 535
  - (2) 부동산 처분금지가처분과 권리분석 … 535
- ❖ 가등기는 소유권보전가등기와 담보가등기가 있습니다 … 536
  - (1) 소유권보전가등기와 담보가등기를 구분하는 방법 … 536
  - (2) 가등기권자에 대한 권리분석 및 배분방법 … 536
  - (3) 담보가등기는 선순위든 후순위든 상관없이 매각절차상에서 배당받고 소멸된다 … 538

| 02 | 주택에 유치권자가 점유하고 있다면 어떻게 대응해야 하나? | 539 |

- ❖ 유치권은 어떠한 권리고 대응방법은 … 539
- ❖ 유치권이 성립되려면 이러한 요건을 갖춰야 한다 … 541
- ❖ 유치권과 소멸시효 … 542
- ❖ 유치권자에 대한 확인 및 매수인의 대응 방안 … 542
  - (1) 공매절차에서 유치권이 신고된 경우 … 542
  - (2) 유치권자에 대한 확인 및 매수인의 대응방안 … 542
- ❖ 앞으로 등기된 부동산에 대한 유치권 제도가 폐지된다 … 543

| 03 | 법정지상권을 이해하는 시간 | 544 |

- ❖ 법정지상권이란 어떠한 권리인가 … 544
- ❖ 법정지상권의 성립 요건 … 544

(1) 토지에 저당권 설정당시에 건물이 존재하여야 한다	544
(2) 토지와 건물의 소유자가 동일인이어야 한다	544
(3) 단독저당인 경우에만 한한다	545
(4) 경매 등으로 인하여 토지와 건물소유자가 달라져야 한다	545
❖ 법정지상권의 기본 원리를 알아야 합니다	545
❖ 법정지상권이 성립되는 사례	546
(1) 토지에 저당권이 설정당시 그 지상에 건물이 존재한 경우	546
(2) 신축 도중에 설정된 저당권으로 토지소유자가 변경된 경우	546
(3) 신축 도중에 설정된 저당권이 있는 미완성건물을 매수해 완성한 경우	546
(4) 후순위채권자가 경매를 신청했더라도 선순위근저당권을 기준으로 동일소유자면 된다	547
❖ 법정지상권이 성립되지 않는 사례	548
(1) 토지에 저당권이 설정될 당시 건물이 존재하지 않았을 경우	548
(2) 토지에 저당권이 설정될 당시에 건물소유자가 다른 경우	548
(3) 후순위채권자가 경매를 신청했더라도 선순위근저당권을 기준으로 동일소유자여야 한다	549
(4) 토지와 건물에 공동저당권이 설정되고 나서 건물을 멸실하고 신축한 경우	549

Chapter 20 김 선생과 함께하는 남들이 꺼리는 특수한 공매물건에

01 토지는 공매가 진행되고, 건물은 경매가 진행되고 있다	552
❖ 이 장군이 지상에 주택 있는 토지를 공매로 낙찰 받고자 한다	552
(1) 대지가 온비드공매로 매각되는 물건정보 현황	552
(2) 토지를 공매로 낙찰 받고 나서 건물에 대한 권리행사 계획	554
❖ 이장군은 건물을 먼저 낙찰 받아 주택에서 소유권을 취득할 계획인가 보다	554
(1) 경매로 매각되는 근린주택 현황	554
(2) 이장군이 건물을 경매로 낙찰 받고 난 다음 전략을 짜고 있다	556
02 지상에 다세대주택이 있는 토지의 일부 지분이 공매로 매각된 경우	558
❖ 한국자산관리공사의 지분공매 입찰정보 내역	558
❖ 재개발구역 내의 토지 지분공매 입찰대상 물건분석표	559
❖ 토지 지분공매 물건의 현황도와 제시 외 지상의 다세대주택 사진	560
❖ 이 지분공매 물건에서 배분표를 작성하면 다음과 같다	561
❖ 공매물건을 낙찰 받는 경우 대응방법을 분석해 보자!	561

03 구분소유자가 아닌 자만 구분소유자들에게 부당이득을 청구할 수 있다   562

- ❖ 공매 물건과 경매물건 정보내역과 매각결과   562
- ❖ 이 사건 2심 서울고등법원 2009나31873 판결내용 정리   564
- ❖ 파기환송심 서울고등법원 2013나22449 판결내용   564

04 압류당시 대지사용권이 성립하지 않아 분리처분이 가능한 사례   565

- ❖ 이 사건에 대한 기본적인 사실관계   565
- ❖ 원고의 건물철거, 토지인도 및 부당이득반환에 대한 판단   567
- ❖ 법정지상권이 성립한다는 주장에 대한 법원의 판단   567
- ❖ 공매로 매수한 대지 지분이 또 다시 경매로 매각되고 있다   567

05 집합건물의 대지 지분 일부를 낙찰 받았으나 무효가 돼 실패한 사례   568

- ❖ 대지 지분을 공매로 낙찰 받았던 공매 입찰대상물건 내역   570
- ❖ 공매낙찰자들은 다음과 같이 토지사용료 청구소송을 진행했습니다   571

부록편 : 온비드 119 김 선생 특별과외

지면이 부족해서 어쩔 수 없이 김 선생특별과외로 "온비드 119" 홈페이지에 첨부했지만 이 분야도 중요한 분야니 공부하는 것을 게을리 해서는 안 될 것입니다. "네이버 까페 김동희 부사모"와 "온비드 119 홈페이지"에서 책 제목을 검색하면 다운받을 수 있게 해 놓았습니다.

〈차례〉

제1강 김 선생이 낙찰 받았던 특수한 공매물건 연구사례

1. 지상에 다세대주택 14세대가 있는 토지만 공매로 낙찰 받았다
2. 2분의 1지분은 공매로, 2분의 1지분은 경매로 동시에 매각되는 경우
3. 토지가 지분공매로 진행되고 그 지상에 법정지상권이 성립하는 건물이 존재하는 경우

제2강 배분은 권리분석에서 양념과 같은 존재다

1. 배분하는 절차는 어떻게 되는가?
2. 배분에서 우선순위는 어떻게 결정되죠?
3. 배분순위가 충돌하는 경우 이렇게 배당해라!

제3강 압류재산, 유입자산, 국유재산, 수탁재산, 이용기관재산 등의 공매의 차이점과 공매집행

비용을 계산

1. 압류재산, 유입자산, 국유재산, 수탁재산, 이용기관재산등의 공매는 어떠한 차이가 있는가!
2. KAMCO의 공매대행과 이용기관 공매절차에서 공매비용 계산

제4강 공매와 경매의 차이점 분석

직장인들이 부족한 연봉을 공매로 채우기 시작하다

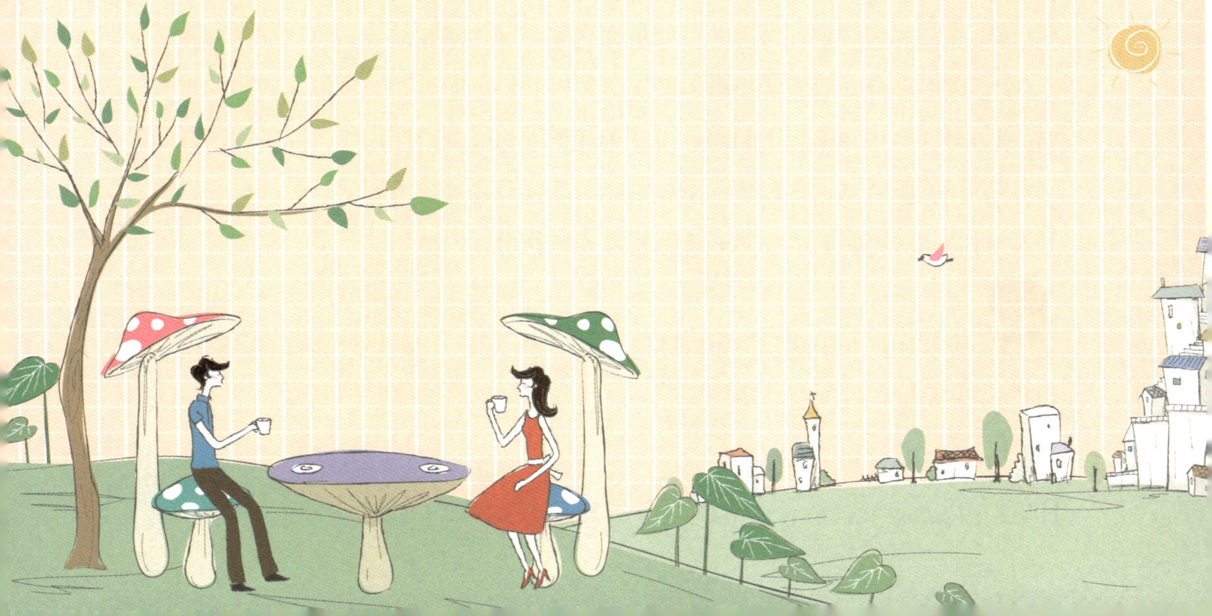

01 이과장 일행은 부족한 월급으로 내집 마련과 노후를 걱정하다

SMK 회사에 함께 근무하고 있는 이 과장과 홍 대리가 퇴근 후 저녁식사를 함께하고 있다. 이들은 자녀문제와 생활비 걱정에 관한 문제로 얘기를 나누고 있는데, 자녀들이 중학교와 초등학교 입학하면서 고민이 더 많아졌다는 내용이다.

요즘 물가도 많이 오르고 아이들이 중학교를 둘씩 다니니, 교육비가 장난이 아니야! 월급의 대부분이 아이들 교육비와 생활비에 지출하고 우리 부부가 사용할 수 있는 비용을 빼고 나면 저축할 수 있는 돈이 얼마 안돼서 우리들의 노후가 걱정된다. 벌써 내 나이도 40이 넘었는데, 지금 전세로 살고 있고 전세금은 자꾸 오른다고 하지 정말 이대로는 안될 것 같아, 어떻게서든 다른 수를 내야지,

홍 대리도 노후 준비를 미리 해 두는 것이 좋을 거야!

이 과장님 아드님이 중학교에 다니고 있지만, 저는 초등학생인 데도 들어가는 비용이 많아서 걱정입니다.

그런데 과장님 얼마 전에 제 친구한테서 놀라운 얘기를 들었어요.

 무슨 얘긴데 그러지.

아파트를 장만해서 집들이를 한다고 초대해서 갔다가 왔는데, 아무리 생각해도 이해가 안 돼 돈이 어디서 나서 아파트를 마련 했느냐고 물어 보았더니 친구가 놀라운 얘기를 하더군요.

몇 년 전부터 어떻게 하면 주택을 구입할 수 있을까 하는 고민을 하다가 어느 날 뉴스에서 공매로 사면 일반매매 보다 싸게 살수가 있어서 공매 인기가 높아지고 있다는 말을 듣고 " 여기서 주택마련의 길을 찾아보자 " 라는 생각으로 무작정 공매 공부를 시작했답니다.

처음에는 자신이 없어서 입찰에 참여하지 못하고 공부만 하게 되었는데 같이 공부했던 동료들이 투자하는 것을 보고 용기를 내서 공매투자를 하게 되었답니다.

그래도 주택마련에 돈이 한두 푼이 드는 것이 아닌데 어떻게 마련했지, 부모님이 도와 주셨겠지, 나도 그런 부모님이 계셨으면 좋겠다.

저도 친구한테 말을 듣기 전까지는 과장님과 같은 생각을 했어요. 그런데 말을 듣고 보니 그런 게 아니더라고요.

처음에는 돈이 없어서 소형아파트, 다세대주택, 오피스텔 등과 같이 적은 금액으로 구입할 수 있는 물건을 낙찰 받아서 파는 방법으로 투자하게 되었답니다.

그런 주택도 적은 금액으로 살수가 없을 텐데, 얼마 전에 알아보니 1억5천에서 2억원은 있어야 가능하던데,…

친구도 처음에는 그동안 모아둔 현금 2,000만원과 적금대출 그리고 지인에게 돈을 빌려서 5,000만원으로 서울에 있는 소형아파트, 다세대주택, 오피스텔 등에 투자하려고 알아보니 돈이 부족해서 찾기가 어려워서 고민하던 중, …

처음투자는 큰 욕심을 갖지 않고 하는 것이 중요하다는 깨달음을 어느 공매 책에서 얻었다고 하면서 그 내용을 알려주더군요.

" 공매 투자를 할때 권리분석도 중요하지만 부동산을 잘 이해하는 것과 자기 현실에 맞는 투자금액을 한도로 해서 시작해야지 그렇지 않은 경우 실패 보는 경우가 많다 "

" 처음 투자에서 성공하지 못하면 다음 성공을 기대하기는 더욱 어려워진다. 그래서 처음 투자에서 성공하기 위해 자신의 그릇에 맞는 투자물건을 선택해서 성공의 경험을 많이 만드는 것이 중요하다. 그 다음 높은 투자이익은 그동안의 많은 실전경험을 통해서 자기만의 투자 전문영역을 만들어야 한다 "

그리고 유의할 점은 " 투자이익이 발생하면, 회사 월급보다 쉽게 번돈이라 생각하고 쉽게 쓰는 경우가 많은데 직장생활과 같이 계속적으로 벌어지는 것이 아니고 1년에 몇 번 또는 한 번의 기회만을 얻을 수 있으므로 무조건 돈을 벌면 나누기 12개월로 해서 회사 연봉과 합쳐 연봉화 해버리면 아무래도 돈을 헤프게 쓰는 것을 방지하고 회사에서 받는 연봉의 부족금을 공매로 채울 수 있는 계기가 될 수 있다" 라는 내용이랍니다.

그래서 돈에 맞는 지방에 있는 소형주택으로 관심을 돌리게 되었고,

큰 욕심을 가지지 않고 기대이익을 소액으로 잡고 시작하다보니 발품파는 노력은 늘어났지만, 낙찰 받는 횟수도 늘어나고 그것이 모이다 보니 목돈이 되었다고 합니다.

그래서 이번엔 용기를 더 내어 서울에 있는 소형주택으로 지역과 투자금액을 늘려가는 방법으로 공매투자를 하게 되었고, 그 결과 지금 내집 마련의 기회를 공매로 얻을 수 있었고 약간의 여유 돈도 만들 수 있었답니다.

 그래도 그 돈으로 어떻게 살 수 있어, 이해가 잘 안 된다.

ㅎㅎ, 지방에 있는 다세대주택이나 오피스텔 등은 5,000만원 ~7,000만원인 경우가 많아서 여유 돈(5,000만원)을 잘 이용하면 즉 대출금 60~70%를 끼고 낙찰받아

서 파는 방법으로 투자하게 되면 동시에 두 개 물건을 낙찰받아서 파는 전략도 가능하다고 합니다.

친구가 이렇게 목돈을 만들어서 서울에 있는 소형주택에 투자하여 친구의 부족한 연봉을 공매로 채우고 있었는데, 어느 날 갑자기 전셋집 주인이 계약기간이 다되어 가니 전세보증금을 올려 주든지 아니면 이사를 나가라고 전화를 했답니다.

그래서 고민하던 중 주변의 아파트를 공매로 찾아보게 되었고, 적당한 아파트가 있어서 용기를 내어 입찰에 참여 하게 되었는데 요즘 부동산 경기가 없어서 그런지 낮은 가격으로 낙찰 받게 되는 행운을 얻었다고 좋아하더군요.

아파트 시세가 3억6,000만원 정도가 형성되고 있는데 2억6천200만원에 낙찰 받고 등기비용 및 기타 제비용을 포함해서 총 2억7,000만원으로 이 금액을 그동안 회사월급으로 적금을 들고 있던 돈 3,000만원과 공매투자해서 번 돈 5,000만원, 그리고 살고 있었던 집의 전세보증금 7,000만원과 나머지 1억2,000만원은 연 4%대의 대출금으로 잔금을 치렀다는 이야기를 들었습니다.

그래서 참 잘했다는 이야기를 하니 너도 공매공부를 해서 내집 마련과 직장 월급에서 부족한 소득을 공매로 얻는 방법이 좋지 않겠냐고 이야기 하더군요. 다세대주택이나 오피스텔 등은 적은 돈으로도 투자가 가능해서 직장소득 이외에 추가 소득의 증가를 가져 올 수 있고, 입찰도 인터넷으로 진행되다보니 회사생활에 지장 없이 공매투자가 가능하므로 직장인들에게 공매가 경매보다 났다는 말을 들을 수 있었어요.

 그래 나도 공매가 인터넷으로 진행되므로 인해서 직장인들이 선호하고 있다는 말을 듣긴 했어, 주변에서도 주택을 공매로 사거나 투자해서 돈을 벌었다는 얘기를 많이 들었어, 그땐 부러워만 했고 그 세상은 나와는 다른 세상으로만 여겼는데 홍대리 친구는 정말 대단해, 어쨌든 그게 아무나하는 건가, 무엇을 알아야지, 잘못해서 손해를 보는 사람도 많다고 하던데...

과장님도 저와 같은 생각을 하시네요.

직장인들이 공매를 생각할 때 대부분이 우리와 같은 생각을 할 거예요. ㅎㅎ

02 이과장과 홍대리가 부족한 연봉을 공매로 채우기에 도전하다

🙍‍♀️ 공매는 누구나 조금만 노력하면 쉽게 할 수 있다는 말을 하는 사람들이 있는가 하면, 권리분석을 잘 못하면 손실을 보게 되는 경우도 많다는 얘기가 있어서, 우리 같이 그 길을 경험해 보지 않은 사람들에게는 꿈같은 이야기지…

🙍‍♀️ 제가 친구에게 과장님 말씀처럼 걱정이 앞선다는 말을 하니깐, 친구가 공매투자에 관심을 갖게 된 또 하나의 사례를 말해주더군요. 친한 두 여성분들이 있었는데 한 분은 수원에 살고 있었고, 한 분은 일산에 살고 있는 사람들로 친해서 자주 만남을 가졌는데, 수원에 계신 분은 10년 전에 10억원의 재산을 가지고 있어서 투자에 별로 관심이 없었는데 반해서, 일산에 계신 분은 주택 전세보증금 5,000만원과 여유 돈 1,000만원 밖에 없어서 어떻게 하면 재산을 증가 시켜 노후를 편안하게 살 수 있을까만 고민하던 중 공매공부를 하게 되었답니다. 일산주부도 돈이 없어서 자기 여유 돈 2,000만원과 지인에게 빌려서 나와 같이 소형주택 등에 투자해서 처음에는 소형주택에서 한 채당 500만원에서 1,000만원의 기대이익을 가지면서 투자하게 되었는데 부동산 시장이 좋아지고, 투자이익이 조금씩 증가하다보니 10년 후인 지금에 와서는 일산에 사는 주부가 자기 집을 마련함은 물론 많은 여유 돈을 굴리게 되어 지금은 재산이 10억원이 넘게 되었는데, 수원에 사시는 분은 투자를 꺼려서 아직까지도 그 재산 그대로 소유하고 있는데 부동산가격이 하락되어 일산 친구를 부러워하고 있답니다.

　그러면서 하는 얘기가 세상은 무엇인가 얻으려고 노력하는 사람과 노력하지 않는 사람 간에 세월이 흐르고 나서 보면 많은 차이가 발생하게 되니 한 살이라도 젊을 때 회사생활에만 안주하지 말고 공매공부를 해 보라고 하면서 공매공부를 하게 되면 권리분석을 많이 공부하게 되는데 그 권리분석을 잘 하게 되면 공매투자뿐만 아니라 일상생활에서도 내 재산을 안전하게 지킬 수 있는 방법도 배우게 된다고 합니다.

홍 대리 친구 참 열심히 살았군. 뭔가 하려고 노력하는 사람과 안하는 사람과는 세월이 흘러서 보면 많은 차이가 있지.

이 과장님 저와 공매공부 안해 보실래요. 친구의 말로는 회사업무가 끝나고도 공부할 수 있는 공매학원도 많고, 공매 책 들이 서점에 많아서 마음만 먹고 3개월 정도 공부하면 기초적인 학습과정은 배울 수 있어서 쉬운 물건정도는 투자가 가능하답니다. 그러면서 이 책을 소개해 주었습니다.

부동산은 내가 경험해본 일과 전혀 다른 일인데 괜찮을 까. 전부터 배워보고 싶은 생각은 있었는데 어떻게 해야 되는 지도 모르고, 회사생활이 바빠서. ㅎㅎ

이렇게 해보는 것은 어떨까요. 일단 공매 책을 사서 공부 해 보자고요. 모르는 것이 있으면 서로 의논해서 배우고 그래도 부족한 내용이 있으면 친구를 통해서 배우는 것이 좋을 듯합니다.

공매와 부동산을 공부하면 일상생활에서 꼭 필요한 지식이 될 것 같고 또 용기를 내서 친구처럼 내집 마련도 하고, 그 경험으로 우리들의 부족한 연봉도 공매로 벌어 들이는 것을 가볍게 한발 뛰어 보자고요. 벌써 기분이 좋아 지네…ㅎㅎ

일단 우리 목표를 집을 싸게 마련하려는 데 그 목적을 두고, 성공하면 그 다음 우리들의 부족한 연봉을 채워서 자녀들과 우리들의 미래를 위해서 쓰자고요.

그래, 홍 대리, 우리 한번 해보자고. 우리는 마음만 먹으면 하는 사람들 이잖아, 회사에서 우리가 하지 못하는 일이 어디 있었나, 그런 것을 보면 공매도 잘 할 수 있을 거야. 특히 공매가 좋은 것은 인터넷으로 24시간 입찰이 가능해서 직장인들에게 안성맞춤이야!

우리들과 같이 직장에 얽매여 있는 사람들에게 경매와 같이 현장 입찰보다 인터넷입찰로 진행되는 공매가 맞는것 같아요. 그리고 입찰시간도 제약 없이 24시간 가능하니 더 마음에 들어요.

그렇지….

공매 책은 친구가 소개해준 이 책으로 공부하면 될 것 같아요. 제가 조금 읽어 보았는데 공매에 대해서 알기 쉽게 자세히 기술되어 있어서 초보자가 공부하기 좋을 것 같아요.

홍 대리 말을 듣고 보니 우리가 공부하기 적당한 책인 것 같군. 친구가 소개해준 책이기도 하고, 그래 우리 이 책을 가지고 공매 공부를 시작해 보자고, 우리 기억나지 처음 입사시절 어떠했는지, 그때 처럼만 하면 좋은 결과가 있을 거야…

알겠습니다.

그래서 이 과장과 홍 대리는 굳은 마음으로 의기투합해서 공매공부를 시작하게 되었다. 그런데 홍대리가 어느 날 공매특강에 대한 정보를 얻고 이 과장과 함께 공매특강에 참석하기로 했다.

Chapter 2

공매가 뭐고, 어떠한 장점으로 직장인이 공매를 선호하나?

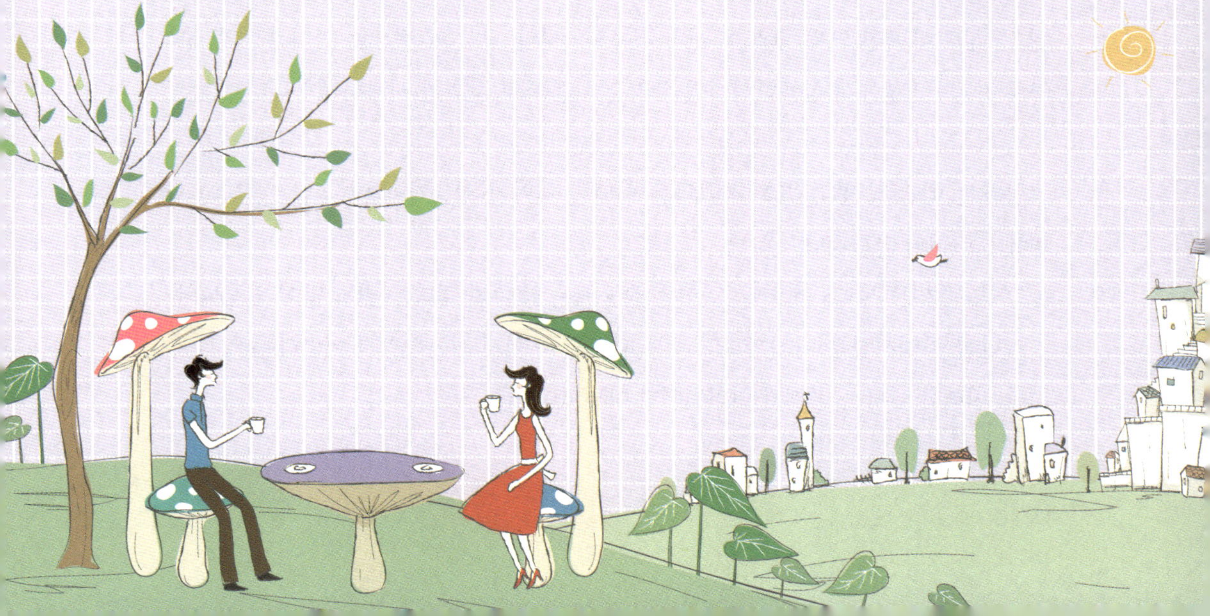

01 공매는 어떠한 장점이 있기에 직장인들이 선호하나?

 공매특강을 시작하시려나 봐요.(홍 대리)

 그러게, 가슴이 뭉클해지는 구나, 우리들이 공매공부를 시작하게 되다니...(이 과장)

"오늘 특강주제는 『공매는 어떠한 장점과 어떻게 어디서 어떻게 진행되나?』 입니다."
"우리들이 가장 궁금해 하고 있는 내용을 족집게처럼 콕 집어 주시고 있군. 그렇군요. 계속해서 열강하시는 선생님 강의를 듣자고요."

안녕하세요. 반갑습니다. 많은 분들이 참석하셨군요. 오늘 오신 분들 중에는 지방에서도 오시고, 직장인들, 그리고 정년퇴직하신 분들도 있으신 것 같군요. 본인은 "실전공매 완전정복" 과 "남들 경매할 때 나는 공매한다", 그리고 이번에 출간하게 된 "공매로 부족한 연봉 채워라" 저자 김동희입니다. 오늘 제 강의는 여러분들의 재테크로 제2의 인생에서 성공하시기를 바라는 마음으로 강의를 시작하겠습니다.

공매는 어떤 장점이 있고, 경매와는 어떠한 차이가 있는가에 대한 질문을 받고 답변해 드린적이 많습니다.
그리고 경매는 어느 정도 알 수 있는데 공매는 알 수가 없다는 말도 많이 받습니다.
그만큼 공매시장은 아직까지도 보통 사람들이 쉽게 접근하기가 어렵다는 말과 같지만, 이러한 상황은 공매가 어려워서가 아닙니다.

공매를 제대로 배워서 입찰에 참여하면 되는데, 그 과정을 생략하고 쉽게 입찰에 참여하다 보니 돈을 벌어야할 상황에서 돈을 잃는 사례가 발생하게 되는 거죠.

공매시장은 공공기관 등의 역할이 확대됨에 따라 계속적으로 확장해 나가고 있습니다. 그래서 공매를 잘 할 수 있는 분들 즉 공매에 대한 관심을 가지고 이 분야에 꾸준히 노력하는 사람만이 보다 높은 수익창출의 기회(틈새시장을 볼 수 있는 눈이 필요하다)를 얻을 수 있습니다. 그러면 공매는 어떠한 장점이 있을 까요?

❖ 공매는 어떠한 장점이 있는 가?

(1) 공매는 경매보다 입찰경쟁률이 낮다

공매는 경매보다 입찰경쟁률이 적어서 낮은 가격으로 물건취득이 가능하다는 것이 장점이다. 그로 인해 낮은 가격으로 낙찰 받아 높은 수익을 얻을 수 있다.

(2) 현장입찰이 아니라 인터넷으로 공매 입찰참여가 가능하다

공매는 경매와 같이 현장 입찰참여 방법이 아니라 인터넷으로 입찰참여 하기 때문에 시간이 부족한 직장인들에게 회사업무에 방해가 되지 않는 시간 즉 월요일 10:00에서 수요일 17:00 까지 24시간 입찰참여가 가능하다. 그래서 바쁜 현대인에게 경매보다 공매절차에서 입찰참여의 기회를 더 많이 얻을 수 있다. 또 수입측면에서도 부수적인 소득을 직장생활에 지장 없이 추가적으로 가져올 수가 있다.

이 같이 공매는 인터넷으로 입찰절차가 진행되어 시간과 장소에 구애됨이 없이 인터넷이 가능한 장소라면 제주도나 부산지역에서도 서울이나 수도권지역의 공매물건 등에 입찰참여가 가능하다.

(3) 경매와 같은 입찰참여 비용을 절약할 수 있다

공매가 24시간 언제라도 시간에 구애됨이 없이 입찰에 참여할 수가 있어서 경매에서와 같이 입찰참여비용이 들지 않는다는 것이 장점이 다.

경매는 현장입찰로 진행되므로 직장에서 근무하는 입찰자 등은 입찰당일 휴가서를 제출하고 입찰장소 등으로 이동하는 비용과 입찰당일 입찰장에서 3~4시간을 소비(경매가 절차가 진행되는 시간)해야 되는 시간과 금전적인 비용이 발생한다. 공매는 인터넷으로 하다 보니 이러한 비용을 절약할 수 있다.

(4) 매각절차가 신속하게 진행된다

경매에서 매각물건이 입찰자가 없어서 유찰되면 1개월마다 진행되지만 공매는 대부분이 1주일 단위로 진행되어 신속하게 매수를 희망하는 물건을 낙찰 받을 수 있다.

(5) 대금 납부기한과 납부최고기한에 지연이자가 없다

경매는 대금 납부기한이 매각결정이 확정된 날로부터 30일이 주어지지고 그 기간 내에 납부하지 않으면 지연이자가 붙는다.

공매는 압류재산 공매의 경우 30일에서 최장 40일(2013년부터 3천만원 이상인 경우 매각결정일로부터 30일 대금 납부기한과 추가로 10일간의 납부최고기한이 지연이자 없이 주어짐)의 기간동안 지연이자 없이 납부가 가능하다는 장점이 있다.

(6) 공매물건은 다양하고, 매각공매와 임대(대부)공매도 있다

공매물건에는 부동산, 자동차, 기계, 유가증권, 회원권, 불용품, 동식물, 골동품 및 미술품 등의 많고 다양한 물건 등이 공매로 매각되거나 임대(대부)절차가 진행되고 있다.

공매물건 중에서도 특이한 분야로 임대공매(대부공매)물건으로 학교매점이나 주차장, 지하철 매점, 공공기관 등의 매점이나 사무실뿐만 아니라 아파트, 단독·다가구주택에서 농지 그 밖의 토지 등에 대해서 공매로 임대(대부)절차가 진행되는데 보증금 없이 1년간의 사용료로 최저입찰가가 결정되고 이 최저입찰금액 이상으로 입찰에 참여한 입찰자를 최고액입찰자로 선정하는 방식으로 투자비용이 부족한 분들도 이 임대물건 중에서 좋은 물건을 낙찰 받아 영업을 할 수 있다.

그러나 공매에서 가장 많은 분야를 차지하는 것이 매각대상물건이고 그중에서도 부동산으로 아파트, 단독·다가구주택, 다세대주택, 연립주택, 상가, 오피스텔, 농지, 임야, 공장 등의 다양한 물건 등이 있다.

공매입찰에 있어서 가장 먼저 판단해야 될 부분이 나는 어느 공매대상 물건을 선택할 것인가 이고 그 대상이 선정된다면 그 분야에 대해서 오랜 기간 동안 실무경험과 연구를 통해서 기본적인 전문지식을 습득해야만 성공할 수 있는 투자를 계속적으로 할 수 있다.

 부동산 중에서 내가 관심을 가지고 있는 것이 주택이라면 그 공매대상 물건을 찾아서 그 대상물건에 대해서 입찰에 참여하기 전에 물건분석과 권리분석, 수익분석을 거쳐서 입찰가를 결정하고 입찰에 참여하면 됩니다.

아하, 그래서 우리같이 직장인들에게 공매가 딱 맞는다고 하는군요.

그러게, 공매는 경매와 같이 현장에서 입찰할 필요 없이 인터넷으로 입찰할 수 있으니, 나는 앞으로 공매만 해야겠어…

02 공매는 어디서 어떻게 진행되고 있나?

 김 선생님이 『공매는 어디서 어떻게 진행되는가』에 대한 강의를 하시는 군.(이 과장)

 그렇군요. 오늘 공매 제대로 알고 가겠어요. 공매는 김 선생님이 최고라시던데...(홍 대리)

"누가 그래." "얼마 전에 집들이한 친구가 그러던데 공매 최고봉이라고..."

공매는 국가기관·지방자치단체·교육기관·공기업 등의 공공기관 물건으로, 국유재산, 시유재산, 공유재산 및 정부물품·불용품 등과 압류재산 등이 있는데 과거에는 각 기관별로 자체적으로 공매를 실시하여 오다가 현재는 이들 대부분이 한국자산관리공사(KAMCO)에 매각을 위임하여 전자처분매각시스템(온비드)으로 매각하고 있습니다.

이 밖에 이용기관 등이 자산관리공사의 온비드사이트에 이용기관 회원가입 후 자산관리공사에 입찰등록수수료와 낙찰수수료를 지급하고 온비드사이트의 전자처분시스템을 이용하여 이용기관 재산(국유·시유·군유·구유재산) 등을 매각 또는 임대(대부)하는 이용기관 재산의 공매가 있고, 금융기관 또는 신탁회사, 기업 등의 비업무용 재산 등을 자체적으로 신문공고 후 공개경쟁으로 매각하는 공매가 있습니다.

이러한 공매는 다음과 같은 기관에서 진행하게 되지요.

❖ 자산관리공사의 공매대행 또는 직접공매

공매 대부분은 자산관리공사(KAMCO)가 국가기관·지방자치단체·교육기관·공기업 등의 공공기관으로부터 매각을 의뢰 받아 전자처분시스템(www.onbid.co.kr)에 의해 전자입찰방식으로 매각을 대행하고 있다.

이밖에도 자산관리공사의 직접공매로 유입자산 공매가 있다. 이는 부실채권정리기금으로 인수한 금융기관 부실채권을 경매절차에서 회수하는 과정에서 유찰로 채권손실이 예상될 때 직접 한국자산관리공사 명의로 낙찰 받은 물건(유입자산)으로 공매에 붙이는 것을 말한다.

❖ 국세청, 지방세무서, 지방자치단체(시·군·구청 등), 정부기관 등] 등의 공매

국세청, 지방세무서, 지방자치단체(시·군·구청 등) 등의 체납세액이 발생하면 세무관서 등은 조세 체납자 등에게 일정한 기간 동안 해당 세금에 대하여 납부할 것을 독촉하게 되고 독촉이 있음에도 불구하고 납부하지 아니하면 체납자(채무자)의 재산을 압류하고, 이를 세무관서 등이 자산관리공사에 공매대행을 의뢰하게 되고, 위임받은 자산관리공사(KAMCO)가 전자처분시스템(온비드)으로 공매를 진행하게 된다.

이러한 공매를 압류재산 공매라 한다.

❖ 국민건강보험, 국민연금보험, 고용·산재보험 등의 공매

공과금은 국세징수법상 체납처분 또는 국세징수 예에 따라서 미납된 경우 공과금을 징수 할 수 있는 채권을 말하는 데 이들 또한 조세채권 등과 같이 자산관리공사에 공매대행을 의뢰하여 공매를 진행하고 있다. 이러한 공매를 압류재산 공매라 한다.

❖ 정부투자 공기업 등의 공매

정부투자 공기업 등으로 한국전력공사, 철도청, 가스공사, 서울메트로, 철도공사 등이 있는데 이들 역시 현재는 자산관리공사에 공매대행을 의뢰하여 공매를 진행하고 있다. 이러한 공매를 수탁재산 공매라 한다.

❖ 금융권 및 기업 등의 공매

금융권이나 기업 등이 직접 공매하지 아니하고 자산관리공사에 매각을 위임하여 매각하는 경우가 있다. 이러한 공매를 수탁재산 공매라 한다.

❖ 이용기관 등의 공매

앞의 사례와 같이 자산관리공사에 매각을 의뢰하는 공매물건 이외에 국가기관 및 공공기관 등의 이용기관 재산에 대하여 직접 온비드 사이트를 이용하여 매각 또는 임대(대부)절차를 진행하고 있는 공매물건 등이 있다.

❖ 예금보험공사(공적자금운영)(www.kdic.or.kr)

(1) 금융기관 파산과 공적자금회수방법

금융기관이 보험사고발생 등으로 부실화될 경우 예금보험공사는 예금자보호를 위하여 출자예금대지급 등의 방식으로 자금을 지원하게 되며, 해당 금융기관은 3자 매각방식 등에 의해 회생하거나 청산절차 등을 거쳐 시장에서 퇴출하는 방식으로 정리된다. 이때 시장에서 퇴출되는 금융기관은 파산절차를 통해 잔여자산을 환가(현금화)하여 채권자들에게 분배(배당)한 후 소멸하게 된다.

예금보험공사가 부실한 금융기관에 예금대지급 등으로 지급한 금액은 원칙적으로 금융기관이 예금자에게 지급할 예금 등을 공사가 대신 지급한 것이므로 파산한 금융기관에 대하여 공사의 채권이 발생하게 되며 공사는 금융기관 파산시 동채권을 근거로 하여 파산절차에 참여하여 파산배당을 수령함으로써 공적자금을 회수하는 것이다.

(2) 파산배당절차

① 파산배당은 파산관재인이 파산재단에 속하는 자산을 환가하여 얻은 금전을 각 파산채권자의 채권순위 파산채권금액에 따라 평등한 비율로 분배하는 절차이다. 즉, 파산채권신고 등 절차를 통해 확정된 채권은 파산재단 자산환가절차를 통해 파산배

당으로 채권자들에게 배분하게 된다.

② 파산배당절차를 진행시키기 위해서는 파산채권자의 채권신고가 있어야 하고, 신고된 채권에 대한 시부인 조사를 거쳐 확정된 파산채권에 대하여 파산관재인이 파산배당을 실시하게 된다.

③ 파산 이후 채권자는 개별적인 행사가 불가능하고 확정된 채권에 대하여 파산배당을 수령하게 되므로, 파산채권신고 및 배당절차에 참가하는 것은 파산절차상 어느 절차보다도 중요하다고 볼 수 있다.

❖ 정리금융공사(www.rfc.or.kr)

설립목적은 정리금융공사(RFC)는 예금자 등의 보호 및 금융제도의 안정성 유지를 위하여 예금자보호법 제36조의3 규정에 따라 '99.12.27. 설립된 정리금융기관으로서, 부실금융기관이 보유하고 있던 부실자산의 신속한 정리를 통해 공적자금 회수전담기구로서 역할을 수행목적으로 한다. 공매정보는 위 공사 사이트에서 확인할 수 있다.

❖ 나라신용정보(www.naracredit.com)

나라신용정보는 1999년 출범 예금보험공사의 부실채권관리 및 회수는 물론 일반 금융채권 및 상사채권의 추심과 신용조사 등을 담당하여 온 곳으로 주요사업으로는 채권의 추심, 신용조사, 민원서류의 대행과 부동산관리 등을 하고 있다. 공매정보는 위 공사 사이트에서 확인 할 수 있다.

❖ 농협자산관리공사(www.acamco.co.kr)

(1) 농협자산관리공사의 주요업무
① 조합, 중앙회의 부실자산매입 및 매각.
② 인수한 부실자산보전, 추심 및 임대차조사.
③ 부실자산보전, 추심 및 임대차조사 수임

④ 담보부동산 및 비업무용자산매입, 대여, 개발, 처분 및 공매
⑤ 부실조합의 자산관리, 매각 및 매매중개

(2) 공매대행업무

농협구조개선에 관한 법률 제30조제6호에 근거하여 일선 지역농협 및 중앙회와 계열사가 보유하고 있는 업무용 및 비업무용자산에 대한 공매업무를 대행함으로써 농협자산매각을 효율적으로 지원하고 있으며 체계화된 매각시스템을 통해 현재 각 농협마다 산별적으로 이루어지고 있는 매각업무를 일원화함은 물론 매각의 투명성확보와 동시에 조기매각을 통한 농업협동조합의 수익창출에 기여하고 있다.

(3) 공매진행절차

입찰방식, 낙찰자의 결정, 입찰보증금, 계약체결방식, 입찰준비서류 등은 위 사이트에서 공매물건 검색 후 공고란을 확인하면 된다.

❖ 산림청의 공매

산림청의 도시주변 자투리땅을 산림경영에 적합지 않은 땅은 산림청에서 직접 공매한다.
① 공매는 매년 2회에 걸쳐 실시되는데 경우에 따라서는 여러 번 실시되기도 한다.
② 일반입찰과 같이 최저가를 정해놓고 최고가격에서 낙찰된다.
③ 입찰에 참가신청을 원하는 사람은 참가신청서, 인감증명서, 인감도장, 입찰금액의 5%에 해당하는 현금이나 자기앞수표를 준비해야 한다.
④ 계약을 낙찰일로부터 7일 이내에 해야 하며, 인감도장과 주민등록증을 지참해야 한다.
⑤ 대금납부기일은 계약체결 후로부터 60일 이내다.
⑥ 산림청산하 30여개 국유림관리소에서 관할 수역 토지에 대한 공고 입찰계약 등 매각절차를 모두 집행한다.

❖ 신탁회사 등의 직접공매

각각의 신탁법인에서도 담보신탁 된 부동산에 대해서 대출금융기관이 환가를 요청 시에 담보신탁 된 부동산환가를 위해서 자체적으로 공매를 실시하고 있다.

① 한국토지신탁, ② KAIT한국자산신탁, ③ 다올부동산신탁, ④ KB부동산신탁, ⑤ 생보부동산신탁 등과 이밖에도 많은 신탁회사 등이 있는데 이러한 신탁법인 등은 담보신탁 된 물건 등을 공매를 진행하는 것 이외에도 처분신탁 된 물건도 직접 공매를 진행하고 있으나 담보신탁 된 물건이 대부분을 차지하고 있다.

❖ 각 금융기관보유 부실재산 정리를 위한 직접공매

각 금융기관보유 부실재산정리를 위하여 각 금융기관 등이 자체적으로 신문에 공고 후 공매 입찰방식으로 매각하는 방법이다.

농협자산관리공사, 우리SB자산관리, 새마을금고, 상호저축은행, 이밖에도 기타 은행 및 금고 등에서 보유 중인 부동산을 공개입찰방식으로 매각하는 방식을 취하여 부실자산을 정리하고 있다. 이러한 공매물건은 자체 홈페이지 또는 신문광고를 통해서 확인할 수 있다.

❖ 개인기업 등의 비업무용자산을 정리를 위한 직접공매

일반기업 등이 자체적으로 신문에 공고 후 공매 입찰방식으로 매각하는 공매가 있다. 이러한 공매물건은 자체 홈페이지 또는 신문광고를 통해서 확인할 수 있다.

김 선생의 알아두면 좋은 내용

입찰하기 전에 공매공고를 확인하고 입찰하세요.

"경매물건은 매각절차가 민사집행법을 근거로 정례화 된 즉 법정매각절차에 의해 매각절차가 진행되고 일부만 특별매각조건으로 매각하고 있다. 그러나 공매는 매각집행기관도 다양하고 그 기관에 따라 매각조건도 다르기 때문에 어떠한 매각조건으로 매각하는 가를 정확하게 이해하지 않고 입찰에 참여했다간 낭패를 보기 쉽습니다. 그러한 매각조건은 공매공고문에 있으니 입찰에 참여하기 전에 공매공고문을 확인하고 입찰에 참여해야 합니다.

 공매가 경매와 다른 점이 많군요.

 홍 대리! 누가 보면 경매를 잘 알고 있는 사람 같아 보이잖아....

 제가 그랬나요. ㅎ ㅎ ...

이들은 특강을 마치고 나서 김 선생과 상담을 하고 있다. 상담내용은 공매를 어떻게 하면 잘 할 수 있느냐 인데, 김 선생은 공매강의를 진행하고 있으니 정식 강좌를 들으라고 했고, 이 과장 일행도 동의하고 듣기로 했다.

Chapter 3

공매의 종류와 매각절차, 그리고 경매와의 차이점은?

01 공매물건은 어떠한 것이 있나요?

선생님, 공매물건에는 어떤 종류가 있나요? (홍 대리)

공매는 3분야로 나눌 수 있지요. 첫 번째로 KAMCO(한국자산관리공사)가 매각 의뢰를 받아 대행하는 공매와 KAMCO가 유입한 물건을 매각하는 공매가 있는데, 이 물건들은 온비드(전자처분시스템)로 매각절차가 진행 됩니다. 두 번째로 이용기관 등의 재산을 매각 또는 임대(대부)하는 공매가 있는데 온비드로 매각절차가 진행되지만 첫 번째 공매는 KAMCO가 전체적으로 매각절차를 진행하지만, 두 번째 공매는 이용기관 등이 물건등록 수수료 1만원과 낙찰수수료 24만원(1억이상 ~ 10억미만)을 지급하고 온비드에 물건을 등록 및 공고하고 매각절차만 진행하고 그 이후 계약체결과 잔금 납부 및 소유권이전등기 절차는 이용기관 등이 직접진행하게 되니 KAMCO는 온비드만 수수료를 받고 대여해준다고 생각하면 됩니다.

세 번째로 금융기관 또는 신탁회사, 기업 등의 비업무용 재산 등의 공매가 있는데 이 공매는 KAMCO와 무관하게 금융기관 등이 직접 평가부터 공고후 매각하는 절차를 진행하게 돼 이 분야는 정보를 아는 만큼 돈을 벌수 있는 공매입니다.

그렇군요. 줄거리는 알겠지만 아직도 잘 모르겠어요.

그럼, KAMCO가 진행하는 공매부터 설명해 보겠습니다.

❖ KAMCO 공매대상물건과 매각방법

　부동산, 차량, 불용품, 유가증권, 회원권 등이 다양한 물건이 공매대상이 되고 있다. 이들 물건은 위임을 받아 KAMCO(한국자산관리공사)가 매각절차를 대행하는 압류재산공매, 국유재산공매, 수탁재산공매와 KAMCO 소유인 유입자산공매가 있다. 매각 또는 임대(대부)를 경쟁 입찰방식으로 공매를 진행하게 되는 것이 원칙이나 일정 이하로 저감되면 유찰계약(=수의계약)으로 매각하는 절차를 병행하기도 한다.

(1) 압류재산 공매(공개경쟁입찰원칙)

　세무서장, 지방자치단체장, 공과금기관장(국민건강보험, 국민연금보험, 고용 및 산재보험 기관장) 등이 기한 내 납부되지 아니한 세금이나 공과금을 강제징수하기 위해 체납자 소유의 재산을 압류한 후 KAMCO(한국자산관리공사)에 매각대행 의뢰한 재산을 압류재산 공매라 한다. 그러니 물건을 평가해서 공고후 배분절차까지 전 과정을 KAMCO가 공개경쟁 입찰방식으로 매각하고 있다.

(2) 수탁재산 공매(공개경쟁입찰+유찰(수의)계약)

　수탁재산에는 비업무용 재산에 대한 공매와 양도세 감면대상 물건에 대한 공매가 있다.

　① 비업무용 재산에 대한 공매 - 금융기관이 연체대출금을 회수하기 위하여 법원경매를 통해 금융기관 명의로 유입한 후 KAMCO(한국자산관리공사)에 매각 의뢰된 재산과 공공기관이 소유하고 있는 비업무용재산으로 KAMCO에 매각 의뢰된 재산, 즉, 금융기관소유 비업무용 재산과 공공기관소유 비업무용 재산 등을 금융기관 또는 공공기관으로부터 매각이 위임된 재산을 KAMCO가 수탁을 받아 일반인에게 공개경쟁 입찰방식으로 매각하는 부동산을 수탁재산 공매라 한다.

　② 양도세 감면대상 물건에 대한 공매 - KAMCO에 매각을 의뢰하면 양도한 것과 동일하게 인정되어 양도세의 비과세 또는 중과세 제외혜택을 받을 수 있다.

(3) 국유재산 공매(공개경쟁입찰+유찰(수의)계약)

국가 소유 잡종재산의 관리와 처분을 위임받아 일반인에게 매각 또는 임대(대부)하는 재산을 말한다. 즉 국가기관 등으로부터 매각이 위임된 재산을 KAMCO가 수탁을 받아 일반인에게 공개경쟁 입찰방식으로 매각하는 부동산을 국유재산 공매라 한다.

(4) 유입자산 공매(공개경쟁입찰+유찰(수의)계약)

부실채권정리기금으로 인수한 금융기관 부실채권을 회수하는 과정에서 법원경매를 통해 KAMCO(한국자산관리공사) 명의로 유입한 재산으로 KAMCO가 소유자로 일반인에게 공개경쟁 입찰방식으로 공매절차를 진행하게 된다.

(5) 고정자산 공매(공개경쟁입찰+유찰(수의)계약)

KAMCO(한국자산관리공사)가 금융구조조정과정에서 정리금융기관(퇴출금융기관 등) 등으로부터 취득한 자산으로 사옥·점포·연수원, 비업부용자산 등을 일반인에게 공개경쟁 입찰방식으로 매각하는 부동산을 고정자산 공매라 한다.

❖ 이용기관 등의 공매대상물건과 매각방법

이용기관 등은 국가기관(국유재산), 지방자치단체(시·군·구유재산), 국가 또는 지방자치단체가 출자·출연한 기관과 기타의 공공기관 등(공유재산)이 있으며 이들 이용기관 등을 보면 행정자치부, 기획예산처, 정보통신부, 국방부, 경찰청 등의 중앙행정기관과 서울특별시 등의 지방자치단체 및 교육기관, 한국전력공사 등의 이용기관 등이 있다.

(1) 이용기관재산에 대한 매각 또는 임대(대부)방법

이용기관 등이 매각이나 임대(대부)를 KAMCO(한국자산관리공사) 온비드 사이트에 이용기관 회원 가입 후 온비드사이트의 전자처분시스템을 이용하여 KAMCO에 입찰등록수수료 1만원과 낙찰수수료 24만원(1억 이상 ~ 10억 미만)을 지급하고 매각 또는 임대(대부)하는 이용기관 공매가 있다.

① 이용기관재산의 입찰 또는 유찰계약 공개경쟁 입찰방식에 의한 매각방식이 원칙으로 하고 있지만 각 기관별로 정한 방법에 따라서 일정횟수 이상 유찰되는 경우 유찰계약(수의계약)방식으로도 매각할 수 있다. 특히 이용기관 매각방식 등은 이용기관별로 다소 차이가 있으므로 이용기관 매각 공고문 등을 참조하여 입찰에 참여해야 한다.

② 온비드 사이트를 이용한 매각 이후의 진행절차 이용기관 등이 온비드사이트의 전자처분시스템을 이용하여 매각 또는 임대(대부)로 매각되면 그 이후의 모든 절차 즉 계약체결에서 대금납부 후 소유권이전등기절차까지 직접 이용기관 등이 진행하게 된다. 앞의 KAMCO 공매대상물건과 매각방법은 온비드사이트의 전자처분시스템을 통한 전자입찰방식에 의해서 모든 절차가 이루어져서 대금납부 후 소유권이전등기 및 배분절차까지 KAMCO가 대행하게 된다. 그러나 이용기관재산 등의 공매절차는 온비드사이트의 전자처분시스템을 이용수수료를 지급하고 매각절차까지만 이용하고 그 이후의 모든 절차는 이용기관 등이 직접 진행하게 된다는 차이점이 있다.

(2) 공매대상물건
이용기관 등의 매각 또는 임대(대부) 재산은 아파트, 토지, 자동차, 기계, 골프회원권, 유가증권, 기타불용품, 지하철상가, 학교매점운영권, 주차장운영권 등의 다양한 물건이 그 대상이 되고 있다.

❖ 금융기관, 신탁회사, 기업 등의 비업무용 재산 등의 공매
은행 및 금고·신탁회사·기업 등이 감정평가기관의 평가금액을 기초로 하여 최초 매각예정금액으로 정하고 이를 신문에 공고하여 공개입찰방식으로 직접 매각한다. 이들은 공개입찰방식으로 매각을 진행했으나 유찰된 경우에는 유찰되기 전 최저금액 이상으로 수의계약으로도 매각할 수 있다.

앞의 사례들이 온비드에서 찾아볼 수 있는 공매물건인데 반해서 이 공매물건은 각 은행 및 금고·신탁회사·기업의 홈페이지를 방문해서 찾아보는 방법과 신문 광고문을 확인해서 찾는 방법이 있다. 그래서 이러한 물건은 정보가 빠른 사람들만 접근할 수 있고 그렇지 못한 사람들이 접근하기가 어려워서 경매나 온비드 공매보다 싸게 살 수 있다는 장점이 있다. 단점으로는 물건이 많지 않아서 입찰자의 입맛에 맞는 물건을 고르기가 쉽지 않다. 그러나 실수요자가 아니고 재테크로만 본다면 분명 희망적인 분야다.

02 입찰자 입장에서 본 공매·경매 입찰 및 매각절차도

❖ **공매와 경매에서 물건 선정 후 입찰가를 결정 방법**

 공매나 경매에서 입찰자가 어떻게 물건을 선정해서 입찰에 참여하게 되나요? (이 과정)

 입찰가는 어떻게 결정하고...(홍 대리)

 ㅎㅎ, 그러한 내용이 궁금하지요. 다음 도표와 같이 간단하게 그려둔 것이 있으니 참고하세요.

공·경매 입찰대상물건목록

- 신문, 인터넷(온비드, 대법원)
- 경매정보사이트(경매정보지 등)입찰대상물건목록
  ①
  ②
  ⋮
  ⑩

→ 물건 분석 후 입찰대상 물건 선정 →

공·경매 입찰대상물건목록

① 공적장부 권리분석(등기부, 대장, 토지이용계획확인서 등)
② 부동산상의 권리분석(임차인 등)
③ 현황분석
  - 부동산 입지 및 공부상과 현황의 일치여부 점검, • 부동산 시세조사
  - 전입세대열람, • 관리비연체내역,
  - 유치권내역
④ 예상배당표작성(선순위임차인 등의 인수여부 및 명도분석, 추가 인수 권리 등의 여부, 특히 조세채권액 등 확인점검)

공·경매 입찰대상물건목록

적정한 수익률이 보장되는 선에서 입찰가 결정
• 예상수익률 분석

$$= \frac{\text{예상수익 17,444,065}}{\text{취득금액(낙찰 금액+소유이전비용+명도비용)160,600,475원}}$$

• 예상수익=매도가격 1억 9,000만원-[낙찰대금 1억5,500백만원+소유권이전제비용 4,100,675원(취, 농, 교, 법무사 수수료, 채권할인금액 등)+명도비용 150만원+양도시중개 수수료 950,000+양도소득세 및 주민세의 합계 11,005,260]=17,444,065원여부, 특히 조세채권액 등 확인점검)

 다음 내용은 공매로 낙찰 받고 나서 어떻게 마무리가 되는 가와 경매로 낙찰 받고 나서 마무리가 되는 과정입니다.

❖ 공매물건 낙찰 받고 잔금납부 및 배분까지 마무리 되는 과정

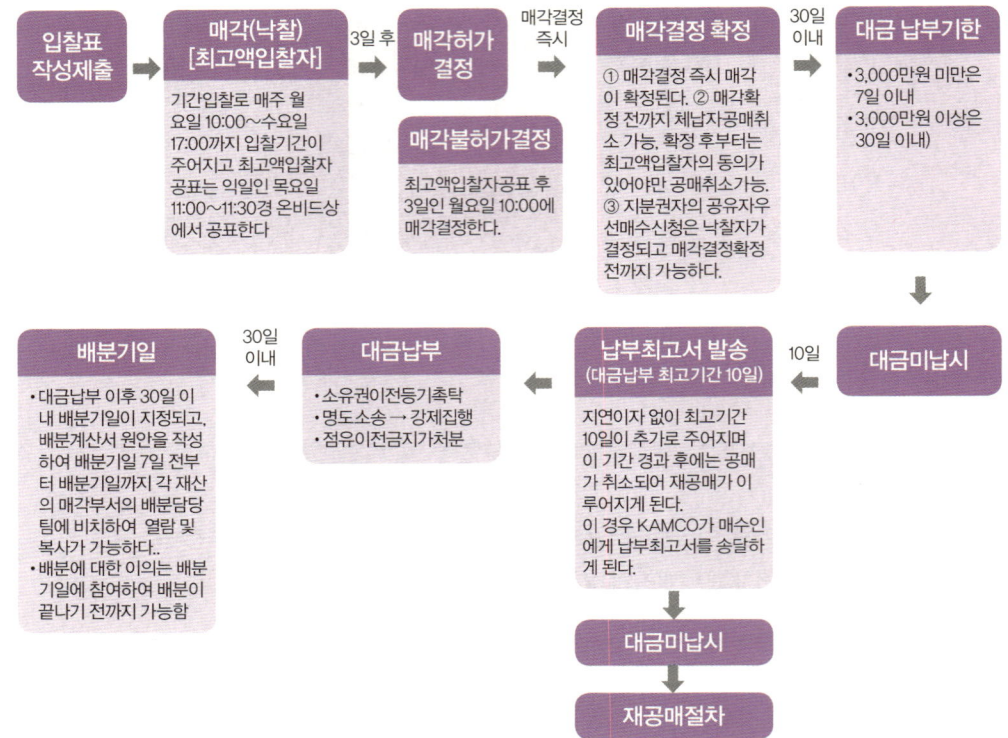

❖ 경매물건 낙찰 받고 공매와 같이 마무리 되는 과정

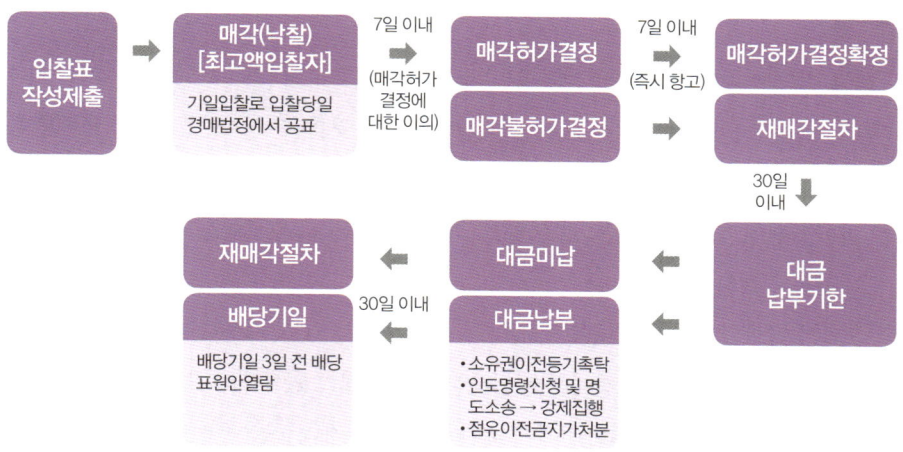

03 공매와 경매는 어떠한 차이가 있나요?

❖ 공매는 무엇을 의미하나요?

공매란 앞에서 설명한 바와 같이 KAMCO(한국자산관리공사)가 공매를 대행하는 물건으로 국유재산 공매, 수탁재산 공매, 압류재산 공매 등이 있고, KAMCO 소유자산을 매각하는 유입자산 공매가 있습니다. 그리고 이용기관 등이 이용기관 등의 재산을 KAMCO 온비드사이트의 전자처분시스템을 이용하여 매각하는 이용기관 재산의 공매, 이밖에도 금융기관 또는 신탁회사, 기업 등의 비업무용 재산 등을 자체적으로 공개경쟁입찰로 직접 매각하는 공매가 있습니다.

❖ 이번에는 경매가 궁금하네요

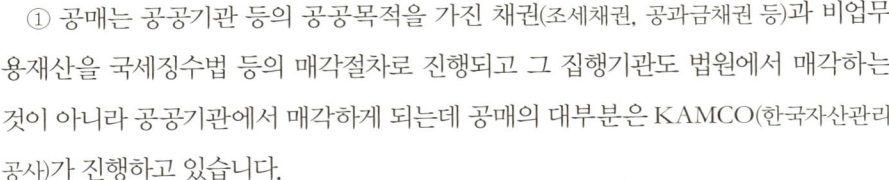 법원경매는 담보물권자와 일반채권의 채권회수방법으로 담보물권자(근저당권자, 담보가등기권자, 전세권자 등)나 집행권원이 있는 채권자 등이 변제기가 도래했음에도 채무자 등이 채무변제의 의무를 이행하지 아니할 경우 변제받고자 하는 채권자가 관할법원에 채무자 등(물상보증인 또는 연대보증인)의 소유부동산을 강제로 매각하여줄 것을 신청하는 절차입니다.

그래서 담보물권자가 경매를 신청하는 임의경매가 있고, 채권자가 집행권원에 의해 채무자 소유 부동산에 경매를 신청하는 강제경매가 있는데, 이들 모두 공매와 같이 경쟁입찰방식을 통해 일반인에게 매각하고 그 매각대금을 통해서 채권자들이 채권을 회수하면서 경매절차가 종료되는 것이지요.

❖ 공매와 경매는 이런 차이가 있습니다

① 공매는 공공기관 등의 공공목적을 가진 채권(조세채권, 공과금채권 등)과 비업무용재산을 국세징수법 등의 매각절차로 진행되고 그 집행기관도 법원에서 매각하는 것이 아니라 공공기관에서 매각하게 되는데 공매의 대부분은 KAMCO(한국자산관리공사)가 진행하고 있습니다.

② 경매는 개인채권자(담보물권자, 일반채권자)가 민사집행법의 매각절차로 진행되고 그 매각기관은 부동산 소재지 관할 법원에서 매각절차를 진행하게 됩니다.

그러니 개인채권에 의해 법원에서 매각하는 것을 경매로 이해하면 되고, 공채권 등으로 KAMCO 등의 공공기관에서 매각하는 것을 공매로 이해하면 될 것입니다.

 이제 공매와 경매를 이해하겠어요.

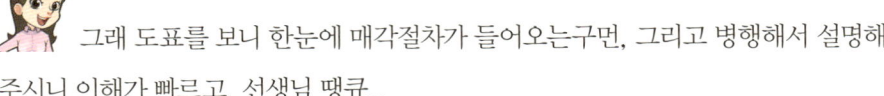 그래 도표를 보니 한눈에 매각절차가 들어오는구먼, 그리고 병행해서 설명해 주시니 이해가 빠르고, 선생님 땡큐...

Chapter 4

공매 소액투자가 가능하다?
3,000만원 투자해서 2,000만원
버는 진실

공매를 소액으로도 투자가 가능하다는 말을 친구에게서 들었는데 어떻게 투자해야 하나요? (홍 대리)

 소액이면 얼마인데.(이 과장)

 "글쎄 4,000만원에서 5,000만원 정도", 그런 것이 어디 있어..."
2,900만원 투자해서 2,000만원 번 공매도 있습니다.
"공매도 소액투자가 가능하다" 주제로 공매특강을 하기로 했으니 참석하세요.

 언제하게 되나요?

 다음 주 수요일 저녁 7시부터 10시까지 진행하게 됩니다. 이 시간대가 직장인들이 근무를 끝내고 참여할 수 있는 시간이지요.

 오늘 특강에도 많은 분들이 참여 하셨군요.

오늘 특강은 "공매도 소액투자가 가능하다"는 주제로 소액투자가 가능한 공매물건을 찾아서 입찰하는 과정과 소액투자로 성공한 사례를 지역별로 분석해 보겠습니다.

소액공매물건에 투자하기 위해서 먼저 온비드 회원가입과 공인인증서등록을 해야 하니, 회원가입과 공인인증서등록 방법, 그리고 온비드사이트에서 공매물건을 찾아가는 과정에 대해 알아보고 나서, 공매로 소액 투자한 사례를 이야기해 보겠습니다.

"어서 해주세요." "조금만 기다려... 홍 대리"

01 KAMCO 온비드사이트 이용방법과 공매물건 검색

 홍 대리, 쉬! 온비드가 어떠한 일을 하고 있냐면…

❖ KAMCO 온비드(Onbid)에서 어떤 일을 하고 있나?

① KAMCO(한국자산관리공사)의 공매물건에 관한 정보는 기획재정부장관이 지정 정보처리장치로 고시한 onbid(www.onbid.co.kr 사이트)에서 확인할 수 있다. 여기서 온비드란 on-Line bidding의 약자로 온라인입찰 또는 온라인이 가능한 모든 입찰거래를 의미한다.

② 온비드는 국가기관, 지자체, 교육기관[집행기관(이용기관)] 등 모든 공공기관의 자산처분 시 이용할 정보처리장치로 지정·고시 받은 전자정부구현에 부응하는 안전한 시스템이다.

③ KAMCO에서는 공매입찰물건의 정보제공을 위하여 물건정보, 입찰공고 등을 인터넷사이트(온비드)에서 열람할 수 있을 뿐만 아니라 일간신문공고 등을 통하여 정보를 얻을 수 있고, 이에 관한 상담을 위해서 공사자체 콜센터를 운영하여 입찰하고자 하는 사람들 누구나가 공매입찰물건에 대하여 전문상담을 받을 수 있다.

④ 공매공고는 일간지 신문에 공고하는데 보통 유입자산·수탁재산은 중앙일간지에 공고하고, 압류재산의 경우에 본사는 주요경제지에, 지사인 경우는 해당지역 지방신문에 공고하게 되므로 신문을 통하여서 정보를 얻을 수 있다.

⑤ 온비드 콜센터 운영 : 전화번호 1588-5321, 상담시간 : 평일 9:30~17:30까지(토요일, 공휴일은 제외) 콜센터를 통하여 해당공매물건에 대하여 공매담당자와 전문상담을 받을 수 있고, 이를 통한 정보와 부동산등기부등본상의 권리분석, 부동산상의 권리(임차인 등)를 종합적으로 하는 권리분석을 할 수 있게 된다.

⑥ KAMCO가 모든 공공기관의 부동산 등의 공고, 입찰정보를 실시간으로 제공하고 입찰·계약·등기 등의 절차를 인터넷으로 원스톱으로 처리할 수 있는 시스템이다.

KAMCO 온비드사이트를 이용하기 위해서는 온비드에 회원가입후 ⇨ 거래은행에서 인터넷뱅킹 신청과 공인인증기관에서 범용으로 공인인증서를 범용으로 발급받고 자신의 PC 또는 휴대용 Usb에 저장한 다음 ⇨ 온비드에서 공인인증서 등록절차를 마치면, 언제든지 온비드사이트를 방문하여 열람하거나 입찰참여가 가능합니다.

기존에 공인인증서가 있으면 그 것으로도 이용이 가능하지요?
"네, 가능합니다. 범용공인인증서로 발급받아 사용하고 있었다면..."

저는 범용이 아니니 다시 발급 받아야 겠어요.
"그렇습니다. 그래서 다음과 같이 온비드사이트를 이용하는 방법과 공매물건 검색방법을 도표로 그려 봤습니다."

❖ 온비드 회원가입 및 공인인증서 등록절차

온비드 회원가입

① 온비드 내 〈회원가입〉코너를 통해 회원가입을 한다. 인터넷입찰을 위해서는 회원가입이 필수적인 요건이다.
② 개인회원, 이용기관회원, 법인회원, 협력업체회원 등으로 가입할 수 있다.
③ 반드시 유의사항을 읽어본 후 가입해야 한다. 이용기관회원도 인터넷입찰참여가 가능하며 이 경우 개인명의가 아니라 기관명으로 입찰해야 한다.
④ 개인회원의 경우는 회원가입 후 공인인증서를 등록 후 즉시 입찰참여가 가능하다.
  • 개인사업자회원, 법인회원인 경우에는 회원가입 후 → ⓐ 회원가입신청서 출력(법인인감도장 날인) ⓑ 법인인감증명서 ⓒ 사업자등록증 사본, 즉 ⓐ ⓑ ⓒ를 FAX번호 042-601-5150~1번으로 팩스전송하면 30분 정도 후에 로그인하여 사용가능하다. 이 경우에도 법인회원가입이 전산처리 되고나서 공인인증서 등록을 하여야만 입찰참여가 가능하다.

공인인증서 등록

① 공인인증서가 없는 경우 : 공인인증기관 또는 대행기관을 통하여 새로 발급 받는다.
② 공인인증서를 새로 발급 받았거나 기존에 보유하고 있는 경우 : 새로 발급받은 또는 보유한 공인인증서는 〈나의 온비드〉에서 등록을 하여야 한다.
  • 본인 PC에 공인인증서를 등록후 ⇒ 온비드사이트접속후 '나의온비드' 메뉴의 공인인증서 등록/관리에서 공인인증서 암호를 온비드에 등록하면 된다.
③ 공인인증서는 온라인상 인감과 같으며 공인인증서가 없으면 입찰에 참여할 수 없다.
④ 개인회원은 '전자거래범용개인공인인증서'를, 개인사업자나 법인회원은 전자거래범용기업(법인) 공인인증서를 발급받아 사용해야 한다.

❖ 온비드에서 입찰대상 공매물건 검색방법

(1) 통합 검색을 통한 입찰대상물건 검색방법

온비드 홈페이지 메인화면 → 회원로그인 한후 → 통합검색에서 원하는 단어 조합으로 공고 및 물건 등을 검색 또는 관리번호를 직접 입력 후 검색도 가능하다. 이때 '-'등을 없애고 물건관리번호 숫자만 그대로 입력하면 된다.

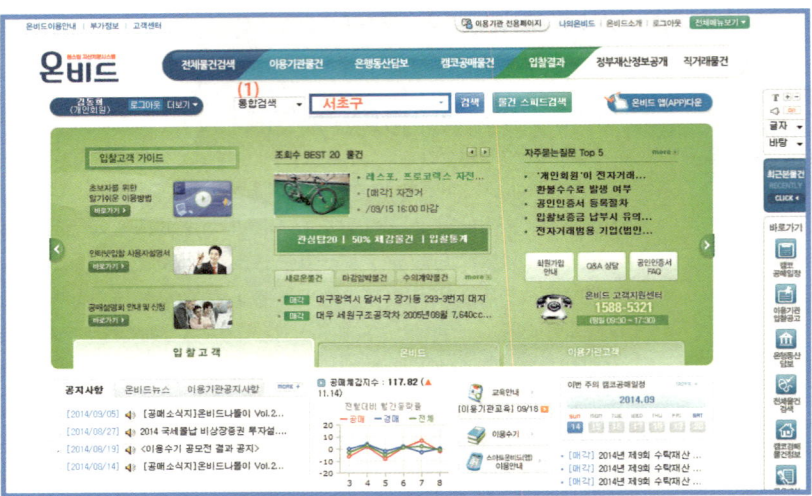

앞의 통합검색에서 '서초구'를 검색하면 다음 ①~③과 같은 입찰대상 물건목록 등이 나타난다.

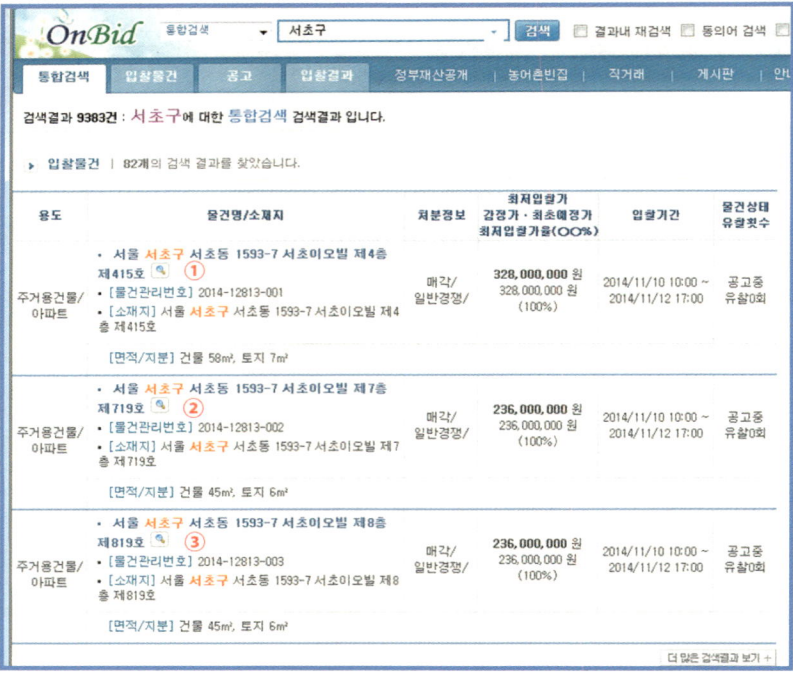

이 ①~③번과 같은 많은 입찰대상물건목록 중에서 입찰하고자하는 입찰대상물건을 클릭하면 된다.

이 입찰대상물건 정보내용을 가지고 권리분석후 입찰에 참여하면 된다. 공매 입찰 대상물건 확인에서 입찰서 제출방법과 입찰내역 및 입찰결과 확인방법 등의 자세한 내용은 "제12장 305쪽 이과장이 공매로 아파트에 입찰해서 성공한 사례와 동영상을통한 입찰 현장학습"을 참고하면 된다.

앞에서와 같은 방법 이외에도 다음 화면에서 (2) ~ (5)를 검색해서 공매 물건을 확인할 수 있습니다

(2) 전체물건 검색을 통한 입찰대상물건 검색방법

온비드 회원로그인 한후 ⇨ ① 전체물건메뉴검색(온비드상단 메뉴 또는 우측바로가기의 ① 전체물건검색) ⇨ ② 용도별검색[㉠부동산, ㉡자동차및운송장비, ㉢회원권및유가증권, ㉣기계및장비부품, ㉤물품]중에서 ㉠ 부동산을 선택하여 ⇨ ③ 처분방식, 용도, 소재지, 감정가, 입찰일자, 기관명 등을 입력한 후 ⇨ ④ 검색하면 공매가 진행

중이거나 공매예정인 입찰대상물건정보 내역을 확인 할 수 있다.

물건관리번호를 알고 있다면 ⇨ 물건관리번호란에 물건관리번호를 직접 입력 후 ⇨ 검색해서 입찰대상물건목록을 확인할 수 있다.

(3) 캠코공매물건 검색을 통한 입찰대상물건 검색방법

① 캠코공매물건에서 ⇨ ② 물건검색을 선택하고 ⇨ ③ 용도별검색[㉠부동산, ㉡자동차및운송장비, ㉢회원권및유가증권, ㉣기계및장비부품, ㉤물품]에서 ㉠ 부동산을 선택해서 ⇨ ④ 처분방식, 용도, 소재지, 감정가, 입찰일자, 기관명 등을 입력한 후 ⇨ ⑤ 검색버튼을 클릭하면 공매가 진행 중이거나 공매예정인 입찰대상물건정보 내역을 확인 할 수 있다.

이밖에도 우측 메뉴에서 캠코공매일정을 검색해서도 앞에서와 같은 입찰대상물건정보 내역을 확인 할 수 있다.

그리고 물건관리번호를 알고 있다면 ⇨ 물건관리번호란에 물건관리번호를 직접 입력 후 ⇨ 검색해서 입찰대상물건목록을 확인할 수 있다.

(4) 이용기관물건 검색을 통한 입찰대상물건 검색방법

① 이용기관물건에서 ⇨ ② 물건/공고검색 ⇨ ③ 물건검색을 선택하고 ⇨ ④ 용도별검색[㉠부동산, ㉡자동차및운송장비, ㉢회원권및유가증권, ㉣기계및장비부품, ㉤물품]에서 ㉠ 부동산을 선택해서 ⇨ ⑤ 처분방식, 용도, 소재지, 감정가, 입찰일자, 기관명 등을 입력한 후 ⇨ ⑥ 검색버튼을 클릭하면 공매가 진행 중이거나 공매예정인 입찰대상물건정보 내역을 확인 할 수 있다.

물건관리번호를 알고 있다면 ⇨ 물건관리번호란에 물건관리번호를 직접 입력 후 ⇨ 검색해서 입찰대상물건목록을 확인할 수 있다.

(5) 은행동산담보물건 검색을 통한 입찰대상물건 검색방법

앞에서와 같은 방법으로 검색해서 확인하면 된다.

앞에서와 온비드사이트에 회원가입과 입찰대상물건을 찾는 방법에 대해서 알아 봤으니 다음부터는 소액투자로 입찰해서 성공한 사례를 분석해 보겠습니다. 그 중 첫 번째 사례는 지분물건에 투자해서 성공한 사례입니다.

02 다세대주택 일부지분을 2,900만원에 사서 2,000만원 벌기

다음 공매는 신길동에 있는 태양연립주택 8분의 1지분을 2,900만원 투자해서 2,000만원을 번 사례입니다. 연립주택의 일부 지분이 공매로 나오자 낙찰 받았고, 그 주택에서 거주하고 있는 다른 지분권자에게 팔아서 수익을 올리게 된 사례로 이 과장과 홍대리도 충분히 투자할 수 있는 물건입니다.

지분은 소액투자가 가능하다는 말을 많이 들었는데 공매도 지분이 있었어요?

공매도 있습니다. 그래서 공매물건을 지분으로 사면 다음 사례와 같이 적은 돈으로 투자가 가능하답니다.

"먼저 온비드사이트에서 다음과 같이 입찰대상물건을 찾아서 입찰정보내역을 분석하면 되는데 그때 공매물건 분석 및 권리분석 순서는 ① 온비드사이트에서 입찰대상물건 선정 ⇨ ② 입찰대상물건 상단 메뉴에서 공매공고 내용확인(공매는 다양한 매각조건으로 매각되고 있기 때문에 어떠한 조건으로 매각되고 있는 가가 중요하다) ⇨ ③ 입찰대상물건에서 공매재산명세서(현황조사 내역, 임차인권리신고 및 배분요구, 기타 채권자의 채권신고 및 배당요구 내역, 기타 매수인이 인수할 권리 등을 기재함. 경매에서 매각물건명세서와 같음), 감정평가서, 등기부등본, 건축물대장, 임대차내역 등을 분석하고 ⇨ ④ 현장답사를 통해서 공매물건에 대한 시세조사와 전입세대열람, 관리비, 점유자에 대한 조사를 통해서 다음과 같이 물건분석표를 작성해서 물건분석 및 권리 분석을 한 다음 입찰에 참여해야 합니다."

❖ **지분공매 물건의 사진과 주변 현황도**

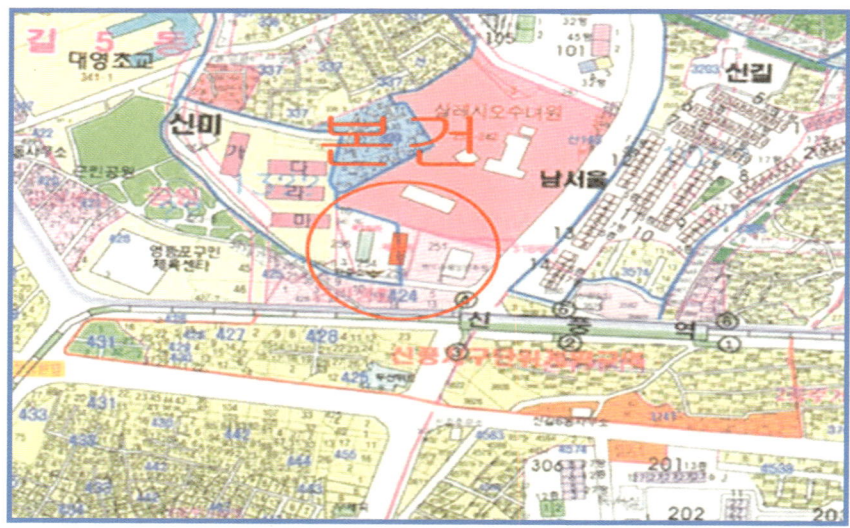

❖ KAMCO 지분공매(8분의 1) 입찰정보내역

캠코공매물건

상담전화 : 1588-5211

[물건명/소재지] : 서울 영등포구 신길동 253-259 제1층 제106호

기본정보
- 물건종류: 부동산
- 처분방식: 매각
- 물건상태: **낙찰**
- 조회수: 929

기관정보
- 입찰집행기관: 한국자산관리공사
- 담당자: 조세정리부 / 공매1팀
- 연락처: 02-3420-5193 /

물건정보
- 소재지(지번): 서울 영등포구 신길동 253-259 제1층 제106호
- 소재지(도로명):
- 물건관리번호: 2010-16741-001
- 위임기관: 영등포구청
- 물건용도/세부용도: 연립주택
- 면적: 대지 9.17㎡ 지분(총면적 1,321㎡), 건물 11.6862㎡ 지분(총면적 93.49㎡)
- 배분요구종기:
- 재산종류: 압류재산
- 입찰방식: 일반경쟁
- 최초공고일자: 2010/11/10

감정정보
- 감정평가금액: 46,250,000 원
- 감정평가일자: 2010/10/27
- 감정평가기관: (주)감정평가법인신화
- 위치 및 부근현황: 서울시 영등포구 신길동 소재 "신풍역" 북서측 인근에 위치함.
- 이용현황: 연립주택(방3,거실1,주방1,욕실1,발코니2,현관1)로 이용중임.
- 기타사항: 고일부 소유지분 평가임.

임대차정보

임대차내역	이름	보증금	차임(월세)	환산보증금	확정(설정)일	전입일
전입세대주	버기선	0 원	0 원	0 원		2002/10/14

등기사항증명서 주요 정보

순번	권리종류	권리자명	등기일	설정액(원)
1	위임기관	영등포구청		미표시
2	전소유자가압류	박미희	1999/03/03	12,350,000 원
3	공유자	고이선	2003/01/23	0 원
4	공유자	고이만	2003/01/23	0 원

- 명도책임: 매수자

공매재산에 대하여 등기된 권리 또는 가처분으로서 매각으로 효력을 잃지 아니하는 것

공매재산의 매수인으로서 일정한 자격을 필요로 하는 경우 그 사실

- 유의사항: 본 물건의 전소유자 가압류등기는 배분 후 말소촉탁 가능하오니 입찰에 참고 바랍니다.

입찰이력정보

입찰번호	처분방식	물건관리번호	개찰일시	최저입찰가	낙찰가	낙찰율	입찰결과	입찰상세
201016741001	매각	2010-16741-001	2011/06/30 11:00	27,750,000	29,290,000	105.5%	낙찰	보기

❖ 지분공매 입찰대상 물건분석표

KAMCO의 온비드 입찰정보내역에서 공매공고, 공매재산명세서, 감정평가서, 등기부등본, 건축물대장, 임대차내역 등을 분석하고, 현장답사를 통해서 공매물건에 대한 시세조사와 전입세대열람, 관리비, 점유자에 대한 조사를 통해서 다음과 같이 물건분석표를 작성하면 됩니다.

주 소	면 적	공매가 진행과정	1) 임차인조사내역 2) 기타청구	등기부 상의 권리관계
서울시 영등포구 신길동 253-259 태양빌라 제1층 제○○○호 (관리번호) 2010-16741 -001 체납자 겸 소유자 :고이선 지분공매 공매위임관서 : 영등포구청 청구 3,000만원 공매집행기관 : 자산관리공사	대지 9.17㎡ (전체지분 73.36㎡) 건물 11.6862㎡ (총면적 93.49㎡) 대지와 건물의 1/8 지분공매 (신풍지구단위 계획구역으로 재정비촉진지구)	감정가 46,250,000원 (2010.10.27) 1차 46,250,000원 유찰 2차 (10% 저감) 41,625,000원 유찰 3차 (10% 저감) 37,000,000원 유찰 : 5차 (10% 저감) 27,750,000원 낙찰 이병철 29,290,000원 〈2011.06.30.〉	1) 임차인내역 ① 배기민(가명) 전입 02.10.14. 2) 청구내역 ① 영등포구청 300만원 면허세외 46건 (법정기일 98. 01. 10.) ② 동작세무서 1,050만원 부가세 (법정기일 02.07.25.) ③ 반포세무서 350만원 소득세 (법정 01.05.31.) ④ 국민건강 150만원 (납부 03.12.10.) ⑤ 성남세무서 550만원 부가세 (법정 06.10.25.)	소유권이전 최경희(가명) 84.12.22. 가압류 박미희 99.03.03. 12,350,000원 소유권이전 고이선(가명) 외 7인이 각 1/8 씩 공유지분으 로 박미희가 상 속대위등기 03.01.23. 고이선 지분압류 영등포구청 03.05.19. 고이선 지분압류 동작세무서 03.08.23. 고이선 지분압류 반포세무서 03.10.30.
			고이선 지분압류 국민건강 04.11.02. 고이선 지분압류 성남세무서 07.03.22.	고이선 지분가압류 쌍용캐피탈 05.09.30. 6,256,107원 〈압류공매 영등포구청〉 공매공고 11.05.12.

❖ 지분공매 물건에 대한 권리분석과 배분표 작성

이 공매물건은 영등포구 신길동 7호선 신풍역 근처에 위치하고 있는 공매물건으로, 재정비촉진지구 내에 위치하고 있는 일명 태양빌라로 호칭하고 있는 연립주택의 8분지 1에 해당되는 공유지분 공매절차이다. 말소기준권리는 전 소유자의 박미희 가압류채권으로 1999년 3월 3일이 되므로 인수할 권리 없이 모두가 소멸 대상이다.

이 공매물건은 단독으로 이병철이 29,290,000원에 낙찰 받았으므로 이 금액을 가지고 배분표를 작성하면 다음과 같다.

매각대금이 29,290,000원 − 공매비용 877,500원으로 배분금은 28,412,500원이므로

1순위 : 전 소유자의 박미희 가압류채권 12,350,000원(우선변제 1)
2순위 : 영등포구청 300만원(압류선착주의에 의한 우선변제 2)
3순위 : 동작세무서 1,050만원(압류선착주의에 의한 우선변제 3)
4순위 : 반포세무서 2,562,500원(압류선착주의에 의한 우선변제 4)

이와 같이 자산관리공사의 배분절차에서는 참가압류권자도 압류선착주의를 적용하여 압류우선순위에 따라 우선 배분받게 되고 낙찰자는 인수권리가 없다.

> **〈김선생 도움말〉**
>
> 공매 배분절차에서는 참가압류권자도 참가압류한 순서대로 압류선착주의를 적용하지만, 법원 경매는 참가압류권자는 적용하지 않고 교부청구권자와 동순위로 안분배당한다는 사실을 기억하고 있어야 한다.

❖ 재개발로 인한 분양자격 유무와 매수인의 건물인도청구 및 부당이득

이 공매물건에서 재개발로 인한 분양자격 유무와 매수인의 건물인도청구 및 부당이득에 대해서 살펴보면

① 재개발이 진행되면 하나의 주택에 하나의 분양자격이 주어지므로 매수지분에 해당하는 비율만큼 공동분양자격을 갖게 된다.

② 채무자 고이선과 임차인 배기민 또는 다른 공유자가 점유하고 있었다면 매수인은 채무자의 지위를 승계하게 되므로 채무자 고이선에 대해서는 건물인도청구를 할 수 있는 데 반해서 임차인과 다른 공유자는 매수지분이 과반 미만이므로 건물인도청구를 할 수 없다.

그러나 과반 미만이더라도 다른 공유자와 임차인 등이 과반 이상의 지분권자 또는 과반 이상의 동의로 점유하는 경우가 아니라면 보존행위로서 인도청구가 가능하다. 이밖에도 과반 이상의 동의를 얻어서 점유하든, 하지 아니하든 매수지분에 해당되는 부당이득에 대한 반환청구가 보존행위로서 가능하다.

❖ **낙찰 받고 다른 지분권자에게 바로 매각한 사례입니다**

 이 공매물건은 상속받은 주택으로 상속인들인 어머니와 자녀들이 거주하고 있었는데 낙찰 받고 나서 그 점유자들인 상속인들과 만나서 협의하는 과정에서 5,000만원에 팔아서 2,000만원을 시세 차익을 보게 된 사례입니다.

 지분이 쉽게 해결되는 사례도 있군요?

주택을 누가 점유하고 있는 가에 대한 판단이 중요합니다. 이 사례와 같이 다른 지분권자들이 거주하고 있다면 거주하고 있는 공유자들이 사기도 해서 해결이 빠르게 될 수도 있죠. 그래서 입찰하기 전에 그 주택에 누가 살고 있는 가를 분석하고 입찰해야 합니다.

아하! 바로 그 것이 군요.(이 과장이 알았다는 듯이 고개를 끄덕이고 있다)

자, 앞의 사례에서 공매물건을 찾아서 권리분석후 소액투자하는 방법에 대해서 살펴봤으니 지금부터는 지역별로 공매투자자들이 어떻게 소액으로 투자하고 있고 얼마나 돈을 벌었느냐만을 가지고 간단하게 분석하겠습니다. 그리고 권리분석 방법과 취득 시 소요비용과 양도소득세 계산방법은 다음 5장 공매로 내집 마련과 재테크로 성공한 이야기 편을 참고하시면 되기 때문에 중복을 피하기 위해서 생략하고, 가볍게 소액투자가 가능한 공매물건에서 얼마만큼의 양도차익이 발생하게 되느냐만 가지고 분석하는 시간입니다.

03 수원시 엘링다세대주택에 2,000만원 투자해서 2,100만원 벌기

수원시 팔달구 지동에 있는 엘링다세대주택이 감정가 8,200만원으로 공매로 매각되는 과정에서 입찰자가 3명이었고 그 중 홍길동이 61,210,000원에 낙찰 받았습니다.

그렇다면 6,100만원 들여서 1,000만원 번 것이 아닌가요?

낙찰 받은 금액에 취득비용 100만원 정도 들어 실제 취득금액은 6,200만원 정도 이지만 금융기관에서 70% 대출(42,847,000원)을 받아 잔금을 납부해서 실제로 현금으로 투자한 돈은 19,153,000원이고 이 돈을 투자해서 8,500만원에 팔았으니 2,300만원의 양도 차익을 보게 된 셈이죠.

양도차익에 대한 양도소득세와 주민세 10%도 내야 되지 않나요?

그렇습니다. 그래서 서두에서 양도차익만 가지고 얘기하기로 한 것이고 양도세에 대한 이야기는 생략하기로 한 것입니다. 왜냐하면 정확한 취득제비용 계산과 양도소득세 계산방법을 종합적으로 설명해야 하는데 그 과정을 사례 별로 다루게 되면 중복되고 책의 지면이 늘어나기 때문입니다. 그리고 주택을 낙찰 받은 사람이 1년이 안되어 팔게 되면 40%의 양도소득세를 내야하지만, 투자자 입장에서는 1년 이상 2년 미만 소유하다 팔수도 있고 이때 양도세는 일반세율인 6 ~ 38%가 부과 되니 이 다세대주택을 이 기간에 팔았다면 양도소득세는 2,300만원에서 기본공제 250만원을 빼고 나면 2050만원이 되므로 양도세는 1,995,000원(2050만원×15% – 누진공제 108만원), 주민세는 199,500원, 이 금액을 공제하면 팔아서 실제로 번 돈은 2,080만원 정도 됩니다. 그러나 1주택자가 2년 보유하다가 팔았다면 양도세가 비과세되니 2,300만원 실제로 벌어들인 소득이 되는 것이지요.

아하, 그래서 선생님이 2,000만원 투자해서 2,100만원을 벌었다고 말씀 하셨군요.

지당하신 말씀, 그 정도는 우리도 동의할 수 있어요.

❖ 엘링다세대주택의 사진과 주변 현황도

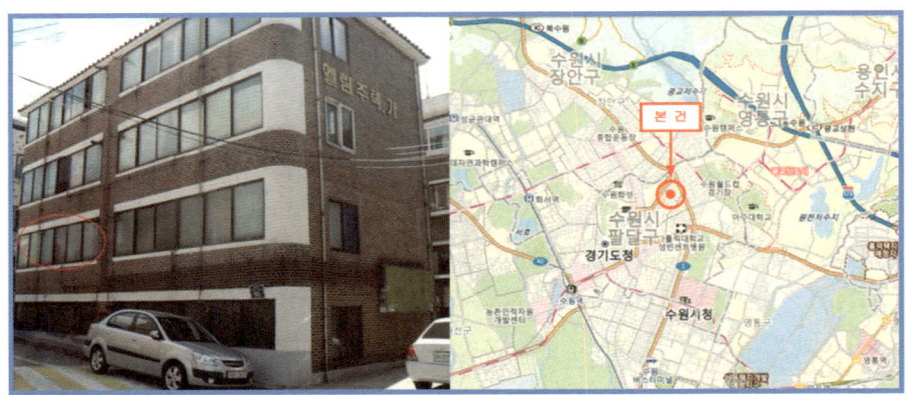

❖ 공매 입찰정보내역 물건분석

❖ **이 다세대주택은 3명이 입찰에 참여했다**

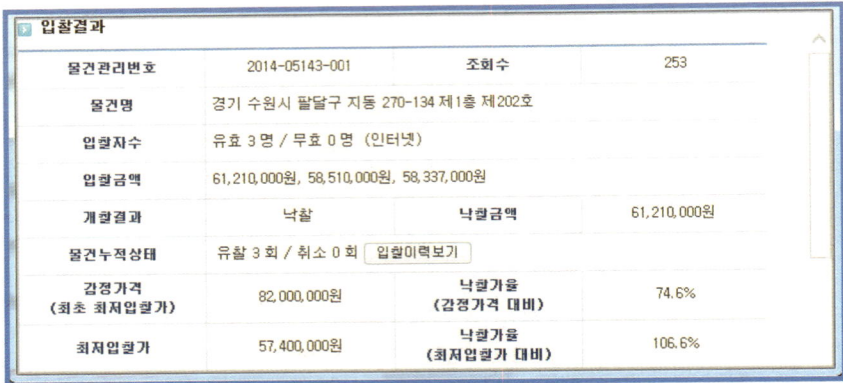

 왜! 3명밖에 입찰에 참여하지 않았을 까요? 제가 보기에는 좋은 물건 같은데요.

 경매 같으면 아마도 10명 이상 입찰에 참여 했을 거예요.

그래서 공매가 경매보다 싸게 살 수 있는 틈새시장이라고 할 수 있는 것입니다. 아직까지 공매에 대해서 정확히 알고 접근하는 분들이 많지 않아요. 그런 면에서 두 사람은 행운아 입니다.

경쟁률이 적다는 것은 무엇을 말하고 있을 까요?

 싸게 살수 있다는 말씀이지요?

 빙고! 정답입니다.

04 안산시 오피스텔에 2,330만원 투자해서 1,430만원의 양도차익이 발생하다

다음 사례는 경기도 안산에 있는 오피스텔이 감정가 8,500만원으로 공매로 매각되는 과정에서 입찰자가 10명이었고 그 중 이순신 장군이 74,571,000원에 낙찰 받았습니다. 그런데 다른 공매물건에 비해 입찰자가 많았고 낙찰가도 높은 사실을 확인 할 수 있지요.

이 물건은 왜 그렇죠.

두 가지로 볼 수 있습니다. 하나는 오피스텔이 수요가 많은 지역에 있고, 다른 하나는 감정가인 8,500만원 보다 더 높은 가격으로 팔 수 있다는 사실이지요. 어쨌든 이 오피스텔의 사진과 주변 현황도, 입찰정보 및 입찰결과 내역은 다음과 같습니다.

❖ **강희그랜드오피스텔의 사진과 주변 현황도**

❖ 공매 입찰정보내역 물건분석

❖ **강희그랜드오피스텔을 이순신이 3대 1의 경쟁률을 뚫고 낙찰 받다**

입찰결과			
물건관리번호	2014-01749-001	조회수	304
물건명	경기 안산시 단원구 고잔동 717 강희그랜드오피스텔 제4층 제404호		
입찰자수	유효 10명 / 무효 0명 (인터넷)		
입찰금액	74,571,000원, 73,650,000원, 73,600,000원, 73,571,000원, 72,270,000원, 71,870,000원, 71,100,000원, 70,980,000원, 70,380,000원, 68,010,000원		
개찰결과	낙찰	낙찰금액	74,571,000원
물건누적상태	유찰 2회 / 취소 3회 입찰이력보기		
감정가격 (최초 최저입찰가)	85,000,000원	낙찰가율 (감정가격 대비)	87.7%
최저입찰가	68,000,000원	낙찰가율 (최저입찰가 대비)	109.7%

 이 오피스텔은 이순신장군이 74,571,000원에 낙찰 받아 9,000만원에 팔았다면 낙찰가 74,571,000원에 취득 제비용 100만원 정도 계산해서 총 취득금액은 7,570만원이 될 것입니다. 그래서 양도차익은 1,430만원이 발생하게 되는데, 낙찰가의 70%(5,200만원)을 대출받아 잔금을 납부하면 실제로 현금 투자금액은 2,370만원으로 현금 투자대비 수익률은 60%이지만 양도세를 계산하면 그 만큼 그 수익률은 낮아지게 되지만 양도세가 절세가 되는 방법 즉 1년 이상 보유하다가 팔면 6~38%의 양도세율, 또는 1주택자로 2년 이상 보유하다가 팔면 비과세 혜택도 볼 수 있고, 보유하고 있던 기간동안 가격상승의 요인도 있으니 성공적인 투자가 될 수 있습니다.

 점점 자신감이 붙고 있어요.

 그러라고 이렇게 대화체로 설명하고 있어요.

05 수원시 우림빌라에 2,070만원에 투자로 1,940원의 양도차익

다음 사례는 경기도 수원시 파장동에 있는 우림빌라로 감정가 8,600만원으로 공매로 매각되는 과정에서 입찰자가 3명이었고 그 중 이도령이 65,603,000원에 낙찰 받았고, 이 다세대주택의 사진과 주변 현황도, 입찰정보 및 입찰결과 내역은 다음과 같습니다.

❖ 우림빌라의 사진과 주변 현황도

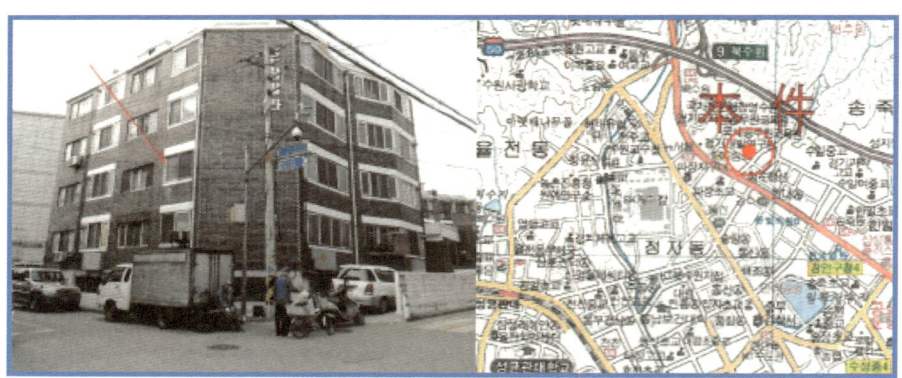

❖ 공매 입찰정보내역 물건분석

❖ 이 우림빌라는 3명이 입찰에 참여했다

입찰결과			
물건관리번호	2014-02280-001	조회수	292
물건명	경기 수원시 장안구 파장동 207-5 제2층 제202호		
입찰자수	유효 3명 / 무효 0명 (인터넷)		
입찰금액	65,603,000원, 63,610,000원, 60,311,000원		
개찰결과	낙찰	낙찰금액	65,603,000원
물건누적상태	유찰 3회 / 취소 0회 [입찰이력보기]		
감정가격 (최초 최저입찰가)	86,000,000원	낙찰가율 (감정가격 대비)	76.3%
최저입찰가	60,200,000원	낙찰가율 (최저입찰가 대비)	109%

 이 다세대주택은 이도령이 65,603,000원에 낙찰 받아 8,500만원에 팔았다면 취득금액은 6,660만원(등기비용 90만원 포함)이고 낙찰가의 70%를 금융기관에서 대출 받아 잔금 납부했으면 현금 투자금액은 2,070만원(대출금액 4,590만원 제외)이 됩니다. 이 금액을 투자해서 19,397,000원의 양도차익이 발생하게 됩니다.

그래서 양도세가 절감되는 방향으로 보유하다가 팔았다면 보유기간동안 가격상승의 요인도 있어서 그 기대수익은 더 높아 지게 될 것입니다.

 이젠 알겠어요. 무슨 말씀인가를....

 다음은 대전에 있는 다세대주택에 대한 투자 사례입니다.

06 대전시 다세대주택을 시세보다 1,200만원 싼 3,850만원에 낙찰 받다

이 사례는 대전광역시 복수동 다세대주택으로 감정가 5,400만원으로 공매로 매각되는 과정에서 입찰자가 단독으로 이정선이 38,510,000원에 낙찰 받은 물건입니다. 이 다세대주택의 사진과 주변 현황도, 입찰정보 및 입찰결과 내역은 다음과 같습니다.

❖ **다세대주택의 사진과 주변 현황도**

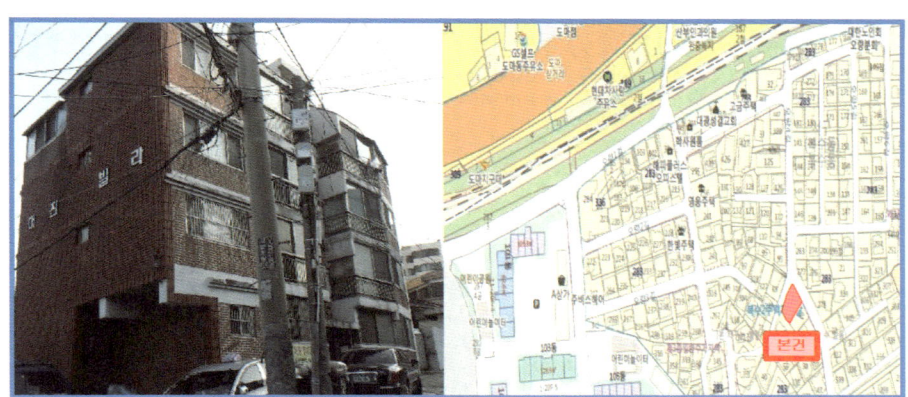

❖ 공매 입찰정보내역 물건분석

❖ 이 다세대주택은 이정선이 단독으로 낙찰 받았다

입찰결과			
물건관리번호	2013-21494-002	조회수	156
물건명	대전 서구 복수동 283-41 제1층 제101호		
입찰자수	유효 1 명 / 무효 0 명 (인터넷)		
입찰금액	38,510,000원		
개찰결과	낙찰	낙찰금액	38,510,000원
물건누적상태	유찰 3 회 / 취소 0 회 입찰이력보기		
감정가격 (최초 최저입찰가)	54,000,000원	낙찰가율 (감정가격 대비)	71.3%
최저입찰가	37,800,000원	낙찰가율 (최저입찰가 대비)	101.9%

 시세가 5,000만원 가는 다세대주택을 1,200만원 정도 싸게 이정선이 낙찰 받은 사례입니다.

　다음은 부산 지역으로 넘어 가보겠습니다.

 어, 부산은 제 고향인데...

 ㅎ ㅎ... 부산이 이 과장 고향 이었군요.

07 부산에 있는 아파트에서 6,100만원에 낙찰 받아 수익을 올린 사례다

다음 사례는 부산광역시 해운대구 재송동에 소재하는 아파트로 감정가 7,700만원으로 공매로 매각되는 과정에서 입찰자가 3명이었고 그 중 정 소령이 61,270,000원에 낙찰받았고, 이 아파트의 사진과 주변 현황도, 입찰정보 및 입찰결과 내역은 다음과 같습니다.

❖ **아파트의 사진과 주변 현황도**

❖ 공매 입찰정보내역 물건분석

Chapter 4 공매 소액투자가 가능하다? 3,000만원 투자해서 2,000만원 버는 진실 **097**

❖ **부산에 있는 아파트를 정 소령이 3대 1의 경쟁을 뚫고 낙찰 받았다**

입찰결과			
물건관리번호	2014-04954-001	조회수	297
물건명	부산 해운대구 재송동 1183-3 대원빌라 제3층 제305호		
입찰자수	유효 3명 / 무효 0명 (인터넷)		
입찰금액	61,270,000원, 56,588,000원, 54,160,700원		
개찰결과	낙찰	낙찰금액	61,270,000원
물건누적상태	유찰 3회 / 취소 0회 입찰이력보기		
감정가격 (최초 최저입찰가)	77,000,000원	낙찰가율 (감정가격 대비)	79.6%
최저입찰가	53,900,000원	낙찰가율 (최저입찰가 대비)	113.7%

시세가 8,000만원 가는 아파트를 6,127만원에 낙찰 받았으니 시세보다 2,000만원은 싸게 산 셈이죠.

부산은 제 고향이라 주변 친구들 얘기를 많이 듣고 있는데 아파트가 경매되면 100% 이상으로 낙찰된다던데 이 아파트가 공매로 매각되어 싸게 낙찰 받을 수 있었던 것 같아요.

소액투자가 가능한 공매물건에 대해서 지역별로 알아 봤습니다. 공매로 소액투자가 어렵다는 풍문을 없애면서, 직장인들의 부족한 연봉과 퇴직한 분들의 노후생활 보장을 공매에서 소액투자로 찾을 수 있도록 한 것입니다. 공매는 인터넷으로 입찰이 가능해서 시간이 부족한 직장인 들에게 안성맞춤이지요. 그리고 소자본으로도 투자가 가능하니 직장인과 퇴직하고 나서 종자돈 키우기에도 적합합니다.

선생님 저는 MK회사에 근무하고 있는 박민기고 나이는 30세입니다. 제가 살고 있던 주택이 공매당하는 바람에 보증금 5,000만원중 최우선 변제금 2,000만원만 받고 3,000만원을 손해를 보게 되어 이번 공매 특강에 참석하게 되었습니다.

민기 씨는 젊은 나이에 그러한 일도 당했군요.

선생님 저는 민기씨와 같은 경험은 없지만 평생 금융계에 몸담고 있다가 정년 퇴직한 정한국입니다. 저는 퇴직후 할 일이 없어서 고민하다가 공매에 대해서 알게 되었고 선생님께서 특강을 하신다고 해서 겸사겸사 공매특강을 듣게 되었습니다. 저도 공매제자로 받아 주세요.

알겠습니다. 4총사 여러분의 건투를 빌겠습니다.

 선생님 지금까지 적은 돈으로 공매물건을 찾아서 입찰한 사례를 설명해 주셨는데 어떠한 물건을 어떻게 선정해서 입찰하면 되나요?

 다음 5장은 공매투자에서 가장 안전한 투자로 꼽히고 있는 "내집 마련하면서 재테크로 성공한 이야기"를 다루고 있습니다. 그 과정에서 어떠한 공매물건을 선정해야 되는 가와 선정후 권리분석과 입찰참여 방법, 그리고 팔 때 양도세를 절세하는 방법까지 종합적으로 분석할 것입니다.

특히 이 장은 내집 마련하면서 재테크로 성공한 사례를 매각공매와 임대(대부)공매를 통해서 말하고 있다는 점이 관심거리가 될 것입니다.

 내집 마련한 사례와 재테크로 성공한 사례는 이해하겠는데, 그러한 사례를 매각공매 방법 이외에 임대공매로 낙찰 받아서 거주할 수 있다니요?

 임대공매로 주택을 낙찰 받으면 주택 임대료만 내고 주택을 사용할 수 있고, 주택소유자가 정부나 공공기관 등이니 싸게 임대할 것 같아서 좋아 보입니다.

 다음 5장과 6장을 공부하면 알게 됩니다. 특히 민기군은 30세 로 결혼 정년기니 "제6장 전세보증금으로 내집 마련? 임대공매로 생활 터전을 마련하는 비밀?"로 적은 돈으로 살림집을 마련해서 장가도 가고…

 그런 방법이 있었나요? 그렇지 않아도 이 주택에서 3,000만원을 잃어 버려서 결혼하는 것을 포기할 까 했는데 감사합니다.

선생님 저도 있어요.

ㅎㅎ, 김 소위도 미혼이군요. 그러나 김 소위는 이미 군자역에 조그마한 집을 마련했고 아직 젊은데, 민기군은 이 주택에서 돈도 잃고 나이도 많으니 걱정이 돼서 한 말입니다.

공매로 내집 마련하면서 재테크에 성공한 이야기

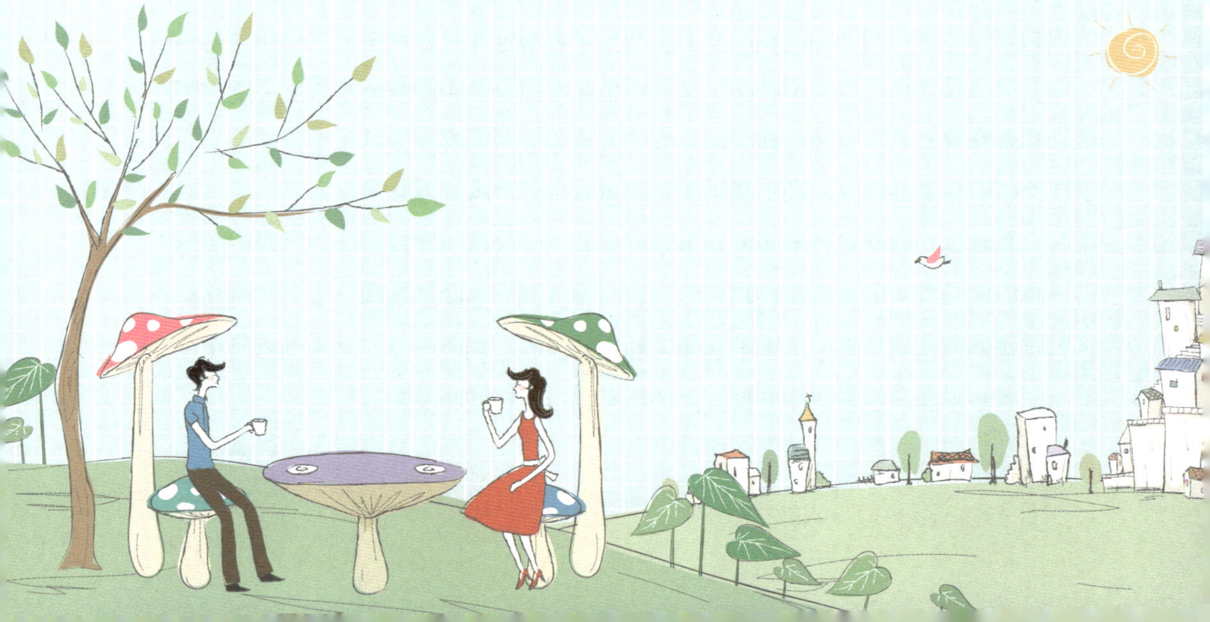

01 공매로 내 집 만들기 무작정 따라 하기

이영민 부부는 대학을 졸업하고 HK금융기관에 입사하면서 대학교 시절부터 사귀던 홍수미와 결혼한 7년차 주부다. 자녀는 6살 딸과 2살 된 아들이 있다. 지금 이들 부부는 큰 딸이 입학하게 되는 초등학교와 내 집 마련에 대한 고민을 하고 있다.

"현재 우리가 살고 있는 곳이 아이들이 초등학교를 졸업할 때까지 거주하기가 좋은데 아파트 가격이 너무 올라서 내 집을 사려니 돈이 부족해서 걱정입니다."
"음, 나도 그래서 고민을 하다가 공매전문가인 김 선생님께 자문을 받아서 내 집 마련할 주택을 찾고 있던 중이야..."
"당신도 고민을 하고 있었군요. 그런데 공매가 뭐예요. 경매도 아니고..." "음, 세금이나 공과금을 내지 못해서 세금을 회수하기 위해서 KAMCO에 공매를 의뢰하는 물건으로 경매보다 싸게 살 수 있다는 것이 김 선생님의 말씀 이셨어..." "그렇다면 좋겠군요." "어쨌든 다음 주에 함께 찾아보기로 했으니 자네도 함께 가보지, 집은 자네가 더 잘 보잖아..." (그래서 이들 부부는 약속한 날짜에 김 선생을 방문하게 되었다)
"선생님 안녕하세요. 저의 집사람 홍수미입니다." "안녕하세요"
"두 분을 만나서 반갑습니다. 먼저 공매로 내 집 마련할 주택을 온비드 화면에서 찾아보기로 하습니다. 그런데 자금은 얼마나 가지고 있는지요." "현재 살고 있는 전세금 1억5,000만원과 그동안 저축한 3,000만원이 전부예요. 이 돈으로도 가능하겠어요?"
"부족한 자금은 금융기관에서 3.4%의 금리로 대출받으면 됩니다."

온비드의 화면에서 (2) 전체물건 검색, (3) 캠코공매물건 검색, (4) 이용기관물건 검색 등을 검색해서 입찰대상 공매물건을 먼저 찾아야야 합니다.

❖ 김 선생이 KAMCO 온비드에서 입찰대상 주택을 찾고 있다

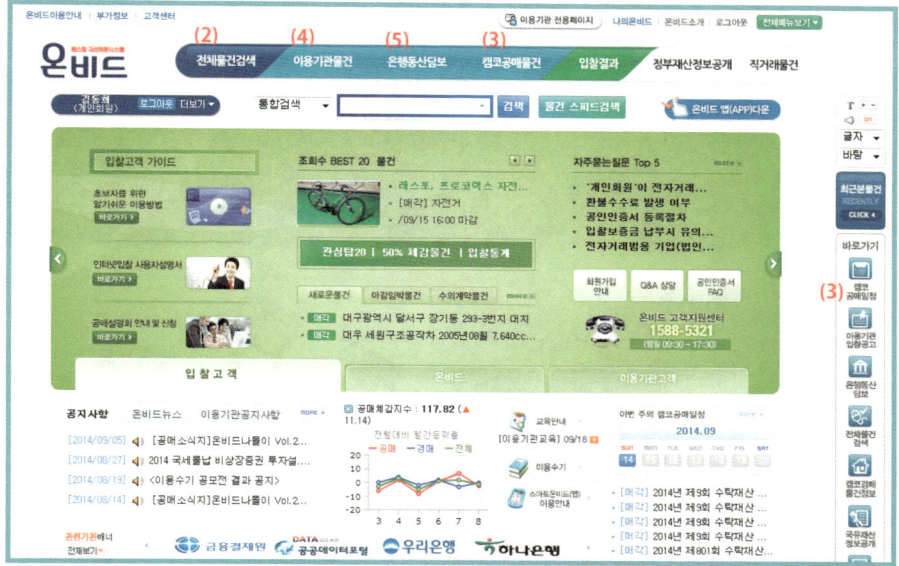

찾아보니 도봉구 창동에 있는 수산트리필 아파트가 좋겠어요.

아파트 시세가 3억2,000만원인데 2억5,600만원까지 저감되어 매각절차가 진행되니 두 분의 자금 1억8,000만원에다 부족한 돈 8,000만원 정도는 금융기관에서 빌리면 되고, 가까운 거리에 수송초등학교가 있고 주택가라 어린이들이 학교에 다니기에 안전한 지역이고, 이영민 씨의 직장도 가깝고 하니, 그리고 뭐니 뭐니 해도 아파트 내부 사진을 보면 알 수 있듯이 주택이 깨끗한 것이 장점입니다.

❖ 이 아파트의 사진과 내부 및 주변 현황도

(1) 아파트의 사진과 내부 및 평면도

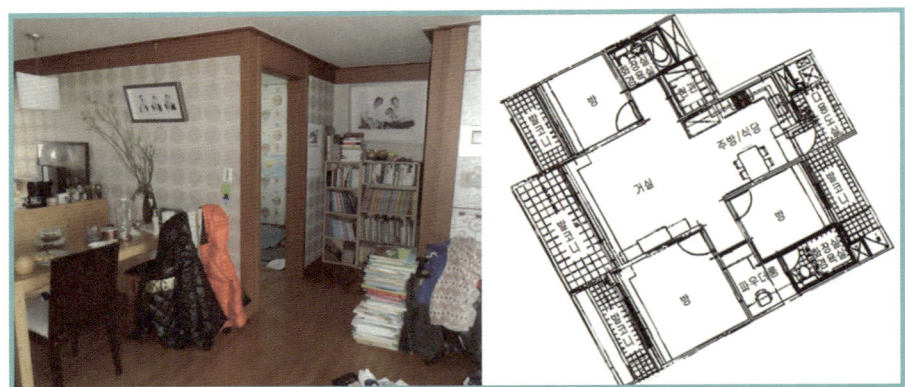

(2) 아파트 주변 현황도

"그렇군요. 마음에 들어요. 이 아파트는 저희들도 잘 알고 있어요. 지금 사는 주택과 가깝거든요." "돈이 부족해서 사려고 해도 못 샀는데 공매로 싸게 사는 방법도 있다니 도전해 보겠어요."

 앞으로 부동산 시장이 살아나면서 아파트 가격도 올라갈 조짐을 보이고 있습니다. 사서 거주하다가 팔면 양도세도 비과세 되고 가격도 오르면 내집 마련과 보너스로 돈을 버는 방법이 됩니다. 그야말로 내 집 마련해서 재테크로 성공하게 되는 길입니다. 다른 분들도 이러한 방법으로 내집 마련도 하고 돈도 벌고 있어요."

"그렇군요. 그런데 경매나 공매로 사면 권리분석을 잘해야 한다던데 문제가 없겠어요." "선생님이 분석해 주시면 안전하니 그 부분은 걱정하지 말아요."

그래도 분석을 잘해야 하니 지금부터 함께 낙찰 받고 인수할 권리가 있나를 분석해 보겠습니다. 먼저 공매물건에 대한 입찰정보내역과 공매재산명세서, 공매담당자 그리고 등기부 등의 공부를 발급받아서 공매물건분석표를 작성해보고 그 물건분석표를 통해서 권리분석을 해 보겠습니다.

❖ 이영민 부부가 입찰할 주택의 정보내역

(1) 온비드 입찰정보내역

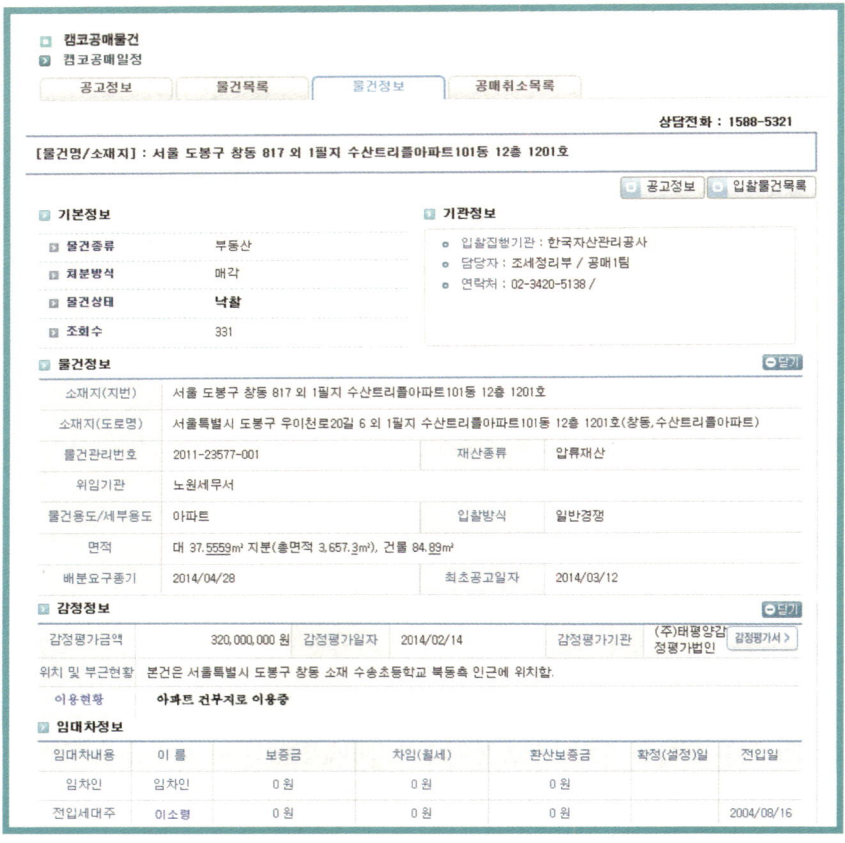

Chapter 5 공매로 내집 마련하면서 재테크에 성공한 이야기

(2) 공매재산명세서

압류재산 공매재산 명세

처 분 청	노원세무서	관 리 번 호	2011-23577-001
공매공고일	2014-06-05	배분요구의 종기	2014-04-28
압류재산의 표시	서울특별시 도봉구 창동 817 외 1필지 수산트리플아파트101동 12층 1201호 대 지분 37.5559 ㎡ 건물 84.89 ㎡		
매각예정가격/입찰기간/개찰일자/매각결정기일		온비드 입찰정보 참조	
공 매 보 증 금		입찰가격의 100분의 10 이상	

■ 점유관계

[조사일시:2014-03-07 / 정보출처 : 현황조사평가서]

점유관계	성 명	계약일자	전입신고일자 (사업자등록신청일자)	확정일자	보증금	차임	임차부분
체납자	이소령		2004-08-16		0	0	101동 1201호

공매재산의 현황	아파트
공매재산 기타	1. 본건개요 및 현황 - 서울시 도봉구 창동 소재 "수송 초등학교" 북동측 인근에 위치하며, 현황 아파트로 이용중임. 2. 관공서 열람내역 - 창제2동 주민센터:"이용국"등록됨. 3. 점유관계 현황 - 체납자 이용국 대면한바 임대관계 없이 자가로 이용중이라고 구두 진술함. - 체납자의 구두 진술에 의해 등록 하였으므로 정확한 임차내역은 별도 재 확인을 요함.

■ 임차인 신고현황

번호	성명	권리신고일	전입신고일자 (사업자등록신청일자)	확정일자	보증금	차임	임차부분
1	임차인				0	0	

■ 배분요구 및 채권신고 현황

번호	권리관계	성명	압류/설정(등기)일자	설정금액	배분요구채권액	배분요구일
1	임차인	임차인		0	0	
2	압류	도봉구청	2012-05-10	0	217,840	2014-01-20
3	교부청구	서울특별시		36,648,470	36,648,470	2014-03-31
4	가압류	이길주	2011-06-02	400,000,000	0	

■ 배분요구 및 채권신고 현황						
번호	권리관계	성명	압류/설정(등기)일자	설정금액	배분요구채권액	배분요구일
5	위임기관	노원세무서	2011-05-20	0	352,143,570	2011-11-30

* 채권신고 및 배분요구현황은 배분요구서를 기준으로 작성하였으며 신고된 채권금액은 변동될 수 있습니다.

■ 공매재산에 대하여 등기된 권리 또는 가처분으로서 매각으로 그 효력을 잃지 아니하는 것

■ 매각에 따라 설정된 것으로 보게 되는 지상권의 개요

■ 기타 유의 사항

기타 (유치권(금400,000,000원)이 2014.05.27자로 신고되었으니 사전조사후 입찰바랍니다.)

2014. 08. 14
한국자산관리공사 조세정리부

❖ **공매입찰대상 물건분석표 작성과 권리분석 방법**

공매입찰물건정보(공매공고정보 참조), 감정평가서, 공매재산명세서, 각종 공부열람(등기부등본, 대장, 지적도, 토지이용계획확인원 등), 주민센터에서 전입세대열람 등을 통하여 다음과 같이 공매물건의 제반권리 등을 정리한다.

(1) 공매입찰대상 물건분석표

주 소	면적 및 감정평가	최초공매가 및 공매가 진행과정	1) 임차인 조사내역 2) 기타 청구	등기부상 권리관계
서울시 도봉구 창동 817외 1필지 수산트리필 아파트 101동 제12층 제1201호 ① 체납자겸 소유자 : 이소령 ② 공매위임 기관 : 노원세무서 ③ 공매집행 기관 : 한국자산관리 공사공매1팀 ④ 관리번호 : 2011-23577-001	대지 3657.3㎡분의 37.5559㎡ 아파트건물 전용면적 84.89㎡	최초공매가격 3억2,000만원 최저가 1차 320,000,000원 유찰 2차(10% 저감) 288,000,000원 유찰 3차(10% 저감) 256,000,000원 낙찰 283,100,000원 낙찰자 이영민 〈2014.08.21〉	1) 임차인 및 점유자 ① 이소령 전입 2004.08.16. 체납자겸 소유자 (체납자 이외에 다른 임차인이 거주하지 않는다고 체납자가 공매 현황조사관에게 구두로 진술함) 2) 배당요구 및 기타 권리신고 ① 압류 서울시 도봉구청 당해세 재산세 217,840원 ② 압류 서울시 노원세무서 양도소득세 법정기일 2011.04.18. 352,143,570원 ③ 교부청구 서울시 소득세할 주민세 법정기일 2011.05.31. 36,648,470원 ④ 유치권신고 2014.05.27. 신고금액 4억원 (유치권신고가 있으니 확인하고 입찰하기 바랍니다)	1. 소유권보존등기 이소령 2004.08.30. : : 6. 압류 노원세무서 2011.05.20. 6-1 공매공고 2014.03.17. 〈위임기관 노원세무서〉 (관리번호 2011-23577-001호) 7. 가압류 이병장 2011.05.02. 4억원 : : 10. 압류 도봉구청 2012.5.10. 217,840원 11. 압류 노원세무서 2014.02.10. 〈공매 위임기관 : 노원세무서〉 청구금액 36,648,470원 (1차 공매공고2014.03.17.) (2차 공매공고2014.06.05.) (배분요구종기일 201.04.28.)

(2) 이 공매물건분석에서 유의할 점에 대해서 알아 보자!

① 말소기준권리와 기준일자는 어떻게 되는가!

이 공매물건은 자산관리공사가 서울시로부터 공매를 위임받아 매각한 공매물건으로 말소기준권리는 노원세무서의 압류로 2011. 05. 20. 이다.

② 점유자의 권리신고 및 배분요구와 대항력 유무

체납자겸 소유자 이외에 다른 임차인이 거주하지 않으므로 낙찰자가 인수할 임차인은 없다. 그러나 체납자 이외에 임차인이 거주하는 경우에는 말소기준권리를 기준으로 대항력 유무를 판단해서 인수할 권리 여부를 판단해야 한다.

③ 유치권자에 대한 권리분석

유치권자의 채권액(금 4억원)은 공매공고등기(2014. 03. 17.) 이전에 공매대상물건에서 발생된 채권이고 공매공고등기 전부터 유치권자로 점유를 하고 있었다면 낙찰자에게 대항력이 있어서 낙찰자가 인수해야 한다. 그러나 이 공매물건은 2004년 08월 13일에 지어진 아파트 이고, 그 당시부터 체납자겸 소유자인 이 소령이 계속 거주하고 있어서 설령 공매공고등기 이전에 발생한 공사대금 채권이 있다고 하더라도 체납자에 대한 일반채권에 불과한 것이지 낙찰자에 대항력을 갖는 유치권채권은 아니다. 왜냐하면 매수인에 대항력 있는 유치채권이 되려면 점유를 하고 있어야 하는데 체납자가 점유하거나 임차인이 점유하고 있는 경우에는 인정되지 못하기 때문이다. 그래서 결론적으로 인정되기 어렵다.

(3) 종합적인 물건분석과 권리분석 후 배분표 작성

이 공매물건은 지리적으로 서울특별시 도봉구 창동 소재 "수송초등학교" 북동쪽 인근에 위치하고 있으며, 주위는 아파트, 단독주택, 연립 및 다세대주택 등의 주거용 건물과 각종 근린생활시설, 학교, 관공서 등이 혼재하는 지역으로서 특히 교육환경이 우수한 지역이다. 그리고 버스 등의 대중교통이 발전해 있어서 직장인들이 선호할 수 있는 지역에 위치하고 있다.

아파트는 내부는 방 3개, 욕실겸 화장실 2, 거실, 주방, 발코니 등이 있고, 최근 들어 부동산 활성화 대책 등에 힘입어 아파트 시세가 감정가 보다 높은 3억4,000만원 이상으로 가격 상승이 이루어지고 있었다. 그래서 이영민 283,100,000원에 낙찰 받으려 한다. 이렇게 부동산 경기가 좋아지는 경우에는 조금 높게 낙찰 받아도 훗날 매각할 때 보면 그 이상으로 올라서 높은 시세 차익을 바라볼 수 있다는 김 선생의 조언에 따른 것이다.

매각대금을 가지고 배분표를 작성하고 인수할 권리에 대해 분석

매각금액이 283,100,000원+매각대금이자 179,500원이고 공매비용이 7,545,800원으로 배분금은 275,733,700원이 된다.

1순위 : 서울시 도봉구 재산세 217,840원(당해세우선변제 1)

2순위 : 서울시 노원세무서 양도소득세 275,515,860원(조세채권의 우선변제 2)

조세채권 상호간에서는 0순위로 체납처분비, 1순위로 당해세, 2순위로 납세담보 (이 물건에서는 없음), 3순위로 압류선착주의(최초압류권자인 노원세무서), 4순위 참가압류한 조세채권 순으로 배분하고, 5순위로 교부청구한 조세채권 상호 간은 법정기일 선·후와 관계없이 동순위로 배분하고 있다(경매배당과 다르게). 그래서 위 1순위와 2순위와 같이 배분한 것이다.

체납자가 거주하고 있어서 대항력이 있는 임차인이 없으나 4억원의 유치채권액이 신고 되어 있다. 만일 이 유치채권이 인정된다면 낙찰자는 4억을 유치권자에게 변제해야 아파트를 인도받을 수 있다. 그러나 앞에서 설명한 바와 같이 유치권을 낙찰자가 인수할 확률은 거의 없다고 볼 수 있다.

❖ 지금까지 조사한 자료를 종합분석해서 입찰에 참여해라

입찰가는 지금까지 조사한 모든 자료 등을 종합 분석하여 입찰참가 하루 전까지 입찰가를 결정하여 입찰에 참여하는 것이 좋다. 입찰당일 입찰하기 전까지 결정하지 못하는 경우가 많은데 이는 올바른 투자자 입장이 아니다. 경쟁률이 높다고 하여서 수익성이 낮아지는 높은 가격으로 응찰할 수는 없는 것이다.

따라서 최소이익의 확보가능수준에서 입찰가를 결정해야 되는데 다음과 같이 수익분석 후에 입찰가를 결정하고 입찰에 참여해야 한다.

(1) 무주택자가 공매로 낙찰 받아 2년 보유 후 매각하면 수익은 얼마?

감정가격이 3억2,000만원 이지만 시세가 3억4,000만원인 아파트를 283,100,000원에 낙찰 받아 2년 거주하고 나서 양도세가 비과세되는 방법으로 3억5,000만원(2년 후에 상승분 1,000만원 포함)에 매각할 때 기대수익금액과 수익률은 어떻게 될까?

① 283,100,000원에 낙찰을 받은 경우 소유권이전 시까지 총비용

낙찰가격 283,100,000원(아파트전용면적 85㎡ 미만 시) + 소유권이전제비용 3,975,609[4,125,609원(일반매매의 경우) - 150,000원(경매·공매취득시 인지세가 면제된다)]

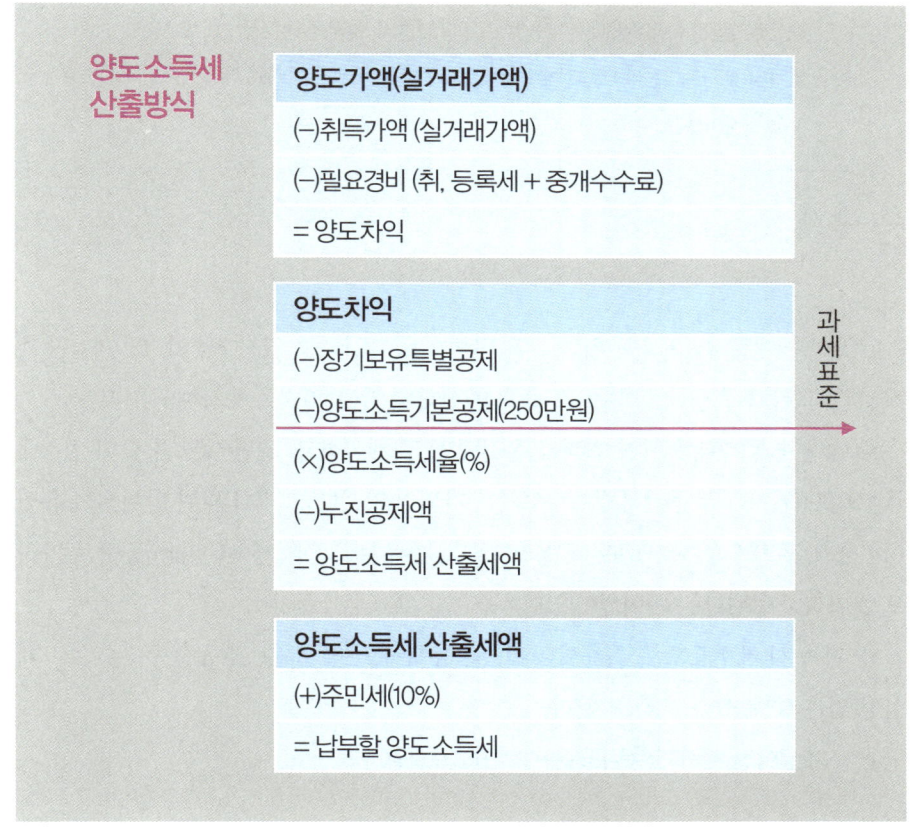

┌─ ㉠ 지방세 3,114,100원(취득세 1% + 교육세 0.1% + 농어촌특별세 0%)
│ + ㉡ 수입증지 14,000원(아파트와 같은 공동주택 14,000원, 단독·다가구처럼 대지건물이
│   나누어졌으면 14,000원×2=28,000원, 말소할 증지 1건당 3,000원)
│ + ㉢ 인지 150,000원(1억 초과에서 10억 이하까지 150,000원)
│ + ㉣ 채권할인금액 436,719[주택공시가격이 283,100,000원인 경우 ➡ 채권매입은
│   283,100,000원×23/1,000=6,511,300원(이 금액에서 만원단위 이하를 절사해서 채
│   권할인율 2014. 01. 01. 기준 6.7069%를 곱해서 계산 = 651만원 × 6.7069%. 단, 채
│   권할인율은 당일마다 변동하므로 은행에서 할인율 확인요망)]
│ + ㉤ 법무사수수료 373,450원(기본료 70,000원+누진료(108,450원+85,000원)+신청서
│   대행료 3만원+ 등록세대행료 30,000원+교통비, 일당(실비정산) 50,000원)
└ + ㉥ 법무사 부가세 37,340원(그러나 대체로 1억일 때 28만원, 2억일 때 36만원, 3억일 때
       44만원 정도 받는다)
  ───
  합 계 =   4,125,609원(인지세 포함 금액)

㉠ 일반매매로 취득 시 - 위와 같은 방법으로 계산하고 인지대금이 150,000원 추가되고, 그리고 부동산중개수수료표로 계산하여 775,000원을 추가해야 한다.

㉡ 경매나 공매취득 시 - 위와 같은 방법으로 계산하고, 일반 매매와 같이 인지대금 150,000원이나 부동산중개수수료는 추가되지 않는다. 그러나 낙찰 받아서 소유권이전등기 후 명도(인도명령 또는 건물인도청구소송비용과 강제집행비용)비용 등이 추가적으로 발생하게 된다는 차이점이 있다.

㉢ 취득 시 제비용으로 취득세, 교육세, 농특세(115쪽 참조), 부동산중개수수료 계산 방법은 117쪽을 참고하면 된다.

㉣ 소유권이전 시까지 총비용은=287,075,609원

취·등록세 통합 및 세무세율 변경

□ **취득·등록세 통합 – 취득세만 한번에 납부**

2011년부터는 지방세 개편으로 취득세와 등록세가 취득세로 통합되어 취득후 60일 이내에 취득세만 한번에 납부하면 된다. 30일 이내에 등기·등록하는 경우 2011~2012년에는 세액의 50%를 선납하고 나머지는 60일 이내에 납부할 수 있고, 2013년에는 세액의 70%를 선납하고 나머지를 60일 이내에 납부할 수 있다. 분납제도는 2014년부터는 없어졌다.

□ **변경 후 취득세 및 농특세와 교육세율**(2013.8.28. 취득세 영구 인하, 보유수와 상관없이 주택가액 기준)

(1) 주택가액이 6억원 이하시 취득세 1%
 ① 전용면적 85㎡이하시→취득세 (1%)+농특세(0)+교육세(0.1%)=1.1%
 ② 전용면적 85㎡초과시→취득세 (1%)+농특세(0.2%)+교육세(0.1%)=1.3%
(2) 주택가액이 6억원 초과 9억원 이하시 취득세 2%
 ① 전용면적 85㎡이하시→취득세 (2%)+농특세(0)+교육세(0.2%)=2.2%
 ② 전용면적 85㎡초과시→취득세 (2%)+농특세(0.2%)+교육세(0.2%)=2.4%
(3) 주택가액이 9억원 이하시 취득세 3%
 ① 전용면적 85㎡이하시→취득세 (3%)+농특세(0)+교육세(0.3%)=3.3%
 ② 전용면적 85㎡초과시→취득세 (3%)+농특세(0.2%)+교육세(0.3%)=3.5%

② 매도후 예상수익 계산

낙찰가격 283,100,000원 + 소유권이전제비용 3,975,609원[4,125,609원(일반매매의 경우) - 150,000원(경매·공매취득 시 인지세가 면제된다)] + 명도비 200만원 + 매도시 중개수수료 140만원 + 양도소득세 와 주민세 0원(양도세 비과세)으로 취득해서 매도할 때 까지 들어간 자금은 290,475,609원이 된다.

그런데 아파트를 취득할 때 자금이 부족해서 1억1,000만원을 금융기관에서 3.4%로 대출받았으므로 대출이자 748만원(1억1천만원×3.4%×2년)을 포함하니 아파트를 구입해서 팔 때까지 소요금액은 289,075,609원(낙찰가격 283,100,000원+소유권이전제비용 3,975,609원+명도비 200만원)이 되지만, 대출금액 1억1천만원을 제외하면 현금 179,075,609원 투자해서 5,950만원을 번 셈이다. 현금 투자대비 수익률은 33.23%가 되니 성공적이 투자다.

김선생의 특별과외

부동산투자로 소득이 발생하면 부족한 연봉과 월봉으로 계산해라

부동산을 투자해서 수익이 발생하면 무조건 연단위로 소득을 나누어(5,950만원/2년) 연봉 2,975만원으로 만들고, 그 연봉을 월단위로 나누어(2,975만원/12개월) 월봉 2,479,166원으로 계산하면 부족한 연봉도 채울 수 있지만, 월급과 같이 월봉으로 여겨지기 때문에 씀씀이를 줄일 수 있다. 그래야 쉽게 번돈 같아서 씀씀이가 커져가는 것을 줄이면서 부자가 될 수 있다.

공매달인의 TIPS — 양도소득세 계산시 유의사항

부동산 양도시 부담하게 되는 양도소득세 요약정리

◆ 양도소득세율 인하(주택보유시 중과제도 폐지)

(1) 주택은 1년 미만 단기 양도시 40%(일반 부동산은 1년 단기 양도 시 50%)
(2) 1년 이상 보유 후 양도 시 일반세율 아래와 같이 6~38%(일반 부동산은 1년 이상 2년 미만 보유 후 양도시 단기양도 시 40% 일괄적용)

	과표구간 (2012.1.1 이후)	변경세율	누진공제
(3) 주택 1년 이상 보유 후 양도시 (일반 부동산은 2년 이상 보유후 양도시)	1,200만원 이하	6%	0
	1,200만원~4,600만원 이하	15%	108만원
	4,600만원~8,800만원 이하	24%	522만원
	8,800만원 초과	35%	1,490만원
	3억원 초과	38%	2,390만원
(4) 주택 양도세 비과세	1가구 1주택자가 2년 이상 보유후 양도 시 9억까지 비과세(거주요건 폐지)(일시적 2주택시 기존 주택을 3년 이내에 양도 시 1주택으로 보고 비과세)		

◆ 양도세 예정신고 세액공제 제도 폐지

부동산 등을 양도한 후 2개월 내에 신고할 때 주어지는 예정신고 세액공제가 10%에서 과세표준 4,600만원 이하 5%(최대 291,000원)로 축소 시행한다. 시행기간도 2010년도 1년에 한하며 2011년부터는 완전 폐지되었다.

〈김선생 도움말〉

중개수수료는 어떻게 계산하면 되나?

1) 부동산중계 수수료 계산이 매매교환인 경우 중개수수료 계산

- 5,000만원 미만은 매도가액의 0.6%(한도액 25만원)
- 5,000만원 이상~2억 미만시 매도가액의 0.5%(한도액 80만원)
- 2억 이상~6억 미만은 매도가액의 0.4%(한도액 없음)
- 6억 이상은 매도가액의 0.9% 이하에서 중개의뢰인과 중개업자가 협의결정 단, 중개업자는 자기가 요율표에 명시한 상한요율을 초과하여 받을 수 없음.

2) 부동산중계 수수료 계산 매매교환 이외 임대차 등인 경우

- 5,000만원 미만은 0.5%(한도액 20만원)
- 5,000만원 이상~1억 미만은 0.4%(한도액 30만원)
- 1억 이상~3억 미만은 0.3%(한도액 없음)
- 3억 이상은 거래금액의 0.8% 이하

  거래금액의 0.8% 이하에서 중개의뢰인과 중개업자가 협의결정.

  단 중개업자는 자기가 요율표에 명시한 상한요율을 초과해서 받을 수 없음.

※ 거래금액 환산은

ⓐ 전세 : 전세보증금, ⓑ 월세(차임이 있는 경우) : 0000원 보증금+(월 단위 차임액×100) 단 거래금액이 5,000만원 미만일 경우 : 보증금+(월 단위 차임액×70) 이와 같이 산출된 금액에 수수료요율을 곱하여 계산하면 된다.

3) 중개수수료 계산이 주택 이외 토지, 상가, 오피스텔 등이 매매, 교환, 임 대차인 경우

거래금액의 0.9% 이내에서 중개의뢰인과 주택업자가 협의하여 결정하게 된다. 단, 중개업자는 자기가 요율표에 명시한 상한요율을 초과하여 받을 수 없다.

4) 명도비용과 중개수수료 계산방법

공매로 낙찰 받을 땐 중개수수료가 없지만 명도비용으로 300만원(점유자에게 1% 정도)이 소요된다. 그리고 매도할 땐 중개수수료가 앞의 도표와 같이 발생한다.

(2) 공매로 낙찰 받아 1년 보유 후 매각하면 수익은 얼마?

감정가격이 3억2,000만원이지만 시세가 3억4,000만원인 아파트를 283,100,000원에 낙찰 받아 1년 이후에 3억4,000만원에 매각할 때 기대수익금액과 수익률은 어떻게 될까?

낙찰가격 283,100,000원 + 소유권이전제비용 3,975,609원[4,125,609원(일반매매의 경우) - 150,000원(경매·공매취득 시 인지세가 면제된다)] + 명도비 200만원 + 매도시 중개수수료 140만원 + 양도소득세 와 주민세 7,203,430원으로 취득해서 매도할 때 까지 들어간 자금은 297,679,039원이 된다.

> A 양도가액 3억4천만원 - B 취득가액 2억8,310만원 - C 필요경비 5,375,609원(중개수수료 136만원포함, 명도비 200만원은 제외한 금액임) = D 양도차익 51,524,391원 - E 장기보유특별공제(0)= F 양도소득금액 51,524,391원 - G 기본공제 250만원 = H 과세표준액 49,024,391원 × 세율 24% -522만원(누진공제) = I 양도소득세액 6,545,850원 + 주민세 654,580원

그런데 아파트를 취득할 때 자금이 부족해서 1억1,000만원을 금융기관에서 3.4%로 대출받았으므로 대출이자 374만원(1억1천만원×3.4%×1년)을 포함하니 아파트를 구입해서 팔 때까지 소요금액은 301,419,039원이 되지만, 대출금액 1억1천만원을 제외하면 현금 179,075,609원(낙찰가격283,100,000원+소유권이전제비용3,975,609원+명도비200만원-대출금1억1,000만원) 투자해서 3,858만원(매도가격 3억4,000만원-총소요금액 301,419,039원)을 번 셈이니 연봉으로 나누면 1년에 3,858만원이 되고, 월봉으로 나누면 매달 3,215천원 씩 1년 동안 벌어 들인셈이다. 그리고 현금 투자대비 수익률은 21.54%가 된다.

앞의 사례에서 2년 보유후 비과세로 판 사례보다 이익이 적어졌다는 사실을 알 수 있다. 그래도 1년 보유후 매도한 것과 2년 보유후 매각한 것으로는 많은 차이가 발생하지 않게 된 사연은 주택에서 양도세가 개정되어 1년 이상만 보유해도 일반세율인

6~38%가 적용되기 때문이다. 그래서 주택을 낙찰 받고 비과세 요건을 갖추지 못했더라도 최소한 1년 이상은 보유하다가 파는 전략이 세금절세를 통한 투자이익을 증가시킬 수 있는 전략이다. 그리고 이 비교에서 간과하지 말아야할 부분이 있는데 부동산 가격이 상승되어 양도차익이 많아질 수 있다는 점도 고려해야하므로 특별한 사정이 없다면 처음과 같이 비과세 전략이 내 집 마련을 통한 재테크로 성공할 수 있어야 하며, 이러한 문제에서 일시적인 2주택을 잘 활용만 하게 된다면 비과세 투자전략이 성공적인 투자가 될 수 있다.

❖ **이영민 부부가 입찰해서 3대 1의 경쟁을 뚫고 낙찰 받았다**

앞에서 분석한 방법과 같이 계산한 예상수익금액을 바탕으로 입찰가를 결정하고 입찰에 참여하면 됩니다.

공매란 입찰하기 전에 모든 수익분석을 완료할 수 는 없지만 사전에 앞에서와 같은 변화를 예측하고 입찰에 참여하느냐, 아니냐에 따라 경매투자의 승패가 좌우될 수 있음을 잊어서는 안 됩니다.

"네 알겠습니다. 입찰하도록 하겠습니다."

이영민 부부가 입찰에 참여 했고 다음과 같이 3대 1의 경쟁을 뚫고 낙찰 받았다.

입찰결과			
물건관리번호	2011-23577-001	조회수	364
물건명	서울 도봉구 창동 817 외 1필지 수산트리플아파트101동 12층 1201호		
입찰자수	유효 3 명 / 무효 1 명 (인터넷)		
입찰금액	283,100,000원, 267,860,000원, 258,100,000원		
개찰결과	낙찰	낙찰금액	283,100,000원
물건누적상태	유찰 4 회 / 취소 4 회 입찰이력보기		
감정가격 (최초 최저입찰가)	320,000,000원	낙찰가율 (감정가격 대비)	88.5%
최저입찰가	256,000,000원	낙찰가율 (최저입찰가 대비)	110.6%

"선생님 저희 부부가 낙찰 받았습니다."
"축하드립니다. 앞으로도 더 열심히 공매공부를 해서 재테크에서 성공하시기 바랍니다." "선생님 감사드리고, 조만간 찾아뵙겠습니다."

 이 과장과 홍 대리는 이 사례를 듣고 느낀 바가 있죠?

 네, 이번 사례는 실전 사례라 공매를 이해하는데 도움이 많이 되었습니다.

 특히 취득할 때 비용과 양도세 계산방법은 유익했습니다.

잠깐만! Tip 하나 있어요

입찰할 물건을 찾아서 권리분석과 실전 투자하는 방법이 있어요.
이 영민 부부가 낙찰 받은 수산트리필 아파트로 실전투자하기 위해서는 어떻게 해야 하는가를 "온비드 입찰정보 내역분석 ➡ 물건분석과 권리분석 후 ➡ 수익분석 후 입찰가를 결정해서 입찰에 참여하는 방법"입니다. 이러한 방법은 어떠한 공매물건이 우리들에게 다가온다고 해도 긴장하지 말고 이 분석방법을 보면서 권리하자를 놓치지 말고 정확하게 분석해 공매로 성공할 수 있도록 본인이 준비한 작품입니다(7장 4번으로 197쪽 참조).

다음부터는 내 집 마련해서 재테크로 성공한 얘기를 간단하게 설명하도록 하겠습니다. 취득 시 제비용 계산방법과 양도소득세 계산방법은 위 사례를 참고하면 되니 약식으로 설명하게 될 것입니다.

02 재건축대상 아파트로 내 집 만들고 2년 보유후 매각했다

이 아파트는 서울시 서초구 잠원동에 있는 신반포아파트로 재건축이 추진 중에 있는 아파트로 필자의 지인 박 소령에게 낙찰 받아준 아파트입니다. 주변 학군과 교통상황이 좋고 특히 아파트 단지 근처가 한강이 위치하고 있어서 재건축이 이루어지면 실수요자들이 선호하는 위치에 있어서 매수하고 나서 입주해서 2년 살다가 비과세 혜택을 보면서 매각할 생각이었습니다.

이 아파트의 사진과 주변 현황도, 입찰정보 및 입찰결과 내역은 다음과 같습니다.

❖ **신반포 아파트의 사진과 내부 및 주변 현황도**

(1) 아파트의 사진과 내부 및 평면도

(2) 아파트 주변 현황도

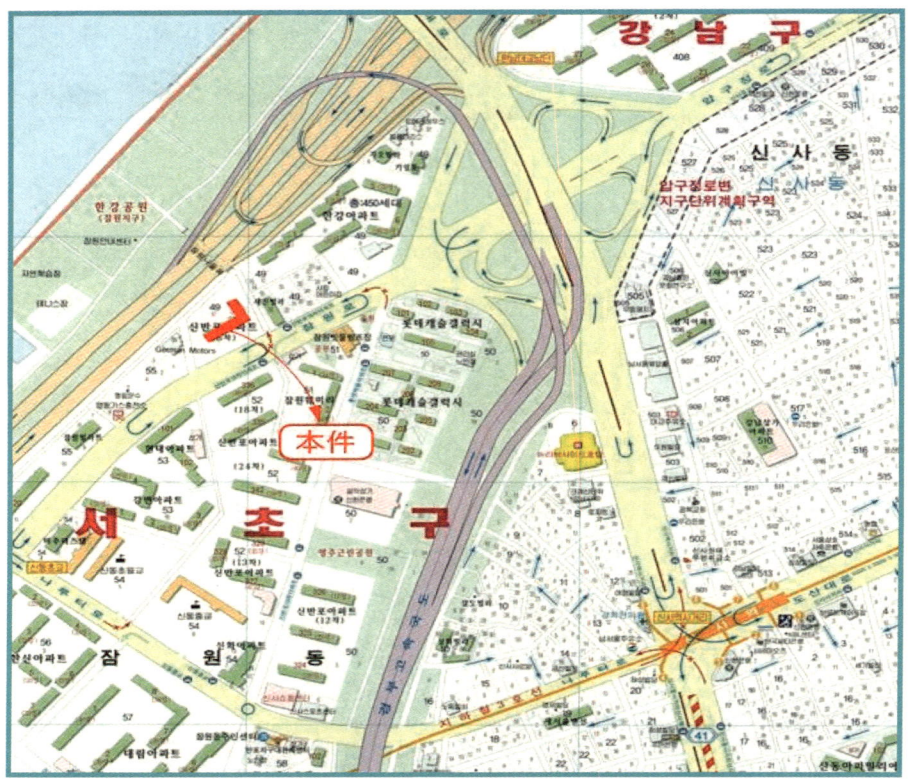

이 아파트를 소개해줄 당시에도 실제로 입주해서 2년 거주하다가 팔면 양도세도 절세가 되면서 아파트가격으로 높은 수익을 보게 될 것이라고 해서 낙찰 받고 입주했던 것인데 지금 매도 시점에서 보면 그 판단력이 맞아 떨어진 것 같습니다 지금은 시세가 10억이 가고 있으니 말입니다.

이렇게 미래가치가 있는 아파트를 공매로 낙찰 받아서 2년 거주하다가 팔면 내 집 마련을 통해서 재테크로 성공할 수 있습니다.

그렇군요. 그런데 경매나 공매로 사면 권리분석을 잘해야 한다던데 문제가 없겠어요?

선생님이 분석해 주시면 안전하니 그 부분은 걱정하지 말아요.

 맞아요.

자, 지금부터 함께 낙찰 받고 인수할 권리가 있나를 분석해 보겠습니다. 먼저 공매물건에 대한 입찰정보내역과 공매재산명세서, 공매담당자 그리고 등기부 등의 공부를 발급받아서 다음 공매물건을 분석해 보겠습니다. 특히 조세채권이 있다면 공매담당자에게 문의해서 체납된 세금과 당해세 유무, 그리고 법정기일을 확인해야 합니다. 이들 조세채권은 등기부에 채권금액이 기재되지 않아서 잘못 하면 배분에서 혼란을 가져올 수 있고 그로 인해서 낙찰 받고 나서 인수금액이 발생될 수 있게 됩니다. 그래서 조세채권과 등기부에 등기된 채권, 주택에 점유하고 있는 임차인 등의 채권금액을 확인하고 그 우선순위에 따라 배분해서 대항력이 있는 임차인이 미배분금이 발생하게 되는가, 대항력은 없더라도 배분금이 없다면 명도가 어려워지고 그에 따라 명도비용이 추가로 발생할 수 있다는 사실을 이해하고 입찰에 참여해야 합니다.

 알겠습니다.

 입찰정보내역과 공매재산명세서, 그리고 공매담당자에게 문의해서 인수할 권리가 있는 가를 확인해 보면 다음과 같습니다.

❖ 신반포 아파트의 입찰정보 내역

이 아파트는 감정가 8억9,000만원으로 7억1,503만원에 입찰에 참여하게 된다면 낙찰 받고 인수할 권리가 없습니다. 왜냐하면 임차인이 박 병장이 전입신고를 하고 있었으나 공매위임관서인 성동세무서가 2007. 04. 12. 압류하고 나서 입주를 했기 때문에 대항력이 없기 때문이다. 그런데 이상하게도 권리신고 및 배분요구가 없었고, 공매재산명세서와 공매담당자를 통해서 확인해본 결과 이 공매물건은 성동세무서의 7억 상당 체납세액에 의해서 공매가 진행되고 그 법정기일도 상당히 앞서고 있었던 사실을 확인할 수 있었습니다.

❖ **박 소령이 단독으로 입찰에 참여해서 낙찰 받았다**

입찰결과			
물건관리번호	2011-20339-001	조회수	347
물건명	서울 서초구 잠원동 49-17 신반포아파트 제337동 제6층 제606호		
입찰자수	유효 1명 / 무효 0명 (인터넷)		
입찰금액	715,309,800원		
개찰결과	낙찰 (매각결정(낙찰자))	낙찰금액	715,309,800원
물건누적상태	유찰 2회 / 취소 0회 입찰이력보기		
감정가격 (최초 최저입찰가)	890,000,000원	낙찰가율 (감정가격 대비)	80.4%
최저입찰가	712,000,000원	낙찰가율 (최저입찰가 대비)	100.5%

필자와 지인 박 소령이 아파트를 낙찰 받고 방문해서 확인한 사실이지만 아파트 내부공사를 하기 위해서 임차인 박 병장을 내보내고 공사를 완료 했고 새로운 임차인을 입주 시키는 과정에서 공매가 진행되어 공실로 비어두고 있었다. 그래서 소유주가 살고 있는 금호동 OO아파트를 방문했는데 부재중이어서 메모지를 남겨놓고 돌아왔고 2일 후에 연락이 와서 만나게 되었다. 그 과정에서 아파트 내부공사를 하게 된 동기와 이사비 200만원을 요구해서 지급하고 명도를 완료했다.

9억 5,000만원에 아파트를 팔면 양도세가 발생하게 되지요. 왜냐하면 9억까지만 비과세된다고 하셨으니...

네 1가구 1주택자(일시적 2주택자포함)는 2년 이상 보유한 경우 9억까지 비과세지만 9억을 초과하면 다음 산출산식과 장기보유특별공제를 참조해서 일반세율로 양도세를 계산해야 하므로 9억원을

양도소득세 산출방식

양도가액(실거래가액)
- (−)취득가액 (실거래가액)
- (−)필요경비 (취, 등록세 + 중개수수료)
- = 양도차익

양도차익
- (−)장기보유특별공제
- (−)양도소득기본공제(250만원)
- (×)양도소득세율(%)
- (−)누진공제액
- = 양도소득세 산출세액

→ 과세표준 →

양도소득세 산출세액
- (+)주민세(10%)
- = 납부할 양도소득세

보유기간	다주택자 (1가구2주택 이상)	1세대 주택 (9억원 이상)
3년이상~4년미만	10%	24%
4년이상~5년미만	12%	32%
5년이상~6년미만	15%	40%
6년이상~7년미만	18%	48%
7년이상~8년미만	21%	56%
8년이상~9년미만	24%	64%
9년이상~10년미만	27%	72%
10년이상	30%	80%

초과한 5,000만원에 대해서 팔 때 중개수수료 475만원을 비용으로 공제한 금액 4,525만원에서 장기보유특별공제 0원(2년 보유로 0원, 그러나 3년을 보유했다면 24%인 1,086천원이 공제된다)하고 기본공제 250만원을 제외하면 4,275만원 × 15%−누진 공제금액 108만원이므로 양도세는 5,332,500원과 주민세 533,250원을 납부하면 됩니다.

> **〈김선생 도움말〉**
>
> 이 사례와 같이 낙찰 받은 금액과 취득할 때 소요된 등기비용 등의 합계가 9억 이하인 경우에는 9억까지 비과세 되므로 초과된 금액을 5,000만원을 가지고 일반세율로 양도소득세를 계산할 때에는 취득 시 비용은 계산하지 않고 양도 시 지급한 중개수수료나 수선비용 등만 비용으로 공제할 수 있다.

그러니 취득 시 등기비용 등을 포함해서 7억4,500만원에 취득했다가 9억5000만원에 팔면 양도세 및 주민세 5,865,750원과 중개수수료 475만원 그리고 4억 대출금에 대한 이자 4,000만원(4억×5%×2년)을 빼고 나면 현금 3억4,500만원을 투자해서 2년 살다가 팔아서 1억5,438만원 정도 이익을 내게 된 셈이니, 현금 투자대비 수익률은 44.74%가 됩니다.

입찰당시에도 감정가 8억9,000만원 짜리를 7억1,503만원에 낙찰 받았지만 매각할 때 강남권의 재건축대상아파트 가격이 상승해서 높은 양도차익을 볼 수 있게 된 아파트입니다. 이렇게 미래가치가 있는 주택을 사서 2년 거주하다가 팔면 양도세가 비과세 되어 높은 수익을 올릴 수 있게 됩니다.

김선생의 특별과외

부동산투자로 소득이 발생하면 부족한 연봉과 월봉으로 계산해라

부동산을 투자해서 수익이 발생하면 무조건 연단위로 소득을 나누어(1억5,438만원/2년) 연봉 7,719만원으로 만들고, 그 연봉을 월단위로 나누어(7,719만원/12개월) 월봉 6,432,500원으로 계산하면 부족한 연봉도 채울 수 있지만, 월급과 같이 월봉으로 여겨지기 때문에 씀씀이를 줄일 수 있다. 그래야 쉽게 번돈 같아서 씀씀이가 커져가는 것을 줄이면서 부자가 될 수 있다.

 정말 높은 수익을 얻었군요.

 저희들에게는 꿈같은 얘기입니다.

아파트 가격이 올라서 그렇게 된 것이지 오르지 않았다면 1억 정도 수익이 발생하게 된 것입니다. 어쨌든 이 투자는 성공적인 투자라고 볼 수 있습니다.

03. 아파트를 낙찰 받아 3년 거주후 양도세를 비과세 받은 사례

이 아파트는 서울시 영등포구 문래동에 있는 44평형 아파트로 주변에 2호선 도림역과 문래역, 그리고 삼성 홈플러스 등이 위치하고 있었습니다. 그리고 영문초등학교와 문래중학교가 인근에 위치하고 있어서 초중등학교 자녀를 두고 있는 부모들이 선호하는 아파트로 재건축도 추진 중에 있어서, 필자의 지인 홍길동에게 낙찰 받아주었는데 주변 학군과 교통상황이 좋아서 그런지 3년 동안 고마워했던 기억이 나는 군요.

이 아파트의 사진과 주변 현황도, 입찰정보 및 입찰결과 내역은 다음과 같습니다.

❖ **문래동 아파트의 사진과 내부 및 주변 현황도**

(1) 아파트의 사진과 내부 및 평면도

(2) 아파트 주변 현황도

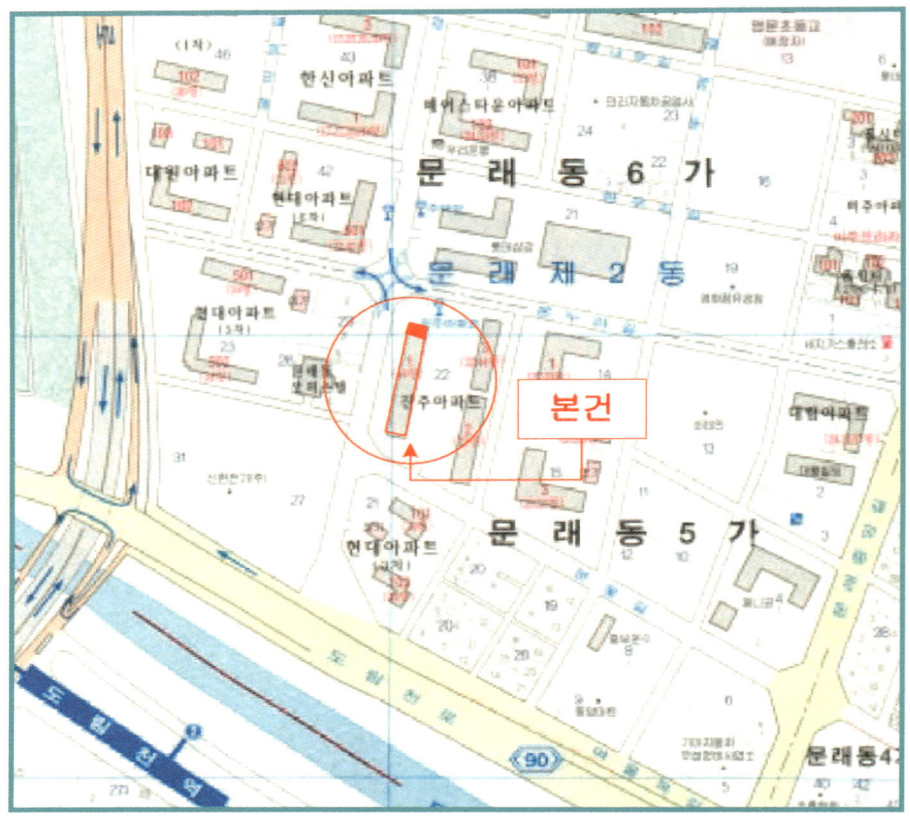

이들 부부는 공매로 낙찰 받고 입주해서 3년 동안 살다가 비과세 로 매각해서 양도차익에 대한 세금 없이 수익을 높일 수 있었던 사례입니다.

❖ 문래동 아파트의 입찰정보 내역

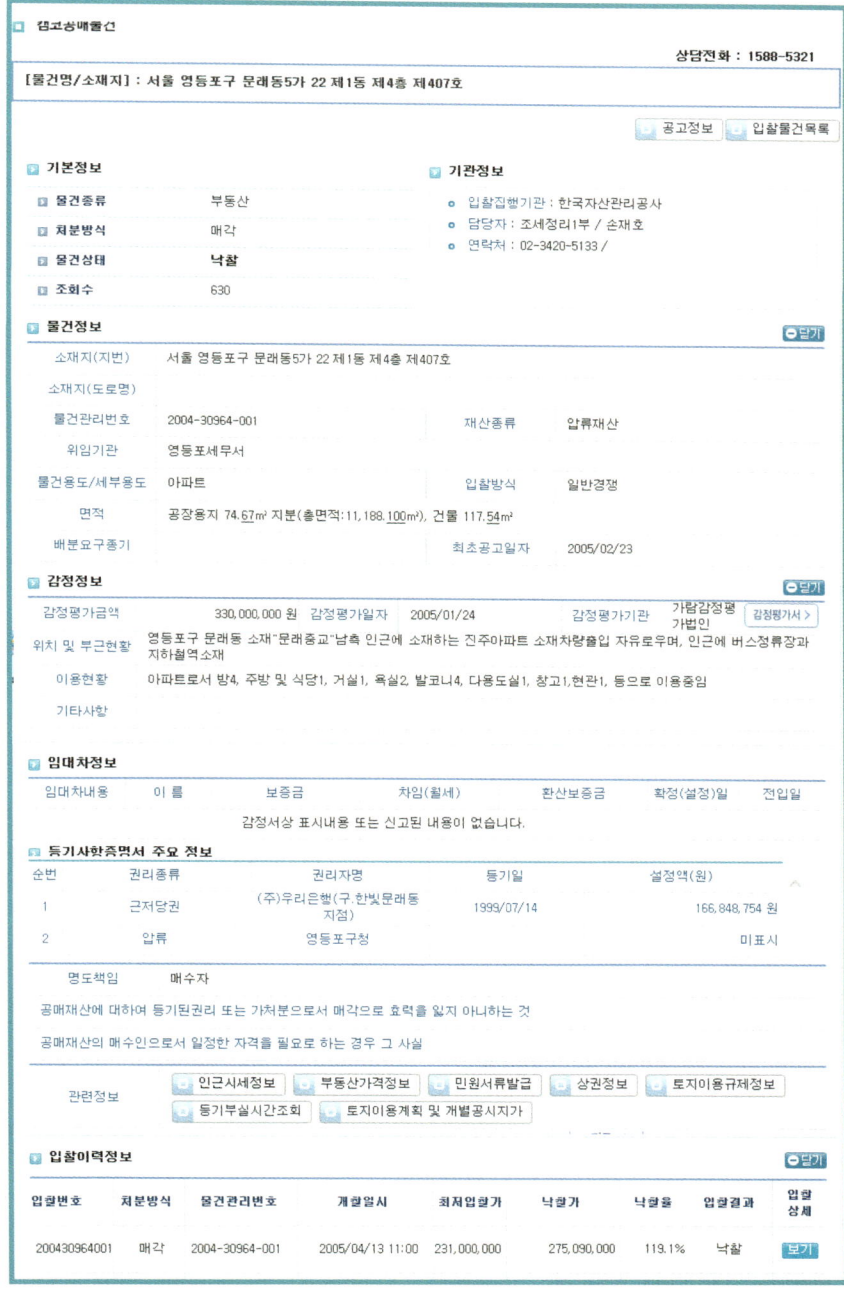

이 아파트는 감정가 3억3,000만원이었는데 입찰하기 전에 시세를 조사해보니 3억4~5,000만원을 형성하고 있어서 2억7,509만원에 입찰하게 되었습니다. 왜냐하면 체납자겸 소유자 가족만 살고 있어서 낙찰 받고 나서 인수할 권리가 없었기 때문입니다.

❖ **홍길동 부부가 이 아파트를 8대1의 경쟁률을 뚫고 낙찰 받았다**

입찰결과			
물건관리번호	2004-30964-001	조회수	631
물건명	서울 영등포구 문래동5가 22 제1동 제4층 제407호		
입찰자수	유효 8명 / 무효 0명 (인터넷)		
개찰결과	낙찰	낙찰금액	275,090,000원
물건누적상태	유찰 3회 / 취소 0회 [입찰이력보기]		
감정가격 (최초 최저입찰가)	330,000,000원	낙찰가율 (감정가격 대비)	83.4%
최저입찰가	231,000,000원	낙찰가율 (최저입찰가 대비)	119.1%
공매정보			
자산구분	압류재산	담당부점	조세정리1부
회차/차수	27 - 001	개함일시	2005/04/13 11:00
집행완료일시	2005/04/13 11:24		

이들 부부는 낙찰 받고 나서 점유자들을 명도하기 위해서 방문하고 나서 기뻐했던 기억이 납니다. 왜냐하면 체납자겸 소유자가 건축업을 하고 있었던 분들이라 아파트를 올 수리하고 살고 있었기 때문에 별도 수리 없이 입주할 수 있었기 때문이죠.

선생님 이 아파트는 3년 거주하고 얼마에 팔았어요?

이 시기에는 부동산 시장이 그래도 괜찮았던 시기로 4억5,000만에 팔았다고 하더군요.

 취득할 때 대출금과 이자는 얼마나?

 낙찰금액의 70%를 6%로 대출을 받았으니 대출금은 192,563,000원이고 3년 동안 이자는 34,661,340원이 됩니다.

그래서 현금 93,779,700원(낙찰금액 275,090,000원 + 취득시 제비용 8,252,000원 + 명도비용 300만원 - 대출금액 192,563,000원) 투자해서 127,196,660원(4억5,000만원 - 취득금액 286,342,000원 - 대출이자 34,661,340원 - 매도 시 중개수수료 180만원)소득을 올렸다고 합니다. 이렇게 수익이 많이 발생하게 된 원인은 공매로 낙찰 받을 때 싸게 산 부분보다 가격이 올라서 이득을 많이 보게 되었고 거기에다 양도세까지 한 푼도 내지 않았으니 수익이 없을 내야 없을 수 가 있겠어요?

그래서 현금투자대비 수익률은 135%가 됩니다.

김선생의 특별과외

부동산투자로 소득이 발생하면 부족한 연봉과 월봉으로 계산해라

부동산을 투자해서 수익이 발생하면 무조건 연단위로 소득을 나누어(127,196,660원/3년) 연봉 4,239만원으로 만들고, 그 연봉을 월단위로 나누어(4,239만원/12개월) 월봉 3,532,500원으로 계산하면 부족한 연봉도 채울 수 있지만, 월급과 같이 월봉으로 여겨지기 때문에 씀씀이를 줄일 수 있다.

 선생님 말씀을 듣다보니 부동산 투자는 미래가치가 있는 주택을 선정해서 비과세 전략으로 투자해야 한다는 생각이 듭니다.

 돈을 벌려면 싸게 사는 방법과 오를 수 있는 주택에 투자하는 것밖에 없으니

정 사장님 말씀도 맞겠군요.

　어쨌든 이들 부부의 새 보금자리도 공매로 필자가 마련해 주었습니다. 이때 자금마련에서 처음 내집 마련할 때보다 여유로워 보였는데 그도 그럴 것이 문래동 아파트에서 시세차익이 131,996,660원이 발생해서 그 자금을 바탕으로 새 집으로 이사를 가게 되었기 때문이죠.

그렇게 되었군요(이 과장이 부러운 눈빛으로 대답했다)

04 이철민이 후곡마을아파트를 낙찰 받아 3년 거주후 비과세 받은 사례다

　이 아파트는 경기도 고양시 일산에 소재하는 후곡마을 아파트로 요즘 들어 상한가를 치고 있는 24평형인 소형평형 아파트입니다.

　아파트 내부는 방 3개와 주방겸 거실 1개, 그리고 욕실 1개로 구성되어 있고 인근에 신일중학교와 율동초등학교가 위치하고 있고, 인근에 버스정류장 등의 대중교통이 발달되어 있어서 실수요자들이 거주를 희망하는 아파트입니다. 그래서 이철민 부부도 공매로 낙찰 받아서 입주하기로 결정했습니다.

　이 아파트의 사진과 주변 현황도, 입찰정보 및 입찰결과 내역은 다음과 같습니다.

❖ **일산 후곡마을아파트의 사진과 내부 및 주변 현황도**

(1) 아파트의 사진과 내부 및 평면도

(2) 아파트 주변 현황도

이들 부부 역시 공매로 낙찰 받고 입주해서 3년 동안 살다가 비과세로 매각해서 양도차익에 대한 세금 없이 수익을 올릴 계산이었는데 거주하는 동안 양도소득세법이 개정되어 1주택자가 거주하지 않고도 2년만 보유하면 비과세되는 조건으로 비과세 요건이 완화되었습니다. 어쨌든 지금은 2년만 보유해도 9억까지 양도세가 없다는 사실만 기억하면 됩니다.

❖ 일산 후곡마을아파트의 입찰정보 내역

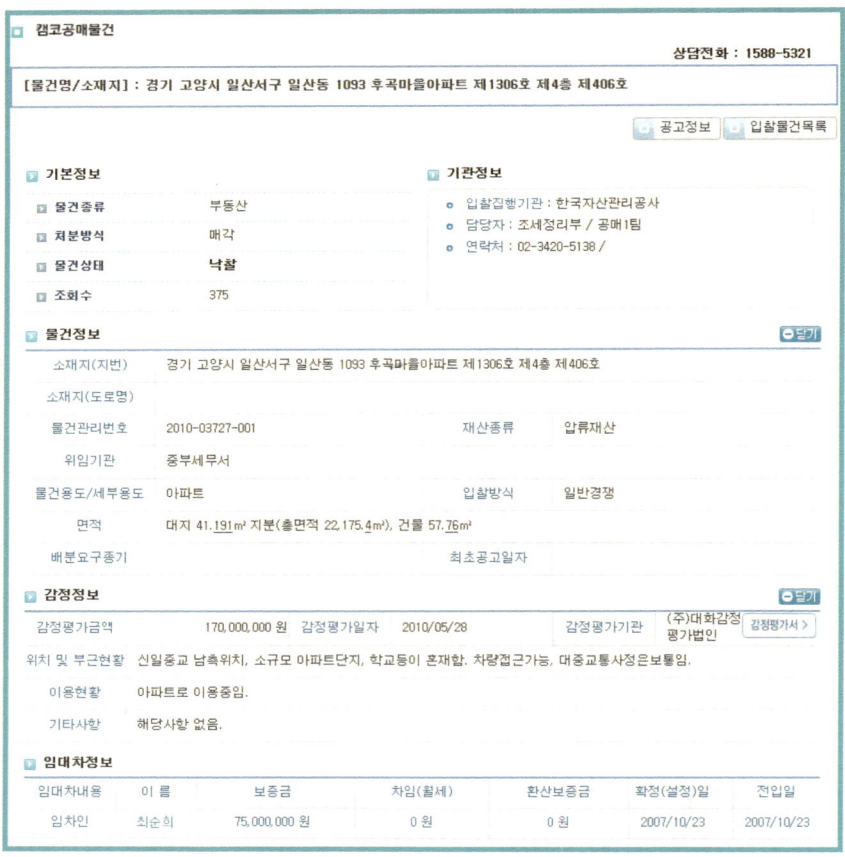

이 아파트는 감정가 1억7,000만원이었는데 입찰하기 전에 시세를 조사해보니 시세도 1억7,000만원을 형성하고 있어서 1억4,700만원에 입찰하였습니다. 왜냐하면 임차인이 점유하고 있었으나 말소기준권리인 신한은행 근저당권(2002. 09. 03. 배분 요구한 금액 103,259,734원)보다 후순위로 대항요건을 갖추고 있어서 낙찰자가 인수하지 않고 공매로 소멸되는 임차인이기 때문입니다. 문제는 임차인의 배분금이 적다는 점은 있지만, 매각대금 1억4,700만원에서 공매비용 441만원을 공제하고 1순위로 신한은행이 103,259,734원 배분받고, 2순위로 임차인이 39,330,266원을 배분받게 되기 때문에 별도 명도비용 없이 임차인을 내보낼 수 있다는 판단이 섰기 때문입니다.

❖ 이철민이 3대 1의 경쟁률을 뚫고 아파트를 공매로 낙찰 받다

입찰결과			
물건관리번호	2010-03727-001	조회수	376
물건명	경기 고양시 일산서구 일산동 1093 후곡마을아파트 제1306동 제4층 제406호		
입찰자수	유효 3명 / 무효 0명 (인터넷)		
입찰금액	147,000,000원, 138,170,000원, 136,123,000원		
개찰결과	낙찰 (매각결정(낙찰자))	낙찰금액	147,000,000원
물건누적상태	유찰 2회 / 취소 0회 입찰이력보기		
감정가격 (최초 최저입찰가)	170,000,000원	낙찰가율 (감정가격 대비)	86.5%
최저입찰가	136,000,000원	낙찰가율 (최저입찰가 대비)	108.1%

이철민 부부가 3대 1의 경쟁을 뚫고 일산에 있는 후곡마을아파트 24평형을 낙찰 받았고, 낙찰 받고 나서 명도하는 과정에서 임차인이 보증금 상당부분 손해를 보게 돼 안타까워는 했지만 명도의 어려움은 없이 마칠 수 있었던 사례 사례입니다.

선생님 이 아파트는 3년 거주하고 얼마에 팔았어요?

이분들은 아직까지 거주하고 있어요. 그러나 여러분들이 알고 있듯이 1억 7,000만원 짜리 아파트를 1억4,700만원에 낙찰 받았고 등기비용 300만원 포함해 취득비용이 1억5,000만원 소요되었으니 낙찰 받을 때 이미 2,000만원은 벌고 들어간 셈이죠. 팔 때도 비과세로 양도세가 없으니...

소형평형 아파트가 요즘 오르고 있는데 이 아파트는 어떻게 되었답니까?

이 아파트도 소형이라 그런지 지금은 시세가 1억9,000만원 가고 있답니다. 그러니 팔 때 9억까지 양도세가 없으니 4,000만원은 번 셈입니다.

선생님 그분들은 파실 생각이 없으신가 봐요?

 자녀들 문제로 2~3년 더 사실 생각입니다.

　다음 6장은 "전세보증금으로 내집 마련? 임대공매로 생활 터전을 마련하는 비밀?"을 풀어 보겠습니다.

 선생님 주택시세가 전세금의 90%에 육박해서 전세보증금으로 주택을 살 수 있다는 말은 많이 들었지만, 임대공매로 전세 집을 마련하는 말은 처음 들었어요. 제 생각으로는 임대니 사는 것이 아니고 빌려 쓴다는 의미 같은 데요.

그렇습니다. 자세한 내용은 공부하면 이해하기로 합시다.

Chapter 6

전세보증금으로 내집 마련?
임대공매로 생활 터전을
마련하는 비밀?

이번 사례들은 전세보증금 시세로 내 집을 마련하는 사례에 대해서 연구하는 시간입니다.

선생님 임대공매로 전셋집을 마련하는 방법도 강의하신다고 하시지 않았나요?

민기군 조금만 기다리세요. 먼저 전세보증금 시세로 내 집을 마련하는 사례를 3가지 정도 살펴보고 나서요. 이 방법은 우리들이 주택도 마련하고 살다가 주택을 팔 때도 이익을 많이 내고 팔 수 있는 방법입니다.

왜냐하면 요즘 같이 전세대란이 문제가 되고 있는 지역에서는 전세보증금이 주택시세의 80에서 90% 정도에 이르게 되고, 이러한 주택이 공매가 진행되면 80% 이하 가격으로 낙찰 받을 수 있으니 내 집을 전세보증금으로 마련할 수 있다는 거죠. 전세보증금이 부족한 분들은 공매로 낙찰 받은 물건을 담보로 은행에서 대출을 받아 잔금을 납부하면 됩니다. 요즘 같이 저금리(3.3%) 시대에서 대출금을 활용해서 내 집을 마련하고 2년 이상 거주하다가 팔면 양도차익도 볼 수 있고 그 양도차익에 대한 세금도 비과세 되니 재테크로 이만한 투자가 없습니다.

저희들도 선생님의 그러한 의도를 이미 간파하고 있어요.

음, 훌륭한 제자... 다른 분들도 여기까지 따라 오고 있죠?

네

01 도시형 생활주택 원룸을 보증금으로 마련하다

　김 소위는 대학을 졸업하고 초급장교가 된 지 얼마 안 된 28세의 젊은 청춘이다. 서울에서 근무하다 보니 부모님과 떨어져 살아야 했고 그래서 광진구 자양동에 있는 도시형 생활 주택 도시엔 제에이동 203호 원룸을 보증금 1,000만원에 월세 55만원으로 임차해서 거주하고 있었다. 그러던 중 그 주택이 공매로 매각되고 있는 사실을 KAMCO에서 연락 받았고, 권리신고 및 배분 요구하라고 해서 해 놓았다. 그리고 김 소위는 혼자서 곰곰이 생각을 하게 되었는데 이것도 기회가 될 수 있겠구나, 공매로 낙찰 받아 내 집을 마련하고 나중에 결혼할 때 팔아서 살림 집 마련에 종자돈으로 삼자고, 김 소위는 이 주택이 원룸이고 주변에 지하철 2호선과 7호선 건대입구역이 있어서 직장인과 대학생들이 선호하는 위치에 있어서 훗날 팔 때도 어려움 없이 팔 수 있을 거라고 생각하고, 다른 곳으로 이사가야 하는 번거로움도 마음을 정하는데 한 요인이 되었다.

　이 원룸의 사진과 주변 현황도, 입찰정보 및 입찰결과 내역은 다음과 같다.

❖ **도시엔 제에이동 203호 원룸의 사진과 내부 및 주변 현황도**

(1) 원룸의 사진과 내부 현황

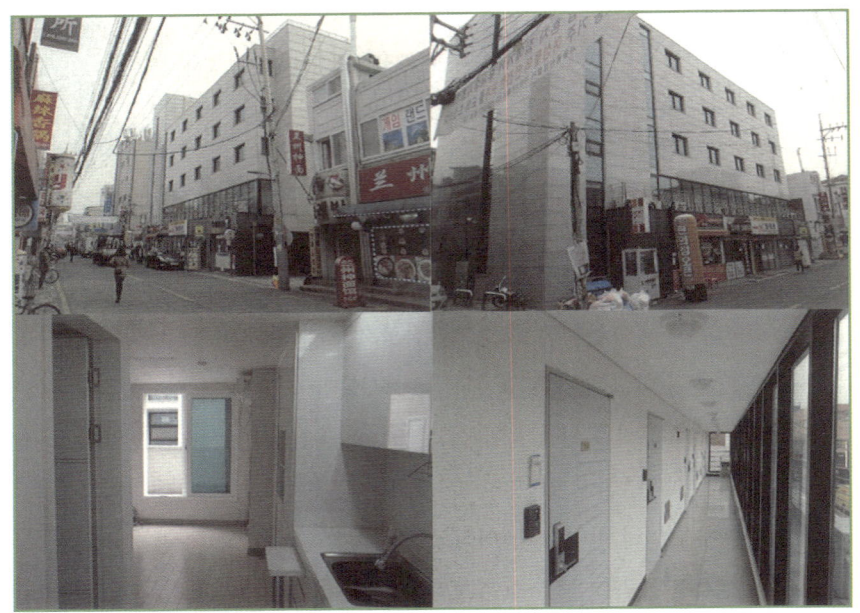

(2) 원룸의 주변 현황도

김 소위는 용기를 내어 김 선생을 찾아 왔다.

선생님, 제가 살고 있는 주택이 공매가 진행되고 있는데 은행 대출을 받아서 입찰에 참여하고자 하니 도움이 필요합니다.

음, 위치를 살펴보니 수요가 많은 원룸인 걸요. 건국대학교 학생들이 선호하는 원룸으로 소문도 많이 난 원룸이고, 사서 2년 이상 거주하다가 팔면 김 소위가 주택이 1주택 밖에 없으니 비과세 혜택도 볼 수 있어서 세금 한 푼 없이 양도차익 전액 이익을 볼 수도 있고…. 김 소위는 자금은 얼마나 가지고 있어요?

아직 사회 초년생이라 자금은 이 주택 보증금 1,000만원과 그동안 벌어 놓은 2,000만원 정도가 전부입니다. 그래서 부족한 돈은 은행대출을 받아서 사려고 합니다. 어차피 한 달에 월세로 55만원과 부가세 5,500원을 내고 있었으니 그것을 감안하면 낙찰 받는 것이 이익이 되더군요. 공매로 사니 살 때도 시세차익을 3,000만원 볼 수 있고 부동산 경기가 좋아지면 오를 수도 있으니…

87,100,000원에 낙찰 받는다고 생각하면 취득 시 제비용 260만원 정도 드니 취득 비용은 89,700,000원이고, 낙찰금액의 70%를 은행에서 3.4%로 대출받으면 대출금은 60,970,000원이니 현금은 2,873만원이 됩니다. 그러니 김 소위가 가지고 있는 돈으로 낙찰 받을 수 있겠군요. 다만 은행대출이자가 연 3.4%는 2,072,980원이니 매월 이자로 172,748원을 지급하면 되니 지금보다 부담도 적어지고… 뭐니 뭐니 해도 공매로 낙찰 받아서 시세차익도 보고 2년 이상거주하다 팔면 가격도 오를 수 있는데 그러한 양도차익에 대한 세금부담이 없다는 것이 마음에 끌리는 군요.

❖ 도시엔 제에이동 203호 원룸의 입찰정보 내역

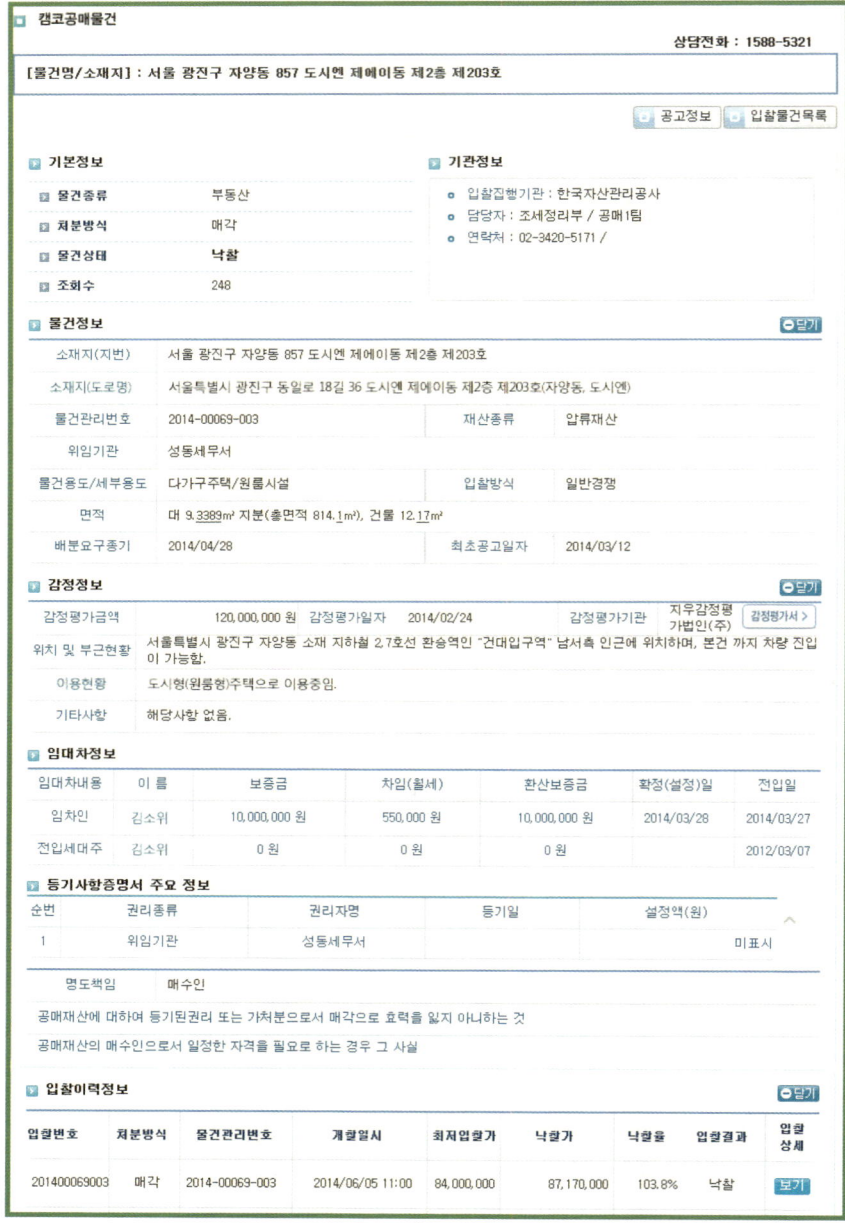

그래서 입찰하고자 합니다. 입찰가격은 선생님이 말씀하기긴 87,100만원으로 하겠습니다.

김 소위, 파이팅!

❖ **김 소위가 단독으로 원룸을 낙찰 받게 되다**

입찰결과			
물건관리번호	2014-00069-003	조회수	251
물건명	서울 광진구 자양동 857 도시엔 제에이동 제2층 제203호		
입찰자수	유효 1 명 / 무효 1 명 (인터넷)		
입찰금액	87,170,000원		
개찰결과	낙찰	낙찰금액	87,170,000원
물건누적상태	유찰 3 회 / 취소 0 회 입찰이력보기		
감정가격 (최초 최저입찰가)	120,000,000원	낙찰가율 (감정가격 대비)	72.6%
최저입찰가	84,000,000원	낙찰가율 (최저입찰가 대비)	103.8%

선생님 제가 단독으로 낙찰 받게 되었습니다.

축하합니다. 군 생활도 열심히 하고, 예쁜 여성도 만나서 행복한 보금자리를 마련하세요.

선생님, 대략 계산해도 2년 이상 있다가 팔면 족히 3,000만원은 벌 수 있겠는데요. 그 돈에서 대출이자 600만원 정도는 빼야 하지만 그동안 월세 55만원과 부가세 5,500원을 내고 살았다고 치면 이자는 계산하지 않고 3,000만원을 벌었다고 해도 되겠어요.

이 과장도 이제 똑똑해 지셨군.... 그래요 3,000만원은 번 것으로 치자고요. 그러면 2년 후에 3,000만원 벌면 연봉이 어떻게 되지요?

 1,500만원입니다. 월봉은 150만원이고요.

 선생님 저도 공매를 배우게 가르쳐 주세요.

 다들 괜찮으신 것 같군요 특히 김 소위가 멋있는 사나이라 좋아하는 군요. 이제 우리 팀도 5총사가 되었군요.

다음은 전세가로 내집 마련한 사례를 분석해 보겠습니다.

02 상도동 다세대주택을 전세보증금으로 마련하다

박 영민 부부는 흑석동 중앙대학교 인근에서 24평형 아파트를 전세보증금 1억5,000만원에 임차해서 4년 동안 거주하고 있었다. 그런데 어느 날 임대인에게 전화가 와서 보증금 5,000만원 올려달라고 해서 다투게 되었다. 그래서 고민하던 중 이사갈 결심을 하고 주변지역 전세물건을 찾아다니게 되었는데 주변 전세 시세가 2억 정도 형성하고 있어서 임대인이 보증금을 올리자고 한 말이 어느 정도 수긍이 갔었다. 전세가 2억으로 나온 물건도 물건이지만 현재 살고 있는 물건보다 한참 못 미치는 주택으로 그냥 올려주고 살까하는 생각도 해 봤지만 다투고 이사를 간다고 공언까지한 상태라 이러지도 저러지도 못하고 고민만 하고 있던중 부동산중개업소에서 전화가 왔다. 전세물건은 찾을 수 없지만 아는 지인으로부터 7호선 숭실대입구 전철역 인근에 다세대주택이 공매로 나왔다는 내용과 주택 내부가 올수리 되어 있어서 낙찰 받아서 입주하면 손볼 곳이 없다는 내용이다. 그런데 공매로 사면 돈이 많이 필요할 텐데 어떻게 사느냐고 얘기하니 이 다세대주택은 전세 시세가 2억 정도 가는데, 공매로 감정가가 2억4,400만원에서 시작해서 지금은 30% 떨어져서 1억708만원에 매각이 진행되고 있다고 했다. 그래서 회사업무가 정리되자마자 현장으로 달려갔다. 부동산 중개업소에서 말한 그대로 지하철 7호선 숭실대입구역에서 4~5분 거리에 위치하고 주변은 대단지 아파트와 우수한 교육환경 그리고 인근에 4호선 이수역이 위치하고 있었다. 박영민 부부는 함께 주변을 돌아다니면서 이러한 주택을 내 집으로 만들 수 있다면 오랜 기간동안 이사 가지 않고 거주할 수 있으면서 시세차익도 노려볼 수 있다고 생각해서 입찰에 참여하기로 마음을 정했다.

❖ 비발디캐슬 다세대주택의 사진과 내부 및 주변 현황도

(1) 비발디캐슬 다세대주택의 사진과 내부 현황

(2) 비발디캐슬 다세대주택의 주변 현황도

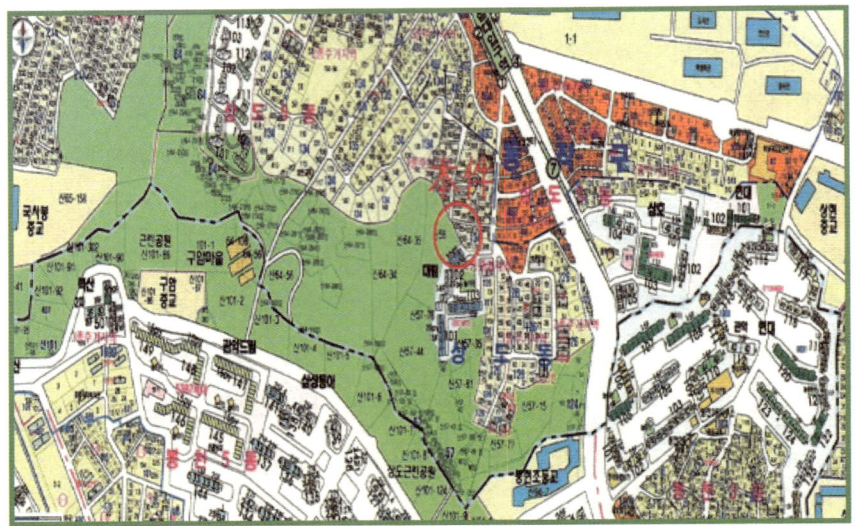

이 주택은 24평형 이면서도 방 3개와 거실겸 1개 그리고 욕실이 2개인 점이 마음에 들었다. 자녀들이 초등학교를 다니다 보니 아침이면 화장실 전쟁을 하고 있던 것을 자주 지켜보고 안타까워 한 적이 한두 번이 아니다.

그래서 김 영민 부부는 이 주택에 입찰하기로 마음을 정했다.

❖ 비발디캐슬 다세대주택의 입찰정보 내역

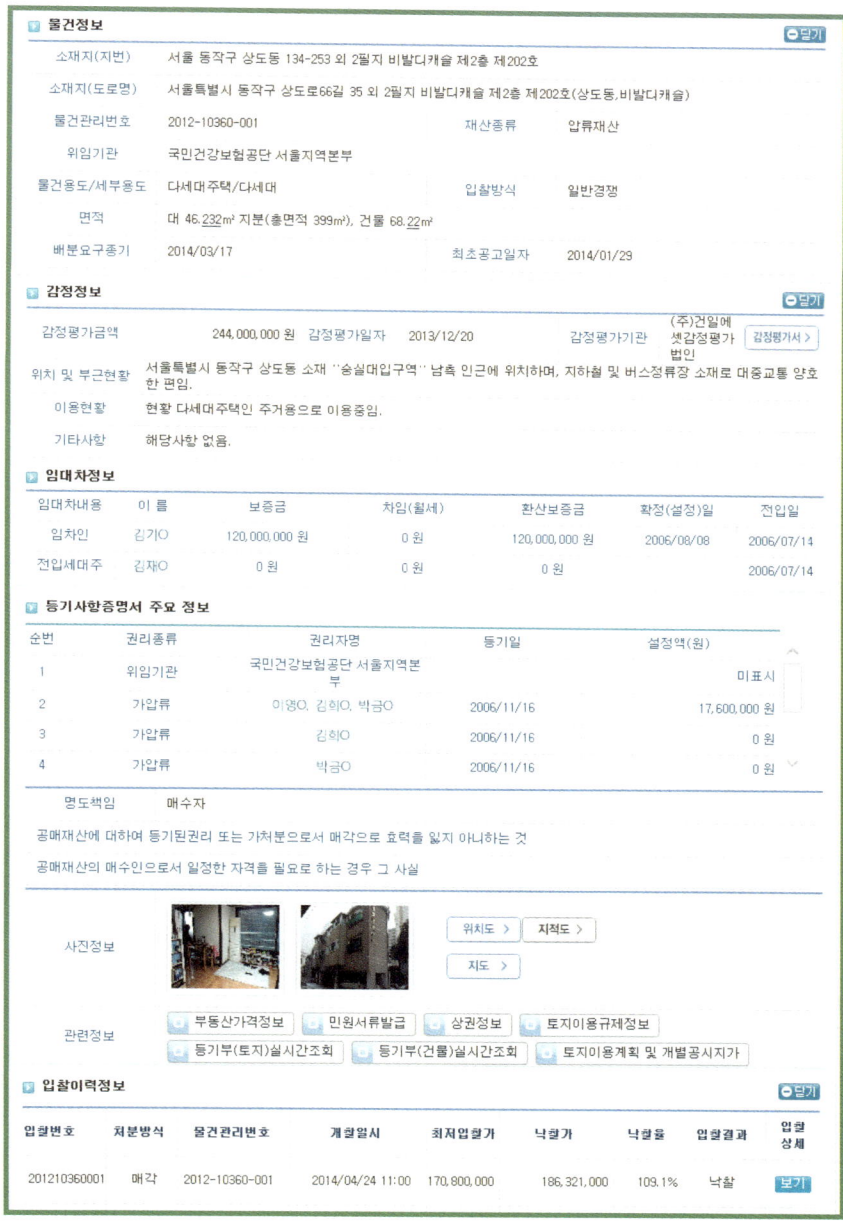

김 영민 부부는 이 다세대주택에 입찰하고자 김 선생을 만나서 입찰서를 제출하고 있다.

 선생님 저희들이 입찰서를 제출하기 위해서 어떠한 서류가 필요한 가요?

 음, 먼저 공인인증서가 있나요? 범용으로…

"회사에서 제가 금융업무를 담당하고 있어서 범용공인인증서를 만들어 가지고 있습니다."

"다음은 소유권은 두 사람 공동명의로 하겠어요? 아니면 영민씨 단독 명의로 하겠어요?"

 공동명의로 하겠어요. 집 사람도 기분 좋게 그렇지…(영민 집 사람은 곁에서 흡족한 표정을 짓고 있다)

 그러면 온비드 회원가입하고 공인인증서 등록절차를 마쳐 보세요.

"회원가입과 공인인증서도 등록했어요."

"그러면 입찰서를 제출해 보자고요. 먼저 얼마에 입찰서를 쓰냐를 고민해야 겠군요. 제가 판단하기에는 이 정도 물건이면 1억8,500만원 정도는 써야할 것 같아요."

 저희들도 그렇게 생각했어요. 그런데 그 정도만 쓰면 낙찰 받을 수 있을 까요? 전세 시세가 2억 정도 간다고 하던데…. 저희들은 꼭 낙찰 받아 입주하고 싶어요.

 그렇다면 조금 더 쓰시지요. 186,321,000원으로 합시다.

"네, 그렇게 입찰서를 제출하고 입찰보증금도 납부했습니다. 지금부터는 어떻게 해야 되나요?"

 입찰절차를 간단히 설명하면 월요일 10:00 ~ 수요일 17:00 까지 입찰기간이 주어지고 이 기간 내에 입찰서와 입찰보증금을 납부해야 합니다. 그리고 다음날 목요일 오전 11시에 낙찰자를 결정해서 온비드 상에서 공표하게 되고 그때로부터 3일 이후인 월요일 오전 10시에 매각결정을 하게 됩니다. 입찰기간이 마지막 날인 오늘(수요일) 입찰서를 제출 했으니 내일(목요일) 오전 11시에 입찰결과를 확인할 수 있어요. 그때까지 좋은 꿈꾸세요. 좋은 일이 있을 거예요.

❖ 박영민 부부가 4대 1의 경쟁을 뚫고 공매로 낙찰 받았다

입찰결과			
물건관리번호	2012-10360-001	조회수	450
물건명	서울 동작구 상도동 134-253 외 2필지 비발디캐슬 제2층 제202호		
입찰자수	유효 4 명 / 무효 0 명 (인터넷)		
입찰금액	186,321,000원, 181,100,000원, 178,900,000원, 175,900,000원		
개찰결과	낙찰	낙찰금액	186,321,000원
물건누적상태	유찰 3 회 / 취소 0 회 [입찰이력보기]		
감정가격 (최초 최저입찰가)	244,000,000원	낙찰가율 (감정가격 대비)	76.4%
최저입찰가	170,800,000원	낙찰가율 (최저입찰가 대비)	109.1%

선생님 저희 부부가 4대 1의 경쟁을 뚫고 공매로 낙찰 받았습니다. 너무 기뻐요. 다음은 어떻게 해야 하나요.

축하합니다. 3일 이후인 월요일 10:00에 매각결정이 확정되면 온비드에서 매각결정서를 발급 받으면 됩니다. 그 매각결정서에 잔금납부기한 즉 매각결정서를 발급받은 날로부터 30일 이내에 잔금납부기한과 그때로부터 10일 간의 납부최고기간이 주어지니 최장 40일 안에만 잔금을 납부하면 됩니다.

그 집에 세입자가 살고 있는데 명도 문제는 어떻게 해야 합니까?

임차인은 전액 배분 받게 되므로 명도문제는 어려움이 없을 거예요. 임차인이 배분받기 위해서 낙찰자의 명도확인서가 필요합니다. 집을 비워주고 나서 명도확인서를 받을 수 있으니 비워주지 않을 수는 없는 거지요. 이번엔 처음이고 하니 다음 주 토요일에 명도 하러 제가 함께 가도록 하죠. 이 과장과 홍 대리도 따라오고.

"선생님 저희들은 왜 빼고..."

 함께 모두 갑시다. 낙찰 받고 나서 명도하는 것도 꼭 배워야할 과제니

〈그래서 토요일 오후에 만나서 김 영민 부부가 낙찰 받은 주택을 방문했다.〉

"명도 하러 갈 때는 두 가지를 서류를 준비해야 합니다. 임차인이 있을 때 명도합의가 이루어지면 명도합의각서를 작성하게 명도합의각서 양식 2부, 주택에 임차인이 없을 때 점유자 연락 바란다는 내용을 기술한 양식 2부를 가지고 가야 합니다. 그래서 임차인이 없다면 연락처를 기재해서 하나는 현관 밑에 두고, 다른 하나는 우편함에 두고 와야 임차인이 확인하고 연락을 하게 됩니다. 이때 전화로 만날 날짜를 정해서 명도를 합의하면 됩니다. 주택내부도 확인하고..."

제가 초인종을 눌러보죠. 딩동댕, 딩동댕,

"누구시죠", "이 주택을 공매로 낙찰 받은 사람입니다"

"어서 오세요. 그렇지 않아도 오늘 쯤 오실 줄 알고 기다리고 있었습니다."〈이들 일행은 커피 한잔을 마시면서 이런 저런 얘기를 하다가 본론을 꺼내기 시작했다〉

"이사 준비는 잘 되고 있으신지요?", "저희들은 전액 배분받는다고 해서 배분 시기에 맞춰 이사 나가려고요. 그런데 배분받는 시기가 언제 쯤 되죠?" "낙찰 받은 날자가 2014. 04. 24. 그리고 매각결정이 04. 29. 이고 이 날로부터 30일 후에 잔금을 납부하게 되니 05. 29. 이 잔금납부 일자가 됩니다. 그때로부터 또다시 30일 이후에 배분기일이 되니 06월 29일에서 30일 정도가 되겠어요. 정확한 것은 낙찰자가 잔금납부하면 배분기일을 정해서 임차인에게 통지가 오니 그 서류를 확인할 수 있어요. 궁금하다면 공매담당자에게 직접 전화해서 확인하는 방법도 있고요.

"그러면 되는 군요. 선생님 감사합니다. 궁금한 내용이 있으면 전화해도 괜찮겠어요." "네 그렇게 하세요"

 선생님, 오늘 명도는 깔끔하게 정리가 된 것 같아요.

 매사 명도가 이렇게 쉽게 정리가 된다면 좋게요. 간혹 고생하는 경우도 있습니다.

 선생님 고생하셨는데 오늘 저희 부부가 한턱 쏘겠습니다. 그리고 5총사에 참여시켜 주세요. 열심히 공부 하겠습니다.

 한턱은 다 이유가 있었군요. 이제 6총사가 되었군요.

03 다가구주택을 전세보증금으로 마련하면서 임대수익도 챙기기

이번엔 다가구주택에 대해서 이야기를 하고자 합니다. 다가구주택에서 소유자가 거주하는 공간을 제외하고 나머지 주택 부분에서 임대를 하게 된다면 별도 추가자금 없이도 기존 전세보증금으로 내 집 마련할 수도 있습니다. 보너스로 월세소득도 얻을 수 있어서 다가구주택은 요즘 정년퇴직한 분들의 로망이 되고 있습니다. 원룸이나 고시텔 등은 공급과잉으로 인해서 공실이 발생하고 있고 그러한 상황은 계속이어질 전망이지만 다가구주택에서 임대소득은 소액투자로 이어지면서도 세금 절세효과까지 있어서 평생 직장생활만 한 분들의 마음을 빼앗고 있지요. 평생 마련한 아파트 한 채, 높은 전세보증금으로 주택을 임차해서 거주하시던 분들은 그 주택에서 거주목적은 달성할 수 있어도 추가적인 수익을 만들 수는 없습니다. 그러나 조금만 생각을 바꿔 아파트를 팔아서, 또는 기존 전세금으로 다가구주택을 구입하면 주택일부에서 거주하면서도 나머지 공간에서 임대수익을 얻을 수 있어서 다가구주택의 인기가 높아지고 있는 것입니다. 즉 4층짜리 다가구주택을 전세가로 구입해서 4층 전체는 주인 세대가 거주하고 나머지 1~3층은 임대를 하게 되는 사례가 증가되고 있는 추세로 이러한 현상은 전세보증금을 가지고 내 집도 마련하고 임대소득도 발생해서 기존 아파트 전세금으로 다가구주택을 사서 월 100만원에서 150정도 소득을 내기도 합니다.

요즘 같이 저금리 시대에 은행에 넣어 둔다고 이자가 붙는 것도 아니고 나이 들어 딱히 가질 수 있는 직장도 변변찮은 상황에서 진화되고 있는 사회 양상이고 이러한 변화는 계속될 전망이라 다음과 같이 다가구주택 사례를 분석해 보기로 했습니다.

이 아파트의 사진과 주변 현황도, 입찰정보 및 입찰결과 내역은 다음과 같습니다.

❖ 다가구주택의 사진과 내부 및 주변 현황도

(1) 다가구주택의 사진과 내부 및 평면도

(2) 다가구주택 주변 현황도

박 선생은 얼마 전까지 교직에 몸담고 있다가 교장 선생님으로 정년퇴직한 분이다.

 선생님 이 다가구주택을 공매로 낙찰 받아 거주하면서 임대소득을 얻으려고 하는데 낙찰 받고 인수할 권리나 금액이 있는지 분석 좀 부탁드려요.

8분 거리에 지하철 장안평역도 있고 주변학군도 괜찮은 데요. 인근에 서울시립대와 초중 고등학교도 위치하고 있어서...

 네 이미 제 집사람과 현장 조사를 했어요. 선생님께서 말씀하시던 부동산 시세와 임대시세 그리고 주택 현황도 조사를 했고요. 다만 인수할 권리에 대해서 걱정이 됩니다.

그럼 지금부터 분석을 해 보겠습니다.

❖ 다가구주택의 입찰정보 내역

배분요구종기	2013/07/22		최초공고일자	2013/06/05	

감정정보

감정평가금액	767,824,700 원	감정평가일자	2013/05/03	감정평가기관	(주)감정평가법인세종
위치 및 부근현황	서울시 동대문구 장안동 소재 안평초등학교 북측 인근에 위치, 본건까지 차량의 접근 가능,대중교통 사정은 보통시 됨.				
이용현황	주택으로 이용중임.				
기타사항	해당사항 없음.				

임대차정보

임대차내용	이 름	보증금	차임(월세)	환산보증금	확정(설정)일	전입일
임차인	정병창	13,000,000 원	0 원	13,000,000 원	2002/12/06	1995/09/13
임차인	김상병	35,000,000 원	0 원	35,000,000 원	2010/11/01	2010/11/01
임차인	김소위	100,000,000 원	0 원	100,000,000 원	2011/07/15	2011/07/15
임차인	임병창	150,000,000 원	0 원	150,000,000 원	2011/07/19	2011/07/19
전입세대주	정병창	0 원	0 원	0 원		1995/09/13
전입세대주	김상병	0 원	0 원	0 원		2010/11/01

등기사항증명서 주요 정보

순번	권리종류	권리자명	등기일	설정액(원)
1	위임기관	구로세무서		미표시
2	근저당권	(주)우리은행[장안북지점]	2009/09/10	78,389,019 원
3	근저당권	우리은행채권양수인이에이알제이차유동화전문(유)	2010/01/12	57,777,812 원
4	압류	구로구청(징수과)	2011/12/07	미표시

명도책임	매수자

공매재산에 대하여 등기된권리 또는 가처분으로서 매각으로 효력을 잃지 아니하는 것

공매재산의 매수인으로서 일정한 자격을 필요로 하는 경우 그 사실

사진정보 · 위치도 · 지적도 · 지도

관련정보 · 부동산가격정보 · 민원서류발급 · 상권정보 · 토지이용규제정보 · 등기부(토지)실시간조회 · 등기부(건물)실시간조회 · 토지이용계획 및 개별공시지가

입찰이력정보

입찰번호	처분방식	물건관리번호	개찰일시	최저입찰가	낙찰가	낙찰율	입찰결과	입찰상세
201304563003	매각	2013-04563-003	2013/08/29 11:00	537,478,000	583,880,000	108.6%	낙찰	보기

 이 아파트는 감정가 767,824,700원인데 537,478,00원까지 떨어졌군요. 느낌이 좋은데요. 시세는 얼마가고 임대시세는 어떻게 되죠.

부동산을 잘 모르는 저희 부부들도 그러한 느낌이 왔어요. 그래서 용기를 내

서 부탁드리는 거예요. 믿을 곳이란 선생님 밖에 없어서…, 다가구주택의 시세는 5군데 중개업소를 들렀는데 7억 정도 이야기 합니다. 그리고 전세 시세는 지하는 01호 4,000만원(방 2개), 02호 4,000만원(방 2개), 그리고 1층 101호는 1억원(방 3개), 102호는 7,000만원(방 2개), 2층 201호는 1억1,000만원(방 3개), 202호도 8,000만원(방 2개)가고 3층 전체는 넓어서 1억5,000만원(방 3개)은 족히 받을 수 있답니다. 시세 조사하다가 이 다가구주택을 맡아서 관리하고 있는 부동산을 알게 되었고 그 사장님이 그렇게 말씀 하시니 틀림없을 거예요. 그러니 전세금만 해도 5억9,000만원이 됩니다.

그러니 537,478,00원에 낙찰 받으면 전세만 놔도 남는 장사가 되겠지만 3층 전체는 저희들이 사용하려고요.

 교장 선생님은 지금 사시는 아파트의 전세보증금은 얼마나 되죠?

 전세보증금은 3억이고 그동안 모아둔 돈 1억 정도 더 있어요.
이 돈으로 거주하면서 월세 소득을 받아 보려는 계산입니다.

그렇다면 먼저 인수할 금액이 있는 가를 확인하기 위해서 예상배분표를 작성해 보겠습니다.

583,880,000원에 입찰해서 낙찰 받는다고 계산해서 공매비용

17,516,400원(매각금액의 약 3% 정도)을 빼고 나면 배분할 금액은

566,363,600원이 되니 이 금액으로 1순위로 임차인들이 최우선변제금으로 ① 정병장 1,300만원 + 김상병 1,600만원 받고,

2순위로 동대문구 재산세 78만원(당해세 우선변제금)

3순위로 우리은행이 78,389,019원,

4순위로 우리은행 채권양수인 57,777,812원,

5순위로 구로구청 취득세 385만원(법정기일 2010. 09. 10.)

6순위로 김상병이 확정일자부 우선변제권으로 나머지 임차보증금 1,900만원 받고,

7순위로 공매위임관서인 구로세무서가 부가세로 1억5,000만원(법정　기일 2011. 03. 25.)을 받고,

　　8순위로 김소위가 확정일자부 우선변제금으로 1억원 전액 배분받고,

　　9순위로 임병장이 확정일자부 우선변제금으로 127,566,769원으로 배분이 종결될 것 같으니 대항력 없는 임병장만 보증금 1억5,000만원 중 2,243만원 정도 못 받고 다른 임차인은 전액 배분받게 됩니다. 그래서 낙찰자는 인수할 금액도 없고 명도 시에도 비용을 별도로 들이지 않고도 임차인들을 내 보낼 수 있다고 판단됩니다. 물론 재계약한다면 다시 살게 할 수도 있지만... 그러한 판단은 교장 선생님이 결정할 몫이죠.

　　그렇군요. 인수할 금액도 없고 명도도 깔끔하고. 그런데 선생님 이제 교장 선생님이란 호칭 떼어 주세요. 정년퇴직한 지가 언제인데.... 임대수익은 어떻게 계산하면 될까요?

　　박 선생님이 583,880,000원에 낙찰 받고 등기비용 1,000만원 정도 계산하면 총 취득금액은 593,880,000원이 됩니다. 그리고 취득해서 전부 전세를 놓게 되면 전세금의 합계는 앞에서 계산한 바와 같이 5억9,000만원이니 3,880,000원으로 사게 되는 것입니다.

　　그런데 사서 거주하면서 임대소득을 얻고자 하신다니 일단 박 선생님거주하고 계신 전세보증금 3억원과 그동안 모안둔 돈 1억원을 적극 활용하는 방법입니다.

　　그러니 추가로 들어갈 돈은 193,880,000원인데 이 금액은 임차보증금로 대체하거나 은행에서 대출받는 방법 어느 것으로 해도 좋습니다. 추천한다면 은행대출을 적극 권장하고 싶군요. 왜냐하면 은행 금리는 3.4% 정도 인데 반해서 주택 월세는 7%정도 되니 이 차익만 연 3.6%가 나게 되니까요.

　　그래서 지하 01호는 보증금 500만원에 월세 25만원. 02호도 보증금 500만원에 월세 25만원. 그리고 1층 101호는 보증금 2,000만원에 월세 50만원, 102호는 보증금 2,000만원에 월세 40만원. 2층 201호는 보증금 2,000만원에 월세 55만원, 202호는

보증금 2,000만원에 월세 50만원으로 임대한다고 생각하면 전세보증금의 합계는 9,000만원이 되니 은행에서 1억원만 추가로 대출받으면 될 것 같습니다.

그러면 투자금은 5억 정도가 되지만 본인이 전세 사는 부분을 1억5,000만원을 빼고 은행대출금 1억원을 빼면 실제로 현금 투자는 2억5,000만원 투자해서 매월 2,166,670(월세합계 245만원-대출금 1억 이자 283,330원)을 받게 되니 연봉은 2,600만원이고 현금 투자대비 수익률은 10.4%가 된다. 그리고 월세가 계속해서 오르고 있다는 사실을 생각해 본다면 박 선생님은 올바른 투자를 하고 있는 것입니다.

그렇게 계산해 주시니 머리에 쏙 들어 오는 군요. 선생님 말씀대로 583,880,000원에 입찰하겠습니다.

❖ 박 선생이 다가구주택을 단독으로 낙찰 받고 기뻐하고 있다

입찰결과			
물건관리번호	2013-04563-003	조회수	336
물건명	서울 동대문구 장안동 349-20		
입찰자수	유효 1 명 / 무효 3 명 (인터넷)		
입찰금액	583,880,000원		
개찰결과	낙찰	낙찰금액	583,880,000원
물건누적상태	유찰 3 회 / 취소 0 회 [입찰이력보기]		
감정가격(최초 최저입찰가)	767,824,700원	낙찰가율(감정가격 대비)	76%
최저입찰가	537,478,000원	낙찰가율(최저입찰가 대비)	108.6%

박 선생이 다가구주택을 낙찰 받고 기뻐하고 있다. 정년 퇴직후 무기력증에 빠져 있던 자신이 긴 터널을 빠져 나와 활력을 찾고 있는 자신을 발견할 수 있었기 때문이다.

선생님 이제 자신감이 붙었어요. 앞으로도 공매로 제 2의 인생을 살겠어요. 듣자하니 공매 특별 팀이 짜여 있다고 하던데 6총사라던가 저희 부부도 참여 시켜 주

세요.

 다들 괜찮겠지요? 이제 럭키세븐 7총사가 되었군요.

시험도 치러서 5총사로 정리를 해 볼까요. 열심히 공부하지 않는 두 분을 선정해서 마이너리그로 보내는 방법을 생각해 봐야겠는 걸...

 그러지 마세요.

 선생님, 사랑합니다.

 알았어요. 안 할게요. 다음은 임대공매에 관한 이야기입니다.

임대공매에서 낙찰금액은 1년간의 월세금액이 됩니다. 그러니 보증금 없이 1년간의 주택 사용료를 미리 내고 사는 방법으로 큰 돈이 없는 신혼부부들이 쉽게 선택할 수 있는 방법이지요.

제가 수년 동안 고생해서 번돈 3,000만원을 떼이고, 지금 보충하기 위해서 고생을 하고 있습니다. 그런데 5년간 사귀던 여자 친구가 나이가 30이 되니 결혼하자는 군요. 신혼집 걱정에 고민이 많았었는데 이 방법으로 하면 가능하겠어요.

가능할 겁니다. 민기군의 결혼 생활을 위해서 임대공매로 살림집을 마련해 봅시다.

04 민기가 임대(대부)공매로 아파트를 600만원에 낙찰 받아 신혼집을 마련하다

❖ 온비드에서 입찰할 임대공매 주택 찾기

온비드 화면에서 캠코공매물건(1) 메뉴를 검색해서 물건검색(2)을 선택하면 다음과 같은 화면이 나옵니다.

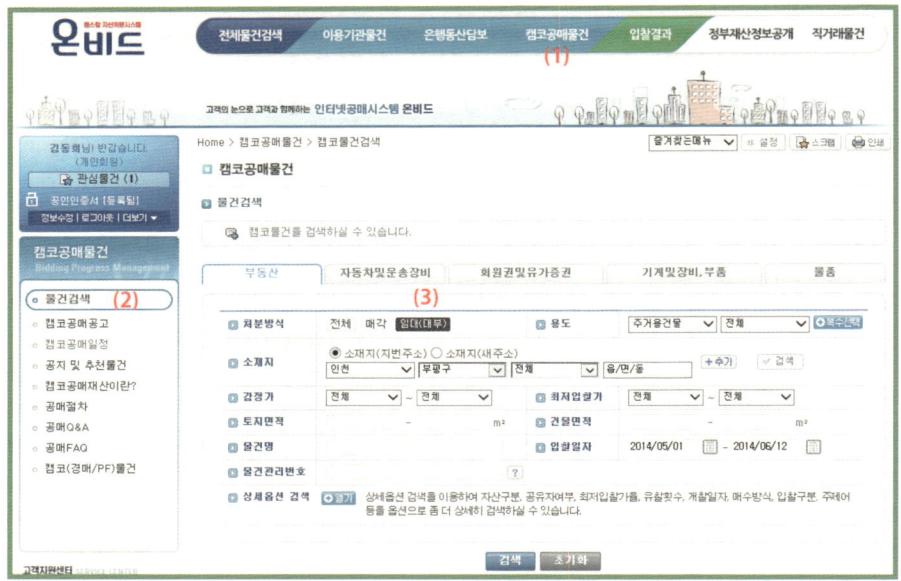

이 화면에서 (3)번과 같이 임대(대부)와 주거용건물, 소재지, 입찰일자를 입력하고 나서 하단 검색란을 클릭하면 임대로 공매가 진행되는 주택 목록을 확인할 수 있고, 그 임대주택목록에서 입찰할 주택을 찾아서 검색하면 다음과 같이 입찰대상 아파트를 확인할 수 있습니다.

❖ 임대공매 아파트의 입찰정보 내역

캠코공매물건

상담전화 : 1588-5321

[물건명/소재지] : 인천 부평구 산곡동 293 우성아파트 제116동 제1503호

본 물건은 **임대(대부)**물건으로 입찰예정가는 1년간 사용료로서(전세보증금이 아님) 임대기간 중 소멸되는 것입니다.

[공고정보] [입찰물건목록]

기본정보
- 물건종류: 부동산
- 처분방식: 임대
- 물건상태: **낙찰**
- 조회수: 1114

기관정보
- 입찰집행기관: 한국자산관리공사
- 담당자: 인천지역본부 / 박도호
- 연락처: 032-509-1572 /

물건정보

항목	내용	항목	내용
소재지(지번)	인천 부평구 산곡동 293 우성아파트 제116동 제1503호		
소재지(도로명)	인천광역시 부평구 부영로 165 (산곡동)		
물건관리번호	2010-091592-137	재산종류	국유재산
물건용도/세부용도	아파트	입찰방식	일반경쟁
면적	건물 72.94㎡, 토지 37.67㎡		
위치및부근현황	인천시 부평구 산곡동에 위치해 있으며, 주택/상가혼재지역으로 부평시장역에서 도보로 10분 거리에 위치.		
이용현황	주거용(우성아파트116동1503호)-공실		
구조형태	철근콘크리트조	층수	15
건축년도	1990년	노후화정도	
인입시설	전기 가스승강상수도하수도난방	주변현황	
도시계획			
기타사항	현황대로 인도하는 조건이며, 반드시 현장확인 후 입찰하시기 바랍니다. 현장확인은 매주 목요일 3시까지로 사전연락(담당자:박도호 509-1572) 요함		
조사일자	2013/05/08		
최초예정가액	2,660,000 원	입찰진행횟수	1

사진정보: [위치도 >] [지적도 >] [지도 >]

감정정보

감정평가금액	-	감정평가일자	-	감정평가기관	-

- 위치 및 부근현황: 인천시 부평구 산곡동에 위치해 있으며, 주택/상가혼재지역으로 부평시장역에서 도보로 10분 거리에 위치.
- 이용현황: 주거용(우성아파트116동1503호)-공실
- 기타사항: 현황대로 인도하는 조건이며, 반드시 현장확인 후 입찰하시기 바랍니다. 현장확인은 매주 목요일 3시까지로 사전연락 (담당자:박도호 509-1572) 요함

입찰정보

- 전자보증서를 사용한 입찰이 가능합니다. 전자보증서를 입찰보증금으로 사용하시려면 **전자보증서발급신청버튼**을 클릭하시기 바랍니다.전자보증서 발급은 **입찰 마감 전영업일까지만** 가능합니다.

입찰번호 회차/차수	공고일 입찰방식	대금납부 납부기한	인터넷입찰시작 인터넷입찰마감	개찰일시	개찰장소	최저입찰가
038 020 / 001	2010-10-04 일반경쟁	5	2010/10/11 10:00 2010/10/12 18:00	2010/10/13 10:00	지정정보처리장치(온비드):입찰진행자 PC	4,100,000 원
155 023 / 001	2014-06-09 일반경쟁	5	2014/06/16 10:00 2014/06/17 18:00	2014/06/18 10:00	지정정보처리장치(온비드):입찰진행자 PC	2,660,000 원

이와 같이 입찰대상 아파트를 찾았으면 캠코공매물건 정보내역에서 첫 번째로 이 임대아파트가 어디에 위치하고, 면적 등은 적당한 크기인가를 소재지와 아파트 면적 그리고 아파트 사진정보, 위치도 및 지도를 확인해야 합니다.

❖ **임대아파트의 사진과 지도 및 주변 현황도**

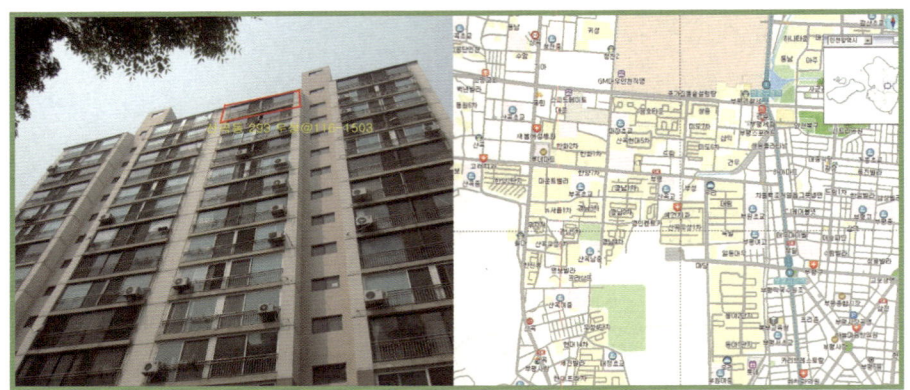

임대아파트내부는 확인할 수 없나요?

있습니다. 두 번째로 아파트 내부를 확인하려면 아파트의 입찰정보 내역에서 중간부분을 보면? 기타 사항란 "현황대로 인도하는 조건이며 반드시 현장을 확인하고 입찰에 참여하시기 바랍니다. 현장 확인은 매주 목요일 3시까지로 사전연락(담당자 박도호 509-1572) 요함" 이 담당자가 임대공매물건 담당자로 내부확인을 위해 전화했다고 말을 하면 내부를 확인할 수 있는 열쇠를 가지고 있는 분에게 연락해서 확인할 수 있도록 합니다. 그리고 이밖에도 매각절차에서 궁금한 내용이 있다면 상단 메뉴 오른쪽 공매담당자를 통해서 문의하면 되고요.

아하 그렇게 하면 되는 군요. 제가 공매담당자에게 연락해서 아파트 내부를 확인하고 오겠습니다.

 결혼할 분과 함께 가는 것도 잊지 마시고...

여친과 함께 다녀왔는데 마음에 든다는 군요. 지금부터는 어떻게 해야 되는 건가요?

세 번째로 어떠한 조건으로 공매가 진행되는가를 확인해야 합니다. 왜냐하면 공매는 매각기관마다 다른 조건으로 매각하는 경우가 많기 때문에 일반적으로 매각된다고 생각하고 공매공고 내용을 확인하지 않고 낙찰 받았다가 낭패를 볼 수 있기 때문이죠. 그래서 온비드 아파트의 입찰정보 내역 좌측 상단 공매공고 메뉴를 검색해서 공매공고내역을 다음과 같이 확인해야 합니다.

❖ 공매공고 정보내역

입찰방식	공매 (2회 이상 입찰서 제출불가)
2인 미만 유찰	1인이 입찰하더라도 유효한 입찰로 성립합니다.
전자 보증서	전자보증서를 사용한 입찰이 가능합니다.

📋 **공고문**

2014년 제12회 국유재산 대부 입찰 공고

1. 입찰물건의 표시
   물건의 목록과 같음
2. 입찰참가자격
3. 입찰 및 개찰
4. 입찰 방법
5. 입찰 참가 전 준비사항
6. 입찰예정가격 및 입찰보증금
7. 입찰의 무효 및 취소

<내용 생략>

9. 계약체결 및 대금납부방법

가. 낙찰자는 낙찰일로부터 5영업일 이내에 대부료 잔금 납입 후 신분증, 주민등록등본1통 및 인장을 지참하여 대부계약을 체결하여야 하며, 이에 응하지 않을 경우에는 낙찰을 무효로 하고 입찰보증금은 국고에 귀속됩니다

나. 부가가치세법 시행령개정으로 2007년1월1일부터 국유재산 대부료에 대하여 대부료의 10%가 부가가치세로 과세되는 바, 연간대부료 이외에 부가가치세를 추가로 부담하여야 합니다. 다만, 실제사용용도가 전, 답, 과수원, 목장용지, 임야, 염전 및 상시 주거용 주택(사업을 위한 주거용은 제외)과 이에 부수되는 토지(주택의 연면적 또는 건물이 정착된 면적의 5배(도시지역 밖의 토지의 경우 10배 중 넓은 면적에 한함)는 면세대상이므로 제외됩니다.

다. 대부 계약 기간은 대부계약 체결일로부터 5년 이내 이며, 대부기간을 초과하지 아니하는 범위에서 종전의 대부계약을 갱신할 수 있으나 주거 및 경작을 목적으로 하는 경우가 아니면 1회만 갱신할 수 있습니다.

라. 2차년도 이후의 연간대부료는 국유재산법의 관련규정에 의하여 결정되며 매 차년도 시작 1개월 전에 피대부자에게 공지합니다.

<이하 생략>

10. 물건의 특기사항.   11. 공통조건.   12. 수의계약안내   등은 지면상 생략 했슴.

공매공고 정보내역을 보니 이 아파트는 국가소유 재산이기 때문에 국유재산 임대공매로 매각되고 있군요.

① 입찰 및 개찰방식은 다음과 같이 진행되고요.

입찰 및 개찰

회차	차수	입찰기간	개찰일수	계약체결일	적용율
23	01	2014.06.16 10:00~2014.06.17 18:00	2014.06.18 10:00	2014.06.25한	100%
24	01	2014.06.23 10:00~2014.06.24 18:00	2014.06.25 10:00	2014.07.02한	100%
25	01	2014.06.30 10:00~2014.07.01 18:00	2014.07.02 10:00	2014.07.09한	90%
26	01	2014.07.07 10:00~2014.07.08 18:00	2014.07.09 10:00	2014.07.16한	80%
27	01	2014.07.14 10:00~2014.07.15 18:00	2014.07.16 10:00	2014.07.23한	70%
28	01	2014.07.21 10:00~2014.07.22 18:00	2014.07.23 10:00	2014.07.30한	60%
29	01	2014.07.28 10:00~2014.07.29 18:00	2014.07.30 10:00	2014.08.06한	50%
30	01	2014.08.04 10:00~2014.08.05 18:00	2014.08.06 10:00	2014.08.13한	40%
31	01	2014.08.11 10:00~2014.08.12 18:00	2014.08.13 10:00	2014.08.21한	30%
32	01	2014.08.18 10:00~2014.08.19 18:00	2014.08.20 10:00	2014.08.27한	20%

② 입찰참가 전에 준비할 사항

입찰자는 입찰참가 전에 온비드 회원가입과 공인인증기관으로부터 전자입찰용(범용) 공인인증서를 발급받아 온비드에서 등록절차까지 마쳐야 입찰에 참여할 수 있습니다.

③ 입찰예정가격 및 입찰보증금

가. 대부 입찰예정가격은 대부받고자 하는 최저 연간대부료이며, 최고가격으로 낙찰된 연간대부료는 해당 국유재산에 대한 연간사용료로서 대부계약 만료 시 전세 또는 임대보증금과 같이 반환되는 것이 아니므로 유의하시기 바랍니다. 일반경쟁입찰을 두 번 실시하여도 낙찰되지 아니한 재산에 대하여는 세 번째 입찰부터 최초 대부료 예정가격의 100분의 20을 최저한도로 하여 매회 100분의 10의 금액만큼 그 예정가격을 낮추는 방법으로 조정합니다.

나. 입찰자는 대부하고자 하는 금액의 10% 이상에 해당하는 금액을 입찰 마감 전까지 온비드에 지정된 예금계좌에 현금으로 한 번에 입금(수표로 입금할 경우 입금창구 은행이 발행한 수표)하거나 전자보증서(보증보험증권) 발급신청을 하여야 합니다.

다. 입찰결과 무효 또는 유찰된 경우 입찰보증금은 입찰자가 지정한 환불계좌로 이자없이 반환되며 별도의 송금수수료가 발생될 경우에는 입찰보증금에서 이를 공제합니다.

④ 낙찰자결정방법

가. 온비드 시스템에서 전자적 방법으로 일괄개찰하여 대부예정가격 이상의 유효한 입찰이 성립한 경우에 한하여 그 중 최고가액의 입찰자를 낙찰자로 결정합니다.
나. 동일한 최고가격으로 입찰한 자가 2인 이상인 경우에는 온비드 시스템에 의한 무작위추첨으로 낙찰자를 결정합니다.

⑤ 계약체결 및 대금납부방법

가. 낙찰자는 낙찰일로부터 5영업일 이내에 대부료 잔금 납입 후 신분증, 주민등록등본 1통 및 인장을 지참하여 대부계약을 체결하여야 하며, 이에 응하지 않을 경우에는 낙찰을 무효로 하고 입찰보증금은 국고에 귀속됩니다.
나. 부가가치세법 시행령 개정으로 2007년 1월 1일부터 국유재산 대부료에 대하여 대부료의 10%가 부가가치세로 과세되는 바, 연간대부료 이외에 부가가치세를 추가로 부담하여야 합니다. 다만, 실제 사용용도가 전, 답, 과수원, 목장용지, 임야, 염전 및 상시 주거용 주택(사업을 위한 주거용은 제외)과 이에 부수되는 토지(주택의 연면적 또는 건물이 정착된 면적의 5배, 도시지역 밖의 토지의 경우 10배) 중 넓은 면적에 한함)는 면세대상이므로 제외됩니다.
다. 대부계약 기간은 대부계약 체결일로부터 5년 이내이며, 대부기간을 초과하지 아니하는 범위에서 종전의 대부계약을 갱신할 수 있으나 주거 및 경작을 목적으로 하는 경우가 아니면 1회만 갱신할 수 있습니다.
라. 2차년도 이후의 연간대부료는 국유재산법의 관련규정에 의하여 결정되며 매 차년도 시작 1개월 전에 피대부자에게 공지합니다.
마. 대부용도 중 근린생활시설과 나대지의 경우에는 낙찰결정이후 우리공사와 대부계약체결시에 구체적인 용도(사용목적)을 정하여 계약을 체결하여야 하며, 동 용도가 당해재산의 위치형태나 주변환경 등을 고려하여 국유재산의 효율적 합리적 관리에 적절치 않다고 판단될 때에는 당해 낙찰을 취소할 수 있습니다.
바. 대부재산에 대하여 수인이 공동으로 대부계약을 체결하는 경우에는 각자의 점유부분이 특정될 수 있는 점유현황명세서를 제출하여야 합니다.
  – 다만, 각자의 점유부분이 특정되지 않을 경우에는 공동점유로 봅니다.
사. 대부료는 일시불 선납이 원칙이나, 연간대부료가 100만원을 초과하는 경우에는 연 6회 이내에서 나누어 낼 수 있으며 이 경우 남은 금액에 대해서는 국유재산법에서 정한 이자가 추가됩니다.
  –연간대부료가 1,000만원 이상의 경우에는 연간대부료의 100분의 50에 해당하는 금액을 대부계약일까지 보증금으로 예치하거나 이행보증조치를 하여야 합니다.
  – 제출된 보증금은 계약종료일을 만기일로 하는 정기예금으로 예탁되며 이 보증금은 마지막 연도 최종분납금을 납부하거나 대부기간 동안의 모든 대부료를 중도에 선납한 경우 또는 대부료 연체 등으로 대부계약을 해제 또는 해지한 경우에 연체된 대부료 및 연체료를 정산한 후 반환됩니다.

이렇게 입찰 및 개찰방식, 입찰참가 전에 준비할 사항, 입찰예정가격 및 입찰보증금, 낙찰자결정방법, 그리고 낙찰 받고 나서 계약체결 및 대금납부방법을 확인하고 나서 입찰에 참여해야 합니다.

선생님 알겠습니다. 이제 입찰에 참여해야겠는데 입찰가는 얼마를 쓰면 될까요.

최저입찰예정가가 4,100,000원이 그 이상으로 입찰하면 되는데 전에 입찰했던 금액이 있으니 참고해 볼까요?

2010년 10월 13일에 낙찰되었던 금액은 7,139,800원 이었습니다.

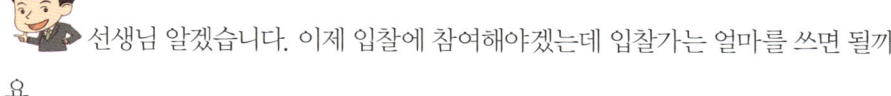

낙찰가율정보(감정가격 대비)				
용도 :				
지역	최근1년	최근6개월	최근3개월	직전월

그러니 이번엔 6,020,000원으로 입찰금액을 정해 보세요. 한 달에 50만원 정도 월세를 내고 산다고 생각하면 괜찮은 것 같아서....

알겠습니다. 저희들도 그렇게 생각했어요.

선생님 온비드 회입가입과 범용공인인증서 등록하고 입찰서도 제출했습니다. 그리고 입찰보증금도 납부하고....

수고했습니다. 입찰결과를 기다려 봅시다.

❖ 민기가 아파트를 임대공매로 낙찰 받아 기뻐하고 있다

입찰결과			
물건관리번호	2010-091592-137	조회수	1115
물건명	인천 부평구 산곡동 293 우성아파트 제116동 제1503호		
입찰자수	유효 16 명 / 무효 1 명 (인터넷)		
입찰금액	6,020,000원, 5,210,000원, 4,360,000원, 4,089,000원, 4,010,000원, 3,890,000원, 3,780,000원, 3,711,000원, 3,270,000원, 3,210,000원, 3,165,000원, 3,111,000원, 3,070,000원, 3,010,000원, 2,718,000원, 2,700,000원		
개찰결과	낙찰	낙찰금액	6,020,000원
물건누적상태	유찰 0 회 / 취소 0 회 입찰이력보기		
감정가격 (최초 최저입찰가)	4,100,000원	낙찰가율 (감정가격 대비)	146.8%
최저입찰가	2,660,000원	낙찰가율 (최저입찰가 대비)	226.3%

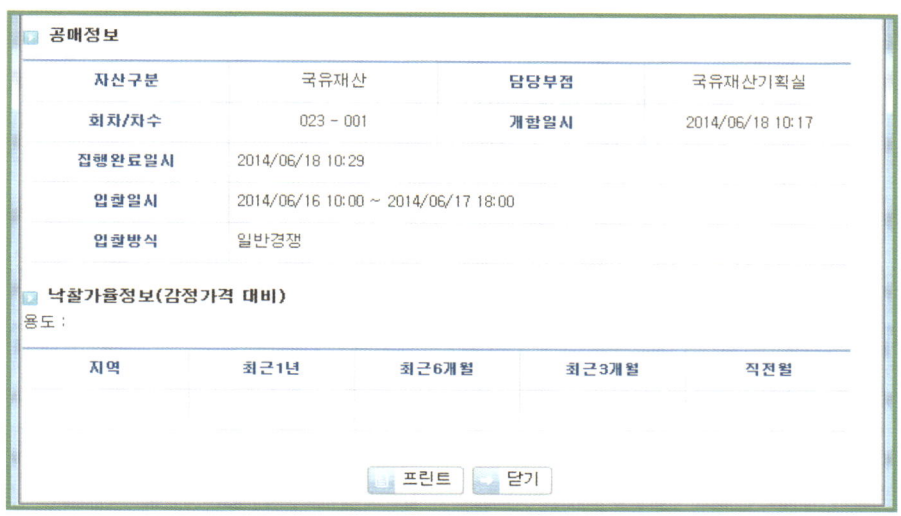

선생님 저희들이 임대공매로 낙찰 받았습니다. 무려 16대 1의 경쟁을 뚫고, 당첨되었어요.

축하합니다. 그다음 계약체결과 잔금 납부는 공매공고 내용을 분석할 때 살펴본 내용 "⑤ 계약체결 및 대금 납부방법"을 참고하면 됩니다. 그리고 궁금한 것은 공매담당자와 상의하시고. 담당자 전화번호 알고 있죠? 그리고 국유재산 임대공매에서 대부기간과 대부료 납부방법은 다음〈김 선생도움말〉처럼 하면 됩니다.

《김선생 도움말》

국유재산 임대공매에서 대부료 납부 방법

① 대부료는 일시불로 선납하는 것이 원칙이나 연간 대부료가 100만원을 초과하는 경우에는 연 6회 이내에 나누어 낼 수 있으며 이 경우 남은 금액에 대해서는 국유재산법에서 정한 이자가 추가된다.

연간 대부료가 1,000만원 이상인 경우에는 연간 대부료의 100분의 50에 해당하는 금액을 대부계약일까지 보증금으로 예치하거나 이행보증 조치를 하여야 한다.

② 제출된 보증금은 계약일로부터 정기예금으로 예탁되며 이 보증금은 마지막 연도 최종 분납금을 납부하거나 대부기간 동안의 모든 대부료를 중도에 선납한 경우 또는 대부료 연체 등으로 대부계약을 해제 또는 해지한 경우에는 대부료 및 연체료를 정산한 후 반환하게 된다.

 네, 공매 7총사 파이팅. 오늘은 즐거운 날이니 제 여친과 한 턱 쏘겠습니다.

 오늘은 민기 예비부부께서 한턱 내겠다니 모두 참석하세요.

그리고 내일 부터는 서울시 종로구 신문로에 있는 단독주택과 서울 용산구 이촌동에 있는 한강맨션을 임대공매로 낙찰 받아 거주하고 있는 사례를 분석해 보겠습니다.

05 단독주택을 임대(대부)공매로 2,300만원에 낙찰 받아 부모님을 모시다

 박 사장은 서울 종로구에 있는 단독주택을 임대(대부)공매로 2,300만원에 낙찰 받았다. 이 단독주택은 1층과 2층이 각 방 3개와 거실겸 주방 1개 욕실 1개로 구성되어 있어서 시골에 계신 부모님을 모시기에 적합했기 때문이다. 그동안 부모님을 모시려는 생각을 계속 가져오고 있었으나 주택이 협소하다 보니 그럴 수가 없었지만 이제부터 1년에 2,300만원만 지급하면 된다는 생각으로 기뻐했다.

이 단독주택의 사진과 주변 현황도, 입찰정보 및 입찰결과 내역은 다음과 같다.

❖ **임대공매 단독주택의 사진과 주변 현황도**

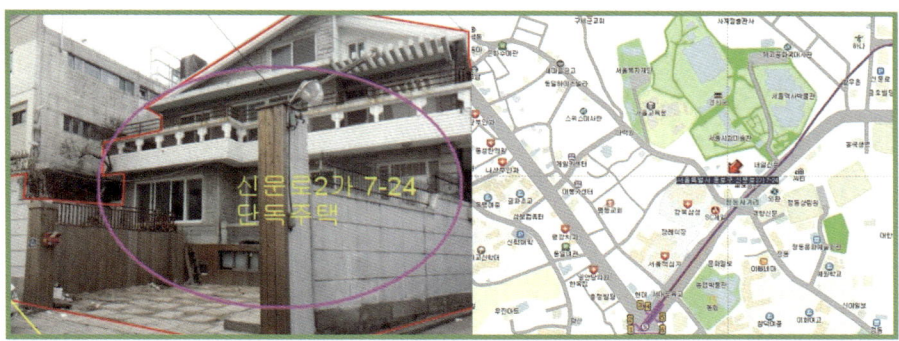

❖ 임대공매 단독주택의 입찰정보 내역

❖ 박 사장이 단독주택을 임대공매로 낙찰 받아 기뻐하고 있다

입찰결과			
물건관리번호	2013-041671-079	조회수	900
물건명	서울 종로구 신문로2가 7-24 지상1, 2층		
입찰자수	유효 4 명 / 무효 0 명 (인터넷)		
입찰금액	23,000,000원, 16,500,000원, 16,250,000원, 16,200,000원		
개찰결과	낙찰	낙찰금액	23,000,000원
물건누적상태	유찰 0 회 / 취소 18 회 입찰이력보기		
감정가격 (최초 최저입찰가)	16,119,000원	낙찰가율 (감정가격 대비)	142.7%
최저입찰가	16,119,000원	낙찰가율 (최저입찰가 대비)	142.7%

박 사장은 단독주택을 임대공매로 4대 1의 경쟁을 뚫고 낙찰 받아 기뻤다. 부모님도 모실 수 있게 되었지만 주변에 지하철 서대문역이 위치하고 있어서 직장 출퇴근도 현제 거주하고 있는 곳보다 가까워졌기 때문이다. 그리고 더 기쁜 마음은 1년에 2,300만원만 내고 살면 임대기간 5년이 지나도 계속적으로 거주할 수 있다는 조항이다.

《알아두면 좋은 내용》

국유재산 임대공매에서 대부기간

대부계약기간은 대부계약 체결일로부터 5년 이내이며, 대부기간을 초과하지 아니하는 범위 내에서 종전의 대부계약을 갱신할 수 있으나 주거나 경작을 목적으로 하지 않는 경우에는 1회만 갱신할 수 있다. 따라서 주거나 경작을 목적으로 임대공매로 낙찰 받은 경우에는 기간 한정 없이 갱신하여 사용할 수 있다.

그리고 임대료가 2,300만원이라 50%인 1,150만원 계약 시 보증금으로 예치하고 납부하고 임대료를 나누어 낼 수 있다는 것이다.

〈김 선생 도움말〉

국유재산 임대공매에서 대부료 납부 방법

① 대부료는 일시부로 선납하는 것이 원칙이나 연간 대부료가 100만원을 초과하는 경우에는 연 6회 이내에 나누어 낼 수 있으며 이 경우 남은 금액에 대해서는 국유재산법에서 정한 이자가 추가된다.

연간 대부료가 1,000만원 이상인 경우에는 연간 대부료의 100분의 50에 해당하는 금액을 대부계약일까지 보증금으로 예치하거나 이행보증 조치를 하여야 한다.

② 제출된 보증금은 계약일로부터 정기예금으로 예탁되며 이 보증금은 마지막 연도 최종 분납금을 납부하거나 대부기간 동안의 모든 대부료를 중도에 선납한 경우 또는 대부료 연체 등으로 대부계약을 해제 또는 해지한 경우에는 대부료 및 연체료를 정산한 후 반환하게 된다.

 박 사장은 행복해 보였습니다. 적은 돈으로 넓은 집으로 이사 가게 되었고 열심히 일만 하면 부모님도 평생 모실 수 있으니 말입니다.

 효자네요. 요즘 부모님 안 모시려고 적은 집으로 이사를 간다던데....

 그러게...

 그렇게 생각하는 것이 잘 못된 생각이지요. 우리 세대는 부모님도 모시고 아드님도 모시는 시대가 되었군요.

 그러게 말입니다. 불행한 세대, 아니면 행복한 세대라 할까요?

ㅎㅎ, 이번에 한강에 있는 맨션을 얼마 전에 임대공매로 낙찰 받아서 거주하고 있는 분에 대한 이야기 입니다.

06 홍길동은 한강맨션을 임대공매로 2,100만원에 낙찰 받았다

홍길동은 3대가 모여 살고 있어서 대가족인데 현재 거주하고 있는 주택은 전세보증금 2억원으로 42평형이라 출퇴근 시간만 되면 욕실부터 전쟁이 시작되곤 했답니다. 그래서 고민 하던 중 이 한강맨션이 임대공매로 나온 것을 알게 되었는데, 다른 분들은 평형대가 너무 넓어서 그런지 입찰자가 없어서 임대료는 계속 저감되어 공매가 진행되고 있었다고 합니다. 아파트 전용면적이 178.78㎡로 65평형으로 홍길동 3대가족에게는 알맞은 크기의 아파트였고, 주변에 한강이 위치하고 있어서 부모님들이 운동하기에 적합했고, 주변에 대중교통이 발달되어 있어서 본인의 출퇴근과 자녀들의 학교통학이 편리한 점이 맘에 들었고, 가격이 저렴한 부분이 매력적 이었답니다.

이 한강맨션의 사진과 주변 현황도, 입찰정보 및 입찰결과 내역은 다음과 같습니다.

❖ **임대공매 한강맨션의 사진과 주변 현황도**

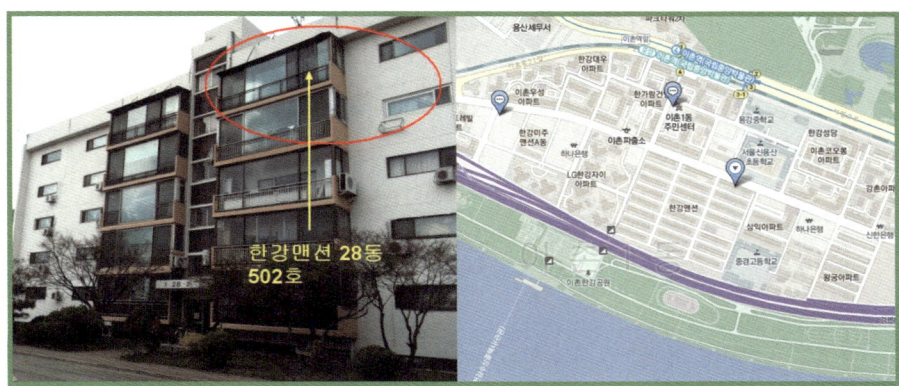

❖ 임대공매 한강맨션의 입찰정보 내역

홍길동은 생각했습니다. 1년에 21,621,000원이니 전세보증금을 정기예금 통장에 넣고 이자 2%를 받으면 400만원이 되니 이 금액을 빼고 나면 17,621,000원이 되니까, 한 달에 1,468,416원이 지출된다고. 그래서 다른 생활비를 절약하고 현재보다 넓은 곳에서 편안하게 살자고... 홍길동은 좁은 공간에서 가족들이 부딪히며 살면서 다투는 것은 더 이상 보기 싫었답니다. 그래서 이 한강맨션에 입찰하기로 결정하고 입찰에 참여했답니다.

❖ 홍길동이 한강맨션을 임대공매에서 단독으로 낙찰 받았다

입찰결과			
물건관리번호	2013-041671-371	조회수	630
물건명	서울 용산구 이촌동 300-101 한강맨션28동 502호		
입찰자수	유효 1 명 / 무효 0 명 (인터넷)		
입찰금액	21,621,000원		
개찰결과	낙찰	낙찰금액	21,621,000원
물건누적상태	유찰 15 회 / 취소 7 회 [입찰이력보기]		
감정가격 (최초 최저입찰가)	36,480,000원	낙찰가율 (감정가격 대비)	59.3%
최저입찰가	21,616,000원	낙찰가율 (최저입찰가 대비)	100%

홍길동은 입찰하기 전에 부인과 함께 임대공매 담당자의 도움을 받아 한강맨션 내부를 확인할 수 있었는데 맨션이 올수리가 되어 있었고 주택 내부가 넓어서 마음에 들었고 그래서 입찰에 참여했는데 단독으로 낙찰 받게 되어 기뻐했습니다.
낙찰 받고 나서 부모님과 자녀들에게 보여주었더니 모두들 마음에 든다고 좋아했답니다.

그랬을 겁니다. 그 자리가 좋은 자리거든요. 한강과 지하철 그리고 버스 등의 대중교통이 발달되어 있어서 거주 공간으로 제격인 지역이죠.

선생님 공매물건을 낙찰 받거나 임대공매로 입주한 사례를 보면서 공매물건이 다양하고 싸게 살 수 있다는 생각을 가지게 되었는데 공매를 잘 하려면 어떻게 하면 되는지, 다들 권리분석이 어려워서 공매를 하지 못하고 있다고 하던데요.

저는 공매를 가르쳐주는 곳을 몰라서 배우지 못하고 있다는 말씀들을 많이 들었어요.

 그렇다면 나는 무임승차한 거네...

7총사 여러분이 공매를 잘하기 위해서는 공매물건에 대한 기본적인 권리분석과 현장답사를 통해서 물건 분석하는 방법, 실제 입찰사례를 가지고 권리분석 단계부터 입찰서를 제출하는 방법, 그 다음 단계로 특수공매물건에 입찰한 사례를 가지고 공부하게 될 것입니다. 마지막으로 공매학 개론으로 각 공매물건별로 나누어서 각론적으로 분석하게 될 것입니다. 그리고 마지막으로 여러분들 모두가 내 집 마련과 재테크로 돈을 벌 수 있도록 하는 것이 저의 작은 소망입니다.

선생님 그 소망 꼭 달성될 것입니다. 제가 먼저 솔선수범해서 달려갈 테니까요.

우리들에게 김소위와 같은 군인정신이 필요합니다. 모두들 열공하기로 합시다. 7총사 화이팅!

공매에서 기본적인 권리분석과 실전투자 이렇게 해라

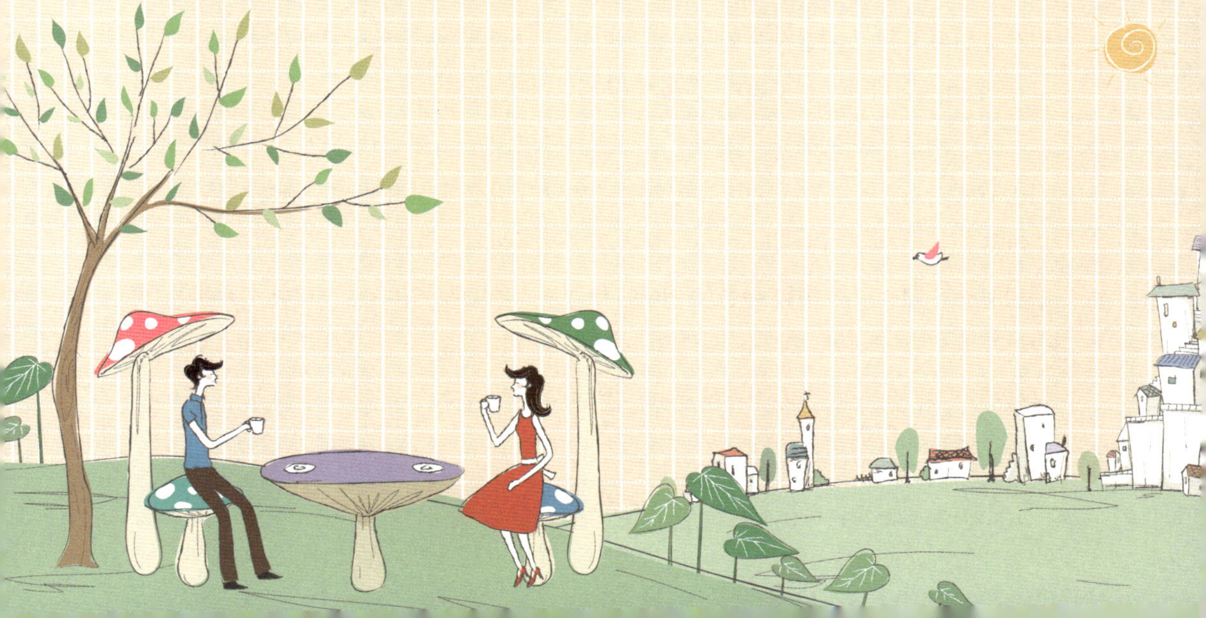

01 공매에서 권리분석은 말소기준을 이해하면서 시작 합니다

❖ **공매물건에서 기본적인 권리분석은 어떻게 하면 되나요?**

공매로 물건을 취득하기 위해서는 입찰에 참여해서 낙찰을 받으면 되는데, 낙찰을 받았을 경우에 내가 입찰서에 기재한 매수가격 이외에 추가로 인수하게 되는 권리나 금액 등이 있는 가 등을 분석하는 것입니다.

선생님, 권리분석에서 유의해야 되는 점은 뭐가 있는지 쉽게 자세히 설명 좀 해주세요.

그래요 김 소위, 공매로 매각되는 경우 등기부에서 가장 먼저 등기된 채권으로 가압류, 압류, 근저당, 담보가등기, 집합건물전세권, 강제경매개시기입등기 등이 있는 경우 이들 선순위채권을 보호하기 위해서 이 보다 후순위의 채권이나 권리를 소멸시키는 것이 원칙이고, 이 같은 권리를 말소기준권리라 합니다. 후순위채권이나 권리가 소멸되지 않고 낙찰자가 인수하게 된다면 그만큼 낮은 가격으로 매각될 테고 그로 인해 선순위채권이 보호받지 못 하게 될 테니까요.

그러나 이들 선순위채권 즉 말소기준권리보다 선순위로 부동산 위에 있는 권리나 선순위로 등기부에 등기된 권리가 있다면 소멸되지 않고 낙찰자가 인수해야 되는 데, 그러한 법리는 말소기준권리 이전의 권리를 소멸시키지 않아도 말소기준이 되는 선순위채권이 예측하지 못한 손실로 이어지지 않게 되기 때문입니다. 그러한 인수하는 권리가 용익권(전세권, 임차권, 지상권, 지역권 등)도 있을 수도 있겠지만, 소유권의 다툼에 관한 권리(가등기, 가처분 등)인 경우에는 매수인이 소유권까지 잃을 수 있으므로 유의해야 합니다.

 그럼, 부동산 위에 있는 권리와 등기부에 있는 권리로 인수하게 되는 권리를 세부적으로 어떤 것이 있죠?

 허허, 이 과장은 알고자 하는 열의가 가득하신 분이네요.

부동산 상의 권리로 인수하게 되는 권리는 임차인이나 유치권자, 법정지상권, 분묘기지권, 지역권 등을 말하는데, 그중 대표적인 권리가 주택이나 상가 임차인으로 말소기준권리 보다 먼저 대항요건(전입+주택인도)을 갖춘 경우 대항력이 있어서 배분요구를 하지 아니한 경우나 미 배분금이 있으면 낙찰자가 인수해야 되고, 등기부상의 권리로 인수하게 되는 권리는 말소기준권리 이전에 등기된 가등기, 가처분, 전세권, 지상권, 환매등기, 임차권등기, 예고등기 등이 있습니다.

 말소기준권리 이전의 권리만 조심하면 되겠군요. 말소기준권리 이후의 권리는 모두 소멸 되니까요.

정 사장이 알았다는 듯이 바로 대답했다.

 아닙니다. 말소기준권리보다 선순위이든 후순위이든 간에 소멸되지 아니하고 낙찰자에게 인수되는 권리가 있는데, 법정지상권, 분묘기지권, 유치권, 예고등기, 가처분(건물철거 및 토지인도청구권 보전을 위한 가처분) 등은 말소기준권리보다 후순위인 경우에도 소멸되지 아니하고 낙찰자의 인수가 되고, 그리고 소유권 다툼에 관한 가처분이 후순위 인 경우에는 경매절차에서 소멸되지만 그 권리가 갖는 효력 즉 본안소송에서 가처분권자가 승소하게 되면 말소된 가처분이 회복되고 그에 따라 매수인이 소유권까지 잃을 수 있으니 주의해서 입찰에 참여해야 되는 것이죠.

 그럼 임차인이 말소기준권리 이후에 대항요건을 갖추었으면 대항력이 없게 되네요?

홍 대리가 알겠다는 듯 말했다.

 대항력에 대해서 정리해보면, 대항력이란 임차인이 주임법상 대항요건을 갖추고 있으면 새로운 소유자에게 임차인의 계약기간과 임차보증금을 주장할 수 있는 권리로, 주택이 일반매매, 상속, 증여 등으로 소유권이 이전되는 경우에는 말소기준권리를 기준으로 하는 것이 아니라 소유권이 이전되기 전까지 대항요건을 갖추고 있으면 새로운 소유자에게 대항력이 있게 되는 것이지요.

그러나 이 주택이 공매나 경매로 매각되는 경우에는 상황이 달라서 말소기준권리를 보호하기 위해서 말소기준권리 이전에 대항요건을 갖춘 임차인만 대항력이 보장되고, 이후에 대항요건을 갖춘 임차인은 소멸대상이 됩니다.

❖ 말소기준이 되는 채권을 알면 권리분석의 절반 성공이다

(1) 말소기준권리란

근저당권, 가압류, 압류, 담보가등기, 전세권(집합건물에서만 예외적으로 인정), 강제경매기입등기 중에서 제일 먼저 등기부에 기재된 권리가 말소기준권리가 된다.

(2) 말소기준이 되기 위한 요건

① 돈 받고 소멸되는 채권이면서, ② 등기부상에서 가장 먼저 등기된 채권이고, ③ 매각대상 전체에 효력을 미칠 수 있는 채권이어야 된다. 이러한 권리가 없으면 ④ 경매기입등기가 말소기준권리가 된다.

(3) 공매물건에서 말소기준이 되는 사례

① 근저당권이 말소기준권리인 경우

갑 근저당 ⇨ 을 세금압류 ⇨ 병 임차인 ⇨ 을의 공매신청

: 인수할 권리 없음

② 가압류가 말소기준권리인 경우

> 갑 가압류 ⇨ 을 임차인 ⇨ 병 세금압류 ⇨ 병의 공매신청
> : 인수할 권리 없음

홍길동 소유자 ⇨ 갑 가압류(또는 압류) ⇨ 이순신 소유권이전 ⇨ 을 임차인 ⇨ 병 근저당 ⇨ 정 세금 압류 ⇨ 정의 공매신청

: 전소유자의 가압류는 특별매각조건으로 인수조건으로 매각하지 않는 한(공매재산명세서 참조) 소멸되는 채권으로 말소기준 권리가 돼 인수권리가 없다.

배분에서는 전소유자의 가압류(전소유자의 압류)는 처분금지효력 때문에 현소유자와 계약한 임차인의 최우선변제금 보다 먼저 1순위로 배당받고, 2순위 임차인 최우선변제금, 3순위 당해세 순으로 배분한다.

③ 세금 또는 공과금 압류가 말소기준권리인 경우

> 갑 세금압류 ⇨ 을 임차인 ⇨ 병 근저당권 ⇨ 갑의 공매신청
> : 인수할 권리 없음

④ 강제경매기입등기가 말소기준권리인 경우

> 갑 임차인 전입 ⇨ 을 임차인 전입 ⇨ 병 임차인 전입 ⇨ 갑의 강제경매신청
> : 인수권리(갑, 을, 병)

이는 갑이 전세보증금 반환청구소송으로 판결문을 득하고 이 판결문을 갖고 대지 및 주택전체에 대하여 강제경매 신청한 경우이다.

⑤ 담보가등기가 말소기준권리인 경우

① 갑 담보가등기 → 을 임차인 → 병 세금압류 → 병의 공매신청
 : 인수권리 없음
② 갑 소유권보전가등기 → 을 임차인 → 병 세금압류 → 병의 공매신청 : 갑 보전가등기 인수

등기부만 보아서는 가등기가 담보가등기인지, 보전가등기인지가 구분하기 어렵다. 왜냐하면 등기된 형식은 소유권청구권보전가등기로 되어 있기 때문에, 가등기권자가 법원의 최고에 의해서 채권계산서를 제출했다면 담보가등기로 판단하면 되고, 그렇지 않다면 소유권청구권보전가등기로 이해하고 낙찰자가 인수한다는 생각을 가지고 입찰에 참여해야 한다.

⑥ 전세권이 말소기준권리가 되는 사례와 될 수 없는 사례
㉠ 집합건물(아파트, 연립, 다세대 등)에 최선순위로 설정된 전세권이라면 대항력이 있어서 낙찰자가 인수하는 것이 원칙이다. 그러나 최선순위 전세권이 직접 경매를 신청했든가, 제3자의 경매절차에서 배분요구를 했다면 전세권은 소멸되는 채권으로 말소기준권리가 된다.

갑 전세권(집합건물) ⇨ 을 저당권 ⇨ 병 세금압류 ⇨ 병의 공매신청
 : 인수권리 없음

전세권 스스로 용익권을 포기하고 우선변제권만을 주장하게 된 것으로 대항력은 없고 우선변제권만 남게 돼 설령 공매절차에서 미배분금이 발생해도 낙찰자가 인수하는 것이 아니라 소멸되는 전세권에 불과하다.

㉡ 단독·다가구주택인 경우는 전세권이 배분요구하여 배분받을 수 있는데 배분금

은 건물의 매각대금에 대해서만 우선하여 배분받을 수 있다. 이 경우 말소기준권리가 될 수 없고 임의경매신청권도 없다.

> 갑 전세권(단독주택) ⇨ 을 임차인 전입/확정 ⇨ 병 세금압류 ⇨ 병의 공매신청
> : 인수권리(갑·을 임차인)

∵ 단독주택 전세권은 주택의 일부만 전세권이 설정된 것이기 때문이다. 따라서 경매신청을 위해서는 전세 보증금 반환청구소송을 제기 판결문을 득해서 강제경매를 신청할 수밖에 없다.

이러한 내용은 전세권자는 물론 낙찰자 역시 잘 알고 대처해야 겠어요. 최선순위전세권자가 배분요구하면 미배분금이 있어도 소멸되는 채권에 불과해서 낙찰자가 인수하지 않게 되니까요.

02 채권과 물권의 종류와 이들 채권 간의 우선순위는 어떻게 되나요?

❖ **채권과 물권의 종류**

   채권은 넓게 생각하면 **담보물권으로** 저당권 · 전세권과 물권은 아니지만 물권과 같은 우선변제권이 있는 **저당권부 채권으로** 담보가등기 · 확정일자부 임차권 · 임대차등기, 그리고 무담보채권이 있습니다. 이러한 **무담보채권에는** 우선변제권이 있는 채권으로 특별우선채권[필요비·유익비 상환청구권, 임차인과 근로자의 최우선변제금, 당해세 등은 담보물권 · 저당권부 채권 · 일반우선채권 · 일반채권에 우선한다]과 일반우선채권[조세, 공과금, 임금채권]이 있고, 우선변제권이 없는 일반채권으로 배분요구가 가능한 채권[가압류채권, 강제경매신청채권, 집행권원에 의한 배당요구채권, 우선특권이 없는 공과금]과 배분요구가 불가능한 채권[집행권원이 없는 차용증 등을 소지한 채권자, 확정일자 없는 주택임차인(최우선변제금 제외), 주임법 및 상임법상 보호대상이 아닌 상가 또는 토지 임차인] 등으로 나눌 수 있습니다.

> **잠깐만! 배분과 배당 차이를 알고 갑시다**
>
> 공매는 국세징수법으로 절차가 진행되므로 배분표라 하고, 경매는 민사집행법으로 진행되므로 배당표라 합니다. 진행되는 법률이 달라서 배분 또는 배당이라 표현하지만 같은 의미! 이 책은 공매 책이라 배당이라고 하지 않고 배분이라는 용어만 쓰고 있는 것입니다.

❖ **채권 상호 간에 우선순위는 어떻게 결정해서 배분 하나요?**

공매로 매각되면 그 매각대금에서 공매집행비용을 0순위로 공제하고 나면 채권자에게 실제 배분할 금액이 되는데 그 배분금을 가지고 채권자에게 다음 배분 순으로 배분하게 됩니다.

(1) 1순위 [필요비, 유익비](민법 제367조)

저당물의 제3취득자나 임차권, 점유권, 유치권자가 그 부동산에 보존개량을 위하여 필요비, 유익비를 지불한 경우 매각대금에서 우선 변제한다.

(2) 2순위 [주택 및 상가임차인과 근로자의 최우선변제금]

① 주택임차인의 소액임차보증금 중 일정액(주임법 제8조 1항)
② 상가임차인의 소액임차보증금 중 일정액(상임법 제14조 1항)
③ 근로자의 최종 3개월분 임금, 최종 3년간 퇴직금, 재해보상금
위 ①+②+③은 동순위이며 배당금이 부족하면 안분배당하게 된다.

(3) 3순위 [당해세]

그 부동산에 대하여 부과된 국세나 지방세를 말한다.

① 국세 중 당해세의 종류는 상속세, 증여세, 종합부동산세를 말한다(국세기본법 제35조 5항). 여기서 상속세·증여세의 당해세 요건은 상당히 제한적이다. 즉 상속, 증여세의 경우 담보권 설정당시 설정자(채무자)에게 납세의무가 있는 상속세, 증여세만 당해세가 될 수 있다. 즉 저당권 설정 전에 증여를 원인으로 부과된 증여세는 그 부동산자체에 대하여 부과된 것으로서 당해세이다(대법 2000다47972). 그러나 저당권이 설정되고 나서 상속·증여 등으로 소유자가 변경되었고 새로운 소유자에게 부과된 상속·증여세는 당해세가 아니다.

② 지방세 중 당해세는 그 부동산에 부과된 지방세로 재산세, 자동차세, 도시계획세, 공동시설세, 지방교육세(재산세와 자동차세에만 해당된다) 등이 있다(지방세법 시행령 제14조의4).

지방세 중 재산세(재산세와 도시계획세 통합)·자동차세(자동차 소유에 대한 자동차세만 해당한다)·지역자원시설세(특정부동산에 대한 지역자원시설세만 해당한다)(공동시설세와 지역개발세통합) 및 지방교육세(재산세와 자동차세에 부가되는 지방교육세만 해당한다)를 말한다(지방세기본법제99조제5항)(2011.1.1.시행)

(4) 4순위 [일반조세채권](당해세를 제외한 세금)

저당권부 채권보다 일반조세채권의 법정기일이 빠른 경우

(5) 5순위 [공과금(국민건강, 국민연금, 고용보험, 산재보험]

저당권부 채권보다 공과금의 납부기한이 빠른 경우

따라서 공과금의 납부기한이 근저당권설정등기일 보다 빠르고 근저당권이 일반조세채권의 법정기일이 빠르다면 순환관계가 발생된다.

예) 공과금 납부기한(2월 10일) → 근저당권설정등기일(3월 10일) → 일반조세채권의 법정기일(4월 10일) 순이면 공과금>근저당권이고, 근저당권>일반조세이고, 일반조세>공과금이므로 순환흡수배분절차에 의해서 배분하게 된다.

(6) 6순위 [저당권부채권] 근저당권, 전세권, 담보등기, 확정일자부 임차권, 등기된 임차권(민법621조)]

① 담보물권(근저당권, 전세권, 담보가등기) 상호간의 순위는 설정등기 된 순위이다. 즉 접수일자가 빠른 담보물권이 우선하고 접수일자가 같은 경우 접수번호에 따라 우선순위가 정해진다.

② 확정일자부 임차권은 대항요건(주택의 인도와 주민등록)을 먼저 갖추고 나서 임대차계약서에 확정일자를 받으면 그 당일 주간에 우선변제권이 발생한다. 그러나 대항요건과 확정일자를 같은 날에 부여받았다면 익일 오전 0시에 확정일자부 우선변제권이 발생한다(∵ 대항력이 대항요건을 갖춘 날 익일 오전 0시에 발생하기 때문이다).

③ 조세채권 확정일은 그 조세의 법정기일 및 납부기일이다.

④ 등기된 임차권은 등기일자가 아니라 그 전의 대항요건과 확정일자를 갖춘 시기

이다. 그러나 대항요건을 갖추기 전에 민법제621조에 의해 임대차등기가 이루어졌다면 임대차등기일자에 대항력과 확정일자부 우선변제권이 발생된다.

(7) 7순위 [일반임금채권(최우선변제금을 제외한 임금·퇴직금)]

일반임금채권은 6순위의 저당권부채권에는 항상 후순위가 되지만, 조세(당해세 포함), 공과금, 일반채권에 대해서는 우선한다. 그러나 6순위의 저당권부채권 보다 우선하는 조세나 공과금에 대해서는 일반임금이 우선하지 못하기 때문에 배당에서 위와 같이 4순위에서 7순위로 정해지게 된다(근로기준법 제38조 제1항과 근로자 퇴직급여 보장법 제11조).

(8) 8 순위 [일반조세채권]

저당권부 채권보다 일반조세채권의 법정기일이 늦은 경우

(9) 9순위 [공과금(국민건강, 국민연금, 고용보험, 산재보험]

저당권부 채권보다 공과금의 납부기한이 늦은 경우

(10) 10순위 [일반채권자]

가압류채권, 강제경매신청채권, 집행권원이 있는 채권(확정된 판결문, 공증된 약속어음 등), 재산형, 과태료 및 국유재산법상의 사용료, 대부금 등이 모두 배분요구가 가능하며 배분절차에서 이들 순위는 모두 동순위로 안분배분하게 된다.

공매의 매각대금에서 공매비용이 먼저 공제되고 나면 그 금액을 가지고 앞에서 설명한 채권 순위에 따라 배분하면서 공매가 종결된다는 말씀이죠?

그렇습니다. 이 배분순서는 권리분석 시 꼭 알고 있어야할 내용입니다.

03 공매는 진행하는 기관마다 권리분석을 다르게 해야 한다

 공매는 다양한 공매가 있어서 진행하는 기관마다 권리분석하는 방법도 조금 다르게 해야 합니다.

첫 번째로 압류재산 공매는 세무서장, 지방자치단체장, 공과금기관장 등이 기한 내 납부되지 아니한 세금이나 공과금을 강제징수하기 위해 체납자 소유의 재산을 압류한 후 KAMCO에 매각대행 의뢰한 재산을 압류재산 공매라 합니다. 세무관서 등으로 공매를 의뢰 받아서 매각절차를 진행하게 되니 물건을 평가해서 공고후 배분절차까지 전 과정을 KAMCO가 국세징수법에 근거해서 공개경쟁 입찰방식으로 매각하고 있습니다. KAMCO가 체납세액을 회수하기 위해 체납자의 부동산을 강제로 매각하게 되므로 그 매각대금을 가지고 공매를 위임한 세무관서와 그 밖에 등기부에 등기된 채권, 등기되어 있지 않지만 배분받을 권리가 있는 채권자에게 배분하게 되는 절차는 경매와 같습니다. 그리고 앞의 1번에서 설명한 것처럼 말소기준권리를 기준으로 선순위권리는 인수하고 후순위권리나 채권은 소멸하게 되므로 인수할 권리가 있는가를 자세히 확인하고 입찰에 참여해야 하는데 그 방법은 다음 "4. 입찰할 물건을 찾았다면 권리분석과 실전투자 이렇게 하세요."에서 자세히 설명할 테니 그 내용을 참고하면 됩니다.

두 번째로 국유재산 공매는 국가 소유재산의 관리와 처분을 위임받아 일반인에게 매각 또는 임대(대부)하는 재산을 말합니다. 즉 국가기관 등으로부터 매각이 위임된 재산을 KAMCO가 수탁을 받아 일반인에게 공개경쟁 입찰방식으로 매각하게 되니 매각조건만 공매공고문과 공매담당자를 통해 잘 확인하면 압류재산공매 처럼 예측하지 못한 손실은 발생하지 않게 돼 안전하다고 볼 수 있습니다.

세 번째로 수탁재산 공매는 두 가지가 있는데 하나는 금융기관과 공공기관소유 비업무용 재산 등을 금융기관 또는 공공기관으로부터 매각을 위임받아 KAMCO가 일반인에게 공개경쟁 입찰방식, 다른 하나는 양도세 감면대상 물건을 위임받아 KAMCO가 일반인에게 공개경쟁 입찰방식으로 소유자가 간접적으로 매각하는 형식이니 매각조건만 공매공고문과 공매담당자에게 잘 확인하고 낙찰 받으면 인수할 권리 없이 안전하게 소유권을 취득할 수 있게 됩니다.

네 번째로 유입자산 공매는 부실채권을 회수하는 과정에서 법원경매를 통해 KAMCO(한국자산관리공사) 명의로 유입한 재산으로 소유자 KAMCO가 일반인에게 공개경쟁 입찰방식으로 매각절차를 진행하게 되니 일반 부동산중개업소에서 파는 것과 같이 안전하다고 볼 수 있지만, 이 물건에서도 앞에서 설명한 것처럼 매각조건을 공매공고문과 공매담당자를 통해서 확인하고 입찰에 참여해야 합니다.

다섯 번째로 이용기관 등의 공매는 이용기관 등이 매각이나 임대(대부)를 KAMCO(한국자산관리공사) 온비드 사이트에 이용기관 회원 가입 후 온비드사이트의 전자처분시스템을 통해서 이용기관이 직접 매각절차를 진행하게 되니 이 공매물건 역시 앞에서와 같이 매각조건을 확인하고 입찰에 참여하면 안전합니다.

여섯 번째로 금융기관, 신탁회사, 기업 등의 직접 공매는 은행 및 금고·신탁회사·기업 등이 감정평가기관의 평가금액을 기초로 하여 최초 매각예정금액으로 정하고 이를 신문에 공고하여 공개입찰방식으로 직접 매각하니 매각조건만 잘 확인하고 낙찰 받으면 안전한 공매가 될 수 있습니다.

왜! 압류재산 공매만을 권리분석하는 방법으로 다루고 있냐면

압류재산 공매가 공매물건 중에서 85% 차지하고 있고, 나머지 공매들은 앞의 내용과 같이 대부분 국가소유나 공공기관 소유물건을 매각하기 위해 KAMCO에 매각을 의뢰하는 것이므로 매각조건 즉 공매공고 내용과 공매담당자를 통해서 잘 확인하고(어떠한 조건으로 매각하는 것인가를 알고 입찰에 참여해야 함), 낙찰 받으면 예측하지 못한 손실을 보게 되는 사례는 발생하지 않기 때문입니다. 그래서 압류재산공매를 제외하고 공매가 안전하다는 말을 하기도 하지요.

아하! 그래서 공매가 안전하다는 풍문이 나오게 된 거군요.

그렇습니다. 그러나 공매 중에서 대부분을 차지하고 있는 압류재산 공매는 경매와 같이 철저한 권리분석이 필요해서 다음 "4. 입찰할 물건을 찾았다면 권리분석과 실전투자 이렇게 하세요."를 준비했습니다. 요즘 특히 권리분석을 잘 못해서 공매로 입찰보증금을 포기하는 사례가 증가되고 있으니 유의 하세요.

네, 알겠습니다.

04 입찰할 물건을 찾았다면 권리분석과 실전투자 이렇게 하세요

KAMCO의 온비드사이트에서 돈 되는 우량한 입찰할 물건을 찾아서 그 물건에 대한 권리분석을 해야 하는데, 이러한 권리분석은 낙찰 받았을 경우에 하자가 없이 소유권을 취득할 수 있는지 또는 하자가 발생되는지 등을 먼저 분석하고, 하자가 발생되는 경우라도 인수하고도 수익이 있다는 분석이 나오면 그러한 입찰가를 기준으로 입찰에 참여하면 됩니다.

그러면 온비드사이트에서 물건분석을 통해 입찰대상물건을 찾아 권리 분석하는 방법에 대해서 설명해 보겠으니 입찰할 때 여러분들도 이러한 방법으로 분석하면 됩니다. 이 물건은 제5장 2번에서 이 영민 부부가 낙찰 받은 서울시 도봉구 창동에 있는 수산트리필 아파트입니다. 이러한 물건에 실전투자하기 위해서는 어떻게 해야 하는가를 "온비드 입찰정보 내역분석 ⇨ 물건분석과 권리분석 후 ⇨ 수익분석 후 입찰가를 결정해서 입찰에 참여하는 방법입니다. 이러한 방법은 어떠한 공매물건이 우리들에게 다가온다고 해도 긴장하지 말고 이 분석방법을 보면서 권리의 하자를 놓치지 말고 정확하게 분석해 공매로 성공할 수 있도록 본인이 준비한 작품입니다.

❖ 이 영민이 입찰할 주택의 온비드 입찰정보 내역

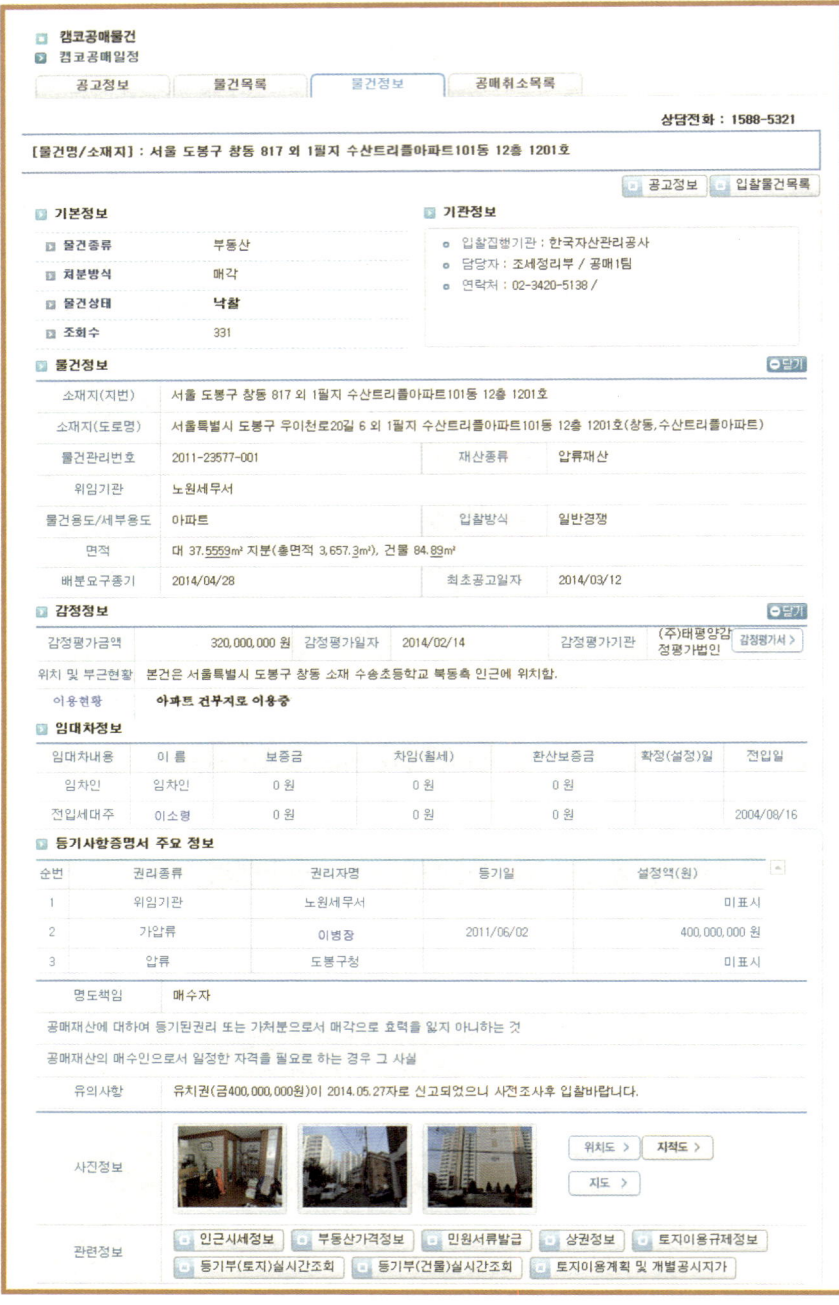

❖ 1차적으로 입찰정보 내역에서 물건분석을 하는 방법

(1) 매각물건의 현황분석으로 돈 되는 우량한 물건을 찾는 것이 먼저다.

온비드 입찰정보내역 화면 중간부분에서 물건정보와 감정평가서, 매각물건의 사진 정보, 위치도 및 지도, 그리고 화면 하단의 공매입찰정보를 분석해서..

첫 번째로 물건정보와 감정평가서에서 토지와 건물 전체가 매각되는 것으로 감정 평가가 이루어 졌는지, 일부 지분(1/2지분, 1/3지분)만 매각되는 것으로 평가가 되었는 지, 토지만 매각 또는 건물만 매각으로 평가되었는지, 제시외 건물이 있는 경우에 감 정평가된 경우와 평가되지 않은 경우를 확인하고,

공 부(公簿)(의뢰)		사 정		감 정 평 가 액	
종 별	면적 또는 수량(㎡)	종 별	면적 또는 수량(㎡)	단 가	금 액
건물	84.89	건물	84.89	-	320,000,000
대	3,657.3x $\frac{37.5559}{3,657.3}$	대	37.5559		
합 계					₩320,000,000

Chapter 7 공매에서 기본적인 권리분석과 실전투자 이렇게 해라

두 번째로 매각물건의 사진과 위치도 및 지도를 다음과 같이 분석해서 내가 사고자 하는 목적에 맞으면서도 돈이 되는 물건을 찾아야 하는데, 그 이유는 공매의 왕도는 돈이 될 수 있는 물건을 찾는 것이 제일 중요하기 때문이다.

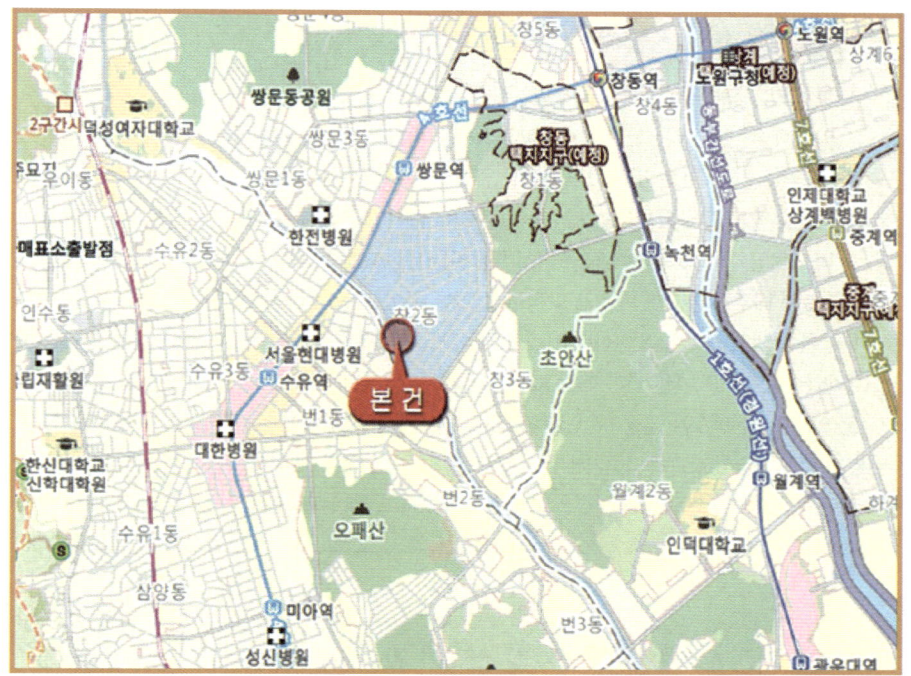

　세 번째로 화면 하단에서 공매입찰정보를 확인해 1차 매각예정금액에서 얼마나 저감되었는지를 확인하면 되는데 이때 1차 매각예정금액은 감정가를 기준으로 결정되므로 현장답사해서 시세조사를 하기 전까지 주택의 시세로 판단해서 저감된 금액과 수익분석의 기초자료로 활용하면 되지만, 감정평가시점이 6~8개월 이전에 평가된 것으로 시점차이로 인해서 가격의 변동을 가져올 수 있고, 평가사의 가격조사 방법에 따라 오류가 발생할 수 있으니, 감정평가된 금액만 신뢰하지 말고 주변 부동산중개업소 3~4군데를 방문하여 시세를 정확히 파악해서 수익분석의 자료로 삼아야 한다.

김 선생의 종합적인 공매물건 분석

찾아보니 도봉구 창동에 있는 수산트리필 아파트가 좋겠어요.

이 공매물건은 지리적으로 서울특별시 도봉구 창동 소재 "수송초등학교" 북동쪽 인근에 위치하고 있으며, 주위는 아파트, 단독주택, 연립 및 다세대주택 등의 주거용 건물과 각종 근린생활시설, 학교, 관공서 등이 혼재하는 지역으로서 특히 교육환경이 우수한 지역입니다. 그리고 버스 등의 대중교통이 발전해 있어서 직장인들이 선호할 수 있는 지역에 위치하고 있고요. 아파트는 내부는 방 3개, 욕실겸 화장실 2, 거실, 주방, 발코니 등이 있고, 최근 들어 부동산 활성화 대책 등에 힘입어 아파트 시세가 감정가 3억2,000만원보다 높은 3억4,000만원인데 2억5,600만원까지 저감되어 매각절차가 진행되니 두 분의 자금 1억8,000만원에다 부족한 돈 8,000만원 정도는 금융기관에서 빌리면 되고, 가까운 거리에 수송초등학교가 있고 주택가라 어린이들이 학교에 다니기에 안전한 지역이고, 이 영민 씨의 직장도 가깝고 하니, 그리고 뭐니 뭐니 해도 아파트 내부 사진을 보면 알 수 있듯이 주택이 깨끗한 것이 장점입니다.

(2) 말소기준권리를 찾고 인수할 권리가 있는지를 확인해라

온비드 입찰정보내역 화면 중간 등기사항증명서와 임대차정보, 공매재산명세서, 그리고 등기부등본을 직접 발급 받아서 1차적으로 말소기준권리를 찾고, 2차적으로 인수할 권리가 있는가를 다음과 같이 확인해야 한다.

첫 번째로 말소기준권리보다 먼저 등기된 권리(가등기, 가처분, 전세권, 임대차등기 등)와 전입신고와 확정일자를 갖춘 임차인 등이 있는지를 확인해 인수할 권리가 있는지, 없는지를 분석하면 되는데, 선순위로 등기된 권리가 없고 임차인만 있다면 선순위로 대항력이 있는지, 없는지를 분석하면 된다. 분석할 때 꼭 확인해야할 내용이 공매재산명세서와 임대차 정보내역이다.

① 공매재산명세서에 어떠한 내용이 기재되어 있나?

KAMCO는 처분청(공매위임관서), 관리번호, 공매공고일, 배분요구의 종기, 압류재산의 표시, 부동산의 점유관계(공매 현황조사관이 조사한 점유자의 권리관계가 기재되어 있음), 임차인 신고현황, 채권자의 배분요구 및 채권신고 현황, 매각으로 그 효력을 잃지 아니하는 것, 매각에 따라 설정된 것으로 보게 되는 지상권의 개요, 기타 유의사항 등을 기재한 공매재산명세서를 작성하고, 감정평가서도 함께 매각기일 1주일 전부터 매각절차가 종료될 때까지 온비드에 비치하고 있어서 입찰희망자들은 언제든지 확인할 수 있다. 이는 입찰자에게 공매부동산의 물적 부담상태, 취득할 종물, 종된 권리의 범위 등과 최저매각가격 산출의 기초가 되는 사실을 공시하여 신중한 판단을 거쳐 입찰에 참여하도록 하기위해 마련된 제도이다.

압류재산 공매재산 명세

처 분 청	노원세무서	관 리 번 호	2011-23577-001
공매공고일	2014-06-05	배분요구의 종기	2014-04-28
압류재산의 표시	서울특별시 도봉구 창동 817 외 1필지 수산트리플아파트101동 12층 1201호 대 지분 37.5559 ㎡ 건물 84.89 ㎡			
매각예정가격/입찰기간/개찰일자/매각결정기일		온비드 입찰정보 참조	
공 매 보 증 금		입찰가격의 100분의 10 이상	

■ 점유관계

[조사일시:2014-03-07 / 정보출처 : 현황조사평가서]

점유관계	성 명	계약일자	전입신고일자 (사업자등록신청일자)	확정일자	보증금	차임	임차부분
채납자	이소령		2004-08-16		0	0	101동 1201호

공매재산의 현황	아파트
공매재산 기타	1.본건개요 및 현황 -.서울시 도봉구 창동 소재 "수송 초등학교" 북동측 인근에 위치하며.현황 아파트로 이용중임. 2.관공서 열람내역 -.창제2동 주민센터:"이용국"등록됨. 3.점유관계 현황 -.채납자 이용국 대면한바 임대관계 없이 자가로 이용중이라고 구두 진술함. -.채납자의 구두 진술에 의해 등록 하였으므로 정확한 임차내역은 별도 재 확인을 요함.

■ 임차인 신고현황

번호	성명	권리신고일	전입신고일자 (사업자등록신청일자)	확정일자	보증금	차임	임차부분
1	임차인				0	0	

■ 배분요구 및 채권신고 현황

번호	권리관계	성명	압류/설정(등기)일자	설정금액	배분요구채권액	배분요구일
1	임차인	임차인		0	0	
2	압류	도봉구청	2012-05-10	0	217,840	2014-01-20
3	교부청구	서울특별시		36,648,470	36,648,470	2014-03-31
4	가압류	이길주	2011-06-02	400,000,000	0	

■ 배분요구 및 채권신고 현황

번호	권리관계	성명	압류/설정(등기)일자	설정금액	배분요구채권액	배분요구일
5	위임기관	노원세무서	2011-05-20	0	352,143,570	2011-11-30

* 채권신고 및 배분요구현황은 배분요구서를 기준으로 작성하였으며 신고된 채권금액은 변동될 수 있습니다.

■ 공매재산에 대하여 등기된 권리 또는 가처분으로서 매각으로 그 효력을 잃지 아니하는 것

■ 매각에 따라 설정된 것으로 보게 되는 지상권의 개요

■ 기타 유의 사항

기타 (유치권(금400,000,000원)이 2014.05.27자로 신고되었으니 사전조사후 입찰바랍니다.)

2014. 08. 14
한국자산관리공사 조세정리부

② 공매재산명세서에서 유의해서 확인할 사항

㉠ 채권자의 배분요구 및 채권신고 현황에서 등기부에서 가장 먼저 등기된 채권이 말소기준권리다.

㉡ 공매위임관서(처분청)의 배분요구채권액과 그 우선순위를 확인하는 것이 중요한데 우선순위는 압류일자로 결정되는 것이 아니라, 1순위로 최우선변제금이 배분받고, 2순위로 당해세, 그리고 3순위로 조세채권의 법정기일과 저당권부 채권 간의 우선순위에 따라 배분하게 되므로 대항력 있는 임차인의 확정일자부 우선변제권이 조세채권의 법정기일보다 늦은 경우 낙찰자가 임차보증금을 인수하게 되는 경우가 발생할 수 있다는 사실에 유의해서 분석해야 한다.

잠깐만 이러한 내용을 확인하는 것을 잊지 마세요.

① 배분요구 및 채권신고 내역에서는 공매위임관서의 압류일자와 배분요구채권액만 기재되어 있다(압류 2011. 05. 20. 배분요구 채권액352,143,570원). 그래서 조세채권이 당해세인지, 일반 세금인지를 구분할 수 없고, 법정기일도 알 수가 없다. 이러한 내용은 온비드 입찰정보내역 상단 좌측에 있는 공매담당자에게 문의해서 예상배분표를 작성하고 인수할 금액이 있는가를 판단해서 입찰해야 한다.
② 위임관서가 순위가 늦어 배분금이 없게 되면 무잉여가 돼 공매가 취소될 수도 있다.

ⓒ 공매공고일자와 동시에 공매공고등기를 촉탁하게 되는데, 이 공매공고등기일을 이전에 대항요건을 갖춘 임차인만 소액임차인으로 최우선변제금을 받을 수 있다.

ⓔ 배분요구를 해야 배분에 참여할 수 있는 채권자는 반드시 배분요구의 종기일 까지 배분요구 해야만 배분참여가 가능하다.

<u>선순위전세권자나 대항력 있는 임차인은 배분요구를 해야 배분참여가 가능하다. 그런데 배분요구 했더라도 배분요구종기일 이후에 했다면 배분요구의 효력이 없어서 낙찰자가 인수하게 되고</u> 그로 인해서 입찰보증금을 포기할 수밖에 없는 사례가 발생하니 유의해야 한다.

ⓜ 부동산의 점유관계(공매 현황조사관이 조사한 점유자의 권리관계가 기재되어 있음)를 확인해서 누가 점유하고 있는 가를 판단.

ⓗ 임차인 권리 신고한 내용이 기재되어 있다. 간혹 이 내용이 공매 현황조사관이 조사한 점유관계와 다른 경우가 있는데 이때 임차인이 권리 신고한 내용이 우선한다.

ⓢ 채권자의 배분요구 및 채권신고 현황을 확인해서 우선순위에 따라 예상배분표를 작성해서 인수할 금액이 있는 가를 판단하고 명도에 대한 준비를 해야 한다.

ⓞ <u>매각으로 그 효력을 잃지 않는 권리가 있는가</u>(선순위가등가와 가처분, 선순위전세권과 임대차등기 등), <u>특별매각조건으로 인수하는 조건과 기타유의사항이 있는지</u>(토지별도등기, 대지권미등기 등으로 대지권 성립여부가 불분명하므로 대지권등기는 매수인 책임, 법정

지상권 성립 여부, 유치권이 신고 되어 있음 등) 등을 확인하고 이상이 없다고 판단되면 입찰에 참여하면 된다.

이 사례에서도 기타 유의사항란을 보면 "유치권이 2014. 05. 27. 자로 금 4억원이 신고되어 있으니 사전 조사후 입찰하기 바랍니다."가 기재되어 있다. 잘 못하다간 낙찰받고 4억을 인수할 수도 있으니 유치권에 대한 정확한 분석이 필요하다.

두 번째로 말소기준권리가 담보물권(근저당권, 담보가등기, 전세권)이냐 무담보채권(가압류, 압류, 강제경매신청)이냐를 구분해서 담보물권이면 소액임차인을 결정하는 기준으로 삼고, 무담보채권이 말소기준이면 현행법상 소액임차인의 최우선변제금에 후순위가 된다는 판단을 해야 한다.

김 선생의 도움말

수산트리필 아파트에서 말소기준권리와 기준일자는 어떻게 되는가!
이 공매물건은 자산관리공사가 서울시로부터 공매를 위임받아 매각한 공매물건으로 말소기준권리는 노원세무서의 압류로 2011. 05. 20입니다. 이 날짜가 다음 임차인이 대항력을 판단하는 기준입니다.

(3) 임차인이 있는 경우 대항력 유무와 배분요구 여부를 먼저 판단해라!

① 임차인이 대항력이 있는 경우에는 배분요구를 하지 않았는지(낙찰자 인수)와 배분요구를 했는가, 배분요구를 했다면 전액 배분받는지, 미 배분금이 발생하는지(미 배분금은 낙찰자 인수금액이다)

② 대항력이 없으면 경매로 소멸되는 권리지만 그렇다고 하더라도 우선변제권이 있으니 예상배분표를 작성해서 배분받을 금액이 있는지를 파악하라.

③ 임차인이 배분요구 했다면 이렇게 생각해라!
대항력 있든 없든 간에 우선변제권이 있는데, 그 우선변제권은 소액임차인은 최우선변제금과 확정일자부 우선변제금이 있고, 소액임차인 아니면 확정일자부 우선변제

금으로 우선해서 변제받을 권리가 있다. 따라서 임차인이 배분요구 했다면 소액임차인이면 최우선변제금을 먼저 배분하고 나머지 금액에 대해서는 확정일자와 다른 채권자들과 우선순위를 따져서 순위배분하면 된다(대항력이 없더라도 최우선변제금이라도 받아야 명도가 쉬워진다).

 김 선생의 한마디

이 아파트에서 점유자의 권리신고 및 배분요구와 대항력 유무

체납자겸 소유자 이외에 다른 임차인이 거주하지 않으므로 낙찰자가 인수할 임차인은 없다. 그러나 체납자 이외에 임차인이 거주하는 경우에는 말소기준권리를 기준으로 대항력 유무를 판단해서 인수할 권리 여부를 판단해야 한다.

(4) 조세나 공과금채권이 있다면 당해세 유무, 체납세액, 법정기일 등을 확인

① 등기된 조세채권이나 공과금채권이 있다면 이렇게 대응하면 된다.

조세채권이 있다면 1차적으로 당해세가 있는 가를 확인해서 최우선변제금 다음 순으로 우선 배분하고, 당해세를 제외하고 또는 당해세가 없으면 일반세금은 법정기일을 가지고 저당권부 채권과 우선순위에 따라 순위배분하게 된다. 공과금채권이 있다면 임차인의 최우선변제금과 조세채권에 대해서는 항상 후순위가 되겠지만 저당권부 채권과는 공과금의 납부기한을 기준으로 우선순위에 따라 배분하게 된다.

② 등기부에 등기되지 않은 조세나 공과금채권에 대해서 유의해라!

조세채권과 공과금채권은 등기부에 등기되어 있는 경우는 물론이고, 등기되어 있지 않은 경우에도 배분요구종기 시 까지만 교부청구하면 배분에 참여할 수 있는데, 이러한 조세채권 등은 당해세가 될 수도 있고, 법정기일이 수개월 전 또는 1~2년 전이 될 수도 있기 때문에 이로 인해 임차인은 임차보증금을 손해 보게 되는 경우가 발생하는데, 대항력 있는 선순위임차인의 미배분금의 발생한다면 낙찰자가 인수하게 되므로 입찰 전에 공매담당자에게 당해세 유무, 체납세액, 세목과 법정기일 등을 확인하고, 임차인과 우선순위를 비교해서 인수하게 되는 권리가 있는지를 확인해야 한다.

③ 조세나 공과금에 대한 체납세액 등은 공매재산명세서에 기재되어 있으니 확인하면 되지만 당해세 여부, 법정기일 등은 기재되어 있지 않으므로 공매담당자에게 확인해야 알 수 있다.

> **〈☎ 공매담당자에게 확인해 본 결과〉**
>
> 공매위임관서 노원세무서의 압류한 세금은 양도소득세로 법정기일은 2011. 04. 18. 체납세액은 352,143,570원이라는 사실을 확인했고, 서울시가 교부청구한 세금은 양도세할 주민세로 법정기일은 2011. 05. 31. 이고 체납세액은 36,648,470원이다. 그리고 도봉구청 압류세액 217,840원은 재산세로 당해세였다.
>
> 그런데 간혹 국세징수법 제81조에 비밀유지 조항을 들어 체납세액과 법정기일 등을 알려주지 않는 담당자가 있어서 고민을 하는 사례가 있는데, 이럴 때 목소리를 높일 필요가 있다. 괜히 힘없는 부하직원들에게 언성을 높이지 말고 그 힘을 모아 "임차인이 대항력이 있어서 인수하게 되므로 임차인보다 선순위의 조세채권액만 확인해 달라는건데 이걸 모르면 어떻게 입찰할 수 있냐고... 그 정도는 국세징수법 제81조에 위반되지 않는다고 주장을 해보세요. 필자도 가끔 이러한 내용으로 다투지만 이렇게 해서 해결 하곤 합니다.", "경매에서도 이렇게 하세요. 참지 말고 이러한 일을 해결할 사람은 아무리 뒤를 돌아봐도 당신 밖에 없습니다."

(5) 매각대금을 가지고 예상배분표를 작성해 보자

매각금액이 283,100,000원+매각대금이자 179,500원이고 공매비용이 7,545,800원으로 배분금은 275,733,700원이 된다.

1순위 : 서울시 도봉구 재산세 217,840원(당해세우선변제 1)

2순위 : 서울시 노원세무서 양도소득세 275,515,860원(조세채권의 우선변제 2)

조세채권 상호간에서는 0순위로 체납처분비, 1순위로 당해세, 2순위로 납세담보 (이 물건에서는 없음), 3순위로 압류선착주의(최초압류권자인 노원세무서), 4순위 참가압류한 조세채권 순으로 배분하고, 5순위로 교부청구한 조세채권 상호 간은 법정기일 선·후와 관계없이 동순위로 배분하고 있다(경매배당과 다르게). 그래서 위 1순위와 2순위와 같이 배분한 것이다.

> **김 선생의 알고 있으면 좋은 내용**
>
> **참가압류한 조세채권과 교부청구한 조세채권 간의 우선순위**
>
> 위 사례가 경매였다면 국세징수법에서 정하고 있는 기준에 따라 4순위 참가압류한 조세채권과 교부청구한 조세채권은 동순위로 안분배당하게 된다. 그러나 공매에서는 한국자산관리공사 관례로 참가압류권까지 압류선착주의를 적용시켜 위 사례와 같이 경매와 다르게 배분하고 있다.

(6) 인수할 권리나 금액이 있는 가를 확인해라

　<u>체납자가 거주하고 있어서 대항력이 있는 임차인이 없으나 4억원의 유치채권액이 신고되어 있다.</u> 만일 이 유치채권이 인정된다면 낙찰자는 4억을 인수해야 아파트를 인도받을 수 있다. 그래서 다음과 같이 유치권자에 대한 권리분석을 해서 유치권을 낙찰자가 인수하게 되는지 아닌지에 대한 판단을 하고 입찰여부를 결정해야 한다.

　<u>이 아파트에서 신고된 유치채권액 금 4억원은</u> 공매공고등기(2014. 03. 17.) 이전에 공매대상물건에서 발생된 채권이고 공매공고등기 전부터 유치권자로 점유를 하고 있었다면 낙찰자에게 대항력이 있어서 낙찰자가 인수해야 합니다. 그러나 이 공매물건은 2004년 08월 13일에 지어진 아파트 이고, 그 당시부터 체납자겸 소유자인 이 소령이 계속 거주하고 있어서 설령 공매공고등기 이전에 발생한 공사대금 채권이 있다고 하더라도 체납자에 대한 일반채권에 불과한 것이지 낙찰자에 대항력을 갖는 유치권채권은 아니지요. 왜냐하면 매수인에 대항력 있는 유치채권이 되려면 점유를 하고 있어야 하는데 체납자가 점유하거나 임차인이 점유하고 있는 경우에는 인정되지 못

하기 때문에 이 아파트에서는 낙찰자가 추가로 부담할 권리나 금액이 없어서 낙찰 받은 금액으로 소유권을 완전하게 취득하게 됩니다.

(7) 남을 가망이 없거나 대위변제 등으로 공매취소가능성을 검토

① 후순위조세채권자가 공매를 신청한 경우 매각부동산이 저감됨에 따라 무잉여(남을 가망이 없게 되면)로 공매가 취소되니 예상배분표를 작성해 보고 대비해야 한다.

② 공매신청자가 채권금액이 소액이면 채무변제로 공매가 취소될 수 있고, 선순위 채권자의 채권이 소액이면 후순위권리자의 대위변제 등으로 대항력 있는 권리를 인수하게 될 수 있으니 이러한 사실을 알고 입찰에 참여하고 잔금납부 전에 꼭 확인해야 한다.

이 물건은 2순위 공매위임관서의 조세채권이 352,143,570원이라 채무변제나 대위변제를 할 수 없습니다.

(8) 주택명도 입찰하기 전부터 대응전략이 필요하다

명도문제에 대해서 생각해 보자.

대항력 있는 임차인이 배분요구를 하지 않았다면 낙찰자는 전소유자와의 임대차계약을 인수해야 하지만, 배분요구해서 전액 배분받는 임차인이라면 배분기일을 기준으로 임차인이 명도해줄 의무가 발생해 무혈입성할 수 있다. 그러나 미배분금이 발생하면 낙찰자가 지불하면서 명도를 구해야 한다. 대항력 없는 임차인이 전액 배분받거나 최우선변제금이라도 배분받게 된다면 명도비용 없이 주택을 명도 받을 수 있지만, 이 주택과 같이 체납자가 점유하고 있는 경우나 임차인이 보증금의 상당부분을 배분받지 못하게 되면 명도 하는데 어려움이 발생하게 되므로 강제집행 또는 이사비용 등으로 낙찰가의 1% 정도 예상하고 입찰가를 결정해야 한다. 왜냐하면 공매는 인도명령제도가 없어서 대항력이 없는 임차인과 체납자겸 소유자는 낙찰자가 잔금납부하면서 건물인도(명도)청구소송을 진행해 그 판결문을 가지고 강제집행을 할 수밖에 없기 때문이다.

공매물건을 조사하는 경우에는 1차적으로 온비드에서 입찰대상물건에 대한 공매정보 내용을 가지고 분석하고, 2차적으로 등기부등본과 건축물대장 등의 공적장부 등을 발급받아 분석하고, 3차적으로 부동산이 위치하고 있는 현장을 방문 공매정보내용과 공적장부 등으로 확인할 수 없었던 상황을 확인해야만 하는데, <u>부동산이 공부상 기록된 사실과 현장 상황의 일치여부, 주변 환경, 교통, 교육여건, 편익시설과 개발가능성, 기타 제한사항 등이 있는가 여부와 주변 부동산중개업소 3~4곳을 방문해 정확한 부동산 시세를 판단하는 것이 기본입니다</u>

우와. 이건 정보수집에 정보분석, 발품팔기의 3박자 아닙니까? 그냥 얻어지는 건 없네요.

입찰대상물건을 선정해서 분석하는 방법은 어제 공부했으니 오늘은 등기부와 대장 등의 공적장부를 열람해서 분석하는 방법과 현장답사를 통해서 물건을 분석하고, 그에 따른 수익분석을 해서 입찰가를 결정하는 방법까지 알아보겠습니다.

❖ 등기부와 대장 등의 공적장부를 통한 2차적인 물건분석

(1) 등기부등본을 열람과 권리를 분석하는 방법

첫 번째로 등기부를 열람하는 방법에 대해서 공부하겠습니다. 인터넷에서 대법원인터넷등기소(www.iros.go.kr)를 검색하면 다음과 같은 화면이 나옵니다.

이 화면에서 부동산을 열람 또는 발급을 선택해서 등기부등본을 발급 받을 수 있는데 열람용은 공식서류(소유권이전등기나 근저당권을 설정할 때)로서 사용할 수 없지만 등기된 내용을 확인하고 권리분석하는 데에는 전혀 문제가 없습니다. 발급용은 1,000원인데 반해 열람용은 700원으로 비용도 저렴하답니다.

이러한 등기부등본의 종류는 ① 토지등기부등본, ② 건물등기부등본, ③ 집합건물등기부등본으로 나눠지고, 이 등기부는 기본적으로 ① 표제부, ② 갑구, ③ 을구의 3부분으로 구성되어 있는데, 토지만 있는 경우(전·답·임야·나대지 등의 경우) 토지등기부등본만 확인하면 되겠지만, 일반건물(토지와 건물이 별개 부동산인 다가구주택이나 상가건물 등)의 경우는 토지등기부등본과 건물등기부등본을 동시에 열람하여 토지와 건물의 설정된 권리 등이 일치하는지 여부 등을 분석해야 합니다.

그리고 아파트·다세대·연립·상가·오피스텔 등의 집합건물 처럼 토지와 건물에 대한 사항이 하나의 등기부등본에 일체로 표시되어 있는 형태의 집합건물등기부등본이 있는데, …원래의 토지등기부등본이 별도로 존재하지만 집합건물이 보존등기(신축)가 되고 대지권의 지분정리가 모두 이루어지면 우선 토지등기부의 갑구 소유권에 관한 사항란에 "소유권 대지권"으로 대지 지분별로 공유등기가 되고, 집합건물등기부 두 번째 표제부에 대지권으로 등기가 되는데, 이렇게 대지권으로 등기가 되고 나서는 집합건물등기부와 별도로 토지등기부에서 거래행위(소유권이전등기나 근저당권설정등기 등)가 이루어질 수 없게 됩니다.

 어째든 등기부등본에서 우선순위는 같은 구(=갑구 상호간, 을구 상호간), 또는 다른 구(갑구와 을구 상호간)에 등기된 권리자 중에서 등기일자가 빠른 권리자(접수일자가 빠른 권리자)가 우선하게 되는데 같은 날짜에 등기된 권리자라면 접수번호에 의해서 우선순위(순위번호가 아니고)가 정해지므로 다음과 같이 순위가 정해집니다.

 같은 날짜에 같은 구에 등기되어 있으면, ...

[을 구] (소유권 이외의 권리에 관한 사항)				
순위번호	등기목적	접수	등기원인	권리자 및 기타사항
1	근저당권 설정	2007년 1월 10일 제5481호	2007년 1월 10일 설정계약	채권최고액 1억 2,000만원 채무자 이도령 근저당권자 신한은행 110111-0012809 서울시 중구 태평로2가 120 (도곡지점)
2	근저당권 설정	2007년 1월 10일 제5482호	2007년 1월 10일 설정계약	채권최고액 8,000만원 채무자 ○○○ 근저당권자 새마을금고 서울시 은평구 응암동 120

 배분순위는 1순위 : 신한은행 1억 2,000만원, 2순위 : 새마을금고 8,000만원이 되고, ...

 같은 날짜에 구가 다른 경우에 우선순위는, ...

[갑 구] (소유권에 관한 사항)				
순위번호	등기목적	접수	등기원인	권리자 및 기타사항
1	가압류	2007년 2월 10일 제5451호	2007년 2월 6일 서울중앙지법 가압류결(2007 가단 14321호)	청구금액 3,000만원 채권자 홍길동 서울시 강서구 화곡동 ○○○

[을 구] (소유권 이외의 권리에 관한 사항)				
순위번호	등기목적	접수	등기원인	권리자 및 기타사항
1	근저당권설정	2007년 2월 10일 제5452호	2007년 2월 5일 설정계약	채권최고액 1억 2,000만원 채무자 이도령 근저당권자 신한은행 110111-0012809 서울시 중구 태평로2가 120 (도곡지점)

배분순위 : 1순위배당은 홍길동 가압류가 선순위이고, 신한은행 근저당권이 후순위이지만, 홍길동은 채권이고 신한은행은 물권이므로 동순위가 되어 안분배분하게 됩니다.

(2) 토지대장과 건축물대장에 대한 분석

등기부와 대장상의 기재사항이 일치하지 아니한 경우 등기부의 표제부에 기재되는 지번·구조·용도·면적 등은 대장이 우선하고, 소유권 등의 권리관계(갑구, 을구 기재사항)는 등기부가 우선하게 되므로 이러한 점만 유의하여야 한다.

김선생의 조언

건축물대장에 불법건축물이 표시되어 있는 가를 확인해라

시·군·구청의 단속이나 민원에 의해 불법건축물로 단속이 되면 몇 차례의 계고와 시정명령을 하고 그래도 시정하지 않으면 건축물대장 갑구에 위반건축물과 그 위반에 해당하는 부분 및 면적 등을 기재하게 되는데, 이러한 경우에도 철거하고 증빙자료를 시·군·구청에 제출하면 건축물대장에서 위반건축물이라는 표시를 삭제하게 되지만 철거가 이루어 질 때까지 불법건축물로 표시되고 이행강제금을 건축소유자에게 부과하게 된다. 낙찰자도 소유권을 취득하게 되면 그때부터 이행강제금을 부담할 수밖에 없다는 진실! 이러한 이행강제금은 지자체 주택과 또는 건축과 담당자에게 문의해서 확인할 수 있다.

(3) 지적도, 임야도(시·군·구청에서 발급가능)

토지의 소재, 지번, 지목, 경계, 도면의 색인도, 도면의 제명 및 축척, 도곽선 및 도곽선 수치, 좌표에 의하여 계산된 경계점간의 거리, 삼각점 및 지적측량, 기준점의 위치, 건축물 및 구조 등의 위치 등이 기재되어 있으므로 발급받아서 확인해 보아야 한다.

(4) 토지이용계획확인원

토지이용계획확인원을 통하여 건축제한 등의 여부와 재개발·재건축 등, 도로수용 여부, 근처에 도로개설여부, 각종 제한사항 등이 있는가를 점검하면 된다.

❖ 현장답사를 통한 3차적인 물건분석

(1) 현장조사를 통해서 우량한 아파트 고르기

① 1,000세대 이상이면 대형세대이고, 500세대 이상이면 중대형세대로 일단 500세대 이상인 것이 좋다. 왜냐하면 세대가 많으면 많을수록 생활 편의시설이 잘 갖추어져 있기 때문에 수요가 많다.

② 전철역이나 버스 등의 대중교통이 근접해 있으면 주변이 함께 발전할 수 있어서 부동산의 미래가치가 높다.

③ 교육여건이 좋은 곳이라면 아파트의 가치를 증가시킬 수 있다.

초·중·고등학교의 학군이 우수하거나 주변에 우수한 학원 등이 있는 경우에는 높은 수요가 예상되고 이에 따라 추후 발생되는 가격상승요인이 된다.

④ 재래시장, 대형마트, 금융기관, 공공기관 등의 생활편의시설이 접해있으면 편리한 측면이 많아 실수요자들이 선호한다.

⑤ 주거의 쾌적성(주변에 산과 강과 같이 비용을 들이지 않고서도 여가를 즐기 수 있는 자연공간), 주차 공간 확보, 저평가된 아파트 등의 조건을 본다.

⑥ 관리비를 미납여부 등을 관리사무소를 통해서 확인해야 한다.

⑦ 아파트가 재건축대상인 경우와 리모델링 대상이 되는 경우

건축연도가 20~30년 이상 되었고 저밀도 아파트로서 대지지분과 건축용적률이 높고 주변 편의시설 등이 우량한 지역이라면 재건축대상 또는 리모델링 대상으로 관심을 가져볼만 하다.

(2) 현장조사를 통해서 우량한 단독주택, 다가구주택 고르기

대부분 입찰자들은 손쉽게 정리하고 환금성이 좋은 아파트에 관심이 집중돼 있다. 그러나 단독 · 다가구주택에서도 잘만하면 높은 수익을 올릴 수 있다. 주택을 고를 때에는 주변 편의시설, 학군, 교통수단의 근접성 등을 검토하고 주변지역이 개발가능성까지 예상할 수 있는 지역을 선택한다면 아파트에서 얻을 수 없는 고수익을 올릴 수 있다.

 김 선생의 알고 있으면 좋은 내용

현장에서 주택을 확인할 때 이러한 문제가 발생할 수도 있다.

간혹 등기부상에서는 20년 된 건물인데 현장에서 확인한 건물은 신축한지 10년 미만으로 보이고 건물 층수의 높이가 다르다면, 등기부상의 건물을 멸실하고 신축한 건물이 될 수 있으므로 낙찰자는 신축한 건물의 소유권을 취득하지 못하게 된다. 왜냐하면 구건물에 등기부에 채권에 의해서 경매가 진행되었다면 그 매각효력은 무효가 되므로 건물소유권은 취득할 수 없다.

(3) 연립주택, 다세대주택인 경우

적은 자본을 투자하여 수익성을 올릴 수 있는 기회가 될 수 있다.

특히 연립·다세대가 건축연도가 오래되었고, 세대수가 많고, 대지지분과 용적률 등이 높으면 재건축시 미래가치를 증가시킬 수 있는 투자분야가 될 수 있다.

(4) 상가건물

상가는 활성화될 때 그만한 수익성 있는 부동산이 없다. 그러나 활성화에 실패하였을 경우 그 가치 하락폭은 엄청나다. 투자 전에 입지분석에 보다 신중해야 한다. 반드시 임대수요와 임대료 수준, 입지 등을 분석해서 매수를 결정해야 한다.

(5) 농지를 공매로 투자 시 유의사항

① 토지거래허가는 면제되지만 농지취득자격증명이 필요하다. 공매는 잔금 납부 후 등기할 때 첨부해야만 등기가 가능하고 첨부하지 못하면 등기를 할 수 없으므로 입찰하기 전에 농지취득자격증명을 발급받을 수 있는 지를 확인하고 입찰해야 한다. 반면에 경매는 낙찰 받고 나서 7일 이내 매각허가결정기일까지 법원에 제출하여야 한다. 미제출 시에는 입찰보증금을 몰수당한다.

② 현장 확인을 통해 시세를 정확히 조사해야지 감정평가서만 가지고 판단하면 안 된다. 시세와 동떨어진 감정평가도 많고 부동산 시세변화는 항상 유동적이기 때문이다.

③ 농지의 경계를 꼭 확인해야 한다. 농지의 현황이 지적도 등의 공부와 다를 경우가 많다.

④ 진입로 확보여부 – 진입로가 없는 맹지가 많은데 이러한 농지는 낮은 가격에 낙찰 받았다 해도 진입로를 개설하는 데 많은 돈이 들어가고, 그대로 매각하면 맹지로 높은 가격을 받을 수 없다.

⑤ 농지를 공경매로 입찰 시는 시·군·구청에 가서 토지이용계획확인원, 지적도, 토지대장 등을 확인하고 도시계획과에 가서 도시계획확인과 개발제한 등을 확인해야 한다. 주변 중개업소 3~4군데를 방문하여 부동산시세 및 주변개발계획 등이 있는지 여부 등을 분석하여 투자해야 한다.

⑥ 대항력 있는 농지 임차인에 대한 조사가 필수다.

농지법 제24조의2 개정으로 농지임대차계약을 체결하고, 임차인이 농지소재지를 관할하는 시·구·읍·면의 장의 확인을 받고(관공서에서는 대장에 그 내용을 기록해 둔다), 해당 농지를 인도받은 경우에는 그 다음 날부터 제삼자에 대하여 대항력이 발생한다. 대항력이 발생하고 나서는 농지소유자의 변경이 있어도 임차인은 임대차기간을 보호받을 수 있다. 그러나 경매로 매각되는 경우에는 말소기준 이전에 대항요건을 갖춘 임차인만 낙찰자의 부담으로 남게 되는 것이지, 후순위 임차인은 소멸된다.

(6) 아파트 등의 집합건물에서 관리비 연체에 대한 조사

현재 판례는 공유부분은 낙찰자가 전유부분의 관리비는 사용자가 부담해야 된다는 입장이고(대법2001다8677), 이러한 공유관리비 중에서도 원금 이외에 연체료는 승계대상이 되는 공유부분관리비에 포함되지 아니하고, 관리비채권에 대한 소멸시효가 3년이므로 3년 초과분은 지급하지 않아도 되므로 매수인이 부담하게 되는 관리비는 공유부분의 관리비로 3년분의 원금만 부담하면 됩니다. 이와 같은 관리비 및 제세공과금 등은 관리사무소를 방문하여 체납사실 및 연체금액을 확인할 수 있습니다.

(7) 임대차관계조사(전입세대 열람)

주민센터를 방문하여 공매대상 물건지 주소에 전입하고 있는 전입세대열람을 다음과 같이 발급받아 확인해야 되는데, 여기서 주의할 점은 최초전입자와 세대주명이 다른 경우 최초전입자가 주임법상 주민등록상 전입일이 되는데, 이러한 경우 세대주 사정상 가족구성원 일부가 먼저 전입한 경우가 되고, 이 경우는 가족구성원 중 최초전입자가 대항력유무의 기준일이 된다.

전 입 세 대 열 람

행정기관 : 서울특별시 광진구 중곡 3동 작업일시 : 2011년 5월 28일
페 이 지 :

주소 : 서울특별시 광진구 중곡동 (일반+산) ○○○-○

순번	세대주 성명	전입일자	거주상태	최초전입자	전입일자	거주상태	동거인수
순번	주 소						동거인수
1	○○○	1996-09-05	거주자	○○○	1996-09-05	거주자	
	서울특별시 광진구 중곡동 191-4 (19/9)						
2	○○○	2007-06-13	거주자	○○○	2007-06-13	거주자	
	서울특별시 광진구 중곡동 191-4 (19/9)						
3	○○○	1994-10-25	거주자	○○○	1994-10-25	거주자	
	서울특별시 광진구 중곡동 191-4 (19/9)						

공매 입찰정보내역에도 전입세대를 열람해서 비치하고 있지만 현장답사에서 또다시 조사해야만 공매후 점유자의 변동 상황을 파악할 수 있고 그래야만 정확한 점유자를 판단해서 건물명도소송과 점유이전금지가처분을 정확하게 할 수 있습니다.

❖ **마지막으로 수익성분석하고 입찰가격을 결정하면 됩니다.**

(1) 지금까지 조사한 자료를 종합분석해서 입찰에 참여해라

입찰가는 지금까지 조사한 모든 자료 등을 종합 분석하여 입찰 참가 하루 전까지 입찰가를 결정하여 입찰에 참여하는 것이 좋습니다. 입찰당일 입찰하기 전까지 결정하지 못하는 경우가 많은데 이는 올바른 투자자 입장이 아니죠. 경쟁률이 높다고 하여서 수익성이 떨어지는 높은 가격으로 응찰해서는 안 되고, 기대이익이 확보되는 수준으로 입찰가를 결정해야 되는데, 그 결정은 다음과 같이 수익분석 후에 입찰가를 결정하고 입찰에 참여해야 합니다.

① 무주택자가 공매로 낙찰 받아 2년 보유후 매각하면 수익은 얼마?

감정가격이 3억2,000만원 이지만 시세가 3억4,000만원인 아파트를 283,100,000원에 낙찰 받아 2년 거주하고 나서 양도세가 비과세되는 방법으로 3억5,000만원(2년 후에 상승분 1,000만원 포함)에 매각할 때 기대수익금액과 수익률은 어떻게 될까?

〈수익률 계산내용은 제5장 1. 공매로 내집 만들기 무작정 따라 하기 102쪽을 참조하면 되므로 생략〉

② 공매로 낙찰 받아 1년 보유후 매각하면 수익은 얼마?

감정가격이 3억2,000만원이지만 시세가 3억4,000만원인 아파트를 283,100,000원에 낙찰 받아 1년 이후에 3억3,000만원에 매각할 때 기대수익금액과 수익률은 어떻게 될

까?

〈수익률 계산내용은 제5장 1. 공매로 내집 만들기 무작정 따라 하기 112~119쪽을 참조하면 되므로 생략〉

(2) 이영민 부부가 입찰해서 3대 1의 경쟁을 뚫고 낙찰 받았다

앞에서 분석한 방법과 같이 계산한 예상수익금액을 바탕으로 입찰가를 결정하고 입찰에 참여하면 됩니다.

공매란 입찰하기 전에 모든 수익분석을 완료할 수는 없지만 사전에 앞에서와 같은 변화를 예측하고 입찰에 참여하느냐, 아니냐에 따라 공매투자의 승패가 좌우될 수 있음을 잊어서는 안 됩니다.

"네 알겠습니다. 앞에서 수익분석해서 입찰가를 정한 283,100,000원으로 입찰서를 제출하겠습니다."

입찰결과			
물건관리번호	2011-23577-001	조회수	364
물건명	서울 도봉구 창동 817 외 1필지 수산트리플아파트101동 12층 1201호		
입찰자수	유효 3명 / 무효 1명 (인터넷)		
입찰금액	283,100,000원, 267,860,000원, 258,100,000원		
개찰결과	낙찰	낙찰금액	283,100,000원
물건누적상태	유찰 4회 / 취소 4회 [입찰이력보기]		
감정가격 (최초 최저입찰가)	320,000,000원	낙찰가율 (감정가격 대비)	88.5%
최저입찰가	256,000,000원	낙찰가율 (최저입찰가 대비)	110.6%

이영민 부부가 입찰에 참여 했고 다음과 같이 3대 1의 경쟁을 뚫고 낙찰 받았다. 그리고 그 소식을 김 선생에 전했고 그날 저녁 식사를 함께하면서 축배를 올렸다.

 7총사 여러분도 이렇게 공매물건을 분석해서 실전투자를 하시면 됩니다.

이 내용은 저희들과 같이 정신없이 사는 연령층에 많은 도움이 되겠어요. 보고 확인하면서 권리분석을 할 수 있으니...

저도 나이 40이 되니, 직장과 자녀 돌보는 일로 가끔씩 깜박입니다. 그래서 이 내용을 여러 번 읽고 입찰할 때마다 보고 입찰해야 겠어요.

지금까지는 공매물건에 대해서 기본적인 권리분석과 실전투자를 어떻게 해야 되는 가에 대해서 알아봤는데 모두들 이해가 되셨죠?

네, 그런데 공부하는 과정에서 등기부에 등기가 없어도 임차인이 대항요건과 확정일자를 갖추고 나면 대항력과 우선변제권이 있다고 하셨는데 그 효력이 어떻게 발생하게 되는지를 주택임차인과 상가임차인에 대해서 강의를 해주세요?

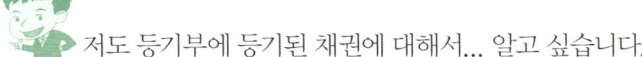저도 등기부에 등기된 채권에 대해서... 알고 싶습니다.

저는 공매를 공부하는 것이니 조세, 공과금, 임금채권에 대해서 확실히 알고 가고 싶습니다.

자 먼저 정 사장님이 말씀하신 임차인에 대한 공부를 시작하고 그 다음 순차적으로 배워 봅시다. 할 수 있습니까?

"네, 할 수 있습니다. 〈7총사 모두들 함께 힘차게 대답했다.〉

Chapter 8

주택과 상가임차인들은 어떠한 권리를 가지고 있나요?

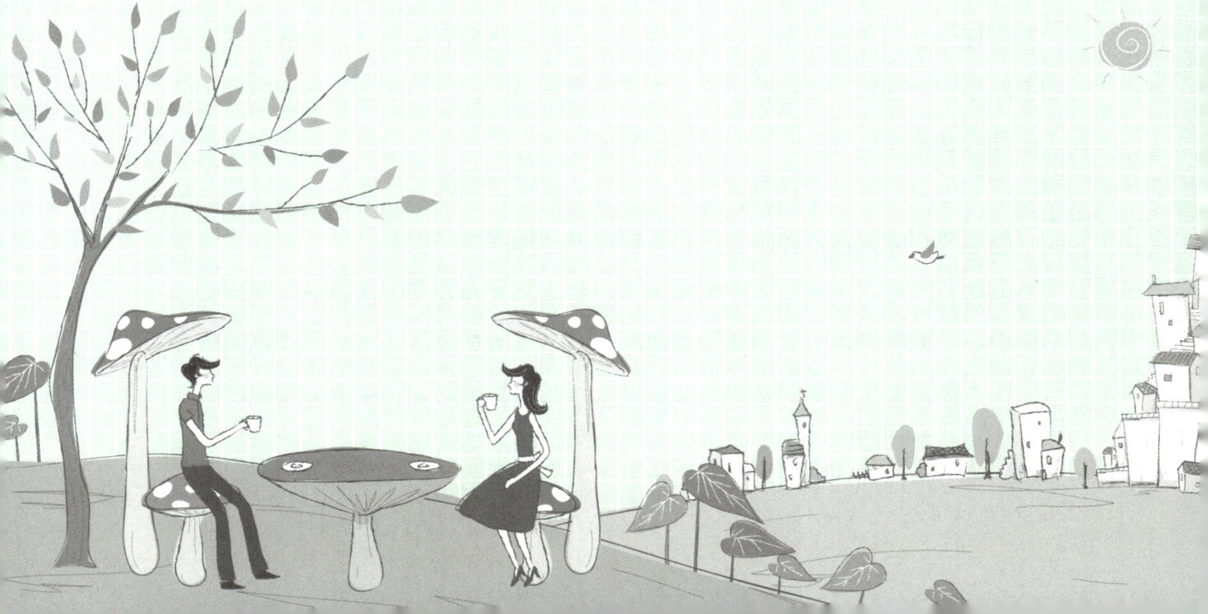

01 주택임차인이 가지고 있는 권리에 대해서 말해 주세요

❖ **주택임대차보호법의 적용을 받을 수 있는 건물은**

이 법은 주거용건물의 전부 또는 일부의 임대차에 관하여 이를 적용되는데, … 그 임차주택의 일부가 주거 목적 외의 목적으로 사용되는 경우도 마찬가지로 보호받을 수 있고, 이러한 적용대상의 주택에는 공동주택, 단독주택, 기타 주거로 인정되는 건물로 등기된 것이나 미등기건물, 무허가건물, 가건물 등도 실제 거주의 목적으로 일상적인 생활을 하고 있으면 주택임대차보호법의 보호를 받을 수 있습니다.

❖ **주택임차인의 대항력이 발생하려면**

(1) 일반거래로 소유자가 바뀌는 경우 대항력은

임차인이 주택의 인도와 주민등록이라는 대항요건을 모두 갖추면 다음날 오전 0시에 대항력이 발생하게 돼(대법 2001다30902) 소유자가 바뀌어도 새로운 소유자에게 임대차기간동안 주택을 사용·수익할 수 있고, 종료 시에 주택인도와 동시에 보증금반환을 청구할 권리를 갖게 된다. 일반거래는 매매, 상속, 증여 등으로 소유자가 변경되는 것을 말한다.

(2) 공매나 경매절차에서는 조금 다르게 적용되고 있다

임차인이 말소기준권리 이전에 대항요건을 갖추고 있는 경우 대항력이 있어서 대항력을 주장할 수도 있고, 배분요구해서 우선 변제받을 수 있는데 전액 배분받지 않는 한 소멸되지 않고 낙찰자가 인수하게 된다. 그러나 말소기준권리 보다 후순위는 대

항력이 없어서 소멸되므로 미배분금이 발생하면 임차인이 손실을 보게 된다.

❖ 공매나 경매절차에서 임차인의 우선변제권은

일반거래로 소유자가 달라지는 경우에는 오로지 새로운 소유자에게 대항력을 주장하고 계약기간이 종료되면 보증금반환청구를 해서 계약관계가 종료되는 것이지 우선변제권이란 용어를 사용할 수 없습니다.

우선변제권이란 공매나 경매절차에서 그 권리를 주장할 수 있는 것으로 소액임차인인 경우 소액임차보증금중 일정액을 최우선변제금으로 우선변제 받고, 소액임차인이 아닌 경우는 확정일자부 우선변제금으로 우선변제 받게 되므로, 소액임차인이 확정일자를 받아 두었다면 소액임차인은 두 개의 권리를 동시에 가지고 있어서 1차적으로 최우선변제금, 2차적으로 확정일자에 의한 우선변제금으로 우선변제 받을 수 있게 되는 것입니다.

(1) 임차인이 최우선변제에 관한 사항과 적용대상범위?

임차인이 대항요건인 주민등록과 주택의 인도를 경매개시기입등기 전에 갖추고 있으면서 소액임차인에 해당되면 보증금 중 일정액에 대하여 주택가액(대지가액을 포함한다)의 2분의 1 범위 안에서 다른 담보물권자와 일반채권자 보다 우선해서 변제받을 수 있는 권리가 있다.

임차인이 소액임차인으로 최우선변제금을 받으려면 다음 각 구간에 해당되는 보증금의 범위 내에 있어야 한다.

① 주택임차인의 소액보증금과 최우선변제금 기간별 지역별 변천사

담보물권설정일	주택소액임차인 최우선변제금		
	지 역	보증금 범위	최우선변제액
생략 :	생략 :	생략 :	생략 :
2001.9.15.~ 2008.8.20.	수도권 과밀억제권역	4,000만원 이하	1,600만원까지
	광역시(인천광역시, 군지역 제외)	3,500만원 이하	1,400만원까지
	그 밖의 지역	3,000만원 이하	1,200만원까지
2008.8.21.~ 2010.7.25.	수도권 과밀억제권역	6,000만원 이하	2,000만원까지
	광역시(인천광역시, 군지역 제외)	5,000만원 이하	1,700만원까지
	그 밖의 지역	4,000만원 이하	1,400만원까지
2010.7.26.~ 2013.12.31.	① 서울특별시	7,500만원 이하	2,500만원까지
	② 수도권 과밀억제권역(서울시 제외)	6,500만원 이하	2,200만원까지
	③ 광역시(과밀억제권역, 군지역은 제외), 안산시, 용인시, 김포시, 광주시(경기)	5,500만원 이하	1,900만원까지
	④ 그 밖의 지역	4,000만원 이하	1,400만원까지
2014.01.01.~ 현재	① 서울특별시	9,500만원 이하	3,200만원까지
	② 수도권 과밀억제권역(서울시 제외)	8,000만원 이하	2,700만원까지
	③ 광역시(과밀억제권역, 군지역은 제외), 안산시, 용인시, 김포시, 광주시(경기)	6,000만원 이하	2,000만원까지
	④ 그 밖의 지역	4,500만원 이하	1,500만원까지

② 현행법상 소액임차인이면 최우선변제금을 받는 것이 원칙이다.

주임법 제8조 1항에서 임차인은 보증금 중 일정액을 다른 담보물권자 보다 우선하여 변제받을 권리가 있다. 따라서 소액임차인에 해당되면 2분의 1범위 내에서 최우선변제금을 받을 수 있는 것이 원칙이다.

그러면 소액임차인 결정기준이란 용어는 왜 생겨난 것일까?

담보물권자가 예측하지 못하는 손실을 막고자 주임법 시행령 부칙 제2조(소액보증금의 범위변경에 따른 경과조치) 이 영 시행 전에 임차주택에 대하여 담보물권을 취득한 자에 대하여는 종전의 규정을 적용한다는 예외 조항을 두었기 때문이다.

그래서 이 예외조항에 근거해서 우리의 귀에 익숙한 소액임차인의 결정기준이 탄

생하게 되었다. 담보물권자를 보호하기 위해 담보물권이 설정된 시기에 해당하는 소액임차인만 담보물권 보다 우선해서 변제받을 수 있지만 그 구간에서 소액임차인에 해당하지 못하면 담보물권보다 우선하지 못하게 된 것이다. 이때 현행법상 소액임차인에 대해서 예외조항을 둔 담보물권은 근저당권, 담보가등기, 전세권 만에 해당하고 나머지 모든 채권(조세, 공과금, 가압류 등)에 대해서는 현행법상 소액임차인의 최우선변제금에 우선하지 못한다.

소액임차인을 결정하는 방법은 이렇게 생각해라!
담보물권이 있으면 그 담보물권이 설정된 시기에 소액임차인이면 소액임차임이 1순위로 최우선변제금을 받고 그다음 담보물권 순으로, …
담보물권에 소액임차인에 해당하지 못하면 1순위로 담보물권이 배분받고 2순위로 그다음 담보물권을 기준으로 소액임차인을 결정하고 더 이상 담보물권이 없다면 배분 시점으로 소액임차인에 해당하는 가를 판단해서 소액임차인이면 최우선변제금이 다른 채권보다 우선해서 변제받게 된다고 생각해라.

(2) 확정일자에 의한 우선변제권은 어떻게 되는가
① 확정일자부 우선변제권
주택임대차보호법 제3조제1항의 대항요건인 주택의 인도(점유)와 주민등록(전입신고)을 갖춘 임차인이 확정일자를 갖추었다면 주택이 공매나 경매로 매각되는 과정에서 후순위 제삼채권자들에 우선하며 보증금을 변제받을 수 있는 우선변제권을 갖는다.

여기서 확정일자에 의한 우선변제권 효력은 반드시 대항요건을 갖추고 나서 대항력이 발생해야만 다음 ②번과 같이 그 효력이 발생하게 됩니다.

② 대항력과 확정일자 우선변제 효력발생일시 계산방법
㉠ 5.1. 전입신고 ⇨ 5.10. 확정일자 :

대항력은 5월 2일 오전 0시, 우선변제권은 5월10일 주간이 된다.
ⓒ 5.1. 확정일자 ⇨ 5.10. 전입신고 :
대항력과 우선변제권은 5월 11일 오전 0시
ⓒ 5.1. 전입신고와 확정일자 :
대항력과 우선변제권은 5월 2일 오전 0시에 발생한다.

(3) 임차인의 최우선변제권요건과 확정일자에 의한 우선변제요건

① 주택임대차보호법상의 소액보증금 중 최우선변제요건
㉠ 배분요구의 종기까지 배분요구를 하였을 것
㉡ 보증금의 액수가 소액보증금에 해당할 것
㉢ 공매공고등기 이전, 첫 경매개시 이전에 대항요건을 갖출 것
㉣ 배분요구의 종기까지 대항력을 유지할 것

② 확정일자를 갖춘 임차보증금채권의 우선변제요건
㉠ 대항요건을 갖추고 계약서에 확정일자를 받아야 한다.
㉡ 배분요구종기까지 배분요구를 하였을 것
㉢ 배분요구종기까지 대항력을 유지할 것
㉣ 이러한 확정일자를 갖춘 임차인이 배당을 받기 위해서는 첫 경매개시결정기입등기 전에 대항요건을 갖춰야 하는가에 대하여는 소액보증금 중 최우선변제권의 경우와는 달리 첫 경매개시등기 이후에 대항력을 갖추고 확정일자를 받아도 된다는 것이 판례와 다수설이다(대법 2004다26133 판결)

❖ 임차인의 대항력·우선변제권, 다른 물권과의 우선순위

이번에는 임차인의 대항력과 확정일자부 우선변제금만 가지고 근저당권, 조세채권 간의 우선순위에 따라 배분하면서 인수할 권리가 있는 가에 대해서 알아보는 시간이므로 임차인의 최우선변제금과 공매집행비용은 계산하지 않고 분석하는 시간입니다.

(1) 근저당권 설정 ⇨ 임차인이 전입 ⇨ 세금압류로 공매가 진행된 사례

갑 근저당권(2005.1.10.) ⇨ 을 (전입 및 확정일자)(2005.1.10.) ⇨ 병 세금(압류일자 2005.10.10.)(법정기일 2005.1.10.) ⇨ 병 공매신청

① 병 세금 우선변제권 효력발생 일시(법정기일 기준) ⇨ 05. 01. 10. 주간
② 갑 근저당권 우선변제권 효력발생 일시 ⇨ 05. 01. 10. 주간
③ 을 임차인 대항력 발생 시기 05. 01. 11. ⇨ 오전 0시
 을 임차인 확정일자에 의한 우선변제권 효력발생 일시 ⇨ 05. 01. 11. 오전 0시

따라서 배분순위는 1순위로 병 세금이 먼저 배분받고(세금은 저당권부 채권과는 법정기일이 빠르거나 같을 때에는 우선하지만 늦은 경우에는 후순위가 되기 때문이다), 2순위로 갑 저당권, 3순위로 을 임차인 확정일자 순으로 배분받게 되지만 임차인이 대항력이 없어서 낙찰자가 인수해야할 금액이 없다.

(2) 임차인이 전입 ⇨ 근저당권 설정 ⇨ 세금압류로 공매가 진행된 사례

갑 임차인(전입 및 확정일자)(05.5.10) ⇨ 을 근저당권(05.5.11) ⇨ 병 세금(압류일자 2005.10.10.)(법정기일 2005.5.10.) ⇨ 병 공매신청

① 병 세금 우선변제권 효력발생 일시(법정기일 기준) ⇨ 05. 05. 10. 주간
② 갑 임차인 대항력 발생 일시 05. 05. 11 오전 0시 갑 임차인 확정일자에 의한 우선변제권 효력발생 일시 05. 05. 11. 오전 0시
③ 을 근저당권 우선변제권 효력발생 일시 05. 05. 11. 주간

따라서 배분순위는 1순위로 병 세금, 2순위로 갑 임차인, 3순위로 을 근저당권이 배분받게 되는데 갑 임차인은 대항력이 있어서 미배분금액이 있으면 낙찰자가 인수해야 한다.

(3) 근저당권 설정 ⇨ 을 임차인 확정일자 후에 전입하고 같은 날 병 세금압류가 진행된 사례

갑 근저당권(05.5.9) ⇨ 을 임차인(확정일자)(05.5.10) ⇨ 을 전입 (05.5.11) ⇨ 병 세금(압류일자 2005.10.10.)(법정기일 2005.1.11.) ⇨ 병 공매신청

① 갑 근저당권의 우선변제권 효력발생 일시 2005 05. 09. 주간
② 병 세금 우선변제권 효력발생 일시(법정기일 기준) ⇨ 05. 05. 11. 주간
③ 을 임차인의 대항력 발생 일시 2005. 05. 12. 오전 0시,

을의 확정일자 우선변제권 효력발생 일시 2005. 05. 12. 오전 0시 따라서 배분순위는 1순위로 갑 근저당권, 2순위로 병 세금, 3순위로 을 임차인이 배분 받게 되는데 임차인은 대항력이 없어서 낙찰자가 인수할 금액은 없다.

❖ 임차인의 최우선변제금과 확정일자 우선변제금, 다른 채권자 등과 배분연습

이번에는 임차인의 우선변제금(최우선변제금과 확정일자부 우선변제금 포함)을 가지고 근저당권, 조세채권, 가압류채권 간의 우선순위에 따라 배분하는 방법에 대해서 알아보는 시간입니다.

배분금액이 2억7,100만원(공매비용 8,913천원 제외)이고, 서울시 영등포구 대방동에 위치하고 있다.

① 2008. 05. 19. 기업은행 근저당권 5,000만원
② 2008. 09. 20. 김수철 임차인(전입/확정일자 없음)(6,000만원)
③ 2009. 06. 25. 이기만 근저당권 1억원
④ 2010. 05. 31. 마포세무서 1,500만원(교부청구한 소득세로 2010. 05. 31. 이 법정기일)
⑤ 2010. 03. 26. 이기자 가압류 4,000만원
⑥ 2010. 08. 20. 김철민(전입/확정일자)(보증금 6,500만원)
⑦ 2010. 08. 23. 황해성(전입/확정일자)(보증금 7,000만원)

⑧ 2013. 09. 15. 마포세무서가 KAMCO에 공매의뢰
⑨ 2014. 01. 10. 낙찰 279,913,000원 ⇨ 2014. 01. 14. 매각결정확정
 ⇨ 2014. 02. 14. 잔금납부 ⇨ 2014. 03. 14. 배분기일

이 사건에 대해서 배분할 금액 2억7,100만원(공매비용 8,913천원 제외)을 가지고 배분표를 작성하면 다음과 같다.

1순위 : 기업은행 5,000만원(우선변제권 1)

2순위 : 김수철 임차인 2,000만원(최우선변제금권 1)

(소액임차인 결정기준 2009.06.25. 이기만 근저당권 6천만/2천만)

3순위 : 이기만 근저당권자 1억원(우선변제권 2)

4순위 : ① 김수철 임차인 1,200만원
② 김철민 임차인 3,200만원
③ 황해성 임차인 3,200만원
(최우선변제 1)

2014.01.01.부터 현재 까지는 9,500/3,200
(4순위 이후부터는 소액임차인 결정기준이 되기 위한 담보물권이 없다.
이와 같이 저당권 등의 담보물권이 없는 경우 배당 시점을 기준으로 현행법상 소액보증금중 일정액을 우선 하여 배당한다.)

5순위 : 마포세무서 1,500만원(세금우선변제권 3)

6순위 : ① 가압류 이기자 : 4,000만원=② 김철민 확정일자 3,300만원이고, ①=③ 황해성 확정일자 3,800만원이므로 ①=②=③이 되어 동순위로 안분 배당한다.

따라서 1차안분배당하면

① 가압류 이기자 : 1,000만원× $\dfrac{40,000,000}{111,000,000}$ =3,603,604원(종결)

② 김철민 : 1,000만원× $\dfrac{33,000,000}{111,000,000}$ =2,972,973원(종결)

③ 황해성 : $1,000만원 \times \dfrac{38,000,000}{111,000,000} = 3,423,423원(종결)$

2차 흡수절차로
② 김철민 확정일자 우선변제권>③ 황해성 확정일자 우선변제권이므로 김철민 채권이 만족될 때까지 흡수한다.
따라서 ② 김철민=2,972,973원(1차안분액)+3,423,423원(황해성 1차안분액흡수)=6,396,396원(종결).
③ 황해성=3,423,423원(1차안분액)-3,423,423원(② 김철민에 흡수당함)=0원으로 배당금액이 없게 된다.

❖ 임대차계약기간과 계약의 갱신 및 묵시적 갱신에 대하여

(1) 임대차계약기간(주임법 제6조)
① 기간의 정함이 없거나 기간을 2년 미만으로 정한 임대차는 그 기간을 2년으로 본다. 다만 임차인은 2년 미만으로 정한 기간이 유효함을 주장할 수 있다
② 임대차기간이 끝난 경우에도 임차인이 보증금을 반환받을 때까지는 임대차관계가 존속되는 것으로 본다.

(2) 계약의 갱신과 묵시적갱신
① 임대인이 임대차기간 만료 전 6월부터 1월까지 임차인에 대하여 갱신거절의 통지 또는 조건을 변경하지 아니하면 갱신하지 아니한다는 뜻의 통지를 하지 아니한 경우에는 그 기간이 만료된 때에 전임대차와 동일한 조건으로 다시 임대차한 것으로 본다.
임차인이 임대차기간 만료 전 1월까지 통지하지 아니한 때에도 또한 같다.
② 제1항의 경우 임대차의 존속기간은 2년으로 본다.
③ 2기(期)의 차임액(借賃額)에 달하도록 연체하거나 그 밖에 임차인으로서의 의

무를 현저히 위반한 임차인에 대하여는 제1항을 적용하지 아니한다.

(3) 묵시적 갱신의 경우의 임대기간과 계약해지 방법
① 임차인은 언제든지 임대인에 대하여 계약해지의 통지를 할 수 있다(주임법제6조1항).

② 제1항의 규정에 의한 해지는 임대인이 그 통지를 받은 날부터 3월이 경과하면 그 효력이 발생한다.

③ 묵시적 갱신이 된 경우 임차인은 언제든지 계약해지 통보를 할 수 있고 계약해지 통보 후 3개월 후에 임대인은 보증금을 반환하여야 한다.

④ 묵시적 갱신에 따른 임대차 존속기간을 주택은 2년, 상가는 1년으로 못 박은 관련법률 개정안이 2009.4.21. 국회를 통과하여 시행하게 되었다. 따라서 묵시적 갱신으로 계약이 연장되는 경우 임대인은 주택은 2년, 상가는 1년간 계약을 해지할 수 없지만 임차인은 언제든지 해지할 수 있고 해지 통보 후 3개월 후에는 보증금을 반환받을 수 있다.

❖ 임차권 등기명령제도 및 등기한 임차권에서 알아야 할 것

주택임대차보호법에서 임대차기간이 만료되면 임대인의 동의 없이 단독으로 신청하는 임차권등기명령제도와 민법에서 임대차계약 당시 또는 임대차기간 동안에 임대인의 동의를 얻어서 등기하는 임대차등기는 다음과 차이가 있습니다.

(1) 임차권등기명령제도(주임법 제3조의3)
① 임대차가 종료된 후 보증금을 반환받지 못한 임차인은 임차주택의 소재지를 관할하는 지방법원 또는 시·군법원에 임차권등기명령을 임대인의 동의 없이 단독으로 신청할 수 있다.

② 임차인은 임차권등기명령의 집행에 의해 임차권등기가 경료 되면 임차인이 임

차권등기 이전에 이미 대항력이나 우선변제권을 취득한 경우에는 그 대항력이나 우선변제권은 그대로 유지되며, 임차권등기 이후에는 대항요건을 상실하더라도 이미 취득한 대항력이나 우선변제권을 상실하지 아니한다(제5항).여기서 임차권등기명령의 효과는 신청서를 제출 시가 아니라 임차권등기가 마쳐진 시점부터 발생한다는 점이다.

③ 임차권등기명령의 집행에 따른 임차권등기가 끝난 주택을 그 이후에 임차한 임차인은 소액임차인이라도 최우선변제권이 인정되지 아니한다(제6항). 소액임차인이라도 임차권등기가 경료 되면 등기범위 안에서 최우선변제를 받을 수 없다.

④ 임차권 등기명령의 신청절차 – 임대차 기간이 종료되었으나 임차보증금을 반환받지 못한 임차인이 신청할 수 있다. 따라서 계약기간이 남아 있는 경우는 신청할 수 없다. 그리고 보증금 일부를 반환받지 못할 경우도 신청할 수 있다. 그러나 계약해지 사유가 발생하면 소유자가 변경되거나 공매나 경매가 진행되면 임차권등기를 신청할 수 있다.

⑤ 임차권등기와 관련하여 발생된 소송비용은 임대인에게 청구할 수 있다.

(2) 민법에 따른 주택임대차등기의 효력(주임법 3조의4)

민법 제621조에 따른 주택임대차등기의 효력에 관하여는 제3조의3 제5항 및 제6항을 준용하게(1항) 되므로 주임법 3조의4 제2항에 따라 임대인의 협력을 얻어 주택임대차등기를 마친 경우에는 임대차권등기 시점에 대항력과 우선변제권이 발생하고, 그 이전에 대항요건과 확정일자를 갖춘 경우에는 그 시점을 기준으로 대항력과 우선변제권이 발생하게 되는데 임대차등기 이후에 대항요건을 상실하더라도 이미 취득한 대항력이나 우선변제권을 상실하지 아니한다.

❖ **임대차의 양도와 전대차에서 주의할 점**

임차권 양도·양수 계약은 임차인이 임차권을 팔아서 임차인의 지위에서 벗어나고 양수인이 새로운 임차인이 되지만, …

전대차계약은 임차인의 지위는 그대로 유지하면서 임차인이 전대하는 것으로 임차인이 전대인이 되고, 전대인에게 주택을 인도받아 주택을 이용하는 사람을 전차인이라 하는데, …

주임법 제3조 제1항에 의한 대항력을 갖춘 주택임차인이 임대인의 동의를 얻어 적법하게 임차권을 양도하거나 전대한 경우에 있어서 양수인이나 전차인이 임차인의 주민등록 퇴거일로부터 주민등록법상의 전입신고기간 내(14일 이내)에 전입신고를 마치면 종전 대항력과 우선변제권이 그대로 유지하게 됩니다.

따라서 입찰할 때 기업은행 근저당권 ⇨ 홍길동 임차인 전입신고 ⇨ 서초세무서 세금압류로 공매신청 ⇨ 공매절차에서 임차인이 배분요구를 하지 않았다면, .. 임차권양도나 전대차계약에 의한 대항력이 있을 수 있으니 조심해야 합니다. 왜냐하면 임차권양도인과 전대인이 말소기준 이전에 대항력을 갖추었다가 퇴거 후 14일 이내에 새로운 양수인이나 전차인이 대항요건을 갖추었다면 대항력이 있어 낙찰자가 인수해야 되기 때문입니다.

❖ 전세를 월세로 전환 시 적용되는 이자율 상한선 하향조정

전세보증금을 월세로 전환 시 적용되는 산정율이 현행 연14%에서 2014. 01. 01.부터 연 10%로 하향 조정되고, 병행해서 한국은행 기준금리(현2.5%)에 4배를 곱하여 나온 이자율과 비교해서 더 낮은 것으로 정하도록 변경된 사실도 알고 있어야 합니다.

임차권양도나 전대차계약에 의한 대항력이 있을 수 있으니 조심해야 되는군요.

그러게요. 양도자나 전대인이 퇴거해 버리고 나면 당연히 말소기준권리보다 늦게 양수인이나 전차인이 대항요건을 갖출 테니 대항력이 없는 임차인으로 잘못 알고 낙찰 받으면, ...어휴

 그렇습니다. 다음은 상가임차인에 대해서 알아보겠습니다.

02 상가건물 임차인은 어떠한 권리를 갖고 있죠?

상가건물은 주택에서 임차인의 권리를 공부한 것과 차이가 있습니다.

주택임차인은 월세는 상관없이 보증금만을 가지고 계산하고 임차보증금의 상한선도 없어서 모두가 주임법의 보호대상이 되지만, <u>상가임차인은 임차보증금의 상한선이 있는데 중요한 점은 주택임차인과 다르게 월세도 보증금으로 환산해서 적용하여 4개의 권역별로 각기 적용되는 환산보증금을 초과하게 되면 상가건물임대차보호법의 보호를 받지 못하고 일반채권자의 지위에 놓이게 됩니다.</u>

상가건물에 대한 권리분석에서 유의해야 될 점은

첫 번째로 근저당권 설정일이 상임법 시행일 이전인가 이후인가를 확인해서 상임법 시행일 이전이면 근저당권은 이 법의 적용대상이 아니어서 상가임차인 보다 우선하여 변제받게 됩니다.

두 번째로 근저당권이 상임법 시행일 이후에 등기된 경우에 상가임차인이 최우선

변제 받을 수 있는 소액임차보증금의 범위 내에 있는 지와 있는 경우에도 개정 전(소액보증금 4,500만원)이냐 1차 개정 ~ 2차 개정 전(소액보증금 5,000만원), 2차 개정 이후(소액보증금 6,500만원)이냐로 구분해서 근저당권을 기준으로 해서 소액임차인을 판단해서 최우선변제금을 계산하게 됩니다.

세 번째로 상임법 시행 이후의 상가임차인인 경우에도 상임법의 적용대상에 해당되는 환산보증금이 되어야 상임법상 대항력과 우선변제권이 인정되지, 초과되는 경우에는 일반채권자의 지위에 놓이게 되고, 상임법 적용기준도 개정 전이냐, 1차 개정 이후냐, 2차 개정 이후, 3차 개정 이후냐에 따라 적용대상금액이 달라지고, 상임법적용기준 이하인 경우만 상임법을 적용받을 수 있어서 대항요건을 갖추고 확정일자를 받으면 확정일자에 의해 후순위채권자보다 우선변제권이 발생되고, 적용범위를 초과하게 되면 일반채권자의 지위에 놓이게 되어 대항력과 우선변제권이 없다는 사실을 유의해야 합니다.

❖ 상임법의 적용을 받을 수 있는 대상은 어떻게 되는가!

① 모든 상가건물이 대상이 되는 것이 아니라, 그 중에서 사업자등록의 대상이 되는 영업용건물(등기된 건물, 미등기, 무허가 건물의 경우도 사업자등록의 대상이 될 수 있다)을 말한다.

② 상가건물임대차보호법상 보호대상은 상가임차인의 보증금이 일정액 이하인 경우만 이 법의 보호대상이고 그 보호대상이 되는 보증금은 지역에 따라 4개 지역으로 구분된다.

③ 상가임차인이 보호를 받기 위해서는 건물의 인도와 사업자등록을 신청한 임차인만이 보호대상이다.

④ 상가건물임대차보호법은 이 법 시행일 2002. 11. 01. 이후 임대차계약서를 체결하거나 기존 계약을 갱신한 임대차계약서에만 적용된다.

다만 이 법 규정 중 대항력 제3조, 확정일자 제5조, 소액보증금 최우선변제 제14조에 대한 규정은 이 법 시행당시 계속 중인 임대차에 대하여도 적용된다.

❖ **대항요건을 갖춘 상가임차인의 대항력은 언제 발생되는가!**

〈주택임대차보호법 내용과 동일하므로 생략하기로 한다.〉

❖ **공매절차에서 상가임차인의 우선변제권은**

우선변제권이란 공매절차에서 그 권리를 주장할 수 있는 것으로 두 가지가 있는데, 첫 번째로 소액임차인인 경우 소액임차보증금중 일정액을 최우선변제금으로 우선 변제받고, 두 번째로 소액임차인이 아닌 경우는 확정일자부 우선변제금으로 우선 변제받게 된다.

소액임차인이 확정일자를 받아 두었다면 소액임차인은 두 개의 권리를 동시에 가지고 있어서 1차적으로 최우선변제금, 2차적으로 확정일자에 의한 우선변제금으로 우선 변제받을 수 있습니다.

(1) 상가임차인의 소액보증금 중 일정액(최우선변제권)

임차인은 보증금 중 일정액을 다른 담보권자보다 우선하여 변제받을 권리가 있다. 이 경우 임차인은 건물에 대한 공매공고등기 또는 경매신청등기 이전에 상임법 제3조 제1항의 요건을 갖추고 있어야 한다(상임법 제14조 1항).

공매공고등기 이전에 대항요건을 갖춘 상가임차인은 전세의 경우 보증금을, 월세일 경우 보증금+(월세×100)으로 환산하여 그 보증금액이 다음 ①의 보증금 범위 내에 있는 경우는 일정액을 담보물권자보다 우선하여 변제받을 수 있다.

이때 유의할 점은 보증금중 일정액의 합산액이 상가건물(대지포함)의 가액의 2분의 1(2014.1.1.부터 개정됨, 개정 전 2013. 12. 31. 까지는 3분의 1)을 초과하는 경우에는 각 임차인의 보증금중 일정액의 비율로 그 상가건물의 가액의 2분의 1에 해당하는 금액을 분할한 금액을 각 임차인의 보증금중 일정액으로 본다.

① 상가임차인의 소액보증금과 최우선변제금 기간별 지역별 변천사

최우선변제금액은 아래 ㉠, ㉡, ㉢, ㉣권역에서 환산보증금이 소액보증금액에 해당할 때에 소액보증금 중 일정액을 우선하여 변제받을 수 있는 금액이다.

권역별	개정 전		권역별	개정 후			
	2002.11.1.부터~2010.7.25.까지			1차개정 2010.7.26.~2013.12.31.		2차 개정 2014.1.1.~이후부터 현재까지	
	보증금	최우선변제금		보증금	최우선변제금	보증금	최우선변제금
㉠ 서울특별시	4,500만원	1,350만원	㉠ 서울특별시	5,000만원	1,500만원	6,500만원	2,200만원
㉡ 수도권 과밀억제권역(서울 제외)	3,900만원	1,170만원	㉡ 수도권 과밀억제권역(서울 제외)	4,500만원	1,350만원	5,500만원	1,900만원
㉢ 광역시(인천, 군지역 제외)	3,000만원	900만원	㉢ 광역시(수도권과밀억제권역과 군지역은 제외),안산,용인,김포,광주(경기)	3,000만원	900만원	3,800만원	1,300만원
㉣ 그 밖의 지역	2,500만원	750만원	㉣ 그 밖의 지역	2,500만원	750만원	3,000만원	1,000만원
	환산보증금			환산보증금			

② 환산보증금 계산법 : 임대보증금+(월세×100)

2차 개정 이후인 2014.1.1. 이후부터 현재까지를 기준으로 계산하면,

㉠ 서울소재 보증금 1,000만원에 월세 50만원이라면 1,000만원 + (50만원×100)5,000만원=6,000만원으로 소액임차인에 해당되어 저당권 등에 우선하여 최우선변제금 2,200만원을 받을 수 있다.

㉡ 보증금 3,000만원에 월세 40만원이라면 3,000만원 + (40만원× 100)4,000만원=7,000만원으로 소액임차인에 해당되지 못하므로 최우선변제 대상이 아니다.

(2) 상가임차인의 확정일자 우선변제권

상임법 제5조제2항 상가임차인이 제3조제1항의 대항요건을 갖추고 관할세무서장으로부터 임대차 계약서상 확정일자를 받으면 민사집행법에 의해 진행되는 경매 시 임차건물(임대인소유의 대지를 포함)의 환가대금에서 후순위권리 그 밖의 채권자보다 우선하여 임차보증금을 변제받을 권리가 있다.

① 상가임대차보호법의 적용대상은 어떻게 되는가!

상가임대차는 영세상인을 보호하기 위한 것이므로 다음 ②번과 같이 4개의 권역별 기간별에 해당하는 환산보증금 이하인 임차인만 대항요건과 확정일자를 갖춘 경우 확정일자에 의해 후순위채권자 보다 우선해서 변제 받을 수 있다. 그러나 환산보

증금이 법 적용 기준금액을 초과한다면 상임법상 보호대상이 아니어서 대항력과 우선변제권이 없는 일반채권자의 지위에 놓이게 된다.

② 상임법 적용대상 환산보증금의 권역별 기간별 변천사

권 역 별	2002.11.1.~ 2008.8.20.까지	2008.8.21.~ 2010.7.25.까지	권 역 별	2010.7.26~ 2013.12.31.	2014.1.1. ~현재까지
① 서울특별시	2억4천만원 이하	2억6천만원 이하	① 서울특별시	3억원 이하	4억원 이하
② 수도권 과밀억제권역 (서울시 제외)	1억9천만원 이하	2억1천만원 이하	② 수도권 과밀억제권역(서울 제외)	2억5천만원 이하	3억원 이하
③ 광역시(인천, 군 지역 제외)	1억5천만원 이하	1억6천만원 이하	③ 광역시(수도권 과밀억제권역과 군 지역은 제외), 안산, 용인, 김포, 광주(경기)	1억8천만원 이하	2억4천만원 이하
④ 그 밖의 지역	1억4천만원 이하	1억5천만원 이하	④ 그 밖의 지역	1억5천만원 이하	1억8천만원 이하
비 고	환산보증금	환산보증금		환산보증금	

❖ **상가건물에서 임차인의 권리와 다른 채권자 간의 배당순위**

이 물건은 상가건물이므로 상임법 시행 전, 시행 후의 근저당권이 있는 경우와 소액보증금 합계가 낙찰가의 2분의 1(2014.1.1.부터 개정됨, 개정 전 2013. 12. 31. 까지는 3분의 1)을 초과하는 경우에 어떻게 권리분석과 배당표를 작성하는 지를 살펴봐야 합니다.

주 소	면 적	경매가 진행과정	1) 임차인조사내역 2) 기타청구	등기부상 권리관계
인천광역시 부평구 작전동 ○○○번지 상가건물 채무자겸 소유자 : 김유민 경매신청 채권자 : 외환은행	대지 132㎡ 건물 1층 75㎡ 2층 74㎡ 3층 74㎡	감정가 120,000,000원 최저가 1차 120,000,000원 유찰 2차(20% 저감) 96,000,000원 유찰 3차 76,800,000원 낙찰 2014.08.10. 86,700,000원	1) 임차인 ① 이경수 2,000만/10만원 　사업자등록 2002.12.10. 　확정일자 2002.12.10. 　배당요구 2004.7.20. ② 김인규 3,500만원 전세 　사업자등록 2003.11.20. 　확정일자 2003.11.20. 　배당요구 2004.7.15. ③ 이수민 2,000만/15만원 　사업자등록 2003.5.16. 　확 정 일 자 × 　배당요구 2004.7.20. ④ 이철중 1,000만/20만원 　사업자등록 2003.12.15. 　확 정 일 자 × 　배당요구 2004.7.30. ⑤ 박수경 3,000만/300만원 　사업자등록 2001.2.10. 　확정일자 × 　배당요구 2004.6.25.	소유자 김유민 근저당 외환은행 2002.10.10. 2,600만원 근저당 이수철 2003.5.10. 500만원 가압류 한순규 2003.10.10. 1,800만원 임의 외환은행 청구 2,600만원 〈20014.01.10〉

(1) 등기부상 권리와 부동산상의 권리를 정리하여 분석해 보면

첫 번째로 말소기준권리가 누가 되고 시기는 언제인가!

말소기준권리인 외환은행 근저당권의 설정등기일이 2002.10.10.인데, 이 근저당권이 상가건물임대차보호법 시행일 이전인가 이후인가를 계산해봐야 한다. 상임법 시행일인 2002.11.1. 이전이므로 외환은행 근저당권은 이 법의 적용대상이 아니다. 임차인이 사업자등록을 이 근저당권보다 먼저 갖추어도 대항력이 없고, 소액임차인에 해당돼도 이 근저당권에 최우선변제금으로 우선해서 변제받지 못하는 후순위에 불과하다.

두 번째로 최우선 변제받을 수 있는 임차보증금의 범위 내에 있는 경우에도 개정 전(소액보증금 3,900만원)이냐 1차 개정 ~ 2차 개정 전(소액보증금 4,500만원), 2차 개정 이후(소액보증금 5,500만원)이냐로 구분해서 소액임차인을 판단해서 최우선변제금을

계산하고,

그런데 소액임차인은 환산보증금을 가지고 하기 때문에 ⑤ 박수경 3,000만/300만 원은 소액임차인도 아니고 상임법 보호대상이 아니다.

왜냐하면 인천광역시는 환산보증금이 3억원 이므로 이 금액을 초과한 임차인은 일반 채권자에 불과해 배분에 참여할 수 없는 임차인이다.

세 번째로 보증금이 상가건물임대차보호법 적용기준인 경우도 개정 전이냐, 1차 개정, 2차 개정, 3차 개정 이후냐에 따라 적용대상금액이 달라지는데, 상임법적용기준 이하인 경우만 상임법을 적용받을 수 있어서 대항요건을 갖추고 확정일자를 받으면 확정일자에 의해 후순위채권자보다 우선변제권이 발생한다. 적용범위를 초과하면 일반채권자의 지위에 놓이게 되어 대항력과 우선변제권이 없다.

(2) 배분표를 작성해 보면 더 쉽게 이해할 수 있다!

배분금액이 85,700,000원(86,700,000원 − 공매집행비용 100만원)이므로
배분순위는

1순위 : 외환은행 2,600만원
      (우선변제권 1) → 상임법시행일 2002.11.1. 이전

2순위 :
① 이경수[환산보증금 : 2,000+(10×100)=3,000만]=1,170만원(최우선변제 1) → 시행일 이후이나 인천광역시 지역이므로 3,900만원 이하 1,170만원이 되는데,
② 김인규[환산보증금 : 3,500+0=3,500만]=1,170만원(최우선변제 1)
③ 이수민[환산보증금 : 2,000+(15×100)=3,500만] =1,170만원(최우선변제 1)
④ 이철중[환산보증금 : 1,000+(20×100)=3,000만] =1,000만원(최우선변제 1)

이와 같이 배분되어야 하나 상임법에서는 최우선변제금의 합계금액이 배당금액의 3분의 1(2014년부터 2분의 1로 변경)을 초과하면 안 되므로(1/3만 2003년 이수철 근저당권에 대항할 수 있는 소액임차인), 3분의 1의 범위 내에서 안분배당하게 된다.

[(8,570만원×⅓)=28,566,666원 이내야 하는데 최우선변제금의 합계가 4,510만원 (1,170+1,170+1,170+1,000)으로 초과하게 되므로 다음과 같이 28,566,666원 이내로 안분해서 배당하게 된다.

① 이경수 = 28,566,666 × $\frac{1,170만원}{4,510만원}$ =7,410,865원

② 김인규 = 28,566,666 × $\frac{1,170만원}{4,510만원}$ =7,410,865원

③ 이수민 = 28,566,666 × $\frac{1,170만원}{4,510만원}$ =7,410,864원

④ 이철중 = 28,566,666 × $\frac{1,000만원}{4,510만원}$ =6,334,072원

3순위 : 이경수 임차인 12,589,135원(우선변제권 2)

4순위 : 2003.05.10. 이수철 근저당권 500만원(우선변제권 3)

그리고 5순위 부터는 더 이상 담보물권이 없어서 배당시점 (2014. 01. 01. 이후가 되므로)을 기준으로 현행법상 소액임차보증금을 계산하고 한도도 3분의 1이 아닌 2분의 1(42,850,000원-2순위 최우선변제금 28,566,666원=14,283,334원)로 배당해야 하나 배당금이 13,544,199원 밖에 없어서 이 금액을 가지고 현행법상 5,500만원 이하인 임차인이 1,900만원을 최우선변제금을 동순위로 안분 배당한다.

5순위는 ① 김인규 = 13,544,199원 × 11,589,135/26,844,198 = 5,847,280원.

② 이수민 = 13,544,199원 × 11,589,135/26,844,198 = 5,847,280원

③ 이철중 = 13,544,199원 × 3,665,928/26,844,198 = 1,849,639원

으로 배당이 종결된다.

❖ 상임법의 적용을 받는 임차인의 최단 계약기간

상임법 제9조제1항은 기간이 정함이 없거나, 기간을 1년 미만으로 정한 임대차는 그 기간을 1년으로 본다. 다만, 임차인은 1년 미만으로 정한 기간이 유효함을 주장할 수 있다. 이와 같이 임대차의 최단 존속기간을 1년으로 규정하고 있으나 최대 5년까지 계약갱신 요구권을 보장하여 실질에 있어서는 5년간의 임대차기간을 보장하고 있다.

❖ 상가임차인의 계약갱신 요구권과 임대인의 계약갱신 거절

상임법 제10조제1항에서 임대인은 임차인이 임대차기간 만료 전 6월부터 1월 사이에 행하는 계약갱신요구에 대하여 정당한 사유 없이 이를 거절하지 못한다. 임차인은 계약만료 전 6월에서 1월 사이에 계약갱신을 전체임대기간 5년 내의 범위 내에서 요구할 수 있다.

그러나 임차권이 차임액을 3기 이상 연체한 사실이 있는 경우와 임대인의 동의 없이 목적건물 전부 또는 일부를 전대한 경우와 임차인의 중대한 과실이 있는 경우는 임대인은 계약갱신을 거절할 수 있다.

❖ 임대차의 양도와 전대차의 준용

임차권의 양도와 전대차에 관한 권리는 주임법을 준용하기 때문에 주택임차권의 양도와 전대차를 참조하면 된다.

❖ 전세를 월세로 전환 시 적용되는 이자율 상한선 하향조정

전세보증금을 월세로 전환 시 적용되는 산정율이 현행 연15%에서 2014. 01. 01.부터 연 12%로 하향 조정되고, 세입자가 원할 경우 전월세 전환율은 한국은행 기준금리(현2.5%)에 4.5배로 계산하여 유리한 쪽으로 계약을 맺을 수 있도록 변경되었습니다.

❖ 상가임차인 권리보호제도 개정안

아직 입법화 되지는 않았지만, 사회적인 공감대를 바탕으로 법제화가 이루어지고 있는데 그 개정안을 살펴보면 다음과 같습니다.

(1) 모든 상가건물 임대차에 대항력 인정 개정안

기존 환산보증금 초과 상가에는 대항력이 인정되지 않아, 건물주 변경시 임차인이 강제 퇴거되는 불합리를 없애고자 환산보증금에 관계없이 모든 상가 임대차에 대항력이 인정되도록 추진하고 있습니다.

원칙적으로 상가임대차는 채권으로 그 계약당사자 간에만 효력이 있고 소유자가 변경되면 대항력이 없어서 상가건물을 비워줘야 합니다.

그러나 상가건물임대차보호법이란 특별법이 태동하면서 앞에서 우리가 공부한 환산보증금 내에 있는 임차인들만 대항력과 우선변제권, 그리고 5년 계약갱신요구권을 부여하며 약자의 지위를 어느 정도 보호하려는 노력은 있었지만 이 효력은 현실적으로 상가임차인을 보호하는 효과가 거의 없었던 것이 사실이었습니다.

그런데 개정안은 환산보증금을 초과하는 모든 상가임차인에게 대항력과 우선변제권, 5년 계약갱신요구권이 주어지게 되어 상가건물 소유자가 변경 돼도 5년 동안 임대차 계약기간을 보장 받을 수 있게 된 것입니다.

(2) 권리금 회수기회 보호 강화안을 살펴보면

① 상가임차인 권리금 보호제도 개정안?

임대인은 임차인이 신규임차인으로부터 권리금을 지급받을 수 있도록 협력할 의무 부담 ⇨ 권리금 거래의 선순환 구조가 단절되지 않도록 임대인에게 임차인이 임대차종료 당시의 권리금을 받을 수 있도록 협력할 의무를 부과하되 협력의무 적용기간을 최대 임대차종료 2개월로 하고 있어서 계약 종료 후 2개월 이내에 새로운 임차인을 구해서 임대인과 계약이 체결되도록 해야 합니다.

그러나 <u>다음과 같은 사유가 있을 때 임대인의 협력의무 면제 됩니다.</u>

㉠ 임차인이 차임액을 3기 이상 연체하여 계약갱신이 거절된 경우
㉡ 임차인이 거짓 등 부정한 방법으로 임차하여 계약갱신이 거절된 경우
㉢ 임대인이 보상을 제공하고 계약갱신을 거절한 경우
㉣ 임차인이 임대인의 동의 없이 전대하여 계약갱신이 거절한 경우
㉤ 건물의 파손·멸실·재건축·안전 등의 사유로 계약갱신이 거절된 경우
㉥ 그 밖에 임차인이 임차인으로서의 의무를 현저히 위반하거나 임대차를 계속하기 어려운 중대한 사유가 있는 경우
㉦ 상가를 1년 이상 영리를 목적으로 세를 놓지 않는 경우
㉧ 새로운 임차인이 임대료를 지급할 능력이 없는 경우

② 권리금 피해구제 강화 내용 개정안

손해배상청구권 신설로 임대인이 협력의무에 위반하여 법률에 규정된 권리금 회수 방해 행위를 하면 손해배상 책임을 부담한다는 내용을 개정안에서 명시하고 있습니다.

이밖에도 많은 내용을 담고 있지만 개정안이라 핵심적인 내용만 담아 보았습니다. 이 개정안이 시행되면 상가임차인 보호가 강화될 것으로 판단됩니다.

이 개정안은 환산보증금에 관계없이 모든 상가 임대차에 대항력 인정되도록 추진하고 있어서 ?그동안 환산보증금이 초과되어 보호받지 못했던 임차인도 건물주 변경되어도 대항력 있어서 5년 동안 계약을 유지할 수 있게 되는 것이죠?

그렇습니다. 이 개정안은 존속 중인 기존 임대차에도 적용됩니다.

권리금도 어느 정도 찾아갈 수 있고요. 좋은 제도니 하루 빨리 시행되었으면 합니다. 그런데 임대인이 권리금을 인정하지 않으려고 계약서 특약사항란에 "권리금을 인정하지도 않고 주고받지도 않는다" 는 내용을 기재했으면 보호받지 못하게 되나

요?

상가건물임대차보호법은 강행규정으로 이를 위반한 특약은 무효가 되어 그 효력을 주장할 수 없습니다.

임차인에 대한 권리를 새롭게 알게 된 사실이 많았습니다. 정 사장님 덕분에 공부 많이 했습니다. 이번에 제 차례로 등기부에 등기된 채권에 대해서... 알고 싶어요.

내일은 민기군이 알고 싶어하는 등기부에 등기된 채권에 대해서 알아보도록 하겠습니다.

등기부에 등기된 채권을
공부하는 시간입니다

01 근저당권은 어떠한 권리인가요?

❖ 근저당권은 어떠한 권리를 가지게 되나요?

근저당권은 계속적 거래관계로 부터 생기는 다수의 불특정채권을 장래의 결산기에서 일정한 한도액까지 담보할 목적으로 설정된 근저당권을 말하는데, 법적성질은 장래의 증감, 변동하는 불특정채권을 말하고 근저당권은 피담보채권의 소멸에 관한 부종성의 예외로서 피담보채권액이 일시감소하거나 없어지게 되더라도 근저당권의 존속자체에는 아무런 영향이 없는 부종성에 대한 예외가 인정됩니다.

 금융기관의 마이너스 통장과 유사하네요?

그런 측면도 있습니다. 어쨌든 이러한 근저당권은 설정등기 시에 채권의 최고액과 근저당권이라는 취지를 반드시 기재해야 되는데 자세한 내용은 다음 내용들을 참고 하세요.

① 근저당은 장래 증감, 변동하는 불특정채무를 채권최고액의 한도 내에서 보장한다.

② 근저당은 원 채무가 모두 변제되거나 일부변제가 된 경우라도 계약당사자가 근저당권 설정계약을 해지하지 않는 한 말소되지 않기 때문에 언제든지 추가대출을 받아서 사용할 수 있는데 이때 추가 대출금은 채권최고액까지 별도의 근저당 설정등기 없이 증가시킬 수 있으며 이 경우 임차인이나 기타 후순위 채권자들이 추후로 대출받아 증가시킨 것을 이유로 무효임을 주장할 수 없고 채권최고액의 범위 내에서 이들보

다 선순위가 된다.

③ 매각대금으로 저당권의 원금, 이자, 위약금, 손해배상금, 실행비용 등을 만족시킬 수 없을 때에는 실행비용 → 손해배상금 → 위약금 → 이자 → 원금 순서로 충당한다(민법479조).

④ 근저당권의 소멸
피담보채권이 확정되는 때에 채권이 존재하지 아니하거나, 채권이 있더라도 변제로 소멸한 때, 근저당권자가 경매신청으로 경매절차가 종료되면 근저당권자는 배당을 받고 소멸된다. 피담보채권이 확정되기 전에도 채권이 변제 등으로 소멸하거나 채무자가 거래의 계속을 원하지 아니하는 경우는 근저당 설정계약을 해지하고 설정등기의 말소를 청구할 수 있다(대법원 66다 68, 65다1617 판결).

⑤ 피담보채권액의 확정은 근저당권자가 임의경매신청자인 경우 경매신청 시에 그 피담보채권이 확정된다.
그러나 후순위근저당권자가 경매신청 시에 선순위근저당권자의 피담보채권은 그 근저당권이 소멸하는 때 즉 매수인이 매각대금을 완납하는 때 확정된다.

⑥ 소유자가 채무자인 경우에는 채권최고액 뿐만 아니라 실제의 채무액을 모두 변제하여야만 근저당권을 말소 청구할 수 있다.
㉠ 근저당 설정자와 채무자가 동일하고 배당받을 채권자나 제3취득자가 없는 한 근저당권자의 채권최고액이 근저당권의 채권최고액을 초과하는 경우 매각대금 중 그 최고액을 초과하는 금액이 있더라도 근저당설정자에게 반환할 것이 아니고 근저당권자의 채권최고액을 초과하는 채무의 변제에 충당해야 한다(대법2008다4001판결).
㉡ 근저당권의 채권최고액을 초과한 근저당권자와 일반채권자 등이 있는 경우 경매의 매각절차에서 근저당권의 채권최고액을 초과부분에 대한 배당요구는 경매신청

이나 채권계산서 제출만으로는 안 되고 별도로 민사집행법에 의한 적법한 배당요구 (가압류 등)를 하거나 그 밖에 달리 배당받을 수 있는 채권으로서 필요한 요건을 갖추어야 한다.

경매절차에서는 초과하는 부분에 대해서 가압류 등을 하고 나서 배당을 요구하는 경우 우선변제의 효력이 없어서 일반채권자 등과 동순위로서 안분배당 한다.

⑦ 제3취득자, 물상보증인 등이 변제하는 경우는 채권최고액까지만 변제하고 근저당권 말소를 청구할 수 있다.

⑧ 일부대위변제자에 의한 근저당권 일부 이전등기를 경료한 경우
본래의 근저당권 채권자는 일부대위변제자 보다 채권최고액의 범위 내에서 우선변제권을 갖는다.

그러나 저당권자가 일부 양도한 경우는 지분비율 만큼 동순위로 안분배당 받는다.

❖ 저당권의 효력이 미치는 목적물의 범위는

(1) 제시 외 건물에 대한설명과 저당권의 효력이 미치는 범위

제시 외 건물이란 공매나 경매신청 채권자가 매각할 부동산란에 기재하지 아니하였고 감정평가의뢰서에도 기재하지 아니 하였으나 감정평가사가 현장을 방문 감정평가하는 과정에서 새롭게 발견된 건물이다.

이때 감정인은 제시 외 건물이라고 기재한다. 이러한 제시 외 건물은 공매절차에서 당연히 매각대상에 포함되는 부합물이나 종물일 수도 있고 매각에서 제외되는 독립된 건물이 있을 수 있다.

매각대상에 포함되는 제시 외 건물인 부합물, 종물 등은 감정인이 감정평가하고 이는 저당권의 효력이 당연히 미치게 된다.

그러나 매각에서 제외되는 독립건물이라면 감정평가 되지 않고 매각물건명세서에도 공매 외, 경매 외, 입찰 외, 매각 외 등으로 표시된다. 이러한 대상은 공경매대상

물건이 아니고, 제3자 소유로 낙찰자의 소유가 될 수 없고 법정지상권이 성립될 수 있으니 주의해야 한다.

(2) 저당권의 효력의 범위(민법 제358조)

저당권의 효력은 저당부동산에 부합된 물건과 종물에 미친다. 그러나 법률에 특별한 규정 또는 설정 행위에 다른 약정이 있으면 그러하지 아니한다.

① 대법원 85다카246 판결은 민법 제358조 규정에 따라서 부합물·종물인 제시 외 건물에는 토지 및 그 주된 건물에 대한 저당권의 효력이 미치는 것이 원칙이고 이는 제시 외 건물이 저당권 설정당시 부터 있었던 경우는 물론이고 저당권 설정 이후에 새로이 부합되거나 종물이 된 경우에도 효력이 미친다고 판결하였다.

② 대법 87다카600 판결은 주건물에 분리해서는 독립된 건물로서의 가치가 없고 주건물의 사용 편익에 제공될 뿐이면 부합물이다 라고 판시하였다.

(3) 부합물의 경우(민법 제256조)

부동산의 소유자는 그 부동산의 부합물건의 소유권을 취득한다.

그러나 타인의 권원에 의해 부속된 것은 그러하지 아니한다.

이와 같이 공경매신청 채권자가 공경매의 목적물에 기재하지 않는 경우에도 부합물은 민법 제256조 규정에 따라 당연히 공경매대상이 되고 저당권의 효력이 미친다.

(4) 종물의 경우(민법 제100조)

물건의 소유자가 그 물건의 상용에 공하기 위하여 자기 소유인 다른 물건을 이에 부속한 때에는 그 부속물은 종물이다(제1항).

종물은 주물의 처분에 따른다(제2항). 종물의 경우에도 공경매신청 채권자가 공경매목적물에 기재하지 않은 경우에도 종물은 민법 제100조에 의하여 당연히 공경매대상이 되고 따라서 저당권의 효력이 미친다.

❖ 근저당권과 다른 채권자와 우선순위 결정은

(1) 특별우선채권과의 우선순위
① 필요비·유익비 상환청구권
② 주임법상(상임법상) 소액보증금 중 일정액(최우선변제금)
③ 근로자의 임금채권 중 최종 3월분 임금과 최종 3년분 퇴직금, 재해보상금(최우선변제금)
④ 국세, 지방세 중 당해세로 인정되는 조세채권들과의 우선순위에서는 근저당권 등(근저당권, 전세권, 담보가등기, 확정일자부 임차권, 임대차등기)은 그 성립시기와 상관없이 후순위가 된다.

(2) 근저당권의 우선변제권
채무불이행이 있으면 근저당권은 처분(경매신청)하여 후순위권리자 보다 우선하여 변제받을 권리가 있다(우선변제권). 근저당권자들 간에는 등기일자를 기준으로 우선순위가 정해지는데, 같은 날에 발생한 경우라면 접수번호에 의해 우선순위를 정한다.

(3) 저당권부 채권(근저당권, 전세권, 담보가등기, 확정일자부 임차권, 임대차등기) 간의 우선순위
① 근저당권과 전세권, 담보가등기권 간의 우선순위는 등기부의 설정일자를 기준으로 한다. 단, 같은 날에 발생한 경우는 접수번호에 의하여 순위가 정해진다.
② 근저당권과 확정일자부 임차권, 임대차등기권자와는 확정일자부 임차권과 임대차등기권자의 효력발생시기와 근저당권의 등기일자를 비교해서 우선순위를 정하게 된다.

(4) 근저당권과 조세채권 및 공과금 간의 우선순위
① 당해세가 아닌 일반조세채권은 압류한 조세채권과 배분요구 종기일 까지 교부

청구한 조세채권이 있는데 이들은 그 조세채권의 법정기일과 근저당권설정등기일을 기준으로 우선순위는 정하게 된다.

② 공과금(국민건강보험, 국민연금, 고용보험, 산재보험)과의 관계에 있어서는 공과금의 납부기한과 근저당권설정등기일을 기준으로 하는 것이지 압류일자를 기준으로 하는 것이 아니다.

조세채권과 공과금 등의 법정기일(납부기한 등)이 저당권과 같은 날일 경우는 조세·공과금채권이 우선한다.

③ 일반조세채권과 공과금과의 관계에 있어서는 조세채권이 항상 우선한다.

(5) 근저당권과 일반임금채권(최우선변제권 있는 임금 제외)간의 우선순위

① 근저당권과 일반임금채권 간에는 임금채권의 성립시기를 따지지 아니하고 항상 선순위가 된다.

② 조세채권 · 공과금과의 관계에서는 일반임금채권(최우선변제대상 아닌 임금)은 조세채권(당해세 포함), 공과금, 일반채권에 우선한다.

다만 근저당권에 우선하는 조세채권, 공과금에 대하여는 그러하지 아니한다. 저당권에 우선하는 조세(당해세 포함), 공과금만이 우선하지 저당권부채권이 없는 경우 항상 이들에 우선하게 된다.

(6) 근저당권과 일반채권 간의 우선순위

① 근저당권과 일반채권(가압류, 집행권원에 의한 배당요구채권자, 강제경매신청채권자) 간에는 근저당권이 일반채권보다 선순위로 등기돼 있으면 우선변제권이 있어서 후순위 일반채권보다 우선해서 변제받고, 일반채권이 선순위로 등기돼 있으면 후순위 근저당권과 동순위로 안분 배분한다.

② 근저당권이 일반채권보다 후순위이면 선순위채권에 대해서 우선변제권을 가지지 못해서 동순위로 안분배분하게 된다.

갑 가압류 → 을 저당권 → 병 강제경매신청채권순인 경우는 1차적으로 안분배분하고 2차적으로 을 저당권이 병 일반채권을 흡수하는 배분절차를 거치게 된다.

 다음은 전세권에 대해서 알아보겠습니다.

02 전세권은 어떠한 권리가 있고, 주임법상 임차권과의 차이점은

❖ 전세권자는 어떠한 권리인가요?

　　전세권은 전세목적물을 전세 기간 동안 사용·수익할 수 있는 용익물권이면서 전세권 기간이 만료 시에는 소유자가 전세금을 반환해주지 아니할 경우 전세권을 처분(임의경매신청)하여 그 매각대금으로부터 우선 변제받을 수 있는 담보물권적 성격도 가지고 있는 권리입니다. 주택임대차보호법이 태동하기 전에 임차인의 권리는 매우 불안정한 지위에 있었기 때문에 임차인이 권리를 지키기 위해 가장 많이 이용하는 방법이 전세권 제도 였죠. 이러한 전세권은 전세기간 동안 사용·수익은 물론 기간 만료후 전세금을 반환받지 못하는 경우 다음과 같이 경매를 신청해서 우선 변제받을 권리도 함께 가지고 있습니다.

❖ 전세권에 의한 경매신청 방법과 우선변제권은

(1) 임의경매신청(아파트·다세대·연립 등의 집합건물)

　　아파트, 다세대, 연립주택, 오피스텔 등의 집합건물에 설정된 전세권은 집합건물 소유 및 관리에 관한 법률에서 구분 소유자의 대지 사용권과 전유부분을 분리하여 처분할 수 없고 공유부분에 대한 지분은 전유부분의 처분에 따른다고 규정하고 있으므로 임의경매진행이 가능하며 경매신청 시 또는 제3자의 경매신청에서 전세권자는 건물부분과 토지부분 모두에서 배당받는다. 그리고 전세권자가 선순위인 경우에는 말소기준권리도 될 수 있다.

(2) 강제경매신청(단독·다가구와 같은 주택)

단독주택, 다가구주택과 같이 건물의 일부에 전세권을 설정한 경우 전세권은 건물 일부에 대해서만 미치고 토지에는 그 효력이 미치지 못 하므로 최선순위전세권 이라도 말소기준권리가 될 수 없다.

그리고 아파트 등에 설정된 전세권처럼 임의경매신청도 할 수 없다.

건물일부에 설정된 전세권자는 소유자를 상대로 전세금 반환청구소송을 통해 판결문을 얻어 토지와 건물 전부를 강제경매 신청할 수밖에 없는데, 건물 전체 매각대금에 대해서 전세권으로 우선변제를 받고, 토지매각대금에 대해서는 강제경매신청 채권자로서 일반채권자와 같이 우선변제권 없이 동순위로서 안분배당 받게 된다.

그러나 전세권과 함께 주임법상 대항요건과 확정일자를 갖춘 경우라면 상황이 달라진다.

전세권으로 배당요구할 권리와 주임법상 배당요구할 권리를 동시에 갖게 돼 함께 배당요구할 수도 있고, 분리해서 배당요구할 수 도 있게 돼 임차인의 권리를 안전하게 보호할 수 있다. 그리고 임차인이 전입신고만 갖추고 확정일자를 받지 못한 경우도 전세권 설정등기가 이루어지면 전세권 설정등기일을 확정일자가 받은 것으로 봐 주임법상 확정일자에 의한 우선변제를 받을 수 있다. 이런 점이 전세권만 갖추지 말고 주임법상 대항요건도 함께 갖추고 있어야 하는 이유다.

❖ 선순위전세권과 후순위전세권의 대항력과 소멸

기본적으로 말소기준권리보다 선순위의 전세권·지상권·지역권·등기된 임차권 등은 매각으로 소멸되지 아니하고 매수인이 인수한다(민사집행법 제91조4항).

다만 이 용익권 중 전세권의 경우에는 전세권자가 민집법 제88조에 따라 배당요구를 하면 매각으로 소멸한다.

최선순위전세권은 실제 존속기간이 지났는지, 지나지 않았는지 상관없이 오로지 전세권자의 배당요구에 의해서만 매각으로 소멸되므로 첫 경매개시결정등기 전에 등기되어 있더라도 자동 배당되는 것이 아니고 반드시 배당요구가 필요하다.

왜냐하면 배당요구가 없으면 낙찰자가 인수해야 되므로 배당절차에 참여할 수 없다. 즉 최선순위전세권은 목적물이 건물인지 토지인지 상관없이 오로지 배당요구에 의해서 소멸되지만 배당요구를 하지 아니하면 매수인(낙찰자)의 인수가 된다.

(1) 선순위 전세권(말소기준권리보다 먼저 설정된 전세권) 등

① 선순위전세권자가 배당요구를 하지 않은 경우

배분요구를 하지 않으면 공매절차상에서 소멸되지 않고 낙찰자가 인수해야 되므로 ㉠ 존속기간이 남아 있는 경우에는 매수인은 전세권의 존속기간과 전세금 전액을 인수해야 한다.

㉡ 존속기간이 지난 경우에는 전세권이 법정갱신된 것으로 본다. 이 경우 존속기간을 정하지 않은 것으로 보아 그 존속기간은 1년으로 의제되어 매수인은 언제든지 전세권의 소멸을 통고할 수 있고, 전세권 소멸통고를 받은 날로부터 6월이 지나면 전세권이 소멸된다.

② 선순위전세권자가 배당요구한 경우

후순위채권자 등의 공매절차에서 배분요구를 하였다면 선순위전세권자는 공매절차에서 매각으로 소멸된다.

전세권은 용익물권이면서 담보권적인 두 가지 성질을 가지고 있어서 용익물권적인 성질로서 최선순위전세권자는 대항력이 인정되어 매수자가 원칙적으로 전세권의 존속기간과 전세보증금을 인수해야 된다. 그러나 최선순위전세권자가 배분요구를 하였다면 배분받고 소멸되는 것이 원칙이다. 즉 최선순위 전세권자가 스스로 소멸을 원하여 배분을 요구하면 그 전세권을 매각으로 소멸시키고 전세금을 공매절차에서 배분하게 된다.

㉠ 주임법상 대항요건을 갖추지 아니한 최선순위전세권자의 배분요구시

전세권자가 전세보증금을 전액 배분받지 못하여 부족액이 있더라도 낙찰자가 인수하지 아니하고 소멸되고 오로지 임대인(채무자)에게만 그 권리를 주장할 수밖에 없어 손실이 예상된다.

김선생이 도움을 주는 얘기

배분요구한 전세권자는 다른 채권자의 배분요구내역을 확인해라

혹시 여러분이 앞에서와 같은 상황이라면 다른 채권자의 배분요구한 내역을 확인해서 전세권으로 배분금이 충족되는가를 예상배분표로 확인하고 부족하게 된다면 배분요구종기 전까지 배분요구를 철회해서 선순위전세권으로 대항력을 주장해라!

㉡ 주임법상 대항요건을 갖춘 최선순위전세권자의 배당요구 시

선순위전세권과 주택임대차보호법상 임차인으로서의 지위를 함께 가지고 있는 임차인은 선순위전세권자의 지위로서는 우선변제 받고(전세금 부족분이 있어도) 소멸되지만, 주택임대차보호법상 임차인으로서의 지위는 대항력이 있어서 전액 배분받지 못한 경우 미배분금을 매수인(낙찰자)이 인수하게 된다. 전세권은 배분요구하면 매각으로 소멸되지만 주임법상의 대항력이 있는 임차권은 보증금이 전액 변제되지 않으면 소멸되지 않기 때문이다.

그리고 주택임대차보호법상 임차인으로서의 지위와 전세권자로서의 지위를 함께 가지고 있는 자가 그 중 주임법상 임차인으로서의 지위에 기하여 공매집행기관에 배분요구를 하였다면 배분요구를 하지 아니한 전세권에 관하여는 배분요구가 있는 것으로 볼 수 없어서 전세권의 대항력이 유지된다.

뿐만 아니라 최선순위 전세권등기 이후 그 지위를 강화하기 위해 주임법상 임차인으로서 지위를 갖춘 경우에도 최선순위 전세권에 기한 배분요구를 하였다 해도 주임

법상의 지위를 상실하는 것이 아니라 주임법상의 권리를 주장할 수가 있어서 미배분금은 매수인의 부담으로 남게 된다.

(2) 후순위 전세권(말소기준권리보다 후순위로 설정된 전세권) 등

후순위전세권이 공매공고등기 이전에 등기되었다면 매각으로 소멸되는 대신 별도의 배분요구를 하지 않더라도 당연히 순위에 따라 배분받을 수 있다. ∵ 부동산등기부에 전세금액 등이 표시되어 있기 때문이다. 그러나 공매공고등기 이후에 등기되었다면 배분요구종기일 까지 배분요구를 하여야 하며 배분요구를 하지 않으면 배분절차에 참여하지 못하고 소멸하게 된다.

❖ 전세권이 선순위와 후순위인 사례를 통해서 분석하기

(1) 전세권설정등기가 최선순위인 경우

> 갑 전세권설정등기 ⇨ 을 근저당권 ⇨ 병 공과금채권압류(납부기한이 을 저당권보다 늦은 경우) ⇨ 병이 공매신청 ⇨ 정이 낙찰

① 아파트와 다세대주택 등의 집합건물인 경우
㉠ 갑 전세권이 배분요구하지 않았다면 낙찰자 병이 갑 전세권을 인수해야 되고 이때 말소기준권리는 을 근저당권이다.
㉡ 갑 전세권이 배분요구했다면 갑은 배분받고 소멸되며 갑이 말소기준권리가 될 수 있다. 이 경우에는 낙찰자 병이 인수금액이 없게 된다.

② 단독·다가구주택과 같은 일반 건물인 경우
갑 전세권이 배분요구하지 아니 하였다면 낙찰자 병이 갑 전세권을 인수해야 한다. 유의할 점은 건물일부에 설정된 전세권은 건물매각대금에 대해서만 우선변제권이

있고, 토지매각대금에 대해서는 우선변제권이 없다.

그리고 배분요구를 하였던, 하지 아니 하였던 간에 말소기준권리가 될 수 없다.

(2) 전세권설정등기가 후순위인 경우

> 갑 근저당권 ⇨ 을 전세권 ⇨ 병 일반세금압류(법정기일이 을 전세권보다 늦은 경우) ⇨ 병이 공매신청 ⇨ 정이 낙찰받은 경우

을 전세권이 집합건물이든, 단독주택이든 간에 구분하지 아니하고 모두가 말소기준권리 갑 근저당권보다 후순위로서 대항력이 없어 소멸대상이 된다.

다음은 가압류와 압류의 차이와 다른 채권과 우선순위는 어떻게 되는가에 대해서 알아보도록 하겠습니다.

03 가압류와 압류의 차이와 어떠한 권리를 가지고 있나요?

❖ 가압류란?

① 가압류는 채권이 확정되지 않은 상태에서 채무자가 재산을 처분하지 못하도록 보전을 목적으로 채권자의 일방적인 청구에 의해서 이루어진다. 본안소송에서 채권이 확정되면 압류를 할 수 있는 집행권원(판결문 등)을 얻게 된다.

② 가압류는 물권이 아닌 채권으로 우선변제권이 없고 채권자평등주의에 의해 채권자 상호 간에 동순위로 안분배분하게 된다.

③ 가압류가 최선순위로 등기된 때에는 말소기준권리가 될 수 있다.

④ 가압류가 공매공고등기 이전에 등기된 경우에는 공매절차에서 별도 배당요구가 없어도 자동 배분되나, 공매공고등기 이후의 가압류권자는 배분요구종기까지 배분요구를 해야 배분참여가 가능하다.

그렇다고 하더라도 가압류는 확정된 채권이 아니므로 그 배분금은 본안소송에서 채권이 확정되기 전까지는 공매위임관서에서 보관하게 된다(경매는 법원에 공탁한다).

⑤ 가압류가 본압류로 이행되어 강제집행이 이루어진 경우 당초부터 본집행이 있었던 것과 같은 효력이 있는지 여부(적극)(대법2010다48455)

⑦ 가압류의 처분금지효력이 미치는 객관적인 범위는 가압류결정에 표시된 청구금액에 한정되므로 채권의 원금만 가압류했다면 원금채권 이외에 이자 또는 지연손해금채권이 있다해도 가압류금액을 초과하는 부분에 대해서는 처분금지의 효력을 주장할 수 없다.

❖ 압류란?

압류는 확정된 채권을 가지고 채무자가 재산을 처분하지 못하도록 보전처분하는 것을 말하고, 압류 이후에는 처분금지효가 발생되어 무효가 된다. 그런데 압류든, 가압류든, 처분금지효력이 미치는 범위가 압류 이후의 권리자에게는 가압류 또는 압류 금액에 대해서만 효력이 미치게 되는 것이지, 초과되는 금액에 대해서는 미치지 못한다.

김선생의 핵심정리

압류의 종류에는 간단하게 설명하면 다음과 같은 것이 있다.

① 국세체납처분의 1단계로서 체납자(조세, 공과금 등의 체납이 있을 때)의 재산처분을 금지하기 위해 체납자의 재산을 세무서장과 지방자치단체장 등이 압류하는 것, ② 개인이 일반채권자로 가압류 이후 본안 소송으로 집행권원(판결문)을 얻었다면 그 집행권원으로 채무자의 재산을 압류할 수 있는데 실무에서는 압류하고 강제경매 절차로 이어지 않고 곧바로 강제경매 신청 절차로 이어지니 개인채권자의 압류를 현실적으로 확인하기 어렵다. 그렇다고 해도 강제경매 또는 임의경매를 신청하면 압류한 효력이 발생하게 된다.

❖ 가압류채권과 타 권리등과의 우선순위에 따른 배당방법

(1) 이철민 가압류 ⇨ 이기자 근저당권 순서인 경우

선순위 이철민 가압류채권자는 우선변제청구권을 가지는 권리가 아니므로 채권자끼리는 발생시기와 상관없이 동순위로서 평등주의를 원칙으로 한다. 따라서 가압류채권자보다 후순위의 가압류채권이나 후순위의 저당권 등의 담보물권에 우선변제권을 주장할 수가 없으므로 이들은 동순위로 보게 되는 것이다. 즉 후순위의 물권은 선순위가압류권자에 대하여 우선변제권을 주장할 수 없고(물권의 우선변제권은 자기보다 후순위에 대해서 우선변제가 가능하므로), 가압류권자 역시 우선변제청구권이 없는 채권이므로 동순위로 안분 배분받게 된다.

(2) A 가압류 5,000만원 ⇨ B 근저당 3,000만원 ⇨ C 가압류 2,000만원
⇨ C 강제경매 신청시

> 이 사례는 A는 A=B, A=C인 관계에 있고, B는 B=A B〉C인 관계에 있어서, 선순위 A에서 보면 모두가 동순위(A=B=C)로 1차적으로 안분배당하고, 2차적으로 B는 후순위 C를 흡수하게 됩니다.

배당금액 6,000만원을 가지고 1차적으로 동순위로 안분배당하고
A=6,000만×5,000만원/(5,000+3,000+2,000)1억원=3,000만원(종결)
B=6,000만×3,000만원/1억원=1,800만원
C=6,000만×2,000만원/1억원=1,200만원
2차적으로 흡수절차는 B는 C보다 선순위이므로 B의 부족한 채권만큼 C의 1차 안분배당액에서 흡수하게 된다.
따라서 B=1,800만원+1,200만원(C에서 흡수)=3,000만원
C=1,200만원(1차안분액)-1,200만원(B에 흡수당함)=0원

❖ **전소유자의 가압류(압류)와 다른 채권자 간의 권리관계**

(1) 전소유자의 가압류(압류)와 다른 채권자 간에 배당하는 방법

선생님, 전소유자의 가압류(압류)와 다른 채권자 간에 배당은 어떤 식으로 이루어지는 거죠?

음, 민기군, 좋은 질문이네! 가압류는 금전채권에 대한 보전처분으로 매각으로 인하여 소멸되는 것이 원칙이므로, 전소유자의 가압류채권자는 공매절차에서 배분받고 소멸시키는 매각조건으로 하는 경우가 대부분인데, 이 경우 가압류는 말소되

며 최선순위인 경우에는 말소기준권리가 될 수 있어. 그러나 전 소유자의 가압류를 낙찰자에게 인수시키는 것을 전제로 하여 매각하는 경우 가압류의 효력이 소멸하지 아니하고, 낙찰자의 부담으로 남게 되지만, 매수인의 부담으로 매각되지 않는 한 실무상으로 배분받고 소멸하는 것을 원칙으로 하고 있으므로 공매재산명세서에 매수인의 인수조건이라는 매각조건 없이 매각절차가 진행되었다면 배분받고 소멸된다고 보면 됩니다.

그리고 전 소유자의 가압류채권자에 대한 배당방법에 대해 대법원은 부동산에 가압류 집행 후 소유권이 제3자에게 이전된 경우 가압류 처분금지적 효력이 미치는 것은 가압류 결정 당시의 청구금액한도 안에서 가압류 목적물의 교환가치이고 위와 같은 처분금지적 효력은 가압류채권자와 제3취득자 사이에서만 있는 것이므로 가압류채권자가 우선적인 권리를 행사할 수 있고 제3취득자의 채권자들은 이를 수인해야 하므로 가압류채권자는 그 매각 절차에서 당해 가압류목적물의 매각대금에서 가압류결정 당시 청구금액을 한도로 하여 배당받을 수 있고 청구금액을 넘어서는 이자와 소송비용 채권을 받을 수 없고. 제3취득자 채권자들은 위 매각대금 중 가압류의 처분금지적 효력이 미치는 범위에 대해서는 배당받을 수 없습니다(대법원 2006다19986 판결).

전소유자의 가압류채권자는 현소유자에 대해서 처분금지효를 주장할 수가 있어서 현소유자의 채권자보다 우선해서 배당받게 된다는 것이지요.

그렇다면 현소유자의 소액임차인의 최우선변제금보다도 우선하게 되겠군요.

맞습니다. 다음은 전소유자의 가압류채권자와 다른 채권자 간의 배당사례를 가지고 설명해 보겠습니다.

(2) 전소유자의 가압류 등과 타 권리 등과의 우선순위에 따른 권리분석

> A 가압류 ⇨ B 소유권이전 ⇨ C 근저당권 ⇨ D 공과금압류 ⇨ D의 공매신청

 이 사건에서는 A 가압류=C 근저당 동순위이고, A<D로 보아서 순환흡수절차를 거쳐서는 안 되고, 전 소유자 가압류권자에게 전액 우선 변제하고 잔액이 있을 때 현 소유자의 채권자에게 배분하면 됩니다. 이때 전 소유자 가압류채권이 말소기준 권리가 됩니다.

김선생의 알아 두면 좋은 내용

가압류와 압류등기 이후 소유자가 변경되면 그 처분금지효는?

A 가압류(세금 압류) 2,000만원 ⇨ B 소유권이전 ⇨ C 임차인의 최우선변제금 3,200만원 ⇨ D 당해세 200만원 ⇨ E 세금 압류 3,000만원 ⇨ E의 공매신청 (배분금 6,000만원임)

1순위로 A 가압류 또는 세금압류 2,000만원(B 현소유자에 대해서 A 가압류(압류)의 처분금지효는 등기된 채권금액 2,000만원이 미치므로), 2순위로 C 임차인 최우선변제금 3,200만원, 3순위로 D 당해세 200만원, 4순위로 E 세금 압류 600만원으로 배분이 종결됩니다.

이번 주 토요일에 홍 대리가 알고 싶어 하는 조세, 공과금, 임금채권에 대한 특강이 있으니 한분도 빠지지 말고 모두 참석하세요. 이 분야를 모르고 공매를 할 수 없으니 꼭 숙지하고 있어야 합니다.

Chapter 10

김 선생이 조세 · 공과금 · 임금채권 특강을 시작하다

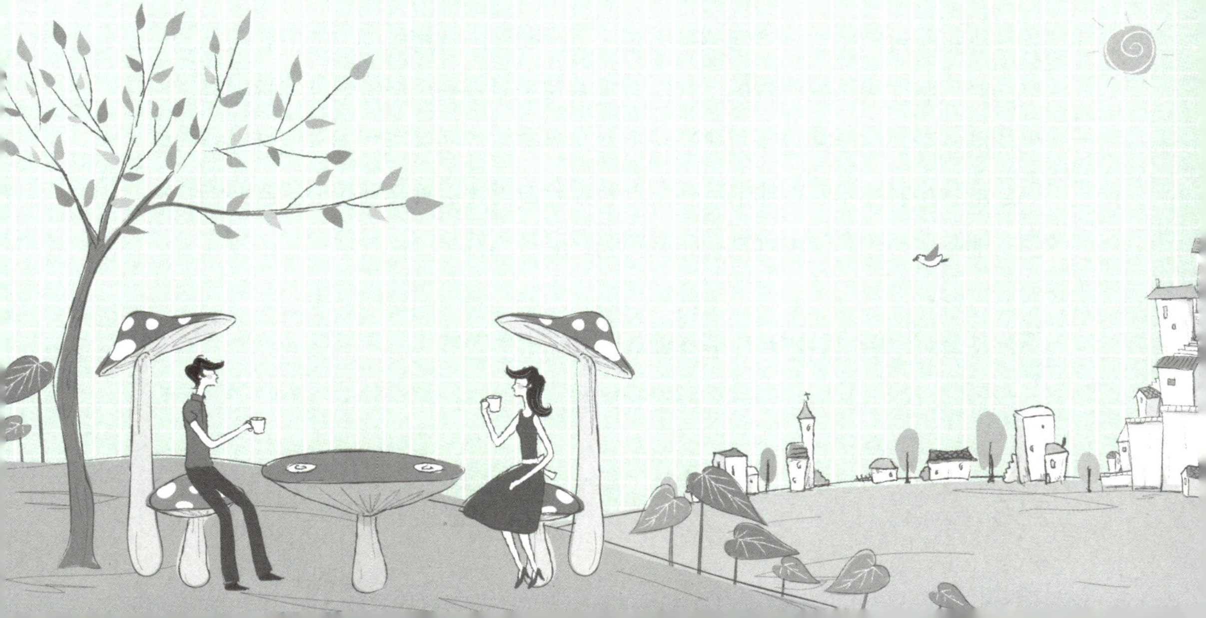

주제: 3040 인을 위한 조세 · 공과금 · 임금채권 특강

자, 여러분 반갑습니다. 아시는 얼굴도 보이고, 처음 뵙는 분들도 있네요. 오늘 강의는 말 그대로 우리 주변에서 너무나 많이 사용하고 있으나 까다롭게 생각하시는 조세, 공과금, 임금채권을 뿌리 채 뽑아 삼켜서 내 것으로 만드는 시간입니다. 먼저 유인물을 나눠 드릴 테니 함께 보시길 바랍니다.

제1강 조세채권 간의 우선순위와 다른 채권과의 우선순위

❖ 조세채권의 우선특권은

조세채권은 원칙적으로 납세자의 총재산에 대하여 다른 공과금 기타 채권에 우선하여 징수하게 되는데, 여기서 기타의 채권이란 사법상 금전채권을 말하므로 특정물의 급부를 목적으로 하는 저당권부 채권 등은 해당하지 않습니다. 따라서 사채권이 저당권부 채권이면 조세채권의 법정기일과 담보물권 등의 설정등기일, 임차인의 확정일자부 우선변제권의 효력발생일 시를 비교해서 그 우열을 정하게 되는데 같은 날이면 동순위가 아니라 조세가 우선하게 됩니다, 그러나 공과금채권과 무담보채권과는 조세채권이 항상 우선한다는 사실도 알고 있어야 합니다.

❖ 조세채권은 동순위가 원칙이지만 예외가 있죠

조세채권 상호 간에는 동순위가 원칙이지만, 조세채권 상호 간에도 예외적으로 체납처분비 우선의 원칙(비용우선원칙), 당해세 우선의 원칙, 납세담보우선의 원칙, 압류선착주의가 적용되어 경매집행비용을 제외한 매각대금에서 1순위로 당해세, 2순위로 납세담보, 3순위로 압류선착주의, 4순위로 참가압류와 교부청구한 조세채권 상호 간에는 법정기일의 우선과는 상관없이 항상 동순위로 안분배분하게 됩니다.

　이 순서에서 유의할 점은 당해세와 납세담보된 채권을 제외한 조세채권 간에는 법정기일의 선후는 의미가 없으며 단지 압류 여부에 따라 압류선착주의가 적용되고 압류하지 아니한 조세채권 상호 간에는 동순위로 안분 배분받게 되는데, 압류선착주의에 적용을 받게 되는 압류권자는 최초압류권자에 한하고 참가압류권자는 교부청구한 조세채권자와 동순위로 안분배분하게 된다는 점에 유의해야 합니다.

❖ 조세채권과 근저당권이 혼재 시 배당방법

　1차적으로 1순위로 당해세를 배당하고 나서, 2차적으로 담보물권보다 법정기일이 빠른 조세채권 ⇨ 저당권 등의 담보물권 ⇨ 담보물권보다 법정기일이 늦은 조세채권 순으로 배당하고, 3차적으로 조세채권 중에서 2차에서 법정기일에 따라 배당받은 조세채권 합계금액에서 1등으로 납세담보된 조세채권이 흡수하고(납세담보된 채권은 압류된 채권 보다 우선하여 변제받게 되기 때문) ⇨ 납세담보된 조세채권을 배당하고 남은 배당금을 가지고 압류선착주의를 적용하여 압류한 조세채권이 흡수하고 ⇨ 최초압류권자에 흡수되고 남은 배당금을 가지고 참가압류권자와 교부청구권자가 동순위로 안분 배당받게 됨으로 배당절차가 종결하게 됩니다.

❖ 조세채권과 임금채권, 공과금, 일반채권 간의 우선순위

　조세채권은 원칙적으로 임금채권과의 관계에서 후순위가 되나 예외적으로 조세가 저당권부 채권에 우선하는 경우만 임금채권보다 우선해서 배당받게 됩니다. 이는 임금채권(최우선변제금제외)이 항상 저당권부 채권에 후순위가 되기 때문에 이보다 선순위가 되는 당해세나 법정기일이 빠른 조세가 있고 그 다음 저당권부채권이 있다면 임금채권이 이러한 조세채권에 후순위가 될 수밖에 없게 되는 것입니다. 그러나 공과금과 일반채권에 대해서는 조세채권이 항상 우선순위로 배당받게 됩니다. 이러한 이유로 배당에서 순위가 충돌하고 그에 따라 순환흡수배당절차를 진행하게 되는 원인이 되곤 합니다.

제2강 공과금 상호 간의 우선순위와 다른 채권 간의 우선순위

공과금이란 조세채권 이외에 국가 또는 공공단체에 대한 공적부담금으로 국세징수법상 체납처분 또는 국세징수의 예에 따라 징수할 수 있는 채권을 말하는데, 이러한 공과금이 미납된 경우 국세징수법상의 체납처분 예에 따라서 압류·참가압류·교부청구가 가능하지요.

❖ 공과금 상호 간에는 동순위가 원칙입니다

공과금끼리만 있는 경우 공과금의 납부기한의 우선순위는 무시되고 동순위로 안분배분하게 됩니다.

❖ 공과금과 근저당권 간의 우선순위

이들 간에는 공과금의 납부기한과 근저당권의 설정등기일을 기준으로 우선순위가 정해지므로, …

> 국민연금(납부기한 2014. 05. 10.) ⇨ 근저당(2014. 06. 15.) ⇨ 국민건강보험(납부기한 2014. 07. 10.) ⇨ 고용산재보험(납부기한 2014. 09. 30.) ⇨ 국민연금의 공매신청

배분순위는 근저당권보다 납부기한이 빠른 국민연금이 1순위로 배분받고, 2순위 근저당, 3순위에서는 국민건강보험과 고용산재보험이 동순위로 안분배분하면 됩니다.

❖ 공과금과 임금채권, 조세채권, 일반채권간의 우선순위

 공과금은 임금채권과 조세채권과는 후순위가 되는 것이 원칙이지만, 임금채권과는 예외적으로 공과금이 저당권부 채권보다 선순위인 경우에 한해서 임금채권보다 우선할 수 있지만, 조세채권과는 항상 후순위가 됩니다. 그러나 일반채권에 대해서는 항상 선순위로 배분받게 되는 것입니다.

제3강 임금채권 상호 간의 우선순위와 다른 채권 간의 우선순위

❖ 근로자의 임금채권 중 최우선변제금

 근로자의 임금채권 중 최종 3월분의 임금·최종 3년간의 퇴직금·재해보상금 등의 최우선변제금은 사용자의 총재산에 대하여 질권·저당권 등에 따라 담보된 채권, 조세·공과금 및 다른 채권에 우선하여 변제받을 수 있습니다. 그러나 사용자가 재산을 취득하기 전에 설정된 담보권은 즉 전소유자를 채무자로 설정된 근저당권에 대해서 현소유자를 사용인으로 하는 최우선변제금이 우선하지 못한다(2002다65905 판결)는 것입니다.

❖ 임금채권 상호 간에는 동순위가 원칙

 최우선변제금이 1순위로 배분받고 일반임금채권 상호간에는 동순위가 됩니다.

❖ 임금채권(최우선변제금제외)과 저당권채권과의 우선순위

 임금채권은 저당권부 채권(근저당, 담보가등기, 전세권, 확정일자부 우선변제권, 임차권등기)보다 항상 후순위가 됩니다.

❖ 임금채권, 조세채권, 공과금채권, 일반채권 간의 우선순위

조세채권(당해세포함)과 공과금채권은 임금채권(최우선변제대상을 제외)에 뒤지는 것이 원칙이나 그 법정기일 등이 담보물권(저당권, 전세권, 담보가등기, 확정일자 임차권, 임차권등기)보다 앞서는 경우나 같은 경우에는 조세채권과 공과금채권이 우선순위가 됩니다.

그리고 조세와 공과금 상호 간에는 항상 조세채권이 우선하고, 일반채권에 대해서는 조세나 공과금채권이 항상 선순위가 됩니다.

그리고 유의할 점은 임금자체에 대해서만 우선변제권이 인정되지만, 임금 등의 지연손해금에 대해서 우선변제권이 없으므로 임금채권자 등이 집행력 있는 정본에 의하여 배분요구하는 경우 임금원금만 우선 배분하고 지연손해금은 일반채권자들과 동순위로서 안분 배분받게 된다는 사실입니다.

이렇게 종합적으로 조세채권과 공과금채권, 임금채권 등을 종합적으로 분석해 보았는데 이제 조금 이해 하셨죠?

김 선생을 뚫어져라 쳐다보며 조용하기만 하던 수강생들이 일제히 소리쳤다. "네!"

이제 좀 알 것 같습니다!

자! 그럼 각 채권별로 예를 들어 배분연습을 하겠습니다.

제4강 조세·공과금·임금채권과 다른 채권이 혼재시 배당방법

❖ **특강 사례 Ⅰ**

갑 근저당권 5,000만원(14. 02. 10.) ⇨ 을 임차인 9,000만원(전입/확정 14. 03. 10.) ⇨ 병 조세채권(당해세) 300만원(압류 14. 07. 10.)(법정14. 03. 15.) ⇨ 병의 공매신청 (14. 07. 10.)

배분금 1억2,000만원이고 주택이 서울소재라면

1순위 : 을 3,200만원(최우선변제금 1등),

2순위 : 병 300만원(당해세 우선변제금 1등),

3순위 : 갑 5,000만원(저당권 우선변제금 2등),

4순위 : 을 3,500만원(확정일자 우선변제금 3등)이 된다. 을은 대항력이 없어서 낙찰자가 인수할 금액이 없다.

❖ **특강 사례 Ⅱ**

갑 근저당권 3,000만원(2008. 02. 10.) ⇨ 을 임차인 4,000만원(전입/확정 08. 03. 10.) ⇨ 병 임차인 7,000만원(전입/확정 08. 10. 10.) ⇨ 정 일반조세채권 2,000만원(압류 2010. 02. 30.)(법정 08. 08. 20.) ⇨ 정의 공매신청(2010. 10. 20.)

배분금이 1억2천원이고 주택이 서울 소재시

1순위 : 을 1,600만원(최우선변제금 1)

2순위 : 갑 3,000만원(우선변제금 1)

3순위 : ① 을 900만원 +② 병 2,500만원(최우선변제금 2) - [현행임대차보호법상 소액보증금 중 일정액(7,500/2,500만원)을 지급하더라도 이에 우선하는 담보물권자 등이 없기 때문에 배당시점을 기준(2010. 07. 26. ~ 2013. 12. 31. 까지)으로 소액임차인 을 결정하게 된다.]

4순위 : 을 1,500만원(우선변제금 2)

5순위 : 정 2,000만원(조세채권 우선변제금 3)

6순위 : 병 500만원(우선변제금 4)

❖ **특강 사례 Ⅲ**

> 갑 일반조세채권 1,000만원(압류 08. 02. 10)(법정07.8.10) ⇨ 을 임금채권(일반임금채권) 1,500만원(가압류 08. 05. 10) ⇨ 병 건강보험료 500만원(압류 08 0.7. 10)(납부기한 08. 03. 10) ⇨ 갑이 공매신청(08. 12. 10) ⇨ 정 당해세 교부청구 200만원(법정기일 08. 06. 01)

배분금이 3,000만원인 경우 배당절차는

1순위 : 을 1,500만원(임금채권 우선변제금 1).

2순위 : 정 200만원(당해세 우선변제금 2)

3순위 : 갑 1,000만원(조세채권 우선변제금 3)

4순위 : 병 300만원(공과금 우선변제금 4)

일반임금채권은 조세채권(당해세 포함)보다 우선하고, 조세채권끼리는 당해세가 우선하고, 조세채권은 공과금 및 기타 일반채권에 우선한다.

 자! 이것으로 오늘 특강은 모두 마치겠습니다.

 김선생의 다음부터 이어지는 강좌 내용에 대한 설명

다음부터 이어지는 강좌 내용은 공매에 대한 각론적인 해석과 진행절차, 그리고 입찰참여 해서 낙찰 받고 명도하는 과정까지 전체적으로 분석하게 될 것입니다.

그 다음 낙찰 받은 사례를 가지고 공매를 심화 학습하는 과정까지 하면서 마무리 하게 됩니다.

공매는 국세징수법 제61조 1항 단서에 의하여 한국자산관리공사가 위 임관서로 부터 위임을 받아 공매를 대행하게 되는데 이러한 공매대상물건에는 ① 압류재산공매, ② 국유재산 매각공매와 임대(대부)공매, ③ 수탁재산공매, ④ 유입자산공매가 있고, 이 밖에도 공공기관 등의 직접공매로 신탁회사와 금융기관 등의 공매가 있습니다.

그중에서도 가장 많은 분야를 차지하고 있는 압류재산공매를 먼저 어떠한 절차에 의해서 공매가 진행되고, 입찰과정에서 어떠한 점을 유의해서 입찰에 참여하고, 낙찰 받고 나서 어떠한 과정으로 소유권 이전등기와 주택을 인도받게 되는 가에 대해서 분석하게 될 것입니다. 그리고 나서 제13장에서는 그동안 필자와 지인들이 압류재산공매로 낙찰 받았던 사례를 가지고 공매에서 대응방법을 높이도록 하겠습니다.

 이제 공매다운 공부가 시작 되는 군요.

 그러게요. 이 과장님은 공매 공부에 푹 빠지신 것 같아요.

 음, 민기군, 열심히 하려고 그런 거지...

 자, 오늘도 다함께 파이팅 하자고...

Chapter 11

압류재산공매는 어떠한 절차로 진행되고 있나요?

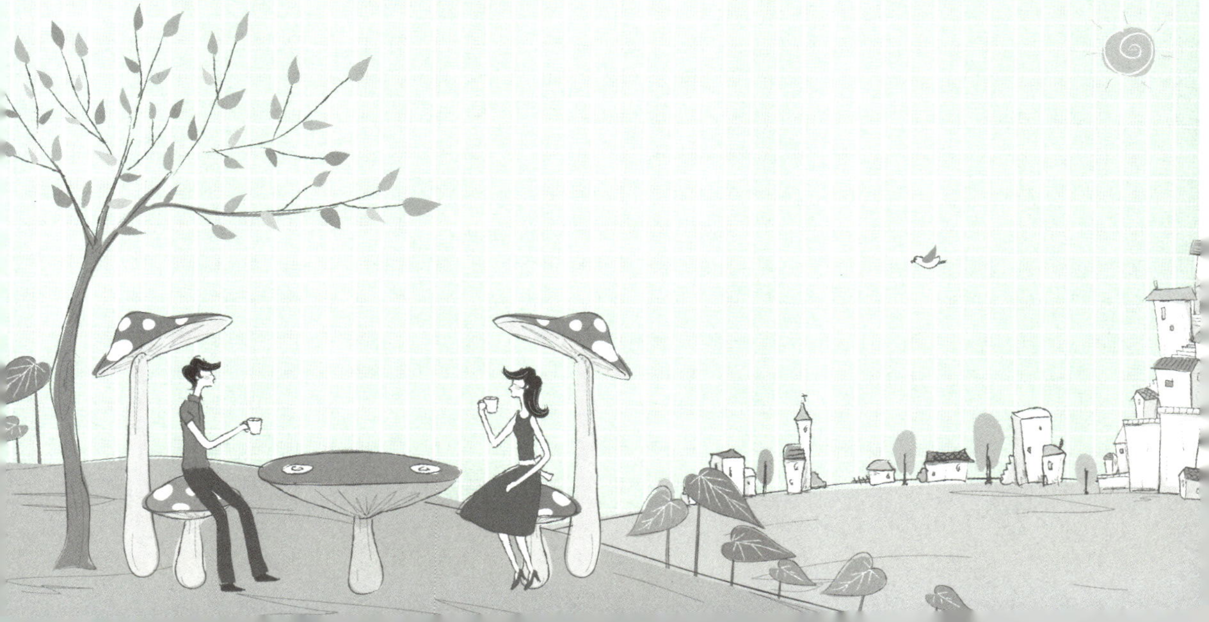

01 KAMCO에 공매대행은 어떻게 해서 이루어 지게 되나요?

압류재산공매는 조세·공과금채권 등의 체납이 있는 경우 세무관서 등은 조세·공과금 체납자 등에게 일정한 기간 동안 해당 세금에 대하여 납부할 것을 독촉하게 되고 독촉이 있음에도 불구하고 납부하지 아니하면 체납자(채무자)의 재산을 압류하고, 이를 세무관서(국세), 지방자치단체(지방세), 각종 공과금기관(공과금) 등이 자산관리공사에 공매대행을 의뢰하게 되고, 위임받은 한국자산관리공사(KAMCO)가 공매를 다음과 같은 절차에 의해 진행하게 됩니다.

02 압류재산공매의 전반적인 흐름도

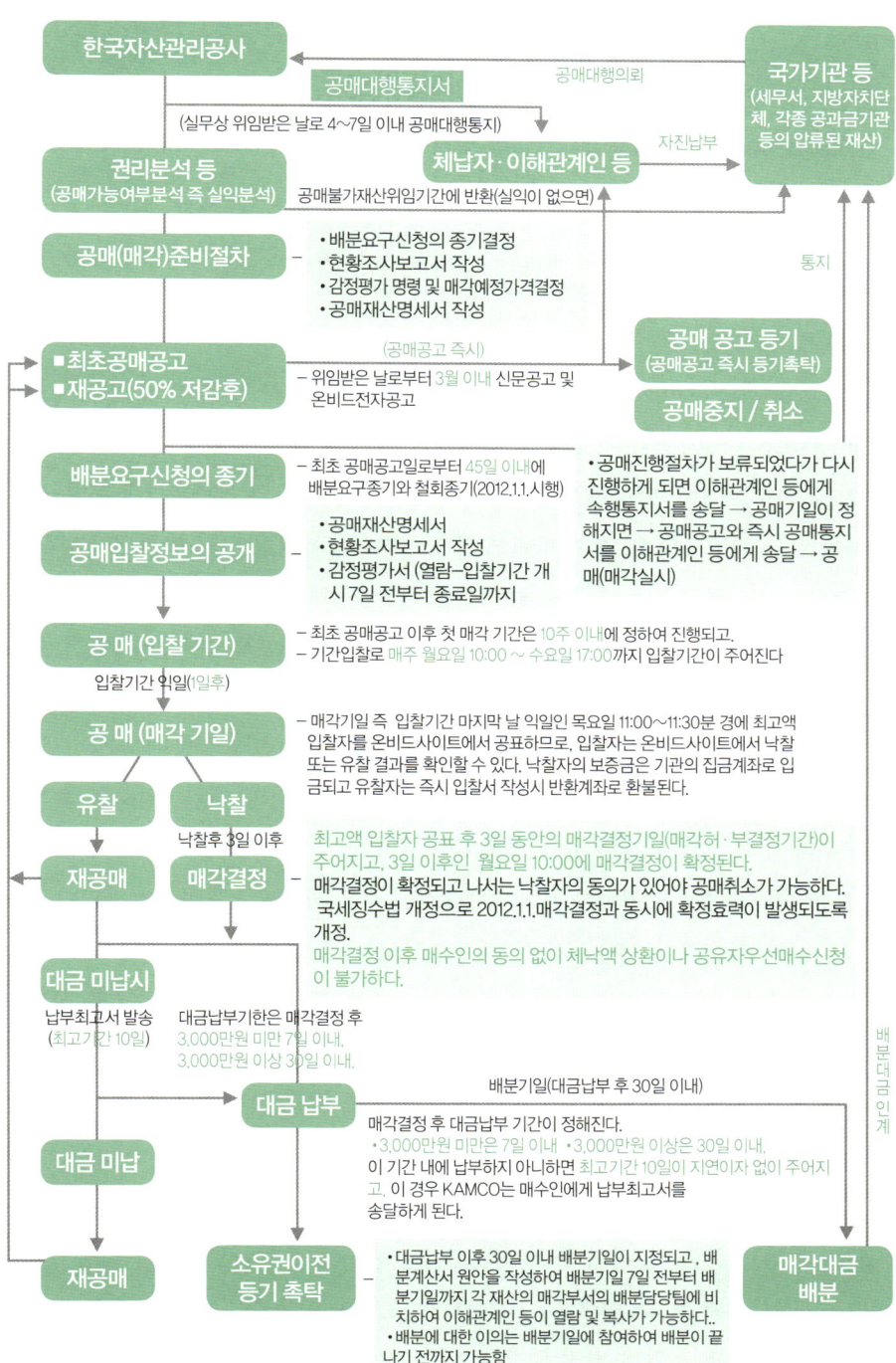

03 공매대행업무와 공매대행통지

❖ 공매대행업무

세무서장, 지방자치단체장, 각종 공과금 징수기관의 장 등은 압류재산을 환가할 때 이를 공매에 붙이며(징수법 제61조1항), 공매는 원칙적으로 입찰의 방법에 의하고, 국세징수법 1항 단서에 의하여 한국자산관리공사가 위 기관 등으로부터 공매대행을 받을 경우 실무의 절차로 위 공사가 공매대행을 받았다는 뜻과 자진납부를 최고하는 공매대행통지서를 체납자·이해관계인 등에게 송달하고, 정해진 기일을 초과하여 자진납부하지 아니할 경우에는 환가에 대한 적부의 검토, 매각예정가격 결정을 위한 감정평가, 공매기일의 지정과 공고 및 공매통지서를 송달하여 공매기일을 열어 매각되면 매각결정을 하게 되고, 매수인이 매각대금을 완납하면 배분을 하게 되고, 체납자를 대위하여 매수인을 위하여 등기소에 권리이전과 제등기 말소를 촉탁하게 됩니다.

그리고 한국자산관리공사가 공매를 대행하는 경우 세무서장은 한국자산관리공사로, 세무공무원은 한국자산관리공사의 직원(임원을 포함한다)으로 보게 되므로(제61조5항), 이와 같은 법률의 규정에 따라 한국자산관리공사가 세무서 등의 공매를 대행하게 되는 것입니다.

❖ 공매대행통지

세무관서 등으로부터 공매대행을 받은 한국자산관리공사는 위임받은 날로부터 즉시(실무에서는 4~7일 이내) 이해관계인 등에게 이를 통지하게 되는데, 공매대행통지는 공매통지서와는 달리 일반우편으로 발송하게 되는데(실무에서는 배달증명으로 발송), ① 체납자 성명·주소·주민번호, ② 압류재산의 표시, ③ 압류 년 월 일 그리고 ④ 국세징수법 제61조1항 단서규정에 따라 ○○년 ○○월 ○○일 위 압류재산의 공매를 의뢰 받았기에 통지한다. 그리고 귀사가 본건 압류재산에 대하여 가지는 채권에 대한 계산서(뒷면붙임 서식참조)를 공매대행통지서 수령일로부터 10일 이내에 우리공사에 제출하여 주기 바란다. ⑤ 압류에 관계된 체납세액의 내용(세목명, 납부기한, 국세 ○○원, 가산금 ○○원, 합계금액 ○○원) 등이 기재되어 있다는 내용을 기재해서 통지하게 됩니다.

공매의 경우 국세징수법에 의한 행정처분 절차로서 민사집행법에 의한 경매절차에서와 같이 강제력과 공신력을 가진 조사기능이 없으므로 공매물건의 이해관계인(체납자 및 채권자 등) 등에게 공매대행통지서 수령 시 권리신고 및 배분요구할 것을 통지하고 있으며 권리 신고한 자에 대하여 이해관계인으로 등록하여 공매 진행내용 등을 통지하고 있습니다.

(1) 공매대행통지서 앞면(실제 공매통지서가 송달되었던 내용)

서울강서구청		관리번호	2007-0000-000	공 매 대 행 통 지 서			
수신	성 명						
	주 소	서울 영등포구 문래동5가　　번지　　아파트　　동　　호					
체납자	성 명			주민등록번호			
	상 호			사업자등록번호			
	주 소	서울 강서구 내발산동 704-○ 18/5　　아파트　　동　　호					
압류재산의 표시		서울특별시 강서구 내발산동 704-○　아파트　　동　　호 대지 지분(총면적 2,539.7m²) 39.72m² 건물　84.6m²					
압류년월일		2006.9.15					

국세징수법 제61조제1항 단서규정에 따라 07/06/05 위 압류재산의 공매를 의뢰받았기에 통지합니다. 아울러 귀사(하)가 본건 압류재산에 대하여 가지는 채권에 대한 계산서(붙임 서식참조)를 공매대행통지서 수령일로부터 10일 이내에 우리 공사에 제출하여 주시기 바랍니다.

압류에 관계된 체납세액의 내용				
세목명	납부기한	국세	가산금	합 계
취득세 외 0건	2006.5.31	5,123,510	0	5,123,510

한국자산관리공사
취급점 : 조세정리 2부
20070612

귀 하

뒷면의 권리신고 및 배분요구서 양식을 활용하여 권리신고 및 배분요구서 제출바랍니다.

(2) 공매대행통지서(뒷면)

권리신고 및 배분요구서

관리번호		처 분 청	
체 납 자		주민등록번호	
압류재산의 표시			

권 리 현 황

<table>
<tr><th rowspan="2">구분</th><th rowspan="2">설정일자</th><th rowspan="2">설정금액</th><th rowspan="2">대출일자</th><th colspan="4">실채권액(년 월 일 현재)</th></tr>
<tr><th>원 금</th><th>이 자</th><th>가지급금</th><th>계</th></tr>
<tr><td rowspan="4">담보권자</td><td></td><td></td><td></td><td></td><td></td><td></td><td></td></tr>
<tr><td></td><td></td><td></td><td></td><td></td><td></td><td></td></tr>
<tr><td></td><td></td><td></td><td></td><td></td><td></td><td></td></tr>
<tr><td colspan="7">이자 및 가지급금 산출근거</td></tr>
<tr><td rowspan="3">임차인</td><td colspan="7">임대차(전세) 계약현황</td></tr>
<tr><td>전입일자
(사업자등록 신청일)</td><td>확정일자</td><td colspan="2">계약일자</td><td colspan="2">보증금</td><td>비 고
(월 세)</td></tr>
<tr><td></td><td></td><td colspan="2"></td><td colspan="2"></td><td></td></tr>
</table>

귀사의 공매 (공매대행) 통지에 따라 위와 같이 권리신고서 및 배분요구서를 제출합니다.

붙임 : 권리입증서류 (채권원인서류) 사본 1부

200 . .

신 고 인 : 성 명 : (인)
주 소 :
전화번호 :

한국자산관리공사 귀중

〈권리(배분)요구서 작성시 주의사항〉

* 임차인은 채권입증서로서 임대차(전세)계약서 사본 및 주민등록등본(상가임차인인 경우에는 사업자등록증사본과 사업자등록증명원)을 첨부하여야 합니다.
* 월세가 있는 상가임차인인 경우에는 비고란에 월세를 기재하시기 바랍니다.
* 채권현황 및 이자, 가지급금 산출근거 기재란이 부족할 경우는 별지 첨부바랍니다.
* 전화번호는 핸드폰 등 실제 연락 가능한 전화번호를 기재바랍니다(법인인 경우에는 전화번호 우측에 담당자명 기재 바람).
* 법정 배분순위에 따라 배분금이 없는 경우도 있습니다.
* 권리신고 누락시 공매진행 내용의 통지 및 배분대상에서 제외 등 불이익이 있을 수 있사오니 이 점 유의하시기 바랍니다.

04 공매 가능여부에 대한 권리분석

(1) 공매 가능여부에 대한 기본적인 권리분석 후 실익이 있는 경우

공매 위임기관에 대한 실익이 있으면 공매절차를 진행하게 된다.

즉 공매위임기관에 실익이 있으면 감정평가를 의뢰하게 되고 이 평가액을 최초 매각예정가액으로 정하여 최초 공매공고를 하게 된다.

(2) 공매 가능여부에 대한 기본적인 권리분석 후 실익이 없는 경우

공매 위임기관에 대한 실익이 없으면(공매불가재산 등은) 공매 위임기관 등에 반환하고 공매절차는 취소하게 된다.

05 공매대상 재산에 대한 현황조사
(징수법 제62조의2)

① 세무서장은 제63조에 따라 매각예정가격을 결정하기 위하여 공매대상 재산의 현상(現狀), 점유관계, 차임 또는 보증금의 액수, 그 밖의 현황을 조사하여야 한다.

② 세무공무원은 제1항의 조사를 위하여 건물에 출입할 수 있고, 체납자 또는 건물을 점유하는 제3자에게 질문하거나 문서를 제시하도록 요구할 수 있다.

③ 세무공무원은 제2항에 따라 건물에 출입하기 위하여 필요한 때에는 잠긴 문을 여는 등 적절한 처분을 할 수 있다.

06 공매물건 감정평가와 최초 매각예정가격 결정

❖ 공매물건 감정평가

국세징수법은 세무서장 등이 압류재산을 공매에 붙이고자 할 때에는 그 재산의 매각예정가격을 정하여야 한다(징수법 제63조제1항). 이 경우 매각예정가격을 정하기 어려울 때에는 감정인에 평가를 의뢰하여 그 가액을 참고할 수 있다(동조2항).

위 공사와 협약이 체결된 감정평가 기관은 온라인 자동감정시스템에 의해 평가를 의뢰 받게 되고 의뢰 받은 날로부터 15일 이내까지 공사에 온라인 통보하도록 하고 있다.

❖ 최초 매각예정가격 결정

매각예정가격을 결정함에 있어서 감정평가업자의 평가가 불가능하거나 감정의뢰가 불필요한 재산에 대해서는 공매대행을 의뢰한 관서의 장(세무서장 등)과 협의하여 예정가격을 결정한다. 위임관서의 장은 감정인에게 평가를 의뢰하여 그 가액을 참고로 매각예정가격을 결정하는 경우에는 그 감정가액을 기초로 상하 각각 10% 범위 내에서 결정하게 되는데 실무상으로는 감정평가금액을 최초 최저매각가격으로 정한다. 국세징수법 제74조4항은 통상 6회를 공매하여 유찰되거나 응찰자가 없는 경우에는 새로운 매각예정가격을 정하여(세무서장이 직접가격을 정하든 감정인의 평가를 참고하여 정하든) 공매를 할 수 있다(재공매).

07 공매공고와 공매공고 등기제도

❖ 공매공고 절차 및 시기

한국자산관리공사가 공매 대상 목적물에 대한 공매가능 여부를 분석하여 실익이 없으면 위임기관에 반환하고, 실익이 있으면 공매대상 재산에 대한 현황조사와 감정평가를 의뢰하고 이 금액을 기초로 매각예정금액과 매각조건 및 매각절차 등을 정하여 공매공고를 하게 된다.

이 공매공고(위임받은 날로부터 3월 이내)와 동시에 이해관계인(체납자 및 채권자 등)에게 공매통지서를 발송하게 된다.

공매공고 후 첫 매각기간은 10주 이내에 정하여 진행하게 된다.

자산관리공사가 공매를 대행하는 경우 공매공고는 본사·지사 게시판게시 및 전자자산처분시스템(온비드)을 통하여 공고하고 필요한 경우 일간신문에 게재한다(통상 매각금액이 500만원 이상인 경우 일간신문에 공고).

❖ 공매공고 등기제도 도입(징수법67조의2신설)

2012. 01. 01.부터 공매공고 등기제도가 시행되도록 국세징수법이 개정되어, 세무서장은 공매공고 후 즉시 공매공고등기를 촉탁해야 된다. 이에 따라 등기관은 공매공고사실을 등기부에 기입해야 되는데, 공매중지, 매각결정취소, 압류해제 시에도 역시 세무서장 등이 그 등기의 말소를 촉탁하게 되면 등기관이 말소한다.

공매공고등기의 기입등기방법은 별도 기입등기를 주등기 형식으로 하는 것이 아니라 위임관서의 압류에 부기등기를 해서 매각절차를 진행하게 된다. 즉 압류관서가 강서세무서로 갑구에 순위번호가 5번 압류 (압류권자 강서세무서)라면 5-1번 공매공고등기[등기원인 2012년 0월 0일 공매공고(조세정리부)]로 기입등기 하게 된다.

그러나 압류등기를 하지 않고서도 공매로 매각되는 경우, 즉 납세담보된 근저당권에 기해서 공매로 매각되는 경우, 납세담보로 을구 5번에 세금 근저당권[근저당권자 (국) 또는 (세무서)]으로 등기된 경우, 5-1의 부기등기로 공매공고등기를 촉탁등기하여 공매절차가 진행하게 되므로 별도 압류절차가 필요하지 않게 된다.

❖ 공매공고와 임차인 등의 권리관계

(1) 대항력 유지 존속시한

공매대상 주택에서 대항력과 우선변제권을 갖추고 있었던 임차인은 공매절차에서 배분요구종기 시까지만 대항력을 유지하고 있었으면 최우선변제권과 확정일자부 우선변제권으로 우선해서 변제받을 수 있다.

여기서 잠깐만! 공매가 취소되면 임차인의 대항력은 다시 전입한 날을 기준으로 발생하게 되니 낙찰자가 잔금 납부할 때까지 대항력을 유지하거나 임차권등기를 하고 나서 주소지를 옮기는게 좋습니다.

(2) 소액보증금 중 일정액 우선변제 요건

공매공고등기 이전까지 대항요건을 갖추고 있어야 소액임차인으로 최우선변제금을 배분받을 권리가 있다.

여기서 잠깐만! 공매공고등기 이전에 경매기개시결정 기입등기가 이루어지고 나서 공매로 매각되는 경우에는 경매개시결정 기입등기일 이전까지 대항요건을 갖추고 있어야 한다는 것이 대법원판례입니다. 반대로 공매공고등기 이후에 경매로 매각되는 사례로 봐야 합니다.

08 공매의 통지 대상과 공매통지서에 기재되어 있는 내용

❖ 공매의 통지

공매공고를 한 때에는 세무서장 등은 국세징수법 68조(공매통지) 규정에 의하여 그 내용을 ① 체납자, ② 납세담보물 소유자, ③ 공매재산이 공유물의 지분인 경우 공매공고의 등기 또는 등록 전일 현재의 공유자, ④ 공매재산에 대하여 공매공고의 등기 또는 등록 전일 현재 전세권 · 질권 · 저당권 또는 그 밖의 권리를 가진 자에게 통지하여야 한다.

김선생의 체납자 등에 대한 공매통지의 효력

세무서장 등의 압류재산공매에 있어서 체납자 등에 공매통지는 공매 실시의 요건은 아니지만 필수적인 절차로서 이를 위반한 경우에는 공매절차는 위법하지만 당연 무효가 아니고, 취소할 수 있는 행정행위로 볼 수 있습니다.

❖ 공매통지서에 기재되어 있는 내용

① 채권자, ② 체납자(성명, 주민번호, 주소), ③ 공매재산의 표시, ④ 일괄공고 연월일, ⑤ 공고게시판(www.onbid.co.kr), ⑥ 인터넷 입찰기관 및 개시일자와 매각예정가격(1회차~6회차 일괄공매통지), ⑦ 압류에 관계된 체납액의 내용(세목, 납부기한, 국세, 지방세 ○○원, 가산금 ○○원, 합계금액 ○○원), ⑧ 본건에 대한 귀사의 채권계산서를 현재까지 우리공사에 제출하지 아니한 경우 본 통지서 수령일로부터 10일 이내에 제출하여 주시고, 미제출시에는 향후 본건공매대금 배분시 불이익이 초래될 수 있다.

❖ **공매통지서 양식**(실제 공매통지서가 송달되었던 내용)

서울강서구청		관리번호	2007-0000-000		공 매 통 지 서		
수신	성 명						
	주 소	서울 영등포구 문래동5가 번지 아파트 동 호 [채무자 :]					
체납자	성 명			주민등록번호		-	
	상 호			사업자등록번호			
	주 소	서울 강서구 내발산동 704-2 18/5 아파트 호					
공매재산의 표시	서울특별시 강서구 내발산동 704-2 아파트 호 대지 지분 39.72m² 건물 84.6m²						
일괄공고년월일	2007.8.1		공고게시판		인터넷(www.onbid.co.kr)		
인터넷입찰기간 및 개찰일시와 매각예정가격							
회차	인터넷입찰기간			개찰일시		매각예정가격	
1회차	2007.9.3 10:00~2007.9.5 17:00			2007.9.6 11:00		290,000,000	
2회차	2007.9.10 10:00~2007.9.12 17:00			2007.9.13 11:00		261,000,000	
3회차	2007.9.17 10:00~2007.9.19 17:00			2007.9.20 11:00		232,000,000	
4회차	2007.10.1 10:00~2007.10.2 17:00			2007.10.4 11:00		203,000,000	
5회차	2007.10.8 10:00~2007.10.10 17:00			2007.10.11 11:00		174,000,000	
6회차	2007.10.15 10:00~2007.10.17 17:00			2007.10.18 11:00		145,000,000	
수 의 계 약							
공 매 장 소		www.onbid.co.kr		공 매 방 법		일반경쟁입찰	
압류에 관계된 체납액의 내용							
세 목	납 부 기 한		국세, 지방세		가 산 금		계
취득세	2006.5.31		5,123,510		0		5,123,510

본건에 대한 귀사(하)의 채권 계산서를 현재까지 우리 공사에 제출치 아니한 경우는 본 통지서 수령일 로부터 10일 이내에 제출하여 주시고, 미 제출시는 향후 본건 공매대금 배분시 불이익이 초래될 수 있습니다.

한국자산관리공사
취급점 : 조세정리 2부
20070801
　　　　　　　　귀 하

주의 : 1. 일괄공고의 내용을 통지한 경우에는 매 회차별 공매통지서는 별도로 발송하지 아니합니다.
　　　 2. 통지내용에 변경이 있는 경우에는 새로운 통지를 합니다.
　　　 3. 매각결정통지 전에 체납자 또는 제3자가 체납액을 완납하는 경우에는 국세징수법 제71조의 규정에 의하여 공매를 중지합니다.
　　　 4. 이 통지서는 국세징수법 시행령 제69조제2항의 규정에 의한 수의계약에 관한 통지에 갈음합니다.

09 공매재산명세서의 작성
(징수법 제68조의3)

① 세무서장은 공매재산에 대하여 제62조의2에 따른 현황조사를 기초로 다음 각 호의 사항이 포함된 공매재산명세서를 작성하여야 한다.

㉠ 공매재산의 명칭, 소재, 수량, 품질, 매각예정가격, 그 밖의 중요한 사항. ㉡ 공매재산의 점유자 및 점유 권원, 점유할 수 있는 기간, 차임 또는 보증금에 관한 관계인의 진술. ㉢ 제68조의2 제1항 및 제2항에 따른 배분요구 현황 및 같은 조 제4항에 따른 채권신고 현황.

㉣ 공매재산에 대하여 등기된 권리 또는 가처분으로서 매각으로 효력을 잃지 아니하는 것. ㉤ 매각에 따라 설정된 것으로 보게 되는 지상권의 개요.

10 공매물건에 대한 기본정보 제공

국세징수법 제68조의3에서 2012. 01. 01. 부터 시행되는 입찰정보의 공개 즉 ① 공매재산명세서, ② 감정평가서, ③ 공매대상 재산에 대한 현황조사보고서 등의 자료를 입찰 시작 7일 전부터 입찰 마감 전까지 세무서에 갖추어 두거나 정보통신망을 이용하여 게시함으로써 입찰에 참가하려는 자가 열람할 수 있게 하여야 한다. 실무적으로 온비드에 게재해서 입찰자 누구나 자유롭게 열람할 수 있다.

여기까지가 "공매가 어떻게 진행되고 있나" 인가요?

잠깐만, 급하군요. "공매의 취소와 중지되는 사례와 공매 입찰 시 참가제한"에 대해서 정리해 봅시다. 민기씨...

11 공매진행의 취소 및 중지의 요건

(1) 공매의 취소 및 공고(징수법 제69조)

① 세무서장이 공매를 취소할 수 있는 사유

㉠ 해당 재산의 압류를 해제한 경우. ㉡ 체납처분을 유예한 때.

㉢ 법원이 체납처분에 대한 집행정지의 결정을 한 때. ㉣ 그 밖에 공매를 진행하기 곤란한 경우로서 대통령령으로 정하는 경우

② 제1항에 따라 공매를 취소 후 그 사유가 소멸되어 공매를 계속할 필요가 있다고 인정할 때에는 재공매할 수 있다.

③ 매각결정 기일 전에 공매를 취소한 때에는 그 공매의 취소를 공고하여야 한다.

(2) 공매의 중지(국세징수법 71조)

① 공매를 집행하는 공무원은 매각결정 기일 전에 체납자 또는 제3자가 그 체납액을 완납하면 공매를 중지하여야 한다. 이 경우 매수하려는 자들에게 구술이나 그 밖의 방법으로 알림으로써 제69조에 따른 공고를 갈음한다.

② 여러 재산을 한꺼번에 공매하는 경우에 그 일부의 공매대금으로 체납액 전액에 충당될 때에는 남은 재산의 공매는 중지하여야 한다.

③ 이밖에 위임관서의 장은 한국자산관리공사에 공매대행을 의뢰한 후 매각결정 전에 체납자 또는 제3자가 압류의 원인인 체납세액을 완납하거나 국세징수법 제53조 (압류해제의 요건)에 규정하는 압류해제 사유가 발생 시 그 사실을 즉시 공매대행 중지요구서에 의거 위 공사에 통지하여야 하고, 이러한 사실 등이 추후에 확인된 경우에도 공매는 중지되고 취소해야 한다. 그러나 보류사유가 해소되어 공매속행이 필요한 경우 속행요청서를 송부하게 된다.

(3) 압류해제의 요건(국세징수법 제53조)

① 세무서장은 다음 각 호의 어느 하나에 해당하는 경우에는 그 압류를 즉시 해제하여야 한다. ⇨ 이하 생략 제53조 참조.

② 세무서장은 다음 각 호의 1에 해당하는 경우에는 압류재산의 전부 또는 일부에 대하여 압류를 해제할 수 있다. ⇨ 이하 생략 제53조 참조.

③ 위임관서의 장은 공매대행을 의뢰한 후 위와 같은 징수법상 사유 또는 그 이외에 다음과 같은 각 호의 1에 해당하는 사유가 발생시 즉시 위 공사에 그 사실을 통지하여야 하는데 이 경우 일시중지라는 뜻을 부기하여야 한다.

12 공매 입찰 시 입찰자격의 제한

인터넷공매 입찰참가자 준수 규칙 제4조는 국세징수법 66조와 72조에 근거해서 다음과 같이 입찰자격을 제한하고 있다.

(1) 매수인의 제한(66조)

체납자, 관련공무원(세무공무원) 및 공사 직원

(2) 공매참가의 제한(72조)

다음 각 호의 1에 해당하는 자는 입찰에 참가할 수 없다. 다만, 제1호 내지 제3호의 경우에는 그 사실이 있은 후 2년이 경과되지 아니한 자에 한한다.

① 입찰을 하고자 하는 자의 공매참가, 최고가격입찰자의 결정 또는 매수인의 매수대금납부를 방해한 사실이 있는 자

② 공매에 있어 부당하게 가격을 떨어뜨릴 목적으로 담합한 사실이 있는 자

③ 허위명의로 매수신청한 사실이 있는 자

④ 입찰장소 및 그 주위를 소란하게 한 자와 입찰을 실시하는 담당직원의 직무집행을 방해하는 자

⑤ 공사가 운영하는 온비드에 의하여 실시하는 공매(이하 "인터넷공매"라 한다)를 방해하기 위한 목적 등으로 온비드를 정상적으로 작동되지 않게 하거나 이와 유사한 행위를 한 자

⑥ 입찰가격의 유지나 특정인의 입찰을 위해 담합 등 입찰의 자유경쟁을 부당하게 저해하는 불공정 행위를 한 자

⑦ 업무담당자 등에게 직·간접적으로 뇌물이나 부당한 이익을 제공하는 행위를 한 사실이 있는 자

13 공매 입찰방법 종합정리

❖ 공매입찰서 작성방법과 대리인 또는 공동입찰 시 입찰방법

① 공매대상물건에 입찰하고자 하는 자는 입찰서에 입찰자성명, 주소, 매각하고자 하는 재산의 명칭, 입찰가격, 입찰보증금 기타 필요한 사항을 기재하여 입찰마감 전까지 제출하여야 한다.

② 입찰자가 대리인인 경우 입찰자 본인 인감이 첨부된 위임장이 필요하며 모든 행위는 대리인이 위임자의 이름으로 하여야 하므로 대리인의 도장으로 입찰하여야 한다. 압류재산에 대한 인터넷 공매의 경우에는 대리인에 의한 입찰을 할 수 없으나 압류재산 이외의 한국자산관리공사의 유입자산·국유재산·수탁재산·이용기관 등의 재산인터넷공매는 대리인에 의한 입찰을 할 수 있다.

이 경우 인터넷공매 마감일 전일까지 대리입찰신청서를 위 공사에 제출하고 대리인 명의로 입찰할 수 있다.

③ 공동입찰은 KAMCO의 온비드에서 진행되는 공매물건 모두가 가능한데 이와 같이 수인이 공동입찰하는 경우 그 지분의 표시가 없으면 각자의 지분을 동일한 것으로 추정되기 때문에 반드시 지분을 표기해야 된다. 공동입찰자의 경우는 인터넷공매 마감일 1일 전까지 공동입찰서를 위 공사에 제출하고 대표입찰자가 입찰에 참여하여야 한다.

❖ 입찰참여 방법과 입찰 회수

한국자산관리공사에서는 입찰방법이 2004.10.1.부터 인터넷공매(www.onbid.co.kr)만을 실시하고 있다. 이는 지정된 공매기간까지 가격을 경쟁하여 최고가격응찰자에게 매각하는 경쟁 매매방식이다.

한국자산관리공사의 공매에 입찰하기 위해서 온비드 인터넷입찰서 작성 제출(입찰서에는 입찰금액과 환불계좌 즉 유찰시 입찰보증금을 돌려받는 계좌번호 입력) 및 공사지정계좌에 입찰 마감시간 전까지 입찰보증금 입금하고, 입찰서가 이상 없이 제출되었음을 onbid사이트에서 나의 입찰내역이나 문자메시지 등으로 확인하여야 한다.

(1) 압류공매인 경우 입찰절차

압류공매는 기간입찰로 월요일 10:00 ~ 수요일 17:00까지 3일간 입찰기간이 주어지고 입찰결과는 익일인 목요일 11:00 경에 공표하게 되며 매각결정 및 확정은 3일 이후인 월요일 오전 10:00 정각에 이루어진다. 매각결정이 확정되고 나서는 체납자의 일방에 의해서 취소가 불가능하고 낙찰자의 동의가 있어야만 취소가 가능하고, 매각결정서를 입찰서 작성 제출단계에서 전자송달을 신청한 경우에는 본인이 직접 온비드에 접속하여 교부 받을 수 있고 별도 서면교부는 하지 않는다.

(2) 공매물건별로 입찰참여 횟수의 제한

입찰자는 이미 입찰함에 투입한 입찰서(전자입찰의 경우 입찰서 제출)의 교환 변경 또는 취소는 할 수 없다.

① 국유재산 공매나 이용기관 등의 공매 절차는 1회 입찰만 가능하다(근거법령 국가를 당사자로 하는 계약에 관한 법률 제39조).

② 인터넷공매 중에서 국유재산과 이용기관재산 공매를 제외하고는 압류재산공매, 수탁재산공매, 유입자산공매 등은 인터넷입찰서 제출 후 보증금 납부 전까지 또는 납부 후라도 입찰 마감 전까지는 2회 이상 다시 입찰에 임할 수 있다.

㉠ 재입찰의 경우 – 입찰보증금 납부계좌에 입금한 입찰만 유효하고 보증금이 납부되지 아니한 것은 무효 처리된다.

㉡ 입찰시 동일한 물건에 대하여 동일인이 입찰서를 2회 이상 제출할 수 있다. 이는 한 공매대상 물건에 입찰서를 제출한 후 보증금까지 납부하였을 때 입찰금액이 너무 적다고 생각될 경우 다시 금액을 높여서 입찰참가가 가능하다. 동일인이 동일물건에 대하여 2회 입찰서를 제출하고 보증금 납부 시 ⇒ 낙찰대상물건은 그 입찰대상물건

중 높은 금액으로 입찰한 입찰서가 최고가입찰자가 되고, 낮은 입찰가로 입찰한 입찰서는 입찰시 기재한 환급계좌로 환급받게 된다.

❖ 공매입찰보증금

(1) 입찰보증금

입찰하고자 하는 자는 최저매각예정가격 이상의 금액으로 정한 입찰가격의 100분 10 이상의 현금 또는 자기앞수표를 입금하게 하고, 이는 후일 계약보증금으로 매수금액의 일부가 된다.

(2) 입찰보증금 납부 시 유의사항

① 납부 마감일 시까지 입찰보증금을 납부하지 않는 경우에는 입찰이 무효 처리된다.

② 입찰보증금이 1,000만원 이하인 경우만 일시납부만 인정되지만, 1,000만원을 초과하는 입찰보증금은 입찰 마감 시까지 수 차례로 나누어 입금할 수 있다.

③ 입찰보증금을 납부 시 타인명의로 송금할 수 있는가? 인터넷 입찰참가자는 온비드 상에서 입찰서 제출이 완료되면 입찰자에게 입찰보증금입금계좌가 부여되며 입찰자는 해당 계좌로 인터넷 입찰마감 전에 입찰보증금을 입금을 완료하면 되며 이때 다른 사람의 이름으로 지정된 계좌에 송금하는 경우도 가능하다.

(3) 낙찰자가 잔금을 납부하지 않을 경우 입찰보증금의 처리방법

① 국세징수법 제68조4항 낙찰자 또는 경락자가 매수계약을 체결하지 아니한 때에는 입찰보증금은 체납처분비, 압류와 관계되는 국세·가산금 순으로 충당하고 잔액은 체납자에게 지급한다.

② 국세징수법 제78조2항 매각결정을 한 후 매수인이 매수대금을 납부하기 전에 체납자가 매수인의 동의를 얻어 압류와 관련된 체납액 및 체납처분비를 납부하고 압류재산의 매각결정을 취소하는 경우에 계약보증금은 매수인에게 반환하고, 매수인

이 매수대금을 지정된 기한까지 납부하지 아니하여 압류재산의 매각결정을 취소하는 경우에 계약보증금은 체납비, 압류와 관계되는 국세·가산금 순으로 충당하고 잔액은 체납자에게 지급한다.

③ 이는 경매에 있어서 입찰보증금이 배당재단에 편입되어 채권자들에게 배당되는 것과 차이가 있다.

❖ 개찰 및 보증금 반환 그리고 유찰된 물건의 새매각

(1) 입찰의 마감 및 개찰

인터넷공매에서는 입찰서 제출기간 월~수요일 즉 3일 기간 입찰서를 제출할 수 있고 익일 목요일 11시에 최고액입찰자(낙찰자)를 공표하는데 이는 온비드사이트에서 확인할 수도 있고 낙찰 유무는 이메일이나 핸드폰 문자메시지로 통보가 되어 알 수 있다.

(2) 입찰보증금 보관 및 반환

낙찰되면 낙찰자 1명의 입찰보증금만 위임기관의 보관계좌로 입금하고, 그 밖의 낙찰되지 못한 사람은 입찰서 제출 시에 기재한 환급계좌에 즉시 이체된다.

(3) 유찰된 물건의 새매각

매각기일에 매각절차가 진행되었는데 유찰된 물건은 새매각기일에 매각절차가 진행되는데 이러한 새매각물건과 첫 매각기일에 처음으로 매각되는 물건 등은 매주 금요일 오전 0시까지 온비드사이트에서 정리되어 입찰대상자 등에게 금요일 오전 0시부터 열람이 가능하고 입찰기간은 월 10:00~수 17:00까지 입찰기간이 주어진다.이러한 공매물건은 최초 열람 시부터 매각될 때까지 계속해서 온비드사이트에서 열람이 가능하다.

14 매각결정과 대금납부, 그리고 재공매

❖ 매각결정의 효력과 교부방법

세무서 등의 압류공매인 경우 최고액입찰자(=낙찰자)를 온비드상에 공표(목요일 11:00 경)하고 3일 이후인 월요일 오전 10:00에 매각결정을 하게 되는데 매각결정 즉시 확정되는 효력이 발생한다.

매각결정서를 입찰서 작성 제출단계에서 전자송달을 신청한 경우에는 본인이 직접 온비드에 접속하여 교부 받을 수 있고 별도 서면교부는 하지 않는다.

체납자가 공매를 취소하는 방법

❶ 매각결정이 확정되기 전에는 낙찰자의 동의 없이 체납자가 체납액을 변제 후 체납완납증명서를 가지고 공매취소를 요청할 수 있고,

❷ 매각결정이 확정되고 나서는 낙찰자의 동의가 있어야만 공매를 취소할 수 있습니다.

❖ 공유자우선매수신청자에 대한 매각결정과 전 최고액입찰자의 지위

지분공매에서 다른 지분권자의 공유자우선매수신청권은 낙찰자가 공표되고 나서 매각결정이 확정(월요일 오전 10:00)되기 전까지만 공유자가 공매보증금을 제공하고 최고액입찰자와 같은 가격으로 우선 매수하겠다고 신고한 경우 공유자에게 매각결정을 하고, 최고액입찰자는 차순위매수신고인의 지위를 갖게 된다.

① 차순위매수신고인의 지위는 매수인(공유지분우선매수신청자)의 대금납부와 동시에 벗어날 수 있고 이때 입찰보증금을 반환받게 된다.

② 최고액입찰자의 차순위매수신고인의 지위포기는 공유자우선매수신청인에게 매각결정하기 전까지 할 수 있고, 차순위매수신고인의 지위포기와 동시에 입찰보증

금을 반환받게 된다.

❖ 매각결정과 대금납부기한, 납부최고기간 10일

　세무서장 등의 매각결정은 소정의 사항을 기재한 서류로서 하며, 매각결정서를 매수인에게 교부하여야 한다. 이때 매각결정통지서에는 매수인에게 대금지급기한을 정하여 교부하게 되는데 매각결정일로부터 7일 이내가 원칙이지만 세무서장 등이 납부기한을 연장할 필요가 있다고 인정하는 때에는 30일 한도 내에서 연장할 수 있다(징수법 제75조2항). 그러나 공매실무에서는 매각대금이 3,000만원 미만인 경우는 7일 이내의 납부기간을 정하며, 3,000만원 이상인 경우는 30일 이내로 납부기한을 정하여 매각결정통지서를 교부하게 된다. 이 경우 매각결정서는 매각결정을 증명하는 서면 이외에 권리이전을 증명하는 서면으로서 대금납부후 등기이전의 등기촉탁서의 첨부서류로 된다. 매수인에게 매각결정통지를 한 때에는 그 사실을 소관세무서장에게 통지하여야 한다(징수법 제75조의 2).

　대금납부기한 까지 납부하지 않은 경우 납부최고기한 10일을 지연이자 없이 주어진다. 이때 매수대금납부 최고서를 낙찰자에게 통지하게 되니 낙찰자가 대금을 적법하게 납부할 수 있는 기간은 3,000만원미만인 경우에는 7일 + 10일(납부최고기한)로 17일 이내에 납부가 가능하고, 3,000만원 이상인 경우에는 30일 + 10일(납부최고기한)로 최장 40일 이내에 지연이자 없이 납부가 가능하다.

(1) 매각결정통지서(실제 발급받았던 양식임)

관리번호 : 2008-0000-001
위임기관 : 강서세무서
입금은행 : 신한은행
입금계좌번호 : 000-00-40553991

매 각 결 정 통 지 서

매수자	성 명	○○○	주민등록번호	○○○○-○○○○	법인번호	
	주소 또는 거소	서울 서초구 ○○동 ○○번지 ○○○아파트 ○○○동 ○○○호				
체납자	성 명	○○산업개발(주)	주민등록번호		법인번호	000000-0000000
	주소 또는 거소	서울 강서구 ○○동 ○○번지 ○○○아파트 ○○○동 ○○○호				
매각 재산의 표시		서울특별시 강서구 등촌동 ○○번지 ○○○아파트 ○○○동 제10층 제1003호 대지 ○○㎡ 지분(총면적 1,776.1㎡) 건물 ○○㎡				
매 각 금 액		금 000,000,000원 (보증금 : 금 000,000,000원, 잔대금 : 금 00,000,000원)				
납 부 기 한		2008년 00월 00일				

　국세징수법 제75조의 규정에 의하여 위와 같이 통지하오니 매수대금을 납부하시고 매각재산을 취득하시기 바랍니다. 다만, 매수대금납부 전에 체납자가 매수인의 동의를 얻어 체납액을 완납하는 경우 매각 결정이 취소될 수 있음에 유념하시기 바랍니다.

2008년 ○○월 ○○일

한국자산관리공사 조세정리부장
○ ○ ○ 귀하

(2) 입찰보증금 영수증(실제 발급받았던 양식임)

영　수　증

금　　　　　원정　　　　　（₩　　　　　）

체 납 자	강서세무서　(2008-0000-001)　　○○산업개발 (주)
매각물건	서울특별시 강서구 등촌동 ○○번지 ○○○아파트 ○○동 제10층 제1003호
내　역	매각대금중 보증금

위 공매물건 대금을 정히 영수함.　　　　입금은행 : 신한은행
　　　　　　　　　　　　　　　　　　　　입금계좌번호 : ○○○-○○-40553991

2008년 ○○월 ○○일

한국자산관리공사 조세정리부장
○ ○ ○ 귀하

(매수자교부용)

(3) 매수대금납부 최고서(실제 발급받았던 양식임)

지시는 명확하게, 결재는 신속하게, 보고는 간결하게
한국자산관리공사

수신자 ○○○
(경유)
제 목 매수대금납부최고

| 관리번호 | 2006-0000-002 | 고양세무서 | 은행(계좌번호) : | 신한은행 000-00-40647597 |

매 수 대 금 납 부 최 고 서

매수자	성 명	○○○	주민등록번호	000000-0000000	법인번호	
	주소 또는 거 소	서울 서초구 ○○동 ○○번지 ○○○아파트 ○○○동 ○○○호				
체납자	성 명	○○○	주민등록번호		법인번호	000000-0000000
	주소 또는 거 소	경기도 고양시 덕양구 토당동 ○○번지 ○○아파트 ○○동 ○○호				

매각재산의 표시	경기도 고양시 일산서구 일산동 ○○번지 ○○아파트 ○○동 ○○호 대지 지분(총면적 11,470.7㎡) ○○㎡ 건물 ○○○㎡
납부할 금액	000,000,000원
당초납부기한	2009년 01월 12일
납부최고기한	2009년 01월 23일

국세체납처분에 의하여 귀하가 매입한 위 재산의 매수대금을 위 기한까지 납부하시기 바랍니다.

2009년 01월 13일

한국자산관리공사 조세정리부장
○ ○ ○ 귀하

※ 위 기한까지 납부하지 아니하는 때에는 국세징수법 제78조 제1항의 규정에 의하여 매각결정을 취소하고 계약보증금은 국고에 귀속됩니다(그러나 국고에 귀속되는 문구는 2010.1.1. 법 개정에 따라 변경될 것으로 판단된다).

❖ 재공매를 실시하게 되는 경우

　재공매는 공매기일에 매각재산이 매각되지 아니한 경우 매각조건을 변경하여(매각예정금액의 10% 저감하여) 새로이 공매를 실시하는 것을 말한다. 그리고 매수인이 매각대금의 납부기한까지 대금을 납부하지 아니한 경우도 새로운 매각기일을 정해서 재공매를 진행하게 된다.

　최초매각예정가격의 100분의 50까지 공매를 진행하였으나 매각되지 아니한 경우에는 최초매각예정가격을 기준으로 그 100분의 50을 한도로 2회차 이후 매 회차마다 최초매각예정가격의 10%씩 체감한다. 그러나 매각예정가격의 100분의 50의 금액까지 체감하여도 매각되지 아니한 경우 새로운 매각예정가격을 결정하여 재공매할 수 있다.

15 공매에서의 소유권이전절차

　국세징수법 제79조는 동법 시행령이 정하는 바에 따라 세무서장이 대위하여 소유권이전절차를 밟도록 하고 있으므로 세무서장 등은 매각대금을 완납한 매수인이 소유권이전등기청구에 의하여 등기·등록을 요하는 재산에 대해서 관할등기소 등에 소유권이전 및 매수인이 인수하지 아니한 제권리(말소기준권리 이후의 권리) 등의 말소 등을 촉탁하게 된다. 이 경우 한국자산관리공사가 공매를 대행한 경우라면 자산관리공사가 이러한 절차를 대행하게 된다.

　　이제 모두 정리가 되었죠? 다음은 "압류재산 공매물건은 어떻게 입찰해서 낙찰 받고 성공할 수 있나?"입니다.

Chapter 12

이 과장이 공매로 아파트에 입찰해서 낙찰 받고 성공한 사례와 동영상을 통한 입찰 현장학습

01 캠코공매물건 검색을 통한 입찰대상물건 검색방법

 이 화면은 회원로그인 한 후의 온비드 화면입니다.

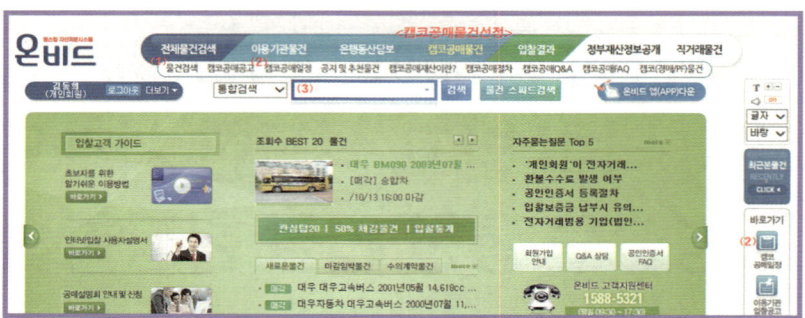

캠코공매물건메뉴 검색에서 ⑴ 물건검색, ⑵ 캠코공매일정, ⑶통합검색 등을 통하여 입찰자가 원하는 물건을 확인할 수 있습니다.

❖ 캠코공매물건을 물건검색을 통한 검색방법

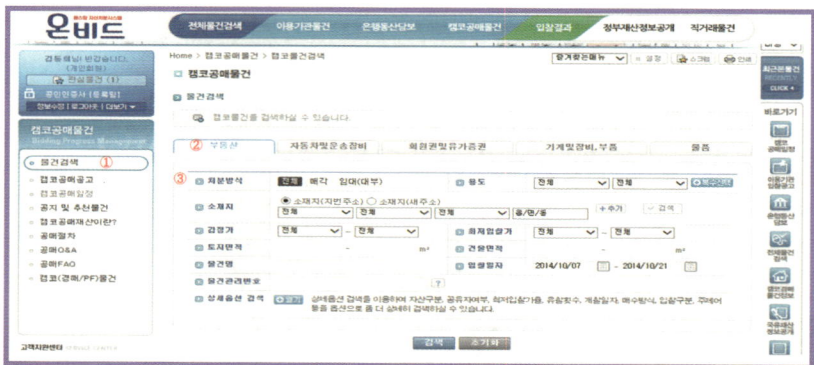

캠코공매물건에서 ⇨ ① 물건검색을 선택하고 ⇨ ② 용도별검색에서 부동산을 선택하고 ⇨ ③ 처분방식, 용도, 소재지, 감정가, 입찰일자, 기관명 등을 입력한후 ⇨ 하단 검색버튼을 클릭하면 공매가 진행 중이거나 공매예정인 물건정보를 조회할 수 있다.

❖ 캠코공매물건을 캠코공매일정을 통한 검색방법

캠코공매물건에서 ⇨ ① 캠코공매일정을 선택하고 ⇨ 자산구분대상과 담당부점별 입찰기간 및 개찰일시 등을 선택하여 오른쪽에 위치한 ②, ③, ④, … 등의 입찰목록의 보기를 선택하여 클릭하면 다음 화면과 같은 공매입찰대상 물건목록 등을 상세히

검색할 수 있다.

❖ 입찰대상물건 선정

앞의 방법으로 다음과 같이 입찰대상물건을 선정하고, 이 입찰대상물건정보를 물건분석과 권리분석 그리고 수익분석 등을 통하여 입찰에 참여하면 됩니다.

<입찰대상 물건목록>

관심물건등록 | 물건비교   (금액단위:원) 목록10개씩 GO

	용도 (입찰번호)	물건명/소재지	처분정보	감정가 (최초 예정가액) 최저입찰가	입찰기간	물건상태 유찰횟수	조회
☐	토지/ 임야 (2014-02211-001)	• 경기 포천시 관인면 초과리 산30 • [물건관리번호] 2014-02211-001 • [소재지(지번)] 경기 포천시 관인면 초과리 산30 임야 820.829㎡ 지분(총면적 4,565㎡)	매각/ 일반경쟁	6,156,210 **4,310,000** (70%)	14/10/ 10:00 ~ 14/10/ 17:00	입찰중 유찰3회	36
☐	토지/ 임야 (2014-02293-003)	• 경기 성남시 분당구 구미동 산58-10 • [물건관리번호] 2014-02293-003 • [소재지(지번)] 경기 성남시 분당구 구미동 산58-10 임야 3,335㎡	매각/ 일반경쟁	60,030,000 **21,011,000** (35%)	14/10/ 10:00 ~ 14/10/ 17:00	입찰중 유찰9회	208
☐	유가증권/ 기타유가증권 (2014-02407-001)	• 서울 동작구 신대방동 395-70 전문건설공제조합 출자증권 8좌(1좌권 3매 : 가제74698~74700호,5좌권 1매 : 나제15048호) • [물건관리번호] 2014-02407-001 • [소재지(지번)] 서울 동작구 신대방동 395-70 전문건설공제조합 출자증권 8좌(1좌권 3매 : 가제74698~74700호,5좌권 1매 : 나제15048호) [수량] 출자증권 8좌	매각/ 일반경쟁	7,160,896 **6,445,000** (90%)	14/10/ 10:00 ~ 14/10/ 17:00	입찰중 유찰1회	21
☐	<입찰할 아파트 선정> 주거용건물/ 아파트 (2014-02702-005)	• 서울 동대문구 청량리동 774 청량리현대코아 제서관동 제11층 제1108호 • [물건관리번호] 2014-02702-005 • [소재지(지번)] 서울 동대문구 청량리동 774 청량리현대코아 제서관동 제11층 제1108호 대 17.75㎡ 지분(총면적 3,163.60㎡), 건물 69.3㎡	매각/ 일반경쟁	285,000,000 **228,000,000** (80%)	14/10/13 10:00 ~ 14/10/15 17:00	입찰중 유찰1회	130
☐	토지/ 대지 (2014-02731-001)	• 서울 성동구 하왕십리동 980-69 • [물건관리번호] 2014-02731-001 • [소재지(지번)] 서울 성동구 하왕십리동 980-69 대 43㎡	매각/ 일반경쟁	188,340,000 **84,753,000** (45%)	14/10/ 10:00 ~ 14/10/ 17:00	입찰중 유찰7회	148

❖ 입찰할 아파트의 온비드 입찰정보 내역

❖ **어떠한 연유로 이 아파트를 입찰대상으로 선정하게 되었을까?**

온비드 입찰정보내역 화면 중간부분에서 물건정보와 감정평가서, 매각물건의 사진정보, 위치도 및 지도를 다음과 같이 분석해서 내가 사고자하는 목적에 맞으면서도 돈이 되는 물건을 찾아야 하는데...

(1) 아파트의 사진과 내부 및 평면도

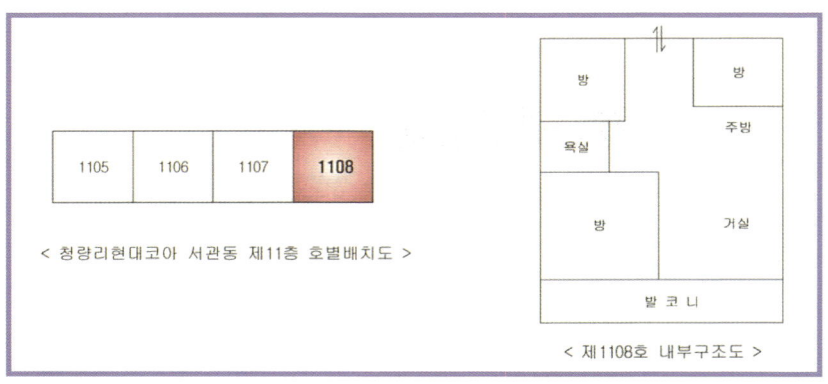

< 청량리현대코아 서관동 제11층 호별배치도 >

< 제1108호 내부구조도 >

(2) 아파트 주변 현황도

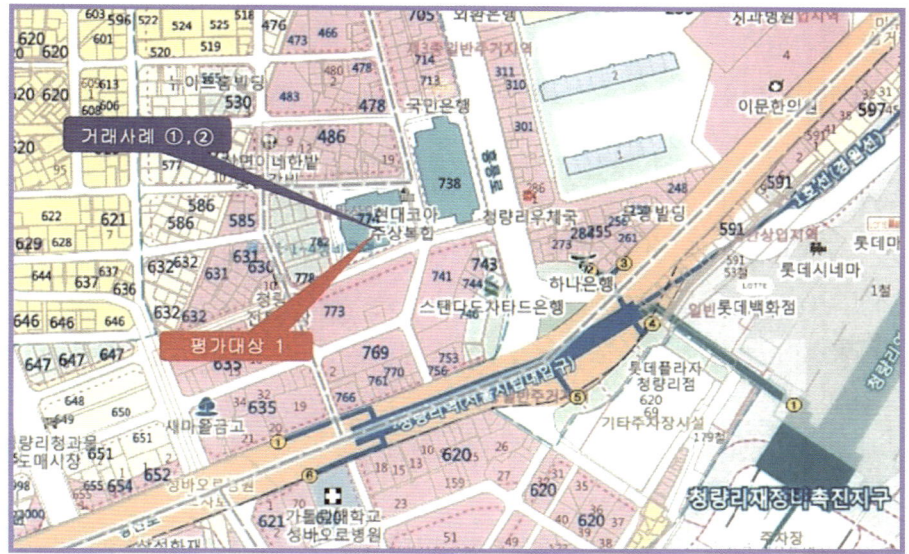

 선생님, 이 아파트는 제가 관심이 있어서 현장답사를 다녀온 물건입니다.

 그랬군요. 이 과장이 앞으로 나와서 이 물건에 대해서 설명해 보세요.

온비드 입찰정보 내역에서 아파트의 사진과 내부 및 평면도, 그리고 아파트 주변 현황도를 보면 알 수 있듯이 이 아파트는 서울시 동대문구 청량리동 소재 지하철 1호선 "청량리역"과 버스 등의 대중교통이 발달해 있고, 부근이 역세권이라 그런지 재래시장과 상가 등이 발달한 상업지대입니다. 그리고 우수한 학군 등이 근접해 있어서 학부모와 직장인 들이 선호하는 곳으로 높은 실수요가 예상되고 그러한 실수요증가가 미래가치를 끌어 올릴 수 있다는 판단 하에 이 아파트에 관심을 갖게 되었습니다. 그리고 마음에 드는 것은 아파트 가 요즘 선호하고 있는 28평형 이면서도 시세가 2억8,000만원을 호가하고 있는데 반해서 2억2,500만원으로 떨어져서 매각절차가 진행되고 있어서 마음에 들었습니다. 그래서 2억3,000만원 정도에 입찰해서 낙찰 받아 2년 거주후 비과세로 팔게 되면 양도세도 비과세 되고 그로 인해서 시세 차익도 5,000만원이 발생하고 2년 동안 아파트가 3억원으로 오르게 된다면 그만큼 투자이익은 더 증가될 수도 있다는 계산이지요.

　마지막으로 이 아파트를 낙찰 받으면 인수할 권리나 금액은 없는지를 확인해야 하는데 그 이유는 인수할 금액이 있다면 입찰한 금액과 별도로 추가되는 취득비용이 발생하기 때문입니다.

　그래서 권리분석을 선생님께 부탁드리려고 기다리던 중인데 선생님이 이 아파트를 대상으로 설명하셔서 놀랐습니다.

 권리분석은 다음과 같이 하면 됩니다.

02 아파트를 낙찰 받으면 인수할 권리가 없이 안전할까?

❖ 말소기준권리를 찾고 인수할 권리가 있는지를 확인해라

　이 아파트를 낙찰 받으면 입찰한 금액 이외에 추가되는 권리나 인수할 권리가 있다면 낭패를 보게 됩니다. 그래서 이러한 권리를 확인하기 위해서 1번 온비드 입찰정보 내역에서 온비드 입찰정보내역 화면 중간 등기사항증명서와 임대차정보, 공매재산명세서, 그리고 등기부등본을 직접 발급 받아서,

① 온비드 입찰정보내역 화면 중간 등기사항증명서와 임대차정보

■ 임대차정보

임대차내용	이 름	보증금	차임(월세)	환산보증금	확정(설정)일	전입일
전입세대주	오석근	0 원	0 원	0 원		2009/03/31

■ 등기사항증명서 주요 정보

순번	권리종류	권리자명	등기일	설정액(원)
1	위임기관	동대문구청		미표시
2	근저당권	현대건설주식회사	1997/12/26	15,000,000,000 원
3	가압류	주식회사한국대코	1999/03/17	2,368,754,000 원
4	가등기(담보목적)	이강O	1999/12/28	미표시

② 공매재산명세서

압류재산 공매재산 명세

처 분 청	동대문구청	관 리 번 호	2014-02702-005
공매공고일	2014-07-30	배분요구의 종기	2014-09-15
압류재산의 표시	서울특별시 동대문구 청량리동 774 청량리현대코아 제서관동 제11층 제1108호 대 지분 17.75 ㎡ 건물 69.3 ㎡		
매각예정가격/입찰기간/개찰일자/매각결정기일		온비드 입찰정보 참조	
공 매 보 증 금		입찰가격의 100분의 10 이상	

■ 점유관계   [조사일시: 2014-07-14 /정보출처 : 현황조사서 및 감정평가서]

점유관계	성 명	계약일자	전입신고일자 (사업자등록신청일자)	확정일자	보증금	차임	임차부분
전입세대주	오수근		2009-03-31		0	0	
임차인	김미희				120,000,000	0	

공매재산의 현황	아파트
기타	1. 본건 개요 및 현황 - 본건은 서울특별시 동대문구 청량리동 소재 "청량리역" 북측 인근에 위치하며, 아파트로 이용중인 것으로 관찰되므로 정확한 이용·상태는 별도 재확인을 요함. 2. 관공서 열람내역 - 주민센터 : 전입세대주 "오수근" 등록 됨. - 세무서 : 사업자등록자 해당사항 없음. 3. 점유관계 현황 - 본건 방문시, 임차인 "김미희"에게 공매진행 및 배분요구 안내통지함. - "김미희"은 본건을 전세보증금 1억2000만원으로 사용이라고 구두진술 함. - 임차인의 임차금액은 구두진술에 의거하여 등록하였으며, 정확한 임차내역은 별도 재확인을 요함. - "김미희"의 남편 "정한O"에게 전입세대주를 문의한바, "오석근"는 지인으로 본건에 주소전입만 되어있고 실제 거주하지 않는다고 구두진술 함. - 본건은 임차인 "김미희"의 가족이 사용 중인 것으로 탐착조사된바, 정확한 점유 및 임차 관계는 별도 재확인을 요함. 4. 기타 특이사항 - 공부상 "서관동"으로 기재되어 있으나, 통칭 "서관동 및 103동"으로 이용중이며, 아파트 외벽에 "103" 표시됨.

■ 임차인 신고현황

번호	성명	권리신고일	전입신고일자 (사업자등록신청일자)	확정일자	보증금	차임	임차부분
			조회된 자료가 없습니다.				

■ 배분요구 및 채권신고 현황

번호	권리관계	성명	설정일자	설정금액	배분요구채권액	배분요구일
1	근저당권	현대건설주식회사	1997-12-26	15,000,000,000	0	
2	가등기(담보목적)	이강희	1999-12-28	0	220,577,000	2014-03-28
3	가등기(담보목적)	이강희		0	0	
4	압류	동대문세무서	2000-12-15	10,785,387,100	10,785,387,100	2014-03-15
5	압류	국민연금관리공단(동대문중랑)	2003-03-05	0	0	
6	압류	국민건강보험공단(동대문지사)	2012-04-04	50,684,604	50,684,604	2014-03-24
7	압류	동대문구청(교통행정과)	2012-07-06	20,479,200	20,479,200	
8	교부청구	서울특별시		5,285,805,030	5,285,805,030	2014-09-15
9	교부청구	국민건강보험공단 동대문지사		1,421,530	1,421,530	2014-08-04
10	가압류	주식회사한국네모	1999-03-17	2,388,784,000	0	
11	가압류	이강희	2010-02-08	213,520,091	213,520,091	2014-03-28
12	취임기관	동대문구청	1999-11-10	0	238,770,150	2014-03-11

* 채권신고 및 배분요구현황은 배분요구서를 기준으로 작성하였으며 신고된 채권액은 변동될 수 있습니다.

■ 공매재산에 대하여 등기된 권리 또는 가처분으로서 매각으로 그 효력을 잃지 아니하는 것

■ 매각에 따라 설정된 것으로 보게 되는 지상권의 개요

■ 기타 유의 사항

2014. 09. 26
한국자산관리공사 조세정리부

③ 등기부등본 열람 및 발급방법

인터넷 대법원등기소(www.iros.go.kr)를 검색하면 다음과 같은 화면이 나타나게 된다.

이 화면에서 발급받고자하는 주택의 주소를 선택해서 등기부등본을 열람하거나 발급받아서 분석하면 된다.

1차적으로 말소기준권리를 찾고, 2차적으로 인수할 권리가 있는가를 분석해야 하는데, 그중에서도 다음 공매재산명세서를 통해서 권리의 대부분을 이해할 수 있습니다.

❖ 이 공매물건분석에서 유의할 점에 대해서 알아보자!

① 말소기준권리와 기준일자는 어떻게 되는가!

이 공매물건은 한국자산관리공사가 서울시 동대문구청으로부터 공매를 위임받아 매각한 공매물건으로 말소기준권리는 1997. 12. 26. 현대건설주식회사 근저당권 150억원(채권최고액)이다.

② 점유자의 권리신고 및 배분요구와 대항력 유무

이 주택에 임차인 김미희가 임차보증금 1억2,000만원이라고 주장하고 있지만, 김미희가 전입신고를 하지 않고 있고, 다른 전입세대원 오수근은 전입일자가 2009. 03.

31. 로 말소기준일 보다 후순위이므로 낙찰자가 인수할 임차인은 없다. 임차인이 배분요구하지 않은 사실과 말소기준권리인 현대건설 근저당권이 150억원인 점을 감안하면 임차인이 아니라 체납자의 회사직원, 또는 가족구성원일 가능성이 높다.

③ 그 밖에 인수할 권리 여부

가등기권자는 담보가등권자로 공매로 소멸되는 권리에 불과하다.

따라서 인수할 다른 권리는 없어 보이지만 현장을 방문해서 유치권 존재 여부와 관리비 연체 등을 확인해 본 결과 유치권은 없었으며 관리비 역시 거주하고 있는 임차인이 연체를 하고 있지 않아서 인수할 금액이 없었다.

잠깐만 이 과장, 이러한 내용을 확인하는 것을 잊지 마세요.

❶ 배분요구 및 채권신고 내역에서는 공매위임관서의 압류일자와 배분요구채권액만 기재되어 있다(압류 1999. 11. 10. 배분요구 채권액235,770,150원). 그래서 조세채권이 당해세인지, 일반 세금인지를 구분할 수 없고, 법정기일도 알 수가 없다. 이러한 내용은 온비드 입찰정보내역 상단 좌측에 있는 공매담당자에게 문의해서 예상배분표를 작성하고 인수할 금액이 있는가를 판단해서 입찰해야 한다.

확인해 본 결과 1999. 06. 10.부터 부과된 전액 재산세로 당해세에 해당되는 세금이다.

❷ 동대문세무서 역시 압류일자와 체납세액만 기재되어 있어서 문의해 본 결과 체납세액 10,755,387,100원은 법인세로 그 법정기일은 2000. 01. 31. 이다.

❸ 교부청구한 서울시 체납세금 5,265,505,030원 역시 배분 요구일만 있어서 확인해 보니 법정기일 2013. 12. 10. 로 법인세할 주민세였다.

어쨌든 이 아파트에서는 대항력이 있는 권리가 없어서 확인하는 것이 의미는 없지만 다른 물건에 입찰할 때 이와 같이 알고 입찰해야 합니다.

03 종합적인 물건분석과 권리분석 후 배분표 작성

　이 아파트는 서울시 동대문구 청량리동 소재 지하철 1호선 "청량리역"과 버스 등의 대중교통이 발달해 있고, 부근이 역세권이라 그런지 재래시장과 상가 등이 발달한 상업지대이다. 그리고 우수한 학군 등이 근접해 있어서 학부모와 직장인 들이 선호하는 곳으로 높은 실수요가 예상되고 그러한 실수요 증가가 미래 가치를 끌어 올릴 수 있는 지역의 아파트다. 아파트는 내부는 방 3개, 욕실겸 화장실 1, 거실, 주방, 발코니 등이 있고, 아파트 시세가 감정가 2억8,500만원 수준인 2억8,000만원 정도 형성되고 있었다. 그래서 230,111,000원에 낙찰 받으려 한다. 왜냐하면 당장의 시세차익 5,000만원과 2년 보유하다가 매각할 때 보면 그 이상으로 올라서 높은 시세 차익을 바라볼 수 있다는 김 선생의 조언에 따른 것이다. 그리고 낙찰 받아 2년 거주후 비과세로 팔게 되면 9억까지는 양도차익에 대해서 양도소득세가 비과세 되므로 그만큼 투자이익을 증가 시킬 수 있기 때문이다.
　그리고 앞에서 분석한 것과 같이 인수할 권리나 금액이 없다는 것이 장점이었다.

매각대금을 가지고 배분표를 작성하고 인수할 권리에 대해 분석

　매각금액이 230,111,000원+매각대금이자 255,500원이고 공매비용이 6,903,330원으로 배분금은 223,463,170원이 된다.
　1순위 : 서울시 도봉구 재산세 235,770,150원(당해세 우선변제권 1)
　2순위 : 현대건설주식회사 근저당권 12,306,980원(우선변제권 2)으로 배분이 종결되고 낙찰자가 인수할 권리나 금액이 없게 된다.

04 지금까지 조사한 자료를 종합분석해서 입찰에 참여해라

입찰가는 지금까지 조사한 모든 자료 등을 종합 분석하여 입찰 참가 하루 전까지 입찰가를 결정하여 입찰에 참여하는 것이 좋습니다. 입찰당일 입찰하기 전까지 결정하지 못하는 경우가 많은데 이는 올바른 투자자 입장이 아니죠. 경쟁률이 높다고 하여서 수익성이 떨어지는 높은 가격으로 응찰해서는 안 되고, 기대이익의 확보되는 수준으로 입찰가를 결정해야 되는데, 그 결정은 다음과 같이 수익분석 후에 입찰가를 결정하고 입찰에 참여해야 합니다.

수익분석은 어떻게 하면 되나요?

(1) 무주택자가 공매로 낙찰 받아 2년 보유후 매각하면 수익은 얼마?
〈수익률 계산내용은 제5장 1. 공매로 내집 만들기 무작정 따라 하기 102쪽을 참조하면 되므로 생략〉

(2) 공매로 낙찰 받아 1년 보유후 매각하면 수익은 얼마?
〈수익률 계산내용은 제5장 1. 공매로 내집 만들기 무작정 따라 하기 112~119쪽을 참조하면 되므로 생략〉

이렇게 하면 됩니다.
수익분석후 입찰가를 230,111,000원으로 결정했습니다.
그렇다면 입찰서 제출은 다음과 같이 하면 됩니다.

05 입찰할 공매물건에서 입찰서 제출과 입찰보증금 납부

앞의 1번 입찰할 아파트의 온비드 입찰정보 내역에서 다음 표와 같이 입찰참가 를 클릭하면 공매물건에 입찰할 수 있는 인터넷입찰서 작성화면이 나타납니다.

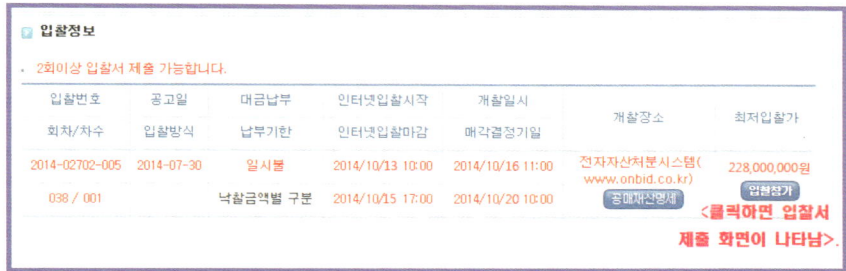

❖ 온비드 인터넷 입찰서 작성

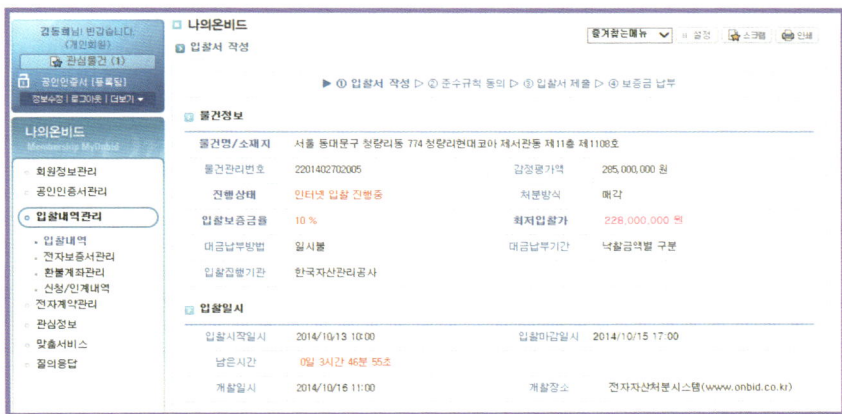

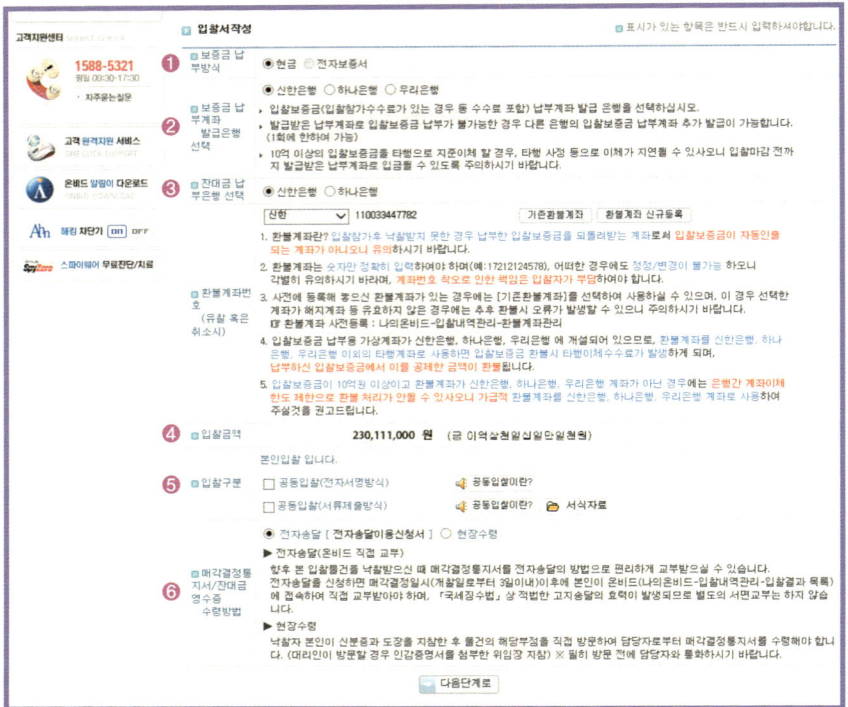

① 입찰보증금을 현금으로 납부 또는 전자보증서로 납부를 선택

② 입찰보증금 납부계좌 발급은행 선택(입찰에 참가하고 나면 입찰내역과 입찰보증금 납부 가상계좌가 나타나는데 이때 가상계좌은행을 선택하는 것임)

③ 낙찰 받지 못한 경우 보증금을 환불 받을 은행계좌를 입력한다.

④ 입찰금액(응찰금액)을 기재해야 하는 데 주의할 점은 최저가 이상의 금액으로 입찰하여야 유효한 입찰이 된다.

⑤ 공동입찰의 경우 공동입찰 란을 선택하면 다음과 같은 화면이 나타난다.

"공동입찰(서류제출방식)을 선택했습니다"라는 화면이 나타나면 ⇨ 확인을 클릭하고 ⇨ 대표 입찰자 지분과 공동입찰자/입찰자(위임자)정보 기재후 ⇨ 다음단계를 클릭하면 된다.

⑥ 매각결정통지서 수령방법으로 전자송달방법과 직접 방문수령방법을 선택하는

것인데, ㉠ 전자송달방법을 선택하면 매각결정일시(개찰 3일후 월요일 10:00)에 본인이 온비드(나의온비드 ⇨ 입찰내역관리 ⇨ 입찰결과목록)에 접속하여 직접 교부받아야 하며, 이 경우 국세징수법상 고지송달의 효력이 발생되므로 별도 서면교부는 하지 않게 된다.

㉡ 현장수령방법을 선택하면 낙찰자(최고액입찰자)가 직접 자산관리공사 해당부점을 방문하여 매각결정서를 수령하는 방법이다.

앞에서와 같은 입찰서를 작성했다면 다음단계로 를 클릭하면 다음 입찰내역확인 및 입찰참가 준수규칙 확인 화면이 나타납니다.

❖ **입찰내역확인 및 입찰참가 준수규칙 확인**

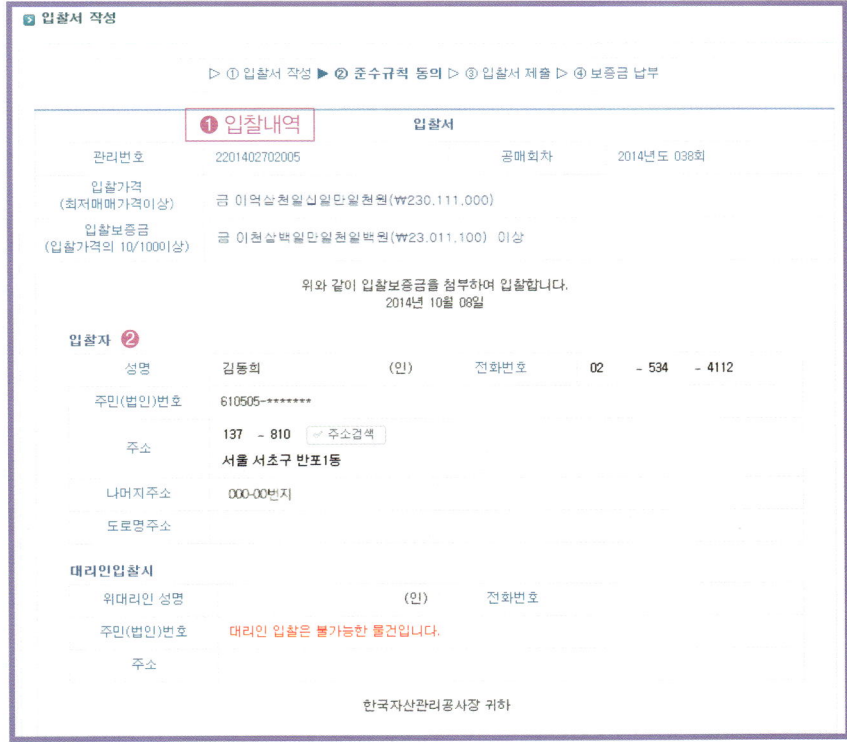

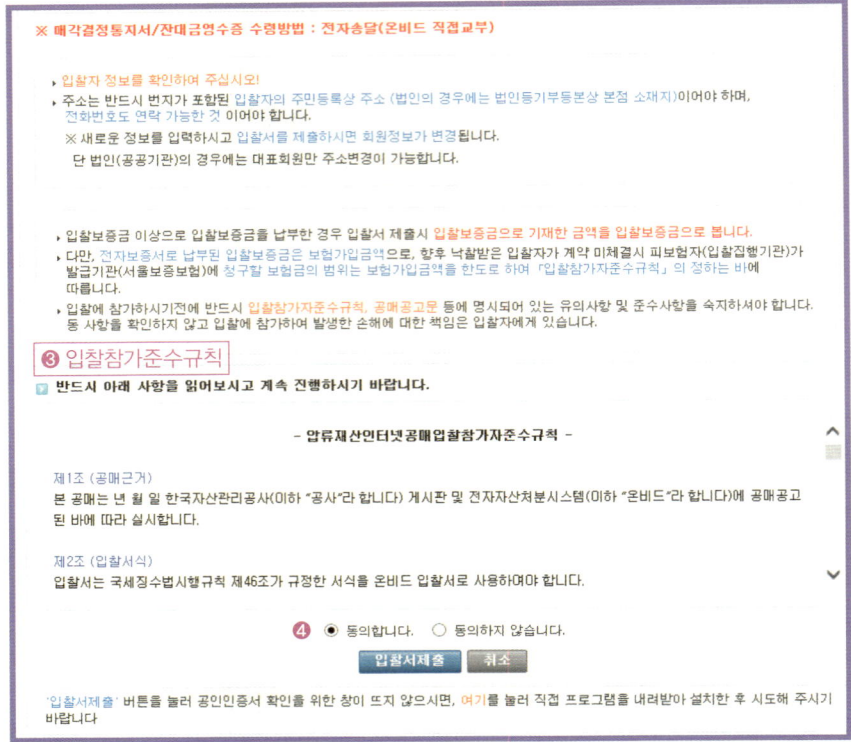

① 입찰자가 입찰한 입찰내역을 확인할 수 있다. 여기서 입찰가액이 정확히 작성되었는가를 확인하고 입찰가액의 10%인 입찰보증금을 확인하여야 된다.

② 입찰자의 정보내역이 정확한지 확인한다(성명, 주소, 주민번호 등의 일치여부 확인).

③ 인터넷 공매입찰참가자준수규칙을 자세히 읽어봐야 한다.

④ 3항을 읽어본 후 이상이 없으면 "동의합니다"를 체크한다.

4항에 체크한 다음 입찰서 제출을 클릭하면 다음절차로 이어집니다.

❖ 입찰참가자 준수규칙과 공인인증서 및 입찰 제출내역 확인

(1) 입찰참가시 공고문 및 입찰참가자준수규칙을 숙지 확인

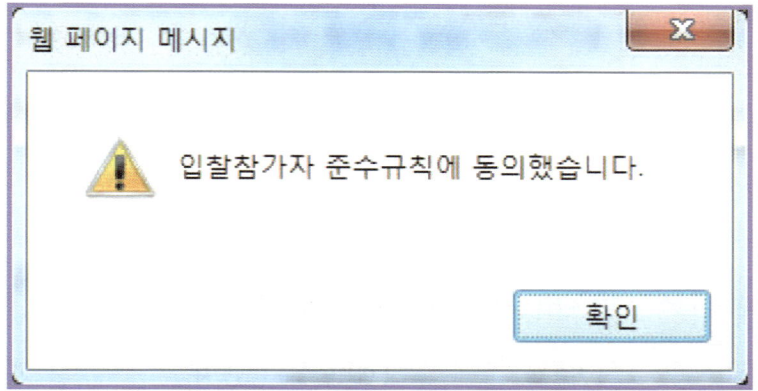

(2) 입찰참가자 준수규칙에 동의

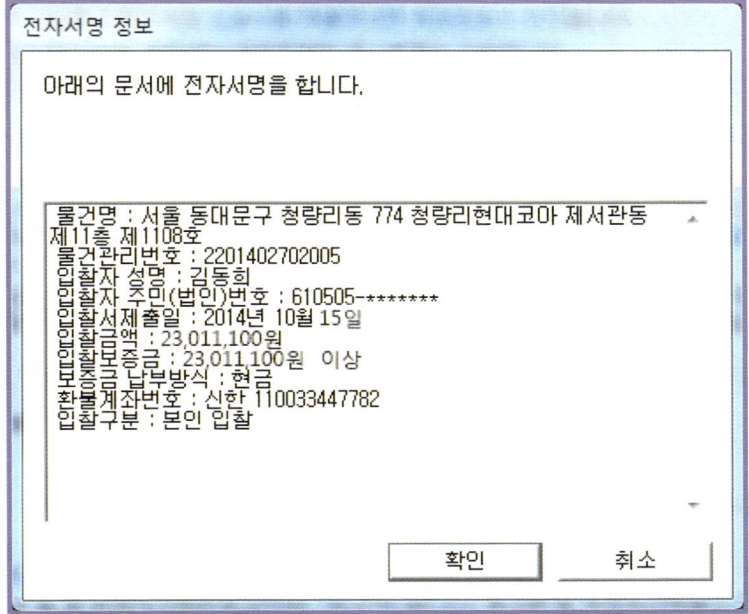

(3) 전자서명정보(아래의 문서에 전자서명을 합니다) 확인

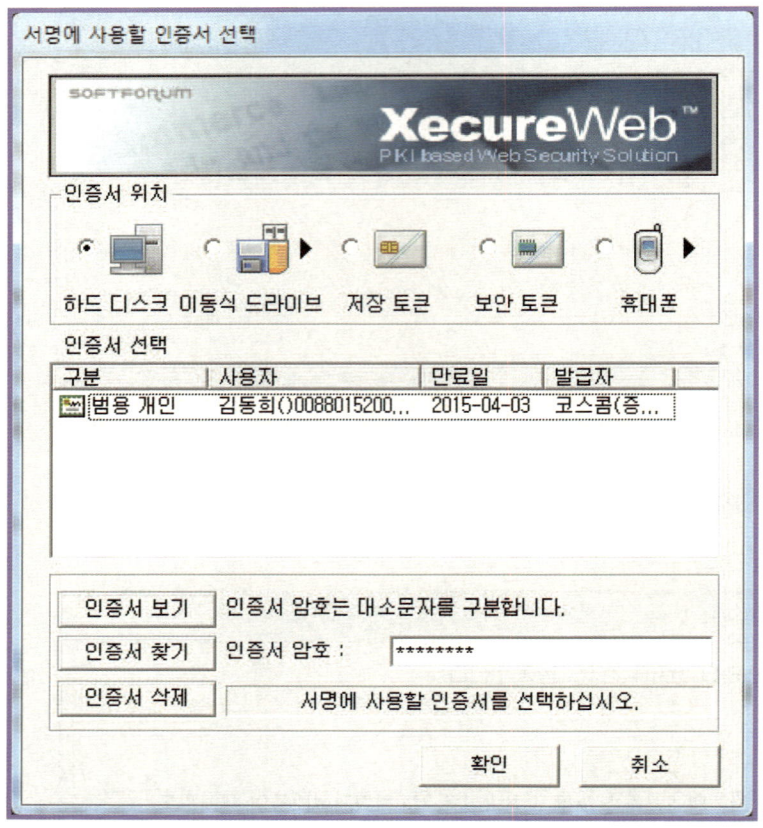

　여기서 서명에 사용할 인증서를 선택 후 인증서암호를 등록 후 확인을 클릭하면 된다. 이러한 절차가 모두 마무리가 되면 다음 입찰서 제출완료사항 및 입찰내역과 입찰보증금 확인 온비드화면 창이 나타납니다.

❖ 입찰서 제출완료사항 및 입찰내역과 입찰보증금 확인

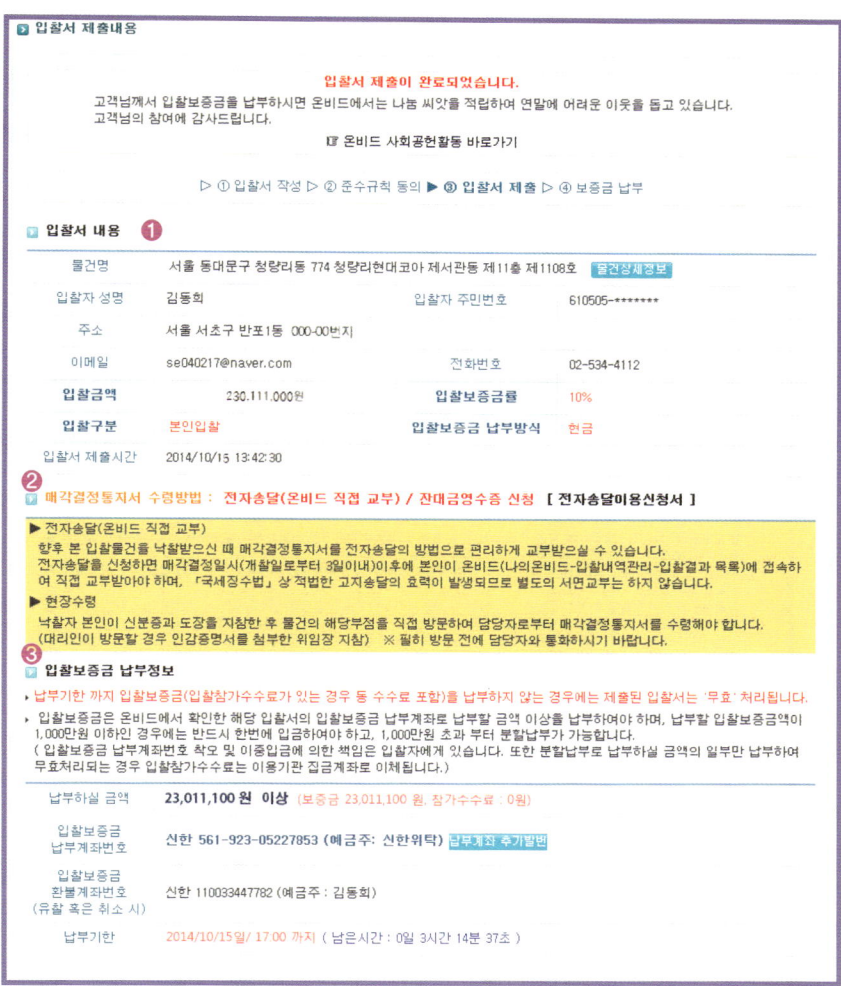

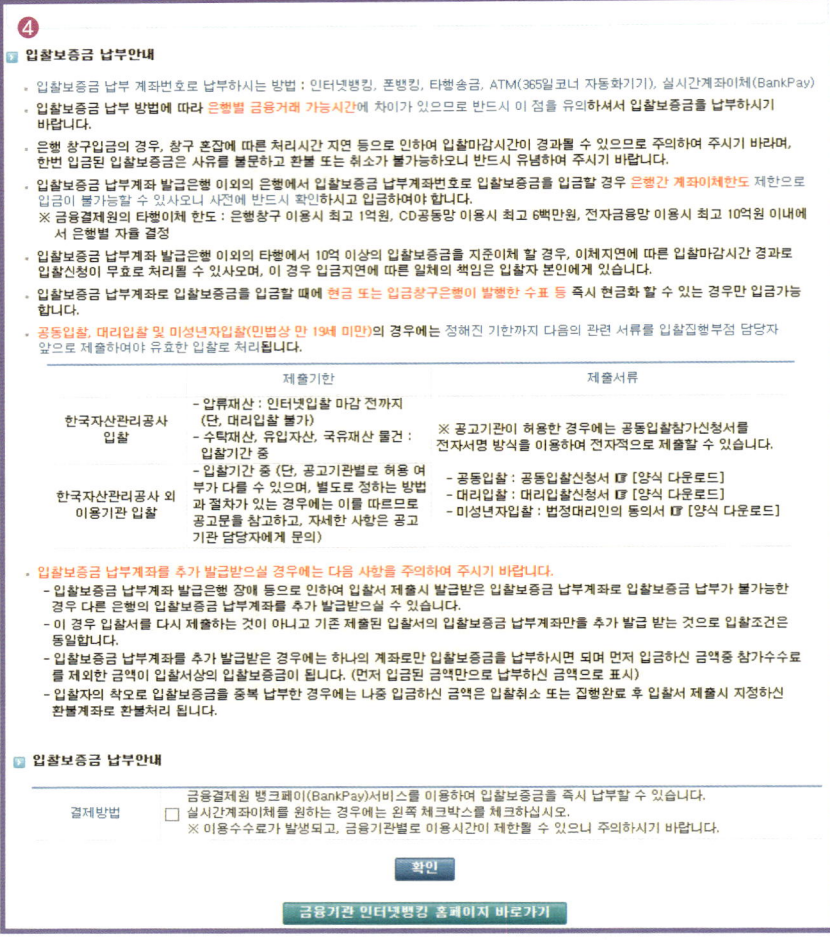

① 입찰한 물건에 대한 입찰서내용을 최종적으로 확인한다.
② 매각결정통지서 전자송달(온비드직접교부) 신청했다는 내용을 기재한 것이다.
③ 입찰자가 납부해야할 입찰보증금액 및 입찰참가수수료 등을 확인하고, 입찰보증금 납부계좌번호와 입찰보증금 납부기한(납부시간)을 확인한다. 입찰서를 제출한 경우에도 입찰보증금을 입찰보증금 납부기한(시간)까지 입금하여야 유효한 입찰이 된다. 참고로 입찰은 2회 이상 입찰이 가능하다. 입찰서만 제출 후 또는 입찰서 제출 후 보증금 납부 후라도 2회 이상 입찰이 가능한데 보증금 납부

한 경우라면 높은 가격으로 입찰한 것이 유효한 입찰이 되고 낮은 가격입찰은 일반 유찰물건과 같이 환급계좌에 자동이체 된다.이밖에도 유찰 또는 취소 시 입찰보증금 환급계좌가 정확히 입력되었는가를 확인한다.
④ 입찰보증금 납부방법에 대한 설명이므로 자세히 읽고 진행하여야 한다.
이상이 없으면 우측 상단에서 인쇄를 해서 입찰보증금을 가상계좌로 입금할 때 참고하고, 마지막으로 확인 을 클릭하면 다음과 같이 입찰진행내역이 나타납니다.

❖ 입찰물건에 대한 입찰진행 내역과 입찰결과 확인

(1) 입찰보증금 납부하기 전에 입찰진행 내역

입찰보증금을 납부하기 전이므로 보증금 납부현황이 미납 표시로 나타나지만, 입찰보증금을 가상계좌로 납부하고 나의온비드를 통해서 다음 (2)와 같이 확인하면 완납 으로 표시됩니다.

(2) 입찰보증금 납부 확인

① 입찰보증금납부

㉠ 입찰서 제출 시 납부계좌를 선택한 신한은행, 하나은행, 우리은행의 가상계좌로 입찰금액의 10%를 보증금으로 납부하여야 유효한 입찰이 성립된다〈입금계좌는 "입찰서 제출완료사항 및 입찰내역과 입찰보증금 확인" 에서 프린트한 내용에 기재된 계좌에 보증금을 납부〉.

㉡ 입금금액은 보증금의 10% 이상이어야만 입금이 가능하고 입찰자가 아닌 누구라도 입금이 가능하나 입찰마감 종료 전까지 입금하여야 유효한 입찰이 된다. (본인에게만 주어진 가상 계좌이므로 입금자가 입찰자와 달라도 괜찮다)

㉢ 입찰보증금이 1,000만원 이하이면 일시 입금만 가능하고, 1,000만원이 초과되는 경우에는 일시입금 또는 여러 번으로 나누어 입금하여도 그 합계금액이 입찰보증금액이 되면 된다.

② 입찰보증금 납부결과 확인

입찰보증금을 납부했다면 ⇨ 온비드 기본화면 상단 나의 나의 온비드 메뉴을 선택하면 ⇨ 나의 입찰내역이 나타나고 이 중에서 ⇨ 입찰중, 집행완료, 보관함 등을 선택하면 되는데 ⇨ 입찰이 완료되기 전인 경우 입찰중을 선택해서 위 화면과 같이 입찰진행목록 을 선택하면 ⇨ 위와 같이 보증금 납부가 완납 되었음을 확인할 수 있습니다. 이로써 모든 입찰절차는 마무리가 되고 다음날 목요일 오전 11:00에 매각결과만 확인하면 됩니다. 그러나 입찰이 완료되어 낙찰자가 공표된 물건은 집행완료를 선택해서 입찰결과를 확인해야 합니다.

(3) 이번엔 입찰결과를 확인하는 방법입니다

목요일 오전 11:00에 입찰결과를 공표하고 있으므로 입찰에 참여하신 분들은 온비드 기본화면 상단 나의 온비드 메뉴를 선택하면 ⇨ 나의 입찰내역이 나타나고 이 중에서 ⇨ 입찰중, 집행완료, 보관함 등을 선택하면 되는데 ⇨ 입찰이 완료되었으므로 집행완료를 선택해서 위 화면과 같이 입찰진행목록 을 선택하면 ⇨ 다음 ①과 같이 입찰결과(낙찰, 유찰)를 확인할 수 있고, ⇨ 그리고 입찰결과 우측입찰상세 메뉴에서 보기 를 클릭하면 다음 ②와 같이 입찰결과 입찰상세 정보화면이 나타나게 됩니다.

① 입찰결과 확인

공매 정보				
자산구분	압류재산	담당부점	조세정리부	
회차/차수	039 - 001	인터넷입찰일시	2014/10/13 10:00~2014/10/15 17:00	
현장입찰일시	-	개찰일시	2014/10/16 11:02	

물건 정보 (금액단위:원) 목록10개씩

	입찰번호	물건관리번호	용도	소재지/물건명	최저입찰가 예정금액	낙찰가	낙찰	입찰상세
□	2012-12735-002	2012-12735-002	임야	서울 강동구 명일동 산57-2	1,166,464,000	1,172,000,000	낙찰	보기
□	2014-07334-001	2014-07334-001	아파트	서울 관악구 신림동 1735-1 관악산휴먼시아 제104동 제5층 제502호	376,800,000	407,870,000	낙찰(해제)	보기
□	2013-17637-002	2013-17637-002	판매및영업시설	서울 노원구 상계동 1318 노원아이파크 제101동 제지1층 제비-109호	27,250,000	30,700,000	낙찰	보기
□	2012-16164-008	2012-16164-008	판매및영업시설	서울 노원구 상계동 1318 노원아이파크 제101동 제지1층 제비-118호	20,000,000	20,100,100	낙찰	보기
□	2014-06628-001	2014-06628-001	아파트	서울 노원구 중계동 78 제9층 제906호	282,400,000	316,199,900	낙찰	보기
☑	2014-02702-005	2014-02702-005	아파트	서울 동대문구 청량리동 774 청량리현대코아 제서관동 제11층 제1108호	228,000,000	230,111,000	낙찰 ①	보기 ②
□	2013-19941-002	2013-19941-002	잡종지	서울 성동구 성수동1가 656-735, 656-736, 656-1247	57,080,000	63,355,000	낙찰	보기
□	2014-01431-001	2014-01431-001	연립주택	서울 성북구 정릉동 684-8 지하층 104호	55,000,000	62,110,000	낙찰	보기
□	2014-07737-001	2014-07737-001	대지	서울 영등포구 신길동 1754	377,032,000	405,566,000	낙찰	보기
□	2014-06625-001	2014-06625-001	다세대주택	서울 은평구 갈현동 418-22 제4층 제401호	133,600,000	141,200,000	낙찰	보기

1 2 **3** 4 Total : 32

② 입찰결과 입찰상세 정보화면

입찰결과			
물건관리번호	2014-02702-005	조회수	216
물건명	서울 동대문구 청량리동 774 청량리현대코아 제서관동 제11층 제1108호		
입찰자수	유효 1명 / 무효 0명 (인터넷)		
입찰금액	230,111,000원		
개찰결과	낙찰	낙찰금액	230,111,000원
물건누적상태	유찰 2회 / 취소 0회 입찰이력보기		
감정가격 (최초 최저입찰가)	285,000,000원	낙찰가율 (감정가격 대비)	80.7%
최저입찰가	228,000,000원	낙찰가율 (최저입찰가 대비)	100.9%

이 화면을 통해서 입찰자수와 입찰금액 조회수 등을 분석하여 유찰된 원인 등을 점검하고, 다음 공매물건 입찰에서 입찰가격 등을 결정하는 데 주요한 분석 자료로도 활용할 수 있습니다.

 어, 이 과장이 단독으로 낙찰 받았군요. 2억8,000만원 짜리 아파트를 2억 3,000만원에 낙찰 받았으니 축하합니다.

 이 과장 축하해. 저두요. 공매 공부한 보람 있죠?

 이제 어떻게 하면 되죠?

❖ 매각결정과 대금납부 기한을 확인하는 방법

입찰결과를 확인해서 최고액 입찰자가 되었다면 3일 이후인 월요일 10:00에 매각결정을 기다려야 한다. 월요일 10:00에 매각결정, 매각결정취소, 공유자에게 매각결정(공유자가 우선 매수신청 시) 등을 확인할 수 있는데 본인에게 매각결정이 이루어졌다면 매각결정과 동시에 확정의 효력이 발생하게 되므로 잔금 납부기한과 납부최고기간 등이 기재되어 있는 매각결정서와 입찰보증금영수증을 발급받아야 한다. 이 매각결정서와 입찰보증금 영수증은 추후 대금납부하고 나서 소유권이전등기 시 첨부할 서류가 되므로 보관하고 있어야 한다. 매각결정이 확정되고 나서는 낙찰자의 동의가 없이 공매를 취소할 수 없다.

매각결정이 확정되기 전까지 체납자는 체납액을 상환하고 공매를 취소 신청할 수 있고, 공유자는 공유자우선매수를 신청할 수가 있습니다. 그래서 낙찰 받았다고 하더라도 매각결정이 낙찰자에게 반드시 나게 되는 것이 아니라 월요일 10:00에 매각결정이 취소 또는 공유자에게 매각결정이 되기도 한다는 사실을 알고 있어야 합니다.

그리고 대금납부와 소유권이전등기방법은 11장을 참고하면 될 것입니다.

다음 13장은 실제로 낙찰 받거나 지인들에게 소개해주었던 사례, 그리고 알고 있으면 좋은 사례들을 모아서 공매를 심층적으로 공부하는 시간입니다.

선생님 고맙습니다. 오늘은 선생님을 모시고 한턱 쏘겠습니다.
자, 모두들 가시죠.

내일은 지상에 다가구주택이 있는데, 건물은 매각제외되고 토지만 매각되는 사례를 오늘 7총사가 온비드를 보고 입찰하는 방법을 공부했듯이 독자분들을 위해서 동영상으로 어떻게 권리분석하고 입찰에 참여하는 가를 직접 보여줄 생각입니다. 7총사분도 시간이 나면 다시한번 복습하시기 바랍니다.

06 지상에 다가구주택이 있는 토지만 매각되는 사례를 동영상으로 설명하는 시간

이번 사례는 인천시 숭의동에 있는 공매물건으로 지상에 다가구주택이 존재하고 있는데 건물은 매각에서 제외되고 토지만 공매로 나온 사례입니다. 중요한 것은 건물도 경매로 매각되다가 중지 되었지만 조만간 경매가 예상되는 물건이라 토지를 반값에 낙찰 받으면 건물을 싸게 낙찰 받을 수 있어서 높은 수익성이 기대되는 물건입니다. 왜냐하면 건물이 법정지상권이 성립되지 않아서 토지를 낙찰 받고 나서 건물이 경매가 진행되면 건물을 대상으로 법정지상권이 성립되지 않음을 이유로 토지인도 및 건물 철거소송에 따른 가처분을 하고 입찰에 들어가면 건물이 철거의 위험 속에 놓여 있기 때문에 다른 입찰자가 입찰할 수 없기 때문이죠. 이 공매물건 현황을 살펴보면 다음과 같습니다.

❖ 입찰할 토지의 온비드 입찰정보 내역

Chapter 12 이 과장이 공매로 아파트에 입찰해서 낙찰 받고 성공한 사례와 동영상을 통한 입찰 현장학습

(1) 아파트의 사진과 내부 및 평면도

(2) 아파트 주변 현황도

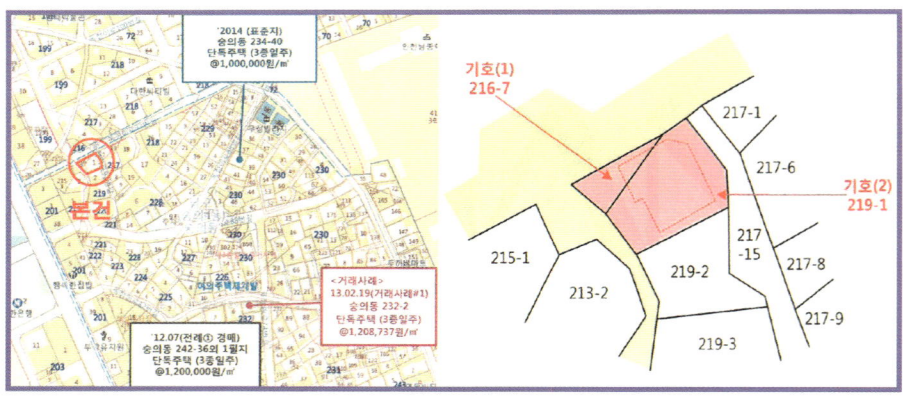

❖ 지상 다가구주택이 경매로 매각 절차가 진행 중에 있다

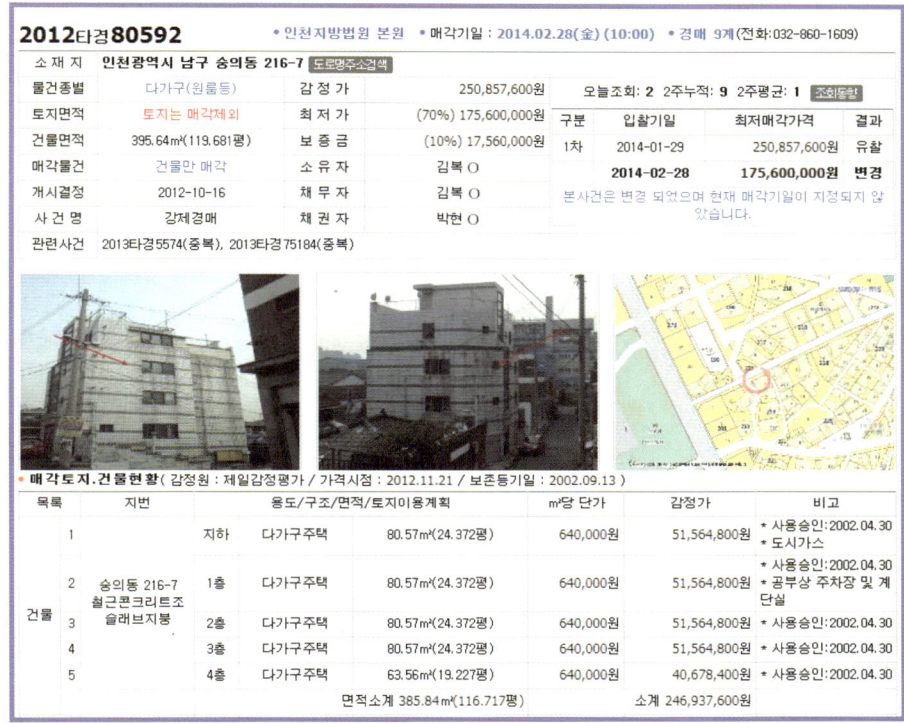

❖ **종합적인 물건분석과 권리분석 후 배분표 작성**

〈동영상으로 설명하고 있는대로 권리분석하고 입찰하는 실전 현장학습하는 시간이다〉

❖ **입찰할 공매물건에서 입찰서 제출과 입찰보증금 납부**

〈동영상으로 설명하고 있으니 김 선생이 하는 대로 입찰서를 제출하고 입찰보증금을 납부하면 된다.〉

❖ 토지가 공매로 다음과 같이 매각되었다

입찰결과			
물건관리번호	2014-02463-003	조회수	198
물건명	인천 남구 숭의동 216-7, 219-1		
입찰자수	유효 5 명 / 무효 6 명 (인터넷)		
입찰금액	122,000,000원, 117,360,000원, 115,500,000원, 113,390,000원, 110,500,000원, 110,060,800원		
개찰결과	낙찰	낙찰금액	122,000,000원
물건누적상태	유찰 5 회 / 취소 0 회 [입찰이력보기]		
감정가격(최초 최저입찰가)	219,760,000원	낙찰가율(감정가격 대비)	55.5%
최저입찰가	109,880,000원	낙찰가율(최저입찰가 대비)	111%

공매정보			
자산구분	압류재산	담당부점	인천지역본부
회차/차수	042 - 001	개찰일시	2014/11/06 11:04
집행완료일시	2014/11/06 11:10		
입찰일시	2014/11/03 10:00 ~ 2014/11/05 17:00		
입찰방식	일반경쟁		

필자가 낙찰 받지 못했지만 동영상을 보면서 어떻게 권리분석해서 입찰서를 제출하는 가를 현장감 있게 독자분들도 공부했을 것입니다. 혼자서도 이러한 방법으로 공매물건에 입찰하면 되는 것입니다.

Chapter 13

공매로 낙찰 받았던 9가지 사례로 실전능력을 향상하는 과정

01 전철역 주변 다가구주택을 공매로 취득해서 원룸으로 리모델링하기

공매에서 성공투자 비법

투자대비 임대수익율은 어떻게 되겠는 가!

낙찰금액이 420,700,800원이고 필요제경비 포함 취득비용이 11,899,200원이라면 총 취득가는 4억3,260만원이 된다. 그리고 낙찰금액에서 70%를 연 6%의 이자로 대출받았다면 현금투자는 1억3,860만원이다.

이 금액을 가지고 현금투자대비 임대수익금액과 수익률을 계산하면 연간 임대수익금액=3,600만원-1,764만원(2억9,400만원×6%)(연대출이자)=1,836만원이다. 총 현금투자=1억6,860만원-6,000만원(보증금의 합계)=1억860만원이다. 따라서 총 현금투자대비 임대수익률은 1,836만원/1억860만원=16.90%으로 성공적인 투자가 되었다.

❖ **다가구주택의 온비드공매 입찰정보 내역**

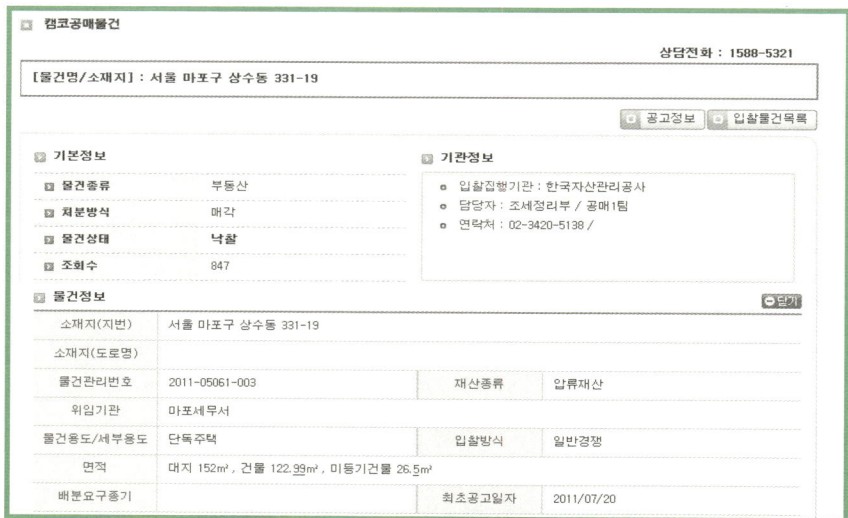

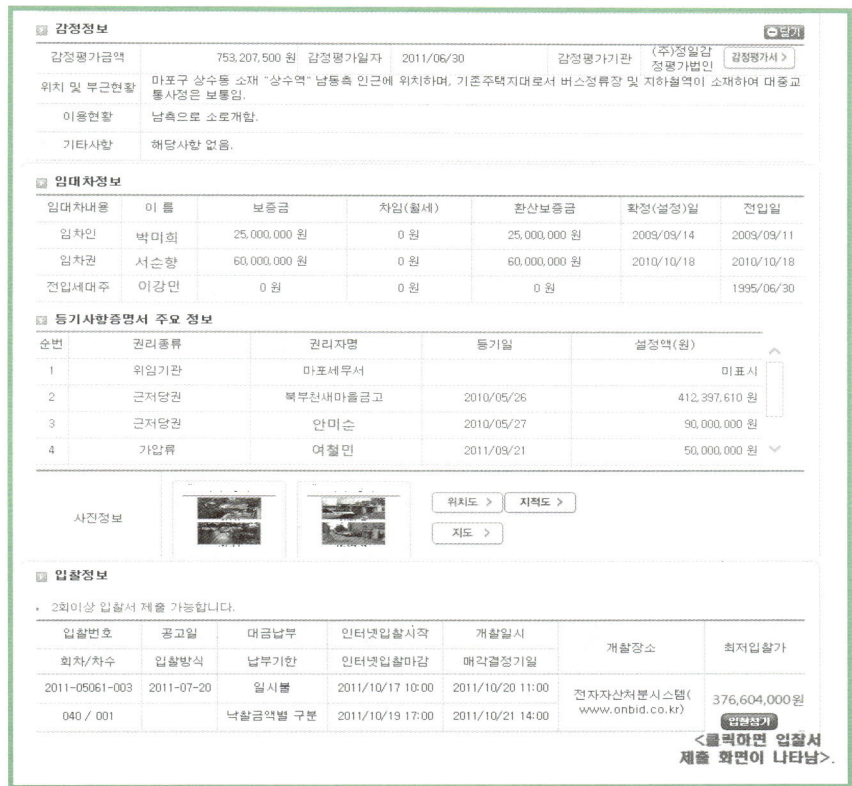

❖ 왜 이 다세대주택을 입찰대상으로 선정하게 되었을까?

온비드 입찰정보내역 화면 중간부분에서 물건정보와 감정평가서, 매각물건의 사진정보, 위치도 및 지도를 다음과 같이 분석해서 내가 사고자하는 목적에 맞으면서도 돈이 되는 물건을 찾아야 하는데...

(1) 이 다가구주택의 사진과 내부 및 평면도

(2) 다가구 주택 주변 현황도

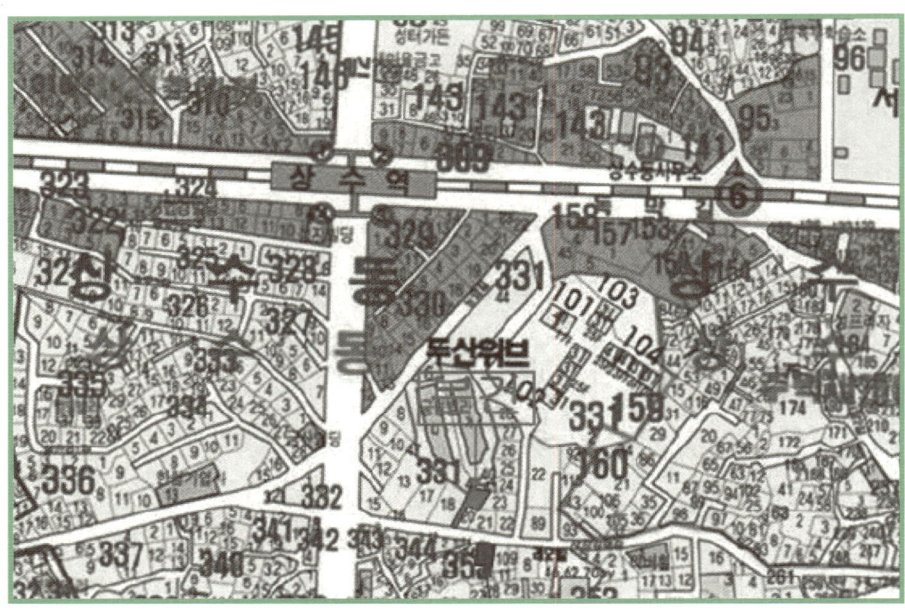

이 공매물건은 상수동 주택가에 위치하고, 6호선 지하철 상수역이 3분 거리에 위치하고 있어서 대중교통이 편리하고 초등학교와 중학교 등의 학군이 우수하여 입주자 등이 선호하는 지역으로 낙찰 받고 임대 또는 매도하기가 쉬운 지역이므로 입찰대상 물건으로 선정하고 다음과 같이 권리분석 후에 현장 답사를 나갔었다.

❖ 물건분석 및 권리분석 및 배분

(1) 물건분석 및 주변현황

 이 공매물건은 서울시 마포구 상수동 소재 6호선 상수역 3번 출구에서 3~4분 거리에 위치하고 있어서 다가구주택을 1층 3개 호수와 2층 3개 호수로 총 6개 호수의 원룸으로 리모델링하면 각 보증금 1,000만원에 월 50만원씩 임대수익이 예상되어 보증금 6,000만원에 매월 3,000,000원의 임대소득이 예상되는 우량한 다가구주택이다.

 인근에 홍익대학교와 서강대 그리고 신촌이 가까이에 위치하고 있어서 대학생과 직장인이 선호하는 지역이고, 원룸임대는 공급이 상당히 부족하다는 것이 주변부동산의 이야기이다. 따라서 원룸으로 리모델링하면 계속적인 임대소득이 예상되는 지역이다.

 그리고 주변 가까이에 삼성래미안을 시공사로 선정하여 대단지 재개발사업이 진행 중인데 2012년 초부터 이주계획이 잡혀 있어서 주택수요는 더욱 부족하게 되므로 이는 곧 임대수익율의 증가로 이어질 전망이다.

(2) 다가구주택의 임대차정보와 등기부등본 상의 권리내역
 ① 다가구주택의 임대차정보

임대차내용	이 름	보증금	차임(월세)	환산보증금	확정(설정)일	전입일
임차인	박미희	25,000,000 원	0 원	25,000,000 원	2009/09/14	2009/09/11
임차권	서슬향	60,000,000 원	0 원	60,000,000 원	2010/10/18	2010/10/18
전입세대주	이강민	0 원	0 원	0 원		1995/06/30

② 등기부상의 권리내역

순번	권리종류	권리자 및 기타사항	등기일	설정액(원)
1	소유자	이한구	1995년3월28일	
2	근저당권	북부천 새마을금고	2010년5월26일	481,000,000원(배분요구 374,368,180원)
3	근저당권	안미순	2010년5월27일	90,000,000원(배분요구 90,000,000원)
4	압류	마포세무서	2010년6월30일(법정기일 2009년12월3일)	체납세액 32,800,000원
5	임의경매 개시결정	북부천 새마을금고	2011년8월19일(서부지원 2011타경13537)	청구 374,368,180원
6	가압류	여철민	2011년9월21일	50,000,000원

(3) 권리분석과 배분표 작성

이 공매물건은 자산관리공사의 압류공매와 북부천새마을금고의 임의경매가 중복하여 진행중인 물건이다.

이 물건에서 유의할 점은 전입세대원 중 이강민(전입 95.06.30.)과 박미희(전입 09.09.11)는 말소기준권리인 북부천새마을금고의 2010년 5월 26일 근저당권 보다 먼저 대항요건을 갖추고 있어서 서류상으로는 대항력이 있었고, 주민센터를 방문해서 조사해본 결과도 체납자겸 소유자인 이한구와 관련이 없었다.

그런데 이강민의 전입일자가 이한구 소유자와 같은 날짜고, 대항력 있는 임차인이 있는 데도 북부천 새마을금고의 대출이 이루어 졌다는 점에서 임차인이 아닐 것이라는 판단 하에 등기부와 등기부상에 기재된 채권자 등을 통해서 원인분석을 하게 되었고, 그 과정에서 임의경매를 신청한 북부천 새마을금고를 통해서 이강민이 체납자의 아들이고 대출시 무상거주확인서 까지 첨부하여 대출이 실행되었다는 말을 듣게 되었다.

특히 현장을 방문하여 물건을 조사 중에서 이 물건이 중개업소에 6개월 전에 6억 7,000만원 매물로 나온 적이 있고 그 매물을 내 놓은 사람이 1층에 살고 있는 아들이라는 말과 2층에 살고 있는 임차인 등은 두명으로 6,000만원과 2,500만원에 임차하여 거주하고 있다는 사실은 함께 들을 수 있었다.

이러한 정황을 분석해본 결과 이강민은 대항력 있는 임차인으로 볼 수 없었고, 박미희 임차인은 보증금이 2,500만원으로 배분표작성 전까지 배분요구하지 않는다면 2,500만원을 인수하면 되었다.

현지 부동산중개업소를 방문해서 시세를 조사해본 결과 시세는 평당 2,000만원 형성하고 있었으나 거래는 어려운 실정이었다.

그러나 6억5,000만원 정도이면 거래가 가능할 것이라는 말과 원룸수요가 많은 지역으로 주택을 원룸으로 리모델링하면 높은 임대수익율이 예상되는 지역이었다.

이 공매물건을 420,700,800원에 입찰하면 어떻게 배분될까!

420,700,800원에서 공매비용 12,880,800원을 공제하면 배분금액은 407,820,000원이다.

소액임차인 여부와 임차인이 배분요구가 없어서 이들을 제외하고 배분표를 작성하나 공매절차에서는 2011년 12월 31일까지는 배분표작성 전까지 배분요구하면 되므로 낙찰받고 나서 배분요구하도록 할 수 있다.

그러나 이 제도는 2012. 01. 01. 부터 첫 매각기일 이전에 배분요구종기제도가 시행되므로 금년 말까지만 가능한 제도이다.

1순위 마포세무서 32,800,000원(우선변제금 1등)

2순위 북부천 새마을금고 375,020,000원(우선변제금 2등)

  (북부천 새마을금고는 청구채권액이 374,368,180원이지만 법원경매신청비용과 지연이자 등을 포함하여 배분잔여금 375,020,000원 전액 배분될 것으로 예상된다. 공매와 경매로 중복해서 매각절차가 진행되는 경우에 먼저 대금을 납부한 매수인이 소유권을 취득하고 그 상대방의 매각절차는 취소된다)

❖ 투자대비 임대수익율은 어떻게 되겠는 가!

낙찰금액이 420,700,800원이고 필요제경비 포함 취득비용이 11,899,200원이라면 총 취득가는 4억3,260만원이 된다. 그리고 낙찰금액에서 70%을 연 6%의 이자로 대출

받았다면 현금투자는 1억3,860만원이다.

다가구주택을 1층 3개 호수와 2층 3개 호수로 총 6개 호수의 원룸으로 리모델링하기 위해서 든 공사비가 3,000만원이면 총 현금투자는 1억6,860만원이 된다.

각 호수를 보증금 1,000만원에 월 50만원씩 임대하면 총 보증금 6,000만원에 매월 300만원의 임대소득이 예상된다.

이 금액을 가지고 현금투자대비 임대수익금액과 수익률을 계산하면 연간 임대수익금액=3,600만원-1,764만원(2억9,400만원×6%)(연대출이자)=1,836만원이다. 총 현금투자=1억6,860만원원-6,000만원(보증금의 합계)=1억860만원이다.

따라서 총 현금투자대비 임대수익율은 1,836만원/1억860만원=16.90%이다.

내가 1억860만원을 투자해서 매월 153만원의 임대소득이 발생하게 되는 것입니다.

❖ 입찰에 참여해서 2대 1의 경쟁률을 뚫고 낙찰받았다

앞에서 분석한 방법과 같이 계산한 예상수익금액을 바탕으로 입찰가를 결정해서 420,700,800원으로 입찰해서 다음과 같이 2대 1의 경쟁률을 뚫고 낙찰 받았습니다.

입찰결과			
물건관리번호	2011-05061-003	조회수	848
물건명	서울 마포구 상수동 331-19		
입찰자수	유효 2명 / 무효 0명 (인터넷)		
입찰금액	420,700,800원, 377,700,000원		
개찰결과	낙찰 (매각결정(낙찰자))	낙찰금액	420,700,800원
물건누적상태	유찰 5회 / 취소 0회 [입찰이력보기]		
감정가격 (최초 최저입찰가)	753,207,500원	낙찰가율 (감정가격 대비)	55.9%
최저입찰가	376,604,000원	낙찰가율 (최저입찰가 대비)	111.7%

공매정보			
자산구분	압류재산	담당부점	조세정리부
회차/차수	040 - 001	개찰일시	2011/10/20 11:01
집행완료일시	2011/10/20 11:13		
입찰일시	2011/10/17 10:00 ~ 2011/10/19 17:00		
입찰방식	일반경쟁		

낙찰가율정보(감정가격 대비)
용도 :

지역	최근1년	최근6개월	최근3개월	직전월

대금납부 및 배분기일 정보

대금납부기한	납부여부	납부최고일	납부여부	배분기일
2011-12-20	납부	-	-	2011-12-22

❖ **매수이후 대응방법**

　다가구주택을 2011년 10월 20일 낙찰받고 다음날 10월 21일 14:00에 매각결정서를 온비드에서 발급받았다.

　그리고 10월 22일 낙찰받은 주택을 방문하여 체납자겸 소유자와 임차인 등을 만날 수 있었다.

　이 과정에서 임차인 등은 법원경매절차에서는 배당요구를 하였는데 이 경우 공매절차에서도 배분절차에 참여하는 것으로 오해를 하고 있었다. 필자는 이러한 오해를 풀어주는데 오랜 시간 설명으로, 금년 말 까지는 배분표 작성 전까지 배분요구하면 배분받을 수 있다는 사실과 배분요구방법 등에 대해서 이야기해 주었다.

　따라서 이들이 배분요구 시 배분표는 어떻게 작성될 것인가를 정리하고 경매나 공매절차에서 이러한 일들이 발생 시 어떻게 대처하면 될 것인가를 이야기하고 자 한다.

　낙찰 받은 주택을 방문해서 이강민은 체납자겸 소유자의 아들인 사실과 임대차 내역은 다음 도표와 같음을 확인 할 수 있었다.

임대차내용	이름	보증금	차임(월세)	환산보증금	확정(설정)일	전입일
임차인	박미희	25,000,000 원	0 원	25,000,000 원	2009/09/14	2009/09/11
임차권	서순향	60,000,000 원	0 원	60,000,000 원	2010/10/18	2010/10/18
전입세대주	이강민	0 원	0 원	0 원		1995/06/30

임대차정보

필자가 낙찰 받은 주택을 신속히 방문하게 된 동기는 입찰 전의 권리분석과 실제 상황의 일치 여부와 배분요구하지 아니한 임차인으로 하여금 배분요구하도록 하여 대항력 있는 박미희 임차인의 인수 금액을 줄이고, 대항력 없는 서순향 임차인은 최우선변제금 이라도 받도록 하여 주택명도를 쉽게하기 위해서 였다.

이와 같은 노력으로 박미희와 서순향 임차인 등은 배분요구하게 되었고, 그에 따라 배분표를 작성하면 다음과 같이 된다.

실제배분금액은 407,820,000원이므로

1순위 ① 박미희 2,000만원 + ② 서순향 2,000만원(소액임차인 결정기준은 북부천새마을금고로 서울의 경우 6,000만원 이하의 소액임차인은 2,000만원을 최우선변제금으로 우선변제받을 수 있다)

2순위 박미희 500만원(확정일자 우선변제금 1)

그런데 다음이 문제가 된다.

3순위에서 순위가 충돌되는 경우로 배분잔여금을 가지고 순환배분을 하게 된다는 점이다.

배당을 모르는 분들은 임차인이 최우선변제금으로 2,000만원만 받고 종결되는 것으로 생각하지만 이는 잘못된 판단이다.

① 마포세무서 3,280만원, ② 북부천새마을금고 근저당 374,368,180원, ③ 안미순 근저당 9,000만원

④ 서순향 500만원(배분 싯점을 기준으로한 최우선변제금)

①은 ②와 ③보다 선순위이지만 ④보다는 후순위가 된다.

②는 ③과 ④보다는 선순위이지만 ①보다는 후순위가 된다.

③은 ④보다는 선순위이지만 ①과 ②보다는 후순위가 된다.

④는 ①보다는 선순위 이지만 ②와 ③보다는 후순위가 된다.

따라서 1차로 안분배분하고 2차로 흡수절차를 진행하는 순환배분을 하게 된다.
1차 안분배분
① 마포세무서 = 3억6,782만원 × 3,280만원/502,168,180원 = 24,024,812원
② 북부천 근저당 = 3억6,782만원 × 374,368,180원/502,168,180원 = 274,211,130원
③ 안미순 근저당 = 3억6,782만원 × 9,000만원/502,168,180원 = 65,921,739원
④ 서순향 최우선변제금 = 3억6,782만원 × 500만원/502,168,180원
=3,662,319원

2차 흡수절차
① 마포세무서 = 24,024,812원(1차안분액) + 8,775,188원(③를 흡수) − 1,337,681원(④에 흡수 당함) = 31,462,319원(종결)
② 북부천 = 274,211,130원(1차안분액) + 3,662,319원(④를 흡수) + 57,146,551원(③을 흡수) = 335,020,000원(종결)
③ 안미순 = 65,921,739원(1차안분액) − 8,775,188원원(①에 흡수당함) − 57,146,551원(②에 흡수 당함) + 0원(④을 흡수)=0원(종결)
④ 서순향 = 3,662,319원(1차안분액) − 3,662,319원(②에 흡수당함) + 1,337,681원(①을 흡수) = 1,337,681원(종결)

따라서 총 배분금액은 가) 박미희=25,000,000원, 나) 서순향=21,337,681원, 다) 마포세무서=31,462,319원, 라) 북부천 새마을금고=335,020,000원, 마) 안미순=0원이 된다.

대항력 있는 임차인 박미희가 전액 배분 받게 되어 매수인의 인수금액은 없습니다. 그리고 여철민 가압류권자는 배분절차에서 배제되었는데, 그 이유는 2011.

12. 31. 까지는 압류공매절차에서는 담보물권보다 후순위 가압류채권자 등은 다음 〈김선생 도움말〉처럼 배분에 참여할 수가 없었습니다.

> **김선생의 도움말**
>
> **이 시기에는 배분요구 종기가 없었고, 일반채권가 배분요구할 수 없었어요**
>
> 그러나 현재는 이렇게 변경되어 시행되고 있습니다.
>
> ❶ 2012. 01. 01.부터 배분요구종기 제도가 시행되어 배분요구를 해야 배분에 참여할 수 있는 채권자는 배분요구종기까지 배분요구를 해야 배분참여가 가능한데, 그 이전에는 배분요구 종기가 없어서 배분계산서 작성 전까지만 배분요구하면 배분참여가 가능한 호시절도 있었답니다. 무순 말이냐면 대항력 있는 임차인이나 선순위 전세권자라 해도 낙찰 받고 나서 배분계산서 작성 전까지 배분요구 하도록 해서 인수할 권리가 없어지게 했던 시절도 있었습니다.
>
> ❷ 가압류권자와 집행권원에 의해 배분요구한 일반채권자들은 그동안 배분에 참여할 수 없었다가, 2012. 01. 01. 부터 참여가 가능하도록 국세징수법이 개정되어 시행되고 있습니다. 지금의 경매와 같아지게 된 것입니다.

02 대항력 있는 임차인 미배분금 인수할 때 양도 시 취득가액으로 인정받으려면?

 공매에서 성공투자 비법

낙찰자의 인수금액 확인절차와 양도세 신고 시 취득가액에 포함하기 위해 어떻게 해야 하는가?

대항력 있는 임차인의 미배분금은 1차적으로 공매집행기관에서 발급한 배분표를 통하여 확인하고 2차적으로는 임대차계약서상에 배분금 표시 사항 등을 보고 확인하면 된다.
대항력 있는 임차인의 미배분금을 지급 시에는 임차보증금 인수확인서(인감증명서가 첨부)를 받음과 동시에 임대차계약서(자산관리공사가 배분금을 표시하여 반환한 계약서)를 받아서 함께 보관하고 있다가 양도소득세신고 시에 첨부해서 취득가액으로 인정받으면 된다.

❖ **일신건영아파트의 온비드공매 입찰정보 내역**

감정정보

감정평가금액	320,000,000 원	감정평가일자	2008/05/14	감정평가기관	(주)고려감정평가법인	감정평가서 >
위치 및 부근현황	본건은 경기도 고양시 일산서구 일산동 소재 "일산종합중고교" 남측 인근에 위치하며, 본건까지 제반차량 출입 가능하며 인근에 노선버스정류장이 소재하여 대중교통사정은 보통임.					
이용현황	아파트로 이용중임.					
기타사항	본건 현장조사시 이해관계인 부재로 내부구조를 조사하지 못하였는 바 집합건축물대장상 현황도면에 의거하여 평가하였음.					

임대차정보

임대차내용	이 름	보증금	차임(월세)	환산보증금	확정(설정)일	전입일
임차인	명미순	110,000,000 원	0 원	110,000,000 원	2007/05/14	2007/05/14

등기사항증명서 주요 정보

순번	권리종류	권리자명	등기일	설정액(원)
1	위임기관	고양세무서		미표시
2	근저당권	주식회사국민은행	2008/01/21	61,080,855 원
3	압류	일산서구청	2008/01/22	미표시
4	압류	덕양구청	2008/01/31	미표시

입찰정보

- 2회이상 입찰서 제출 가능합니다.

입찰번호	공고일	대금납부	인터넷입찰시작	현장입찰일시	현장입찰장소	최저입찰가
회차/차수	입찰방식	납부기한	인터넷입찰마감	개찰일시	개찰장소	
2006-26538-002	2008-09-24	일시불	2008/11/10 10:00			192,000,000 원
045 / 001	일반경쟁	낙찰금액별 구분	2008/11/12 17:00	2008/11/13 11:00	전자자산처분시스템(www.onbid.co.kr)	입찰하기

❖ **일신건영아파트의 사진과 주변 현황도**

❖ 공매 입찰대상 물건분석 내역

주 소	면 적	공매가진행과정	1) 임차인조사내역 2) 기타 청구	등기부상의 권리관계

경기 고양시
일산서구
일산동
972-○ 일산휴먼빌
2차 203동
000호
 	
체납자겸
소유자 :
박민석
 	
공매위임기관 :
고양세무서
 	
공매집행기관 :
자산관리공사
 	
〈공매의뢰 :
08.08.10〉
 	
〈공매공고 :
08.09.24〉
	건물
	84.9297㎡
	
	대지
	11,470.7㎡
	분지
	41.258㎡
	
	건물
	84.9297㎡
	
	대지
	11,470.7㎡
	분지
	41.258㎡
		감정가
		3억2,000만원
		
		최저가
		1차
		3억2,000만원
		유찰
		2차(10% 저감)
		2억8,8000만원
		유찰
		3차(10% 저감)
		2억5,600만원
		유찰
		4차(10% 저감)
		2억2,400만원
		유찰
		5차(10% 저감)
		1억9,200만원
		(2008.11.13)
		
		낙찰
		206,709,000원
			1) 임차인내역
			① 명미순
			   전입 07.05.14.
			   확정 07.05.14.
			   보증 110,000,000원
			   배분
			
			2) 기타청구
			① 일산서구청
			   재산세 350,000원
			   (법정 08.07.10)
			   취득세 1,880,000원
			   (법정 08.01.21)
			② 고양세무서
			   양도소득세
			   37,930,860원
			   (법정 06.05.31)
			   부가세 57,060,000원
			   (법정 07.04.25)
			③ 덕양구청
			   재산세 570,000원
			   (법정 07.07.10)
			④ 근로복지공단
			   산재보험료 170만원
			   (납부기한 07.09.30)
				소유자 박민석
				  2008.01.21.
				근저당 국민은행
				  2008.01.21.
				  70,800,000원
				압류 고양세무서
				  2008.01.21.
				압류 고양시일산
				  서구청 08.01.22.
				압류 고양시덕양
				  구청 08.01.31.
				압류 근로복지공단
				  고양지사
				  2008.07.07.
				
				압류공매 고양세
				무서 청구금액
				94,990,860원

❖ 공매물건에 대한 분석 및 배분표 작성

  이 공매물건은 자산관리공사가 고양세무서로부터 공매를 위임받아 매각한 공매물건으로 말소기준권리는 국민은행의 근저당권으로 2008. 01. 21.이 된다.

  따라서 임차인 명미순은 대항력이 있어서 미배분금이 발생하면 낙찰자가 인수해야 한다.

  그런데 이 공매사건에서는 고양세무서의 조세채권액의 법정기일이 빨라서 이보다 늦은 임차인의 확정일자 우선변제금도 전액 변제받지 못하고 임차인보다 후순위로서 말소기준권리가 되는 국민은행근저당권자는 배분잔여금이 없어서 배분받지 못하고 소멸된다는 사실이다. 매각금액이 206,709,000원이고 공매비용이 6,499,903원이므로 배분금은 200,209,097원이다. 따라서 배분표를 작성해보면 다음과 같이 된다.

1순위 : 일산서구청 350,000원(당해세우선변제 1)

2순위 : 고양세무서 37,930,860원(양도소득세)+57,060,000원(부가세)=94,990,860원(조세채권의 우선변제 2)

3순위 : 명미순 104,868,237원(확정일자우선변제 3)으로 배분이 종결되나 대항력 있는 임차인 명미순의 미배분금 5,131,763원은 낙찰자가 인수해야 한다. 따라서 낙찰자의 총 취득금액은 206,709,000원+인수금액 5,131,763원으로 211,840,763원이 된다. 그리고 위 배분사례에서 살펴보아야 할 점은 ② 덕양구청의 재산세는 당해세가 아니므로 배분순위에서 법정기일에 따라 배분순위가 정해졌어야 하나 조세채권상호 간에는 법정기일에 의해서 우선순위가 정해지는 것이 아니라 압류선착주의를 적용받게 되어 고양세무서가 먼저 배분 받게 된 것이다.

❖ **건영 아파트에 입찰해서 단독으로 낙찰 받았다**

명미순의 미배분금 5,131,763원을 인수해야 하므로 206,709,000원에 입찰해서 다음과 같이 단독으로 낙찰 받았습니다.

입찰결과			
물건관리번호	2006-26538-002	조회수	407
물건명	경기 고양시 일산서구 일산동 1687 일신건영2차아파트 제203동 제1층 제102호		
입찰자수	유효 1 명 / 무효 0 명 (인터넷)		
입찰금액	206,709,000원		
개찰결과	낙찰	낙찰금액	206,709,000원
물건누적상태	유찰 4 회 / 취소 4 회 입찰이력보기		
감정가격 (최초 최저입찰가)	320,000,000원	낙찰가율 (감정가격 대비)	64.6%
최저입찰가	192,000,000원	낙찰가율 (최저입찰가 대비)	107.7%

공매정보			
자산구분	압류재산	담당부점	조세정리부
회차/차수	045 - 001	개찰일시	2008/11/13 11:03
집행완료일시	2008/11/13 11:07		
입찰일시	2008/11/10 10:00 ~ 2008/11/12 17:00		
입찰방식	일반경쟁		

낙찰가율정보(감정가격 대비)
용도 :

지역	최근1년	최근6개월	최근3개월	직전월

대금납부 및 배분기일 정보

대금납부기한	납부여부	납부최고일	납부여부	배분기일
2009-01-12	미납	2009-01-23	납부	2009-02-12

❖ **낙찰자의 인수금액 확인절차와 양도세 신고 시 취득가액에 포함하기 위한 조건**

(1) 낙찰자의 인수금액 확인 절차

대항력 있는 임차인의 미배분금은 1차적으로 공매집행기관에서 발급한 배분표를 통하여 확인하고 2차적으로는 임대차계약서상에 배분금표시사항 등을 보고 확인하면 된다.

이 차액이 낙찰자의 인수금액이다. 이러한 임대차계약서는 다음과 같이 자산관리공사에서 계약서에 배분금을 표시하고 조세정리부장이 날인하여 계약서를 다시 임차인에게 반환하고 있다.

① 자산관리공사가 채권자에게 반환한 임대차계약서

공매 집행기관 등은 채권을 전액 배분받지 못한 채권자 등에게 채권원인증서에 배분금액을 표시하고 채권자 등에게 반환하게 된다. 따라서 채권자 등은 미배분금액에 대해서 이 채권원인증서를 가지고 또 다시 채무자에게 청구할 수 있다. 그러나 이 공매사건에서 임차인은 대항력이 있어서 미배분금은 채무자가 부담하는 것이 아니라 낙찰자가 인수해야 한다.

아파트 임대차(전세) 계약서

본 아파트에 대하여 임대인과 임차인 쌍방은 다음과 같이 합의하여 임대차계약을 체결한다.

1. 아파트의 표시

소재지	경기 고양시 일산서구 일산동 ○○○ 외 51필지 일산휴먼빌2차 203동 ○○○호					
토 지	지 목	대			면 적	41.258㎡
건 물	구 조	철근콘크리트조	용도	주거용	면 적	84.9297㎡
임대할부분	전 체				면 적	

2. 계약내용

제1조 [목적] 위 부동산의 임대차에 있어 임대인과 임차인은 보증금을 다음과 같이 지불키로 한다.

보 증 금	金 일억일천만 (₩110,000,000) 원정
계 약 금	金 오백만(₩5,000,000) 원정은 계약시에 지불하고,
중 도 금	金 일천오백만(₩15,000,000) 원정은 2007년 03월 31일에 지불하며,
잔 금	金 구천만(₩90,000,000) 원정은 2007년 05월 31일에 지불하기로 함

제2조 임대인은 위 아파트를 임대차 목[...]까지 임차인에게 인도하며, 임대차 기[...]
제3조 임차인은 임대인의 동의 없이는 [...] 또는 담보제공을 하지 못하며 임대차 [...]
제4조 임대인은 아파트 인도시까지 부[...] 부담한다.
제5조 임대차 계약이 종료한 경우 임[...] 임대인은 보증금을 반환한다.
제6조 임차인이 임대인에게 중도금(중[...]의 배액을 배상하고, 임차인은 계약[...]
제7조 임대인 또는 임차인이 본 계약상의 내용에 대하여 불이행이 있을 경우 그 상대방은 불이행을 한 자에 대하여 이행을 최고하고 계약을 [...] 청구할 수 있다.
제8조 중개수수료는 본 계약의 체결과 [...] 없이 거래 당사자 사정으로 본 계약이 [...]에게 해당 대상물에 대한 중개대상물 확인설명서를 공제증서 사본과 함께 첨부하여 교부한다.

> 세징수법상의 체납처분절차에 의하여 매각된 압류재산의 매각대금을 다음과 같이 배분함.
> 체 납 자 : 박○○
> 채 권 자 : 명○○
> 배분기일 : 2009.02.12.
> 배분금액 : 금 104,868,237원
>   2009.02.12.
>   한국자산관리공사 조세정리 부장

전입신고필	확정일자 265호
2007년 5월 14일	2007년 5월 14일
고양시 일산서구 일산1동장	

[특약사항]
① 현재 미등기 상태의 임대차 계약이며 실 융자금 일억원 상태임
② 중도금일은 임대인과 임차인 협의하에 4월 10일까지 연장할 수 있다.
③ 거래상의 하자시 글로벌공인에서 책임을 지기로 한다.
④ 기타사항은 주택임대차보호법 및 부동산거래관행에 따른다.
⑤ 2007年5월 1687번지로 바뀜

	본 계약을 증명하기 위하여 계약 당사자가 이의 없음을 확인하고 각자 서명·날인한다. 2007년 00월 00일					
임대인	주 소	경기도 고양시 덕양구 주교동 ○○○ 청송○○ ○○○동 ○○○호				
	주민등록번호	000000-0000000	전화	010-0000-000	성명	박 민 서 (인)
	대 리 인	주민등록번호		전화		성명 (인)
임차인	주 소	경기도 고양시 일산구 백석동 1135 백송마을 ○○○동 ○○○호				
	주민등록번호	000000-0000000	전화	010-0000-000	성명	명 미 순 (인)
	대 리 인	주민등록번호		전화		성명 (인)
중개업자	사무소소재지	경기도 고양시 덕양구 주교동 ○○○ 1층 000호				
	등 록 번 호	0000-00000		사무소명칭	○○○ 공인중개사사무소	
	전 화 번 호	000-000-0000		대표자성명	김 ○○ (인)	

(2) 양도세 신고 시 취득가액에 포함하기 위한 조건

보 증 금 인 수 확 인 서

임차인 : 명 미 순 (주민번호 : 000000-0000000)
주 소 : 일산 서구 일산동 97-31 외 51필지 일산 휴면빌라 ○○○동○○○호
매수자(낙찰자) : 김 동 희(주민번호 : 000000-0000000)
주 소 : 서울시 서초구 반포동 ○○번지 반포○○아파트 ○○○동○○○호

제 목 : 선순위 임차인 명○○ 미배분금 5,131,763원 지급에 관한 건

상기 선순위 임차인이 자산관리공사에서 배분금 104,868,237원을 배분받고 미배분금 5,131,763원(총 임차보증금 110,000,000원-104,868,237원=5,131,763원)은 상기 매수자(공매낙찰자)에게 지급받았음을 확인합니다.

2009. 02. 01

확인자 : 임차인 명 미 순 (인)

매수자(낙찰자) : 김 동 희 (인)

※ 위 미배분금 입금계좌 : 농협 000000-00-000000
         예금주 명 ○ ○ Tel : 000-0000-0000
(단 위 확인서는 농협계좌에 입금과 동시에 효력이 발생합니다)
별첨 : 1. 인감증명서 1부 　　　　　　　　　　　　　　　　　　　　　－끝－

대항력 있는 임차인의 미배분금을 지급 시에는 다음과 같은 임차보증금 인수확인서(인감증명서가 첨부된)를 받음과 동시에 ① 자산관리공사가 채권자에게 반환한 임대차계약서를 받아서 함께 보관하고 있다가 양도소득세신고제출시 함께 제출하면 인수금액을 취득가액으로 인정받을 수 있습니다.

03 진흥아파트 3분의 1 지분공매의 입찰 절차에서 권리분석과 매수 이후 대응방법

공매에서 성공투자 비법

매수인은 3분의 1지분을 낙찰 받고 박만기 지분 3분의 1의 동의를 얻어 임대차계약(전세보증금 3억 6,000만원)을 체결하고 입주했다.

매수인은 임대차기간 동안 거주하다가 현재 다른 지분권자의 변동을 염려해서 가처분을 해놓고 공유물분할청구소송을 하고 있는 중이다.

그렇게 해서 매수하는 것이 협의해서 매수하는 것 보다 싸게 구입할 수 있다는 생각이 들었기 때문이다.

❖ 진흥아파트 3분의 1 지분의 온비드공매 입찰정보 내역

캠코공매물건
상담전화 : 1588-5321

[물건명/소재지] : 서울 서초구 서초동 1315 진흥아파트 제7동 제5층 제506호

공고정보 | 입찰물건목록

기본정보
- 물건종류 : 부동산
- 처분방식 : 매각
- 물건상태 : 낙찰
- 조회수 : 541

기관정보
- 입찰집행기관 : 한국자산관리공사
- 담당자 : 조세정리부 / 공매1팀
- 연락처 : 02-3420-5138 /

물건정보

항목	내용	항목	내용
소재지(지번)	서울 서초구 서초동 1315 진흥아파트 제7동 제5층 제506호		
소재지(도로명)			
물건관리번호	2010-16255-001	재산종류	압류재산
위임기관	서초세무서		
물건용도/세부용도	아파트	입찰방식	일반경쟁
면적	대지 19.275㎡ 지분 (총면적 34,522.4㎡), 건물 43.69㎡ 지분 (총면적 131.07㎡)		
배분요구종기		최초공고일자	2010/09/29

감정정보

항목	내용	항목	내용	항목	내용
감정평가금액	480,000,000 원	감정평가일자	2010/09/08	감정평가기관	(주)경일감정평가법인 / 감정평가서 >
위치 및 부근현황	서초구 서초동 소재 지하철 2호선 강남역 서측인근 지하철 2호선 강남역, 버스정류장이 도보로 약 5분이내거리에 위치함.				
이용현황	아파트로 이용중임.				
기타사항	해당사항 없음.				

임대차정보

임대차내용	이름	보증금	차임(월세)	환산보증금	확정(설정)일	전입일
임차인	이철민	295,000,000 원	0 원	295,000,000 원	2007/11/14	2007/06/29

등기사항증명서 주요 정보

순번	권리종류	권리자명	등기일	설정액(원)
1	위임기관	서초세무서		미표시
2	공유자	박도숙		0 원
3	공유자	박만기		
4	압류	서초구청 세무2과(세외)		미표시

명도책임	매수인

공매재산에 대하여 등기된 권리 또는 가처분으로서 매각으로 효력을 잃지 아니하는 것

공매재산의 매수인으로서 일정한 자격을 필요로 하는 경우 그 사실

유의사항	

사진정보		위치도 > 지적도 > 지도 >

| 관련정보 | 인근시세정보 | 부동산가격정보 | 민원서류발급 | 상권정보 | 토지이용규제정보 |
| | 등기부(토지)실시간조회 | 등기부(건물)실시간조회 | 토지이용계획 및 개별공시지가 |

입찰정보
- 2회이상 입찰서 제출 가능합니다.

입찰번호	공고일	대금납부	인터넷입찰시작	개찰일시	개찰장소	최저입찰가
회차/차수	입찰방식	납부기한	인터넷입찰마감	매각결정기일		
2010-16255-001	2010-09-29	일시불	2010/12/06 10:00	2010/12/09 11:00	전자자산처분시스템 www.onbid.co.kr	336,000,000 원
048 / 001		낙찰금액별 구분	2010/12/08 17:00	2010/12/10 14:00		입찰참가

❖ **이 아파트 3분의 1지분은 필자의 지인이 단독으로 낙찰 받았다**

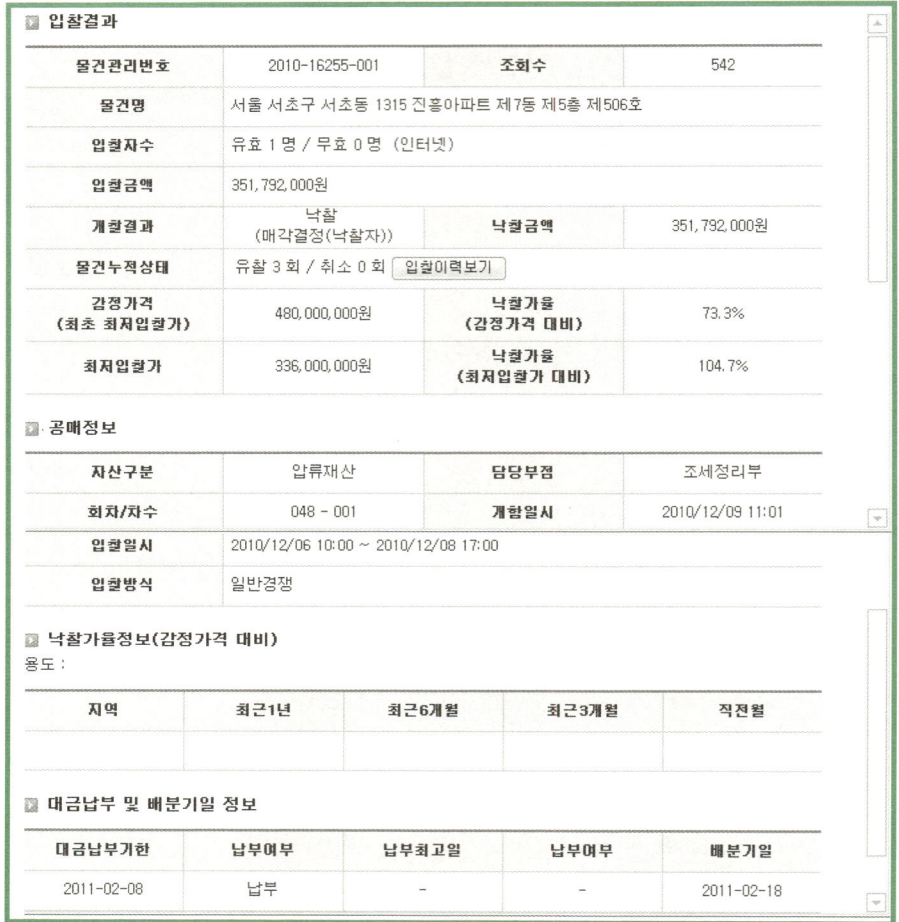

❖ **지분공매 입찰대상 물건분석표**

KAMCO의 입찰정보내역과 감정평가서, 등기부등본, 건축물대장, 전입세대열람 등을 통해서 물건분석표를 작성하면 되는데 다음 공매물건은 필자가 지인에게 낙찰 받아 준 사례이다.

주 소	면 적	공매가 진행과정	1) 임차인조사내역 2) 기타청구	등기부 상의 권리관계
서울시 서초구 서초동 1315 진흥아파트 제7동 제○○○호 (관리번호) 2010-16255-001 체납자 겸 소유자 : 박도기 지분공매 공매위임관서 : 서초세무서 공매집행기관 :자산관리공사	대지 19.275㎡ (전체지분 57.825㎡) 건물 43.69㎡ (총면적 131.07㎡) 대지와 건물의 1/3 지분공매	감정가 480,000,000원 (2010.09.08) 1차 480,000,000원 유찰 2차 (10% 저감) 432,000,000원 유찰 3차 (10% 저감) 384,000,000원 유찰 3차 (10% 저감) 336,000,000원 낙찰 손 도 령 351,792,000원 〈2010.12.09.〉	1) 임차인내역 ① 이철민(가명) 전입 06.01.14. 확정 07.11.14. 295,000,000원 전 가족 일시 퇴거 후 가처분 이후 재전입 08.10.08. 확정 07.11.14. 2)청구내역 서초세무서 상속세 4억원 (법정기일 2009. 5. 31.)	소유권이전 박만기(가명) 90.07.31. 가처분등기 〈가처분권자〉 박도기(가명) 박도숙(가명) 06.03.13. 가처분말소와 동시에 소유권 일부이전 박도기 1/3 공유지분 박도숙 1/3 공유지분 09.11.06. 따라서 박만기 지분은 1/3지분만 남음. 박도기 1/3 지분압류 압류권자 서초세무서 10.05.24. 압류공매 서초세무서 청구 400,720,000원 〈공매공고 10.09.29〉

❖ 토지 지분공매 절차에서 공매물건의 위치와 주변 현황도

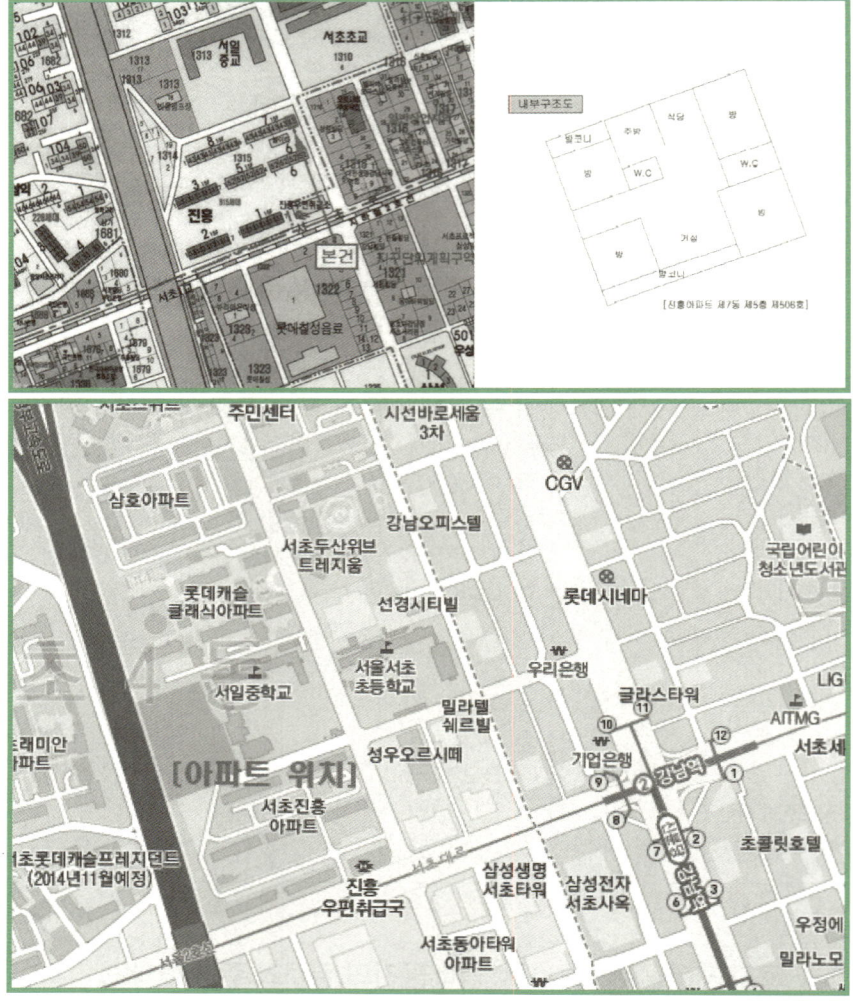

❖ **지분공매 물건에 대한 권리분석과 배분표 작성**

이 공매물건은 소유자가 3명으로 각각 1/3씩 공유지분으로 되어 있는데 그중 1/3지분만 공매가 진행된 물건이다.

이 공매물건에서 임차인 이철민이 임대인 박만기(계약체결 당시에는 단독소유자)와 임대차계약을 체결하고 전입과 확정일자를 모두 갖추었는데 임차인 개인 사정에 의해 세대원 전원이 일시퇴거 후 재전입하게 되었고, 그 재전입 전에 임대인 형제들 간의 소유권다툼(상속에 기한 재산분할 과정에서 부당이득 반환을 원인으로 한 소유권이전등기말소청구권에 따른 가처분)으로 아파트에 가처분등기가 먼저 이루어지고 그 가처분에 기한 본안소송으로 소유권이 기존 임대인 포함 각 형제들에게 1/3씩 공유등기가 이루어졌고, 가처분 이후 재전입한 임차인 이철민은 기존 임대인의 1/3지분에만 임대차의 효력이 미치게 되어(가처분의 처분금지 효력이 미쳐) 다른 지분에서 대항력을 주장하지 못하게 된 사례이다. 그리고 기존 임대인 지분이 아닌 다른 공유자 1/3지분만 공매절차가 진행되어 그 지분을 매수하게 되었다.

이렇게 과반수 미만 공유자와 임대차를 작성한 임차인은 그 임대차를 작성한 공유자 지분에 대해서만 청구가 가능하고 다른 공유자에게 그 대항력을 행사할 수 없다.

설령 행사할 수 있는 박만기 지분이 공매가 진행된다고 하더라도 배분에 참여하기 위해서는 별도 채권가압류 등으로 배당요구해야만 가능하고 과반 이상과 체결한 임대차와 같이 대항력과 우선변제권이 없어서 일반채권자와 동순위로 안분 배분받게 된다.

그러나 기존 임대인 지분이 과반 이상인 경우에는 대항력과 우선변제권이 재전입한 다음 날 오전 0시에 발생하게 된다.

이 1/3 지분공매 배분표를 작성하면 매각대금 351,792,000원 − 공매비용 10,507,000원으로 배분금액은 341,285,000원이 된다. 다른 채권자가 없고 서초세무서만 있고 임차인은 배분 절차에 참여가 불가하므로 다음과 같이 서초세무서가 전액 우선변제 받게 되었다.

1순위 : 서초세무서 341,285,000원(우선변제금 1)

따라서 이철민 임차인은 박만기 임대인의 3분의 1 지분에서 임차보증금 채권을 보장받기 위해서 근저당설정(채권최고액350,000,000원)과 동시에 임차권등기(295,000,000원)를 갖추었다.

이 경우 3분의 1 지분공매 절차에서 지분 매수자는 적법한 관리행위를 갖추지 아니한 임차인을 상대로 보존행위로 경매절차에서는 인도명령신청을, 공매절차에서는 건물명도청구소송을 할 수 있고, 또는 임차인과 계약을 체결한 임대인 박만기(3분의 1 지분 소유자)에 대해서 부당이득을 청구할 수도 있다.

❖ 매수 이후의 대응 현황

매수인은 매수 지분 3분의 1과 박만기 지분 3분의 1의 동의를 얻어 이들을 공동임대인으로 하여 임대차계약(전세보증금 3억6,000만원)을 체결하고 입주했는데, 박만기 3분의 1 지분권자가 자신의 지분을 3억7,000만원에 매수할 것을 요청했으나 동의하지 않은 박도숙 3분의 1 지분권자의 부당이득반환청구를 예상해서 매수시기를 이 부당이득반환청구 이후 시기로 미루기로 했습니다. 왜냐하면 전체지분의 3분의 1에 대한 연 5 ~ 5.5%의 부당이득금(임료)보다 전세보증금 3억6,000만원의 3분의 1에 해당하는 은행의 정기예금이자가 적을 것으로 판단했기 때문이죠. 어쨌든 매수인은 임대차기간 동안 거주하다가 현재 다른 지분권자의 변동을 염려해서 가처분을 해 놓고 공유물분할청구소송을 하고 있는 중입니다. 그렇게 해서 매수하는 것이 협의해서 매수하는 것 보다 싸게 구입할 수 있다는 생각이 들었기 때문입니다.

04 매각결정이 확정되기 전 공유자우선매수신청으로 차순위매수신고인이 된 사례

 공매에서 성공투자 비법

매각결정이 확정되기 전에 공유자우선매수신청으로 소유권을 취득하지 못하게 된 사연

공매로 지분을 낙찰 받고 매각결정서를 교부받기 전에 공유자우선매수신청으로 낙찰자가 차순위매수신고인의 지위에 놓이게 되었고 그에 따라 최고액입찰자지위포기신고서를 제출한 사례이다.(2012.1.1. 부터 매각결정 전까지만 공유자우선매수신청이 가능)

❖ **신정동 단독주택의 온비드공매 입찰정보 내역**

캠코공매물건		
상담전화 : 1588-5321		
[물건명/소재지] : 서울 양천구 신정동 1046-5		
공고정보 / 입찰물건목록		
기본정보		**기관정보**
물건종류	부동산	입찰집행기관 : 한국자산관리공사
처분방식	매각	담당자 : 조세정리2부 / 정리1팀
물건상태	낙찰	연락처 : 02-3420-5144 /
조회수	1500	
물건정보		
소재지(지번)	서울 양천구 신정동 1046-5	
소재지(도로명)		
물건관리번호	2007-00540-003	재산종류	압류재산
위임기관	인천세무서		
물건용도/세부용도	단독주택	입찰방식	일반경쟁
면적	대지 19.542m² 지분(총면적 91.2m²), 건물 24.24m² 지분(총면적 145.44m²), 미등기건물 3m² 지분(총면적 18m²)		
배분요구종기		최초공고일자	2007/05/09

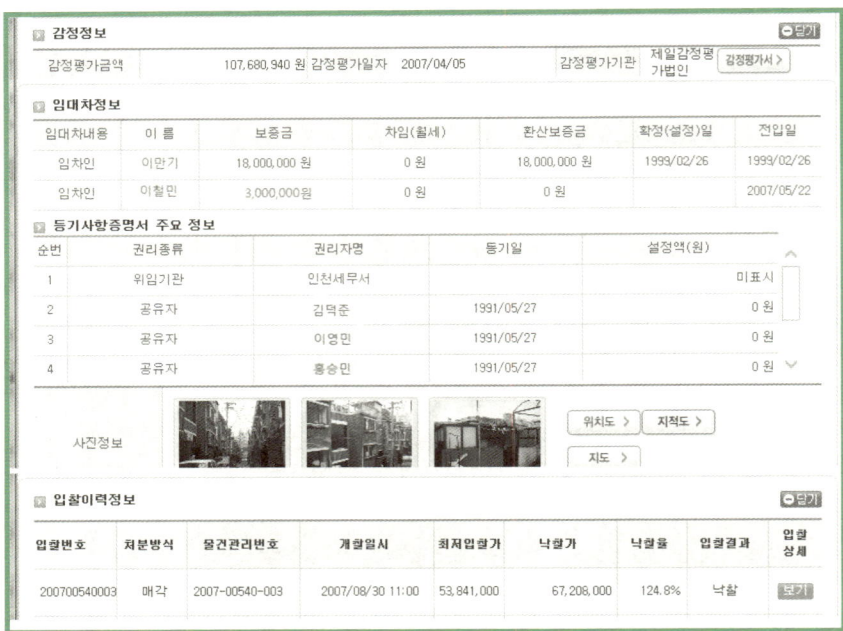

❖ 이 다가구주택은 필자가 3대 1의 경쟁을 뚫고 낙찰 받았다

❖ 공매 입찰대상 물건분석표

주소	면적	공매가 진행과정	1) 임차인내역 2) 기타청구	등기부상의 권리관계
서울시 양천구 신정동 ○○○ (단독주택) 체납자겸 소유자 : 이용준 지분공매 공매위임 관서 : 인천세무서 공매집행 기관 : 자산관리공사	대지 91.2㎡ 주택 1층 52.44㎡ 2층 44.76㎡ 지층 48.24㎡ 〈재개발 예정지역〉 시세 평당 1,500~1,700만원 (이용준지분만 압류공매) *이용준 지분 대지 19.542 중의 91.2㎡(14분의 3 지분) 건물 145.4㎡ 중의 27.24㎡ (6분의 1 지분)	감정가 107,680,940원 최저가 1차 107,680,940원 유찰 2차(10% 저감) 96,913,000원 유찰 3차(10% 저감) : : 5차(10% 저감) 64,609,000원 유찰 6차(10% 저감) 53,841,000원 낙 찰 67,208,000원 〈2007.8.30〉 〈공유자우선매수〉 〈2007.8.30〉	(1) 임차인내역 ① 이철민 전입 07.5.22. 확정 × 배분요구 ○ 보증 300만원 ② 이만기 전입 99.2.26. 확정 99.2.26. 배분요구 ○ 보 증 1,800만원 (2) 기타청구 ① 인천세무서 부가세(법정 2000.1.25~ 2000.10.25) 18,720,450원	공유자 (건물) (토지) 지분1/6 지분3/14 이용준 ××××-×××× 지분1/6 지분5/14 김덕준 ××××-×××× 지분1/6 지분2/14 이영민 ××××-×××× 지분1/6 지분2/14 홍승민 ××××-×××× 지분1/6 지분2/14 홍계영 ××××-×××× 1991.5.27.(상속) 이용준지분압류 인천세무서 2001.12.12. 압류공매 인천세무서 청구 18,720,450원 〈공매의뢰 07.4.30〉 〈공매공고 07.6.20〉

(1) 공매물건에 대한 분석

위 공매사건에서 말소기준권리는 인천세무서의 압류로 2001.12.12.이다. 이는 이용준지분에 대한 공매로 낙찰되더라도 건물은 1/6지분, 대지는 3/14지분만 소유하게 되는 공유지분에 대해 공매가 진행되는 사건이다.

그래서 입찰자 없이 매각금액이 낮은 가격으로 매각된 사건으로 그러나 온전한 주택이었을 경우 평당 1,500~1,700만원의 시세를 유지하는 재개발예정지역이었으므로 공유지분을 낙찰 받더라도 투자에 대한 수익성이 예상되었다. 또한 이 주택은 2003년 12월 30일 이전(2010.7.15. 부터는 권리산정기준일을 기준으로 한다)에 분할된 주택이나 단독·다가구주택이 이와 같이 공동 소유한 경우에 하나의 분양대상자격이 주어진다. 따라서 분양받을 경우 공동분양대상자가 되어 분양된 주택의 각 지분별로 공동소유자가 되기 때문에 기존 공유지분권자에게 매각하든가, 기존 공유지분권을 별도 매입하여 전체를 소유하든가 아니면 공동분양대상자로서 분양받고 제3자에게 매각하여 지분비율에 따른 매각대금을 받을 것을 예상할 수 있다. 이 또한 협의가 안 될 경우 법원에 공유지분분할청구소송을 제기하여 경매매각대금에서 각 지분별로 분할할 수 있을 것이다. 따라서 어떠한 방법으로 진행하든 간에 낮은 가격으로 매수할 수만 있다면 좋은 투자가 될 것이다.

(2) 배분표를 작성하여 보자

배분금이 (67,208,000원-공매집행비용 200만원)65,208,000원이므로 1순위 : ① 이철민 3,000,000원+② 이만기 1,600만원(최우선변제금 1)(최우선변제금지급기준이 되는 담보물권(저당권, 담보가등기, 전세권 등) 등이 없어서 배분시점을 기준으로 소액임차인을 계산하면 4,000만원 이하인 경우 1,600만원을 우선적으로 변제 받게 된다)

2순위 : 이만기 2,000,000원(우선변제금 1)

3순위 : 인천세무서 18,720,450원(우선변제금 2)

배분잔여금 25,487,550원은 채무자겸 소유자인 이용준에게 배분되어야 할 것이다.

그러나 이 공매사건에서 공유지분권자들이 공유자우선매수신청이 들어와 필자(낙찰자)가 차순위 지위에 놓이게 되었고 다음과 같이 최고액입찰자지위 포기신고서를 제출하여 입찰보증금을 환급받았습니다. 만일 포기하지 않으면 공유자우선매수신청자가 잔금을 납부할 때까지 보증금을 환급받지 못하게 되므로 어쩔 수 없는 선택이었습니다.

최고액입찰자 지위 포기 신고서

위 임 기 관	인천세무서	관 리 번 호	2007-00540
체 납 자	이 용 준	공 매 일 자	2007. 8. 30.
매각 예정 가격	53,841,000	최고입찰가격	67,208,000
납부공매보증금	6,720,800	보증금납부일	2007. 8. 30.
매각재산의 표시	서울특별시 양천구 신정동 ○○○○-○ 대지(지분) 19.542㎡ 건물(지분) 24.24㎡ 미등기건물(지분) 3㎡		

1. 위 압류재산에 대하여 공매입찰에 참가하여 최고액입찰자로 결정되었으나, 이 사건 압류재산의 공유자가 국세징수법 제73조의2에 따라 매각결정통지 이전에 체납자의 공유지분을 최고입찰가격과 동일한 가격으로 우선매수신청함에 따라 우선매수권이 부여된 공유자에게 매각결정하였으므로, 본인은 최고액입찰자의 지위를 포기하고자 하오니 납부된 공매보증금을 아래의 계좌로 환급하여 주시기 바란다.
2. 최고액입찰자의 지위 포기서를 공사에 접수한 이후에는 최고액입찰자 지위 포기 의사에 관한 취소나 철회는 불가능함을 확인한다.
3. 공매보증금 환급용 계좌정보

은행명	예금주	계좌번호	공매보증금
	(주)대산투자		6,720,800원

2007년 8월 30일

최고액입찰자 성명 :   인

주소 :

주민(법인)등록번호 :

전화번호 :

한 국 자 산 관 리 공 사 귀 중

05 공매로 낙찰 받고 나서 채무자 요청으로 매각결정 취하에 동의해 준 사례

공매에서 성공투자 비법

채무자 요청에 따라 매각결정 취하에 동의해준 사례다

필자가 공매로 낙찰 받고 명도하러 이 아파트를 방문하게 되었는데 채무자가 공매로 매각된 사실을 모르고 있었다. 아파트 명도문제에 관해 이야기를 하고 나오고 얼마 안 돼, 체납자로부터 다음날 만나자고 연락이 왔다. 다음날 만나서 첫마디가 공매를 취소해 달라고 했고, 필자가 취소할 수 없다고 하자, 상대방이 공매비용 얘기가 나왔고 공매비용 정도로 협의를 하고 취소해준 사례이다. 이 공매는 다음 공매물건 분석표를 보면 알 수 있듯이 소액으로 공매가 진행된 사례이다.

❖ 목동 아파트의 온비드공매 입찰정보 내역

■ 기본정보

물건종류	부동산	처분방식	매각
입찰집행기관	한국자산관리공사 공고정보	담당부서	조세정리 2부
담당자	정리2팀	연락처	02-3420-5171
물건상태	낙찰	조회수	555

■ 물건정보

소재지	서울 양천구 신정동 ○○○ 외 1필지 목동신시가지아파트 제1329동 제12층 제○○○호
물건관리번호	2006-23211-001
재산종류	압류 재산
위임기관	양천구청
물건용도	아파트　　　　물건세부용도
면적	대지 53.02㎡ 지분(총면적 : 162,139.700㎡), 건물 70.73㎡

■ 감정정보

감정평가금액	700,000,000원	감정평가일자	2007/01/26
감정평가기관	한국감정원		
위치 및 부근현황	본건은 서울특별시 양천구 신정동 소재 "양천구청"남동측 인근에 위치하며, 부근은 대단위 아파트단지, 관공서, 근린공원, 근린생활시설 등으로 형성된 지역임.		
이용현황	아파트(방2, 거실겸주방, 욕실겸화장실 등)임.		
기타현황	제3종일반주거지역, 고도지구기타(공항고도지구진입표면), 지구단위계획구역, 대로 3류(접함), 중로2류(접함), 공동주택임.		

■ 입찰상세정보

물건관리번호	2006-23211-001	조회수	555
물건명	서울 양천구 신정동 ○○○ 외 1필지 목동신시가지아파트 제1329동 제12층 제○○○호		
유효입찰자구	1면(현장 0명/인터넷 1명)		
입찰금액	565,090,000원		
개찰결과	낙찰	낙찰금액	565,090,000원
감정가격(최초 최저입찰가)	700,000,000원	낙찰가율 (감정가격 대비)	80.73%
최저입찰가	560,000,000원	낙찰가율 (최저입찰가 대비)	100.91%

❖ 공매 입찰대상 물건분석표

주 소	면 적	공매가 진행과정	1) 임차인내역 2) 기타청구	등기부상의 권리관계
서울시 양천구 신정동 ○○○ 목동신시가지 아파트 제○○동 제12층 제○○호 체납자겸 소유자 :이승복 공매위임관서 : **양천구청** 공매집행기관 : **자산관리공사**	대지 53.02㎡ (총면적 162,139. 700㎡) 건물 70.73㎡ (아파트 27평형)	감정평가 7억원 〈2007.1.26〉 최저가 1차 7억원 유찰 2차(10% 저감) 6억3,000만원 유찰 3차(10% 저감) 5억6,000만원 낙찰 5억6,509만원 〈2007.5.17〉	1) 임차인 ① 이승복 전입 90.12.10. 〈임차인이 아니고 소유자임〉 2) 기타청구 ① 양천구청 재산세 (법정 04.9.10) 780,000원 취득세 (법정 05.1.31) 4,879,000원	소유자 이승복 1990.12.5. 근저당 국민은행 01.4.4. 1억4,100만원 근저당 국민은행 02.5.15. 4,800만원 근저당 국민은행 05.1.28. 6,500만원 압류 서울시양천구청 05.8.10. 가압류 국민은행 06.12.13. 5,438만5천원 **압류공매의뢰 양천구청** 청구 5,659,000원 〈공매의뢰 07.01.15〉 〈공매공고 07.03.28〉

❖ 공매물건에 대한 분석 및 배분표 작성

이 압류공매사건은 말소기준권리가 국민은행 2001. 04. 04이다. 그러나 이 아파트에는 임차인이 없고 채무금액보다 배분잉여가 예상되는 것으로 나중에 알게 된 사실이지만 공매진행이 송달되지 아니하여 자산관리공사가 공시송달로 공매를 진행시킨 사건이다. 압류조세채권금액도 5,659,000원으로 낙찰자가 방문 시 아파트 소유자가 상당히 놀라는 모습이었다. 압류공매는 매각결정서를 교부받고 나서 취소하려면 낙찰자의 동의를 얻어서 체납자가 체납액을 상환 후 취소시킬 수 있는데 낙찰자의 동의가 없으면 스스로 취소할 수는 없는 것이다.

그러면 예상배분표를 작성하여보기로 하자.

배당금액이 (565,090,000원-공매집행비용 1,650만원)548,590,000원이므로 1순위 : 양천구청 780,000원(당해세 우선변제권 1)

2순위 : 국민은행 254,000,000원(우선변제권 2)

3순위 : 양천구청 4,879,000원(우선변제권 3)

배분잉여금이 288,931,000원은 소유자에게 배분된다. ∵ 압류공매의 매각절차에서 저당권부채권보다 후순위 가압류권자나 강제경매신청채권자 또는 집행권원에 의한 배분요구권자는 배분에서 배제시키는 것을 원칙으로 한다. 물론 선순위가압류나 전 소유자 가압류는 배분절차에 참여할 수 있다. 따라서 국민은행 가압류채권액은 배분잉여금에 가압류할 수밖에 없고 그렇게 되면 자산관리공사는 법원에 공탁하게 되어서 국민은행이 본안 소송절차를 거쳐서 추심할 수 있다. 이때 가압류는 낙찰자도 할 수 있다. ∵ 소유자의 배분잉여금수령은 낙찰자의 명도확인서를 필요로 하지 않기 때문에 배분잉여금수령 후 장기간 명도를 안 해줄 경우와 추가적인 점유자가 발생 시 손실을 방지하기 위해서 하는 절차이다. 이렇게 되면 소유자는 배분받지 못하고 법원에 공탁되어서 점유기간 동안의 비용도 청구할 수 있다. 명도는 이 정도 상황이면 바로 정리가 된다.

그러나 이 공매사건은 소유자가 매각결정 취소를 동의해달라고 요청하였으므로 서로 이익이 되는 점에서 공매비용 정도만 받고 취하동의서를 작성해 주었던 압류공매사건입니다.

> **김선생의 도움말**
>
> **이 시기에는 일반채권자가 배분요구할 수 없었어요.**
>
> 그러나 현재는 이렇게 변경되어 시행되고 있습니다.
>
> 가압류권자와 집행권원에 의해 배분요구한 일반채권자들은 그동안 배분에 참여할 수 없었다가, 2012. 01. 01. 부터 참여가 가능하도록 국세징수법이 개정되어 지금의 경매와 같아지게 된 것입니다.

06 경매가 진행되고 있는 것을 공매낙찰자가 먼저 대금 납부하여 소유권을 취득한 사례

> **공매에서 성공투자 비법**
>
> 공매와 경매가 동시에 중복하여 진행되는 경우 먼저 낙찰 받아 대금납부한 자가 소유권을 취득하게 되고 그 상대 집행절차는 취소된다.

❖ 평촌 경남아파트의 온비드공매 입찰정보 내역

■ 기본정보

물건종류	부동산	처분방식	매각
입찰집행기관	한국자산관리공사 공고정보	담당부서	조세정리 2부
담당자	○○○	연락처	02-3420-5185
물건상태	낙찰	조회수	404

■ 물건

소재지	경기 안양시 동안구 호계동 ○○○○ 경남아파트 제306동 제14층 제○○○○호
물건관리번호	2005-14601-001
재산종류	압류 재산
위임기관	안양세무서
물건용도	아파트	물건세부용도	
면적	대지 46.41㎡ 지분(총면적 : 26,372.500㎡), 건물 84.9㎡

■ 감정정보

감정평가금액	370,000,000원	감정평가일자	2005/08/26
감정평가기관	태평양감정평가법인		
위치 및 부근현황	호계동 소재 범계중학교 남동측 인근에 위치하며, 마을버스정류장까지 도보로 약 3~5분 정도 소요됨.		
이용현황	경남아파트 14층 ○○○○호		
기타사항			

■ 임대차정보

임대차내용	이 름	보증금	확정(설정)일	전입일
전입세대주	최순애	0		1994.8.30.

■ 입찰상세정보

물건관리번호	2005-14601-001	조회수	404
물건명	경기 안양시 동안구 호계동 ○○○○ 경남아파트 제306동 제14층 제○○○○호		
유효입찰자수	4명(현장 0명 / 인터넷 4명)		

개찰결과	낙찰	낙찰금액	325,700,000원
감정가격(최초 최저입찰가)	370,000,000원	낙찰가율(감정가격 대비)	88.03%
최저입찰가	296,000,000원	낙찰가율(최저입찰가 대비)	110.03%

❖ 평촌 경남아파트의 공매물건내역

주 소	면 적	공매가 진행과정	1) 임차인조사내역 2) 기타청구	등기부상의 권리관계

경기도 안양시 동안구 호계동 ○○○번지 경남아파트 제306동 제○○호
 	
체납자겸 소유자 : 김문기
 	
공매위임 관서 : 안양세무서
 	
공매집행 기관 : 자산관리공사
	대지 46.47㎡ 총면적 26,372,500㎡
	
	건물 전용면적 84.9㎡ (33평형)
		감정가 3억7,000만원 〈2005.8.26〉
		
		최저가 1차 3억7,000만원 유찰 2차(10% 저감) 3억3,300만원 유찰 3차 2억9,600만원
		
		낙찰 3억2,570만원 〈2005.12.8〉
			1) 임차인
			① 최순애
			  전입 94.8.30.
			  확정 ×
			  배분 ×
			  보증 ×
			
			2) 기타청구
			① 압류 만안구청 취득세
			  (법정 04.8.31)
			  7,875,300원
			② 압류 동안구청 재산세
			  497,300원
			  (법정 04.7.10)
			③ 임의경매 중소기업은행 청구금액 2억1,000만원 (2005.4.6. 사건접수)
				소유자 김문기 1994.11.15.
				근저당 중소기업은행 1999.6.28. 150,000,000원
				근저당 중소기업은행 2003.3.27. 60,000,000원
				근저당 진영철 2004.7.7. 100,000,000원
				압류 안양시만안구청 2005.1.11.
				압류 안양세무서장 2005.4.6.
				임의경매개시결정 중소기업은행 2005.4.13.(수원지방법원 2005타경18435)
				압류 안양시동안구청장 2005.4.15.
				
				압류공매 안양세무서 청구금액 44,879,000원
				① 부가세 24,089,500원 (법정 04.1.25~04.4.25)
				② 부가세 20,789,500원 (법정 04.7.31)
				〈공매공고 : 05.10.26〉

❖ 공매물건에 대한 분석 및 배분표 작성

이 공매사건은 안양세무서에서 위임한 압류공매로서 말소기준권리는 중소기업은행인데 중소기업은행에서도 이미 임의경매신청하여 경매가 진행되고 있는 것으로 경매와 공매가 중복하여 진행된 사건이다. 경남아파트는 평촌 무궁화마을에 위치하고 근처에 유명학원 등이 위치하고 있어서 입찰 당시 시세가 4억원 정도 이루어지고 있었는데 다른 입찰자들이 입찰에 참여하지 아니한 것은 선순위임차인 최순애가 있어서 일 것이다. 선순위임차인이 있을 경우 임차보증금은 최소한 1억5천만원이 예상되었다. 소유자 김문기가 퇴거한 관계로 최순애가 김문기 처인데도 부부관계로 인식될 수 있는 아무런 근거도 없었고 중소기업은행 측에서도 확인해주지 아니하여서 근저당권자 진영철에게 전화를 하여서 위 관계를 확인하여 보니까 최순애는 임차인이 아닌 김문기의 처라는 사실을 알게 되어 입찰에 참여하게 되었다.

배분금액은 (325,700,000원－공매집행비용 9,454,000원)316,246,000원이므로 1순위 : 동안구청 497,300원(당해세우선변제권 1)

2순위 : 중소기업은행 210,000,000원(우선변제 2)

3순위 : 안양세무서 24,089,500원(우선변제 3)

4순위 : 근저당 진영철 81,659,200원(우선변제 4)

그러나 3순위 안양세무서는 1차적으로 법정기일에 따라 저당권 등에 우선해서 배분 받았지만 안양세무서보다 선순위 압류권자가 있어서 조세채권 끼리는 선순위 압류권자가 후순위 참가압류 또는 교부청구를 압류선착주의에 의해서 흡수한다. 따라서 선순위압류 만안구청이 7,875,300원을 우선 배분 받고 나머지는 안양세무서가 16,214,200원을 배분받는다. 따라서 최종 배당결과는

가) 동안구청 497,300원.　　나) 중소기업은행 210,000,000원

다) 만안구청 7,875,300원.　　라) 안양세무서 16,214,200원

마) 근저당 진영철 81,659,200원이다.

배분은 위와 같이 종결되며 낙찰자 (주)대산투자는 인수금액이 없었다.

2005. 12. 08. 낙찰 받고 60일 후인 2006. 02. 07. 잔금을 납부하였는데, 아파트 가격이 상승하여 4억5천만원까지 올라갔던 아파트였습니다. 명도는 아파트 방문 시 김문기 자녀가 있어서 자녀에게 명도에 관하여 상의 하자는 내용의 문서를 전달했는데, 보름 후에 연락이 와서 이사비용 주고 명도한 사건으로, 표면적으로 선순위 임차인이 있는 것 같아 보이지만 자세히 분석해 보면 부부 관계나 부모라는 사실을 확인할 수 있는데, 근저당권자(금융기관), 등기부등본, 주민센터 전입세대열람 서류, 관리

사무소, 경비 등을 통해서 대항력 있는 임차인이 거주하는 것이 아니라는 사실을 확인하는 순간 뜻밖의 높은 수익을 얻을 수도 있습니다.

 ❖ **공매와 경매가 동시에 진행되면 어떻게 하면 되죠?**

어, 박 선생님도 질문을 하시네요. 항상 조용히 계셔서 없는 줄 알고 강의할 때가 많았어요.

"오늘 부터는 존재감을 키우고 열공해 보려고요."

첫 번째로 압류재산 공매와 법원경매가 동시에 경합 시 우선권?

국세징수법상 진행되는 공매절차와 민사집행법상 진행되는 경매절차는 별개의 절차로서 그 절차 상호 간의 관계를 조정하는 법률의 규정이 없으므로 어느 한 쪽이 다른 한 쪽의 진행절차에 관여할 수가 없어서, 국세징수법상 공매절차가 진행되는 과정에도 법원은 그 부동산에 대하여 강제경매나 임의경매절차를 진행할 수 있고 이와 반대로 경매절차가 진행되는 과정에서도 국세징수법상 공매절차가 진행될 수도 있습니다.

두 번째로 공매와 경매가 동시에 진행되는 경우 처리되는 과정

공매와 경매가 동시에 별다른 집행기관에서 별다른 매각절차로 진행될 수 있는데 이 경우 임차인은 경매개시결정기입등기와 공매공고등기 중에서 먼저 기입등기된 날자보다 먼저 대항요건을 갖추어야 압류효력에 대항할 수 있는 소액임차인으로 최우선변제금을 받을 수 있게 됩니다(대법 2003다65940 판결).

그리고 동시에 진행되는 경우에 권리신고 및 배당요구를 각각 해야 모든 배당절차에 참여가 가능하고, 어떤 집행기관의 매각절차에서도 낙찰자가 발생할 수 있으나 이들의 소유권취득은 대금을 먼저 납부한 낙찰자가 소유권을 취득하고, 그 상대방이 경매인 경우는 공매 매각으로 인한 임의경매개시결정이 기각으로 경매절차가 종결되

고 임의경매개시결정기입등기는 공매절차에서 촉탁으로 말소하게 됩니다. 그러나 그 상대방이 공매인 경우 또한 경매절차와 같은 절차가 진행되는 데 공매절차에서는 공매가 해제된 것으로 표시되고 공매절차가 종결되지요. 공매낙찰자가 경매낙찰자보다 먼저 매각대금을 완납하면 공매집행기관에서 경매법원에 경매중지요청서를 보내게 되고 이로 인해서 경매법원은 경매절차를 취소하게 됩니다.

07 농지가 공매와 경매로 경합되는 사례에서 어떻게 하면 되나?

공매에서 성공투자 비법

농지를 공매로 낙찰 받으면 등기신청 시 까지 농취증을 첨부해야 소유권이전등기가 가능하고 첨부하지 못하면 소유권을 취득하지 못한다.
그러나 경매로 낙찰 받으면 매각허가 전까지 농취증을 제출하지 못하면 매각불허가로 입찰보증금을 떼이게 된다. 그리고 이 절차가 동시에 매각될 때 누가 먼저 낙찰 받았느냐와 무관하게 잔금을 먼저 잔금을 납부한 사람이 소유권을 취득하게 된다는 사실을 알고 있어야 한다.

❖ 농지가 공매로 매각되는 경우

(1) 농지의 온비드공매 물건정보 내역

캠코공매물건

상담전화 : 1588-5321

[물건명/소재지] : 경기 화성시 장안면 사곡리 783-1

기본정보

물건종류	부동산
처분방식	매각
물건상태	유찰
조회수	267

기관정보

- 입찰집행기관 : 한국자산관리공사
- 담당자 : 경기지역본부 / 조세정리팀
- 연락처 : 031-270-4529 /

물건정보

소재지(지번)	경기 화성시 장안면 사곡리 783-1
소재지(도로명)	
물건관리번호	2012-12676-001
위임기관	화성세무서
물건용도/세부용도	답
면적	답 1,991㎡
배분요구종기	2012/10/22
재산종류	압류재산
입찰방식	일반경쟁
최초공고일자	2012/09/05

감정정보

감정평가금액	95,568,000 원
감정평가일자	2012/08/30
감정평가기관	(주)제일감정평가법인
위치및부근현황	사곡리소재 "분토골마을" 남서측 근거리에 위치, 버스정류장과의 거리 및 운행횟수등을 고려시 제반대중 교통 사정은 보통임.
이용현황	세장형 평지로서 답으로 이용중임.
기타사항	해당사항 없음.

임대차정보

임대차내용	이름	보증금	차임(월세)	환산보증금	확정(설정)일	전입일
감정서상 표시내용 또는 신고된 내용이 없습니다.						

등기사항증명서 주요 정보

순번	권리종류	권리자명	등기일	설정액(원)
1	위임기관	화성세무서		미표시
2	근저당권	조암농업협동조합	2009/02/16	70,414,246 원

입찰이력정보

입찰번호	처분방식	물건관리번호	개찰일시	최저입찰가	낙찰가	낙찰율	입찰결과	입찰상세
201212676001	매각	2012-12676-001	2012/12/06 11:00	66,898,000			유찰	보기
201212676001	매각	2012-12676-001	2012/11/29 11:00	76,455,000			유찰	보기
201212676001	매각	2012-12676-001	2012/11/22 11:00	86,012,000			유찰	보기
201212676001	매각	2012-12676-001	2012/11/15 11:00	95,568,000			유찰	보기

1 total: 4

(2) 농지 공매물건의 위치와 주변 현황도

(3) 이 농지를 공매로 낙찰 받아 소유권을 취득하려면

공매와 경매가 경합할 때 <u>잔금을 먼저 납부한 사람이 소유권</u>을 가져가게 된다. 따라서 공매절차에서 낙찰 받고 경매 낙찰자 보다 먼저 잔금을 납부했다면 공매낙찰자가 소유권을 취득하게 된다.

그런데 농지를 취득할 때 유의할 점이 농지취득자격증명서를 발급 받는 문제인데 경매에서는 매각허가 전까지 제출하면 되지만, <u>공매에서는 소유권이전등기 신청 시 첨부해서 소유권을 이전 받으면 된다.</u>

그런데 간혹 공매 낙찰자가 사전에 확인하지 않고 대금납부 직전에 확인하여 발급이 불가대상이라고 하면 소송을 통해 소유권을 취득할 수밖에 없는데 승소해서 소유권을 취득하기가 쉽지 않다.

다음 〈김선생 한마디〉 사례는 잔금을 납부하고 농취증을 발급받지 못해 소유권을 취득하지 못하고 있는 상태에서 농지 가격이 올라 다른 사람에게 체납자가 매각한 것을 두고 무효임을 소송으로 다투었으나 농취증을 발급받지 못한 상태에서는 적법하게 소유권을 취득하지 못했고 그러한 상태에서 체납자(=채무자)의 매매행위는 적법하다는 대법원 판결이 있다(대법 2000다65147).

공매에서 농지취득자격증명 신청은 낙찰 받고 3일후에 매각결정이 나면 매각결정서를 발급받아 그 때부터 소유권이전등기할 때까지 언제든지 발급신청이 가능하므로, 입찰하기 전에 발급가능 여부를 확인하고 매각결정서가 발급되면 그 때부터 미리 농취증을 받아 소유권이전등기 시에 첨부해야만 다음 〈김선생 한마디〉와 같은 사례가 발생하지 않는다.

> **김선생 한마디**
>
> **잔금을 납부하고 농취증을 발급받지 못한 상태에서 체납자의 매매행위**
>
> 공매절차에서 농지를 매수하고 대금을 완납한 매수인이 농지취득자격증명을 발급받지 못한 이상 여전히 소유권을 취득하지 못한 상태에 있었다고 봐야 하므로, 공매대상 농지의 원소유자가 그 농지에 관한 소유권자였다고 할 것이어서 원소유자가 체납액을 납부한 후 제3자에게 그 농지를 매도함으로써 그로부터 제3자 앞으로 경료된 소유권이전등기는 무권리자로부터 경료 받은 무효의 등기라고 볼 수 없다.

❖ 농지가 경매로 매각되는 경우

(1) 농지의 경매 물건정보 내역

2013타경767 (4)				수원지방법원 본원 · 매각기일 : 2013.11.22(金) (10:30) · 경매 8계(전화:031-210-1268)			
소재지	경기도 화성시 장안면 사곡리 783-1 외 1필지 도로명주소검색						
물건종별	농지	감정가	119,021,000원	오늘조회: 1 2주누적: 0 2주평균: 0 조회동향			
				구분	입찰기일	최저매각가격	결과
토지면적	2429㎡(734.772평)	최저가	(49%) 58,321,000원	1차	2013-09-25	119,021,000원	유찰
				2차	2013-10-25	83,315,000원	유찰
건물면적		보증금	(10%) 5,840,000원	3차	2013-11-22	58,321,000원	
매각물건	토지 매각	소유자	문○○	낙찰: 81,000,000원 (68.06%)			
				(입찰1명,낙찰:문소령)			
개시결정	2013-01-07	채무자	문○○	매각결정기일 : 2013.11.29 - 매각허가결정			
				대금지급기한 : 2014.01.09			
사건명	강제경매	채권자	대성개발에스비(주)	대금납부 2013.12.18 / 배당기일 2014.05.12			
				배당종결 2014.05.12			

(2) 이 농지를 경매로 낙찰 받아 소유권을 취득하려면

　이 농지는 일반 매매가 아니라 경매(또는 공매)로 매각되므로 토지거래허가구역 내에 있는 농지라도 허가가 면제되므로 전매제한도 없다.　전매제한은 토지거래허가를 받는 농지만 해당된다. 그러나 농지가 1,000㎡ 이상이므로 농지취득자격증명을 받아야 한다. 경매에서 농지취득자격증명은 낙찰 받고 매각허가 전까지 제출해야 되므로 입찰하기 전에 화성시 장안면 사무소를 방문해서 확인해 본결과 가능하다는 통보를 받을 수 있었다.

　이때 함께 확인해야 되는 사항이 농지 임차인 여부다.

　2013. 01. 01.부터 농지법 제24조의2 개정으로 농지 임차인 보호제도가 생겼기 때문이다. 농지 임차인이 대항요건(농지소재 시·구·읍·면의 장의 확인과 농지인도)을 갖

추면 다음날 오전 0시부터 대항력이 있어서 인수할 수도 있다. 물론 말소기준 이후의 임차인이면 소멸되는 것은 주택임차인과 같지만 주택임차인 처럼 배당요구해 우선해서 변제받을 권리는 없고 대항력만 있다.

그래서 일반 매매로 매매되면 또는 경매(공매)절차에서 말소이전에 대항요건을 갖춘 경우 새로운 소유자에게 대항력을 주장할 수 있게 되었다.

이 농지는 채무자가 농사를 짓고 있어서 임차인이 없었다.

이 농지를 낙찰 받더라도 유의할 점이 농지취득자격증명과 임차인 이외에도 또 한 가지가 있었습니다.

공매와 경합해서 매각절차가 진행되고 있기 때문이지요.

이때 잔금을 먼저 잔금을 납부한 사람이 소유권을 취득하게 되는데, 이 농지는 시세가 1억2천만원 정도를 형성하고 있어서 8,100만원에 낙찰 받았고, 입찰보증금 영수증과 동시에 최고가매수신고인을 증명하는 서류를 받아 장안면 사무소에 농지취득자격증명서를 신청해서 적법하게 소유권을 취득할 수 있었던 물건입니다.

그리고 공매절차는 앞에서와 같이 2012. 12. 06. 까지 진행되다가 남을 가망이 없어서 중지 되었는데, 공매는 중지되었다가 다시 처음부터 공고하고 입찰절차가 진행되므로 유의해서 살펴봤지만 공매절차가 진행되지 않아 경매로 낙찰 받았던 사례입니다. 왜 이렇게 공매가 진행되는 것에 관심을 가지고 있었냐 하면 그 이유는 공매 낙찰자가 잔금을 먼저 납부하면 소유권을 취득하지 못하게 될 상황과 공매로 사면 더 싸게 살수 있다는 판단 때문입니다. 경매로 낙찰 받은 사람이 공매로 낙찰 받았다면 경매가 취소되기 때문에 입찰보증금을 반환 받을 수 있어서, 공매와 경매가 중복해서 진행되면 이러한 틈새를 잘 활용만 할 수 있으면 돈을 벌 수 있는 기회로 만들 수 있습니다.

와우, 기회의 땅이군요. 선생님만 알고 있었던 지식을 전수해 주셔서 감사드립니다.

ㅎㅎ, 다음은 농지와 농지취득자격증명에 대해 설명해 보겠습니다.

❖ 농지의 의의와 농지취득자격증명이란

(1) 농지의 의의와 농지취득자격증명 대상면적

매매나 경매로 농지 즉 논·밭·과수원 등을 취득하고자 하는 도시인 또는 비영농인은 그 농지면적이 1,000㎡ 이상 되어야 하고 농지취득자격증명을 받아야 한다. 단 주말체험, 영농용도일 경우는 1,000㎡ 미만인 경우에도 농지취득자격증명을 취득할 수 있는데 이때 1,000㎡는 세대원 모두를 합산한 면적을 말한다.

(2) 농지취득자격증명 신청방법

농업경영 목적으로 농지를 취득하는 경우에는 농업경영계획서를 작성하여 시·구·읍·면장에게 증명발급을 신청하고, 농업경영 이외의 목적으로 취득하는 경우 즉 시험, 연구, 실습용, 농지전용, 주말체험영농 등으로 이용하고자 하는 경우에는 농지취득자격증명발급 신청시 농업경영계획서 제출의무가 면제된다.

① 법원경매에서는 매각허가결정 전(낙찰받고 7일후)까지 농지취득자격증명서를 법원에 제출해야 한다. 제출하지 못할 경우에 입찰보증금이 몰수되므로 입찰하기 전부터 농취증 발급가능 여부를 확인하여 신속히 발급받을 수 있도록 준비해야 한다.

② 경매 이외에 일반 매매나 공매절차에서는 농지취득자격증명은 소유권이전시에 첨부하여야 될 사항이지 매각결정 전 또는 계약체결 전까지 제출해야 되는 것은 아니다. 그렇다고 하더라도 공매집행기관 등이 소유권이전등기 촉탁 시까지 농취증을 첨부하지 아니하면 소유권이전등기를 할 수 없다는 점을 주의해야 된다.

(3) 관할 발급관청과 경매집행법원의 농지에 대한 해석 차이

농지는 그 법적지목 여하에도 불구하고 실제의 토지현상이 농작물의 경작 또는 다년생식물재배지로 이용되는 토지를 말한다. 그런데 법원과 농지취득 발급대상 시·군청이 농지에 대한 해석이 다소 차이가 있다. 관할허가관청은 위와 같은 경우 발급하고 있으나 지목이 농지이더라도 현황이 주거지거나 공장용지를 사용할 경우 발급대상이 아니다. 그러나 경매법원은 지적법상 농지이면 농지취득자격증명을 요청한다. 이때 농취증 발급기관에 농취증발급을 신청하게 되면 이 토지는 발급대상이 아님을 증명하는 서류를 발급해 준다. 이 서류를 제출해서 소명하면 된다.

> **김선생 한마디**
>
> **농지자격증명을 발급받지 않고 농지를 취득할 수 있는 경우**
>
> 상속에 의하여 농지를 취득하거나 또는 담보농지 취득 그리고 농지법 제36조제2항 및 제37조의 규정에 의하여 농지의 전용에 관한 허가 협의 신고를 거친 농지를 취득하는 경우로서 도시계획법 제2조제1항제2호의 규정에 의한 도시계획구역 안에 주거, 상업, 공업지역 또는 도시계획시설 예정지로 지정 또는 결정된 농지, 도시계획구역안의 녹지지역, 개발제한구역 및 도시개발예정지구 안의 농지로서 도시계획법 제4조의 규정에 의한 토지형질변경허가를 받은 농지 등이 있습니다.

정 사장님이 먼저 말씀하셨지만 경매로 낙찰 받았다가 다시 싸게 공매로 낙찰 받을 수 있다는 말씀, 그때 입찰보증금을 돌려받을 수 있다는 말씀은 공매 예술의 극치입니다.

다른 분들이 경매로 낙찰 받은 경우도 공매로 낙찰 받아 잔금을 먼저 납부하면 우리들 것이 될 수 있다는 사실도 함께 알고 있어야 합니다.
〈모두들 함께 합창 하듯 "네" 답하고 있다.〉

08 전 경매에서 배당요구한 선순위임차인이 공매에서도 배당 요구해 낙찰자가 손해볼 뻔한 사례에서 벗어나다.

공매의 덫에서 탈출

선행된 경매절차에서 배당요구한 선순위 임차인은 대항력만 있고 배당요구할 수 있는 권리가 없는데도 공매절차에서도 권리신고 및 배분요구를 해서 두 번에 걸쳐 낙찰자들이 보증금을 포기하는 상황이 발생했다. 그러나 마지막에 낙찰 받은 매수인은 필자의 도움으로 공매를 해제하고 보증금을 반환받을 수 있었던 사례이다.

❖ 하이츠빌라가 경매로 매각되는 경우

서울 북부지원 98타경51787호와 99타경51787호가 중복해서 경매가 진행되었고 그 과정에서 선순위 임차인 윤정수가 4,200만원으로 배당요구 했으나 확정일자가 늦어서 미배당금 4,200만원이 발생했다.

서울 북부지원 경매1계 98타경00000호

소 재 지	서울시 도봉구 도봉동 575-15 석천하이츠빌라000호 도로명주소				
경매구분		경매신청자	국민은행	매 각 기 일	
용 도	다세대	채무/소유자	박OO	다 음 예 정	미정
감 정 가	76,000,000 (..)	청 구 액	25,250,000	경매개시일	98.11.02
최 저 가	0 (0%)	토지총면적	0 m² (0평)	배당종기일	

우편번호및주소/감정서	물건번호/면 적(m²)	감정가/최저가/과정	임차조사	등기권리
132-010 서울시 도봉구 도봉동 575-15 석천하이츠빌라 000호 ●감정평가서정리 - 벽돌조슬래브지붕 - 가든APT남측200m - 버스(정)도보5-6분 - 도시가스보일러 - 남측6m도로접함 - 지하주차장설비 12.20 제일감정	물건번호: 단독물건 대 30.69/213.1 (9.28평) · 건 51.78(20평형) (15.7평-방3) 3층-96.02.22보존	감정가 76,000,000 ●경매진행과정 (1) 유찰 1999-04-03 (2) 유찰 1999-05-10 (3) 유찰 1999-06-07 (4) 유찰 1999-07-05 (5) 유찰 1999-08-02 (6) 유찰 1999-08-30 (7) 유찰 1999-09-27 낙찰 1999-10-25 16,250,000 (8) 유찰 2000-01-24 (9) 유찰 2000-02-21 낙찰 2000-03-20 10,203,000	●법원임차조사 윤정수 전입 1996.01.22 배당요구1998.11.23 확정 1996.11.11 보증금 4,200만원 총보증금: 4,200만원 ●지지옥션세대조사 96.01.22. 윤정수 주민센터확인 : 99.01.09	저당권 국민은행 길음동 1996.05.29 36,000,000 저당권 소흘농협 1996.09.13 120,000,000 가압류 수협중앙 1998.08.14 6,380,000 임 의 국민은행 1998.11.04 채권총액 162,380,000원

❖ 공매입찰물건 내역과 입찰결과

그러나 낙찰자 역시 해결하지 않고 방치하고 있어서 계속적으로 매수인에게 대항력을 주장하고 있었는데 10년 후 다음과 같이 공매절차가 진행돼 권리신고 및 배분요구를 또 다시 하게 되었습니다.

캠코공매물건

상담전화 : 1588-5321

[물건명/소재지] : 서울 도봉구 도봉동 575-15 1층 101호

기본정보

물건종류	부동산
처분방식	매각
물건상태	낙찰
조회수	741

기관정보

- 입찰집행기관 : 한국자산관리공사
- 담당자 : 조세정리부 / 공매1팀
- 연락처 : 02-3420-5138 /

물건정보

소재지(지번)	서울 도봉구 도봉동 575-15 1층 101호		
소재지(도로명)	서울특별시 도봉구 도봉산3길 78-20 1층 101호 (도봉동)		
물건관리번호	2012-02948-001	재산종류	압류재산
위임기관	도봉세무서		
물건용도/세부용도	다세대주택/다세대	입찰방식	일반경쟁
면적	대 30.69㎡ 지분(총면적 213.1㎡), 건물 51.78㎡		
배분요구종기	2012/07/02	최초공고일자	2012/05/16

감정정보

감정평가금액	150,000,000 원	감정평가일자	2012/04/27	감정평가기관	(주)온누리감정평가법인

위치 및 부근현황	본건은 서울특별시 도봉구 도봉동 소재 "도봉고등학교" 남측 인근에 위치
이용현황	다세대주택(주거용)으로 이용중임.

임대차정보

임대차내용	이름	보증금	차임(월세)	환산보증금	확정(설정)일	전입일
임차인	윤정수	42,000,000 원	0 원	42,000,000 원	1996/11/11	2003/06/27

등기사항증명서 주요 정보

순번	권리종류	권리자명	등기일	설정액(원)
1	위임기관	도봉세무서		미표시
2	가압류	남OO	2002/02/25	66,808,900 원
3	가압류	김OO	2002/03/11	25,000,000 원
4	압류	중구청(교통지도과)	2009/05/29	미표시

입찰정보

- 2회이상 입찰서 제출 가능합니다.

입찰번호	공고일	대금납부	인터넷입찰시작	개찰일시	개찰장소	최저입찰가
회차/차수	입찰방식	납부기한	인터넷입찰마감	매각결정기일		
2012-02948-001	2012-11-07	일시불	2013/01/21 10:00	2013/01/24 11:00	전자자산처분시스템 (www.onbid.co.kr)	75,000,000 원
004 / 001	낙찰금액별 구분		2013/01/23 17:00	2013/01/28 10:00		

입찰이력정보

입찰번호	처분방식	물건관리번호	개찰일시	최저입찰가	낙찰가	낙찰율	입찰결과	입찰상세
201202948001	매각	2012-02948-001	2013/01/24 11:00	75,000,000	79,150,000	105.5%	낙찰	보기

임차인이 배분요구한 사실만 가지고 최우선변제금 2,500만원과 확정일자에 의한 우선변제금을 받을 수 있어서 인수금액이 적겠구나하고 낙찰 받았다가 다음과 같이 탈출하게 된 사례입니다.

❖ 잘못 낙찰 받게된 사연과 그 상황에서 탈출한 방법

이 공매물건에서 유의사항을 보면 "권리신고 및 배분요구한 임차인은 대항력이 있는 임차인으로 낙찰자가 인수하는 조건이오니 입찰시 유의하시기 바랍니다"로 기재돼 낙찰자는 임차보증금 4,200만원을 인수해야 합니다. 왜냐하면 2000년 9월 21일 경매절차에서 배당요구해서 미배당금 4,200만원은 대항력만 주장할 수 있고 배분요구할 수 있는 권리는 소멸되었기 때문이지요. 그런데도 윤정수 임차인이 권리신고 및 배분요구해서 두 번에 걸쳐 공매로 낙찰 받은 사람들이 입찰보증금을 포기하게 되는 사례가 발생하게 되었습니다.

이러한 현상을 공매재산명세서만 제대로 보고 입찰했더라면 알 수 있었을 텐데 임차인이 배분요구 했으니 당연히 배분 받고 소멸될 것이라는 일반적인 상식선에서 분석하다 보니 실패하게 된 것입니다.

이 문제는 필자와 지인이 이렇게 해결했습니다.

우선 입찰보증금이 몰수되면 경매법원은 배당재단에 포함돼 채권자들에게 배당할 때 까지 공탁하게 되어 경매가 취소되면 매수인들이 몰수당한 보증금을 반환받을 수 있습니다. 그러나 공매절차에서는 위약금의 성격이 있어서 몰수된 보증금은 1순위로 체납처분비에 충당하고 ⇨ 2순위는 공매 위임관서의 압류금액에 충당 ? 그래도 잔여금이 있다면 체납자에게 돌아가게 되는 것이지 채권자들에게 배분되는 것이 아니고, 그런데 체납자의 체납세금이 500만원 정도이고 전 매수인의 몰수된 보증금으로 체납처분비와 공매 위임관서의 압류금액을 공제하니 부족한 금액은 120만원 정도로 체납자만 협력해 준다면 공매를 취소할 수 있는 상황이었습니다. 그래서 체납자를 설득해서 체납액 120만원을 대신 지급하고 공매를 취소할 수 있었고, 그에 따라 보증금을 돌려받을 수 있어서 보증금 전액 몰수당하는 것에서 120만원 만 손해를 보고 늪에서 벗어날 수 있었죠. 상식대로 권리분석하지 말고 메뉴얼화해서 입찰자가 놓치는 권리의 사각지대가 없어야 한다는 사실을 또 한 번 일깨워준 사례입니다.

09 조세채권을 몰라서 3번씩 입찰보증금을 포기하게 된 사례

공매의 덫에서 탈출

공매나 경매에서 입찰자가 간과하기 제일 쉬운 부분이 세금 분야다.

이 사례는 공매로 3번에 거쳐 낙찰 받았으나 낙찰자들이 잔금납부를 거부하고 입찰보증금을 떼이게 된 사례다. 서류상으로는 대항력 있는 임차인이 1등으로 배당받을 것 같았지만 조세채권이 1순위로 전액 배당받게 돼 2순위가 된 임차인에게 배당금이 없었고 그에 따라 낙찰자가 임차보증금 7,000만원 인수하게 되는 상황이 발생했기 때문이다. 이러한 상황은 앞으로도 계속적으로 몇 명이나 더 나올지 몰라서 기술하게 된 사례이다. 우리들이 몰라서 그렇지 이러한 사례는 경매에서 더 취약하다는 사실이다.

❖ 채권 상호 간의 우선순위

(1) 특별우선채권인 경우 물권에 우선해서 변제받는다.

1순위 필요비·유익비 상환청구권, 2순위 소액 임차인과 근로자의 최우선변제금, 3순위 당해세 등은 물권과 채권에 우선해서 변제받는다.

(2) 담보물권과 저당권부 채권 간의 우선순위

담보물권인 근저당권, 전세권은 저당권부 채권인 담보가등기, 임대차등기, 확정일자부 임차권과의 우선순위에서 등기된 저당권부 채권과는 등기된 순위에 따라, 확정일자부 임차권과는 그 효력발생 시기를 기준으로 우선순위가 정해진다.

(3) 조세채권과 저당권부 채권 간의 우선순위

당해세가 아닌 일반조세채권은 법정기일을 기준으로 저당권부 채권 등과 우선순위를 정한다. 그러나 조세채권은 공과금과 일반채권에는 항상 우선한다.

(4) 공과금채권과 저당권부 채권 간의 우선순위

공과금채권(4대보험료)은 납부기한을 기준으로 저당권부 채권 등과 우선순위를 정한다. 이러한 공과금은 조세채권에 항상 후순위가 되지만 일반채권에는 항상 우선한다.

(5) 일반임금채권과 저당권부 채권 간의 우선순위

일반임금채권(최우선변제금 제외)은 저당권부 채권 등(근저당권, 전세권, 담보가등기, 임대차등기, 확정일자부 임차권)보다는 언제나 후순위 이지만, 조세(당해세 포함), 공과금, 일반채권에 우선한다. 다만 저당권부 채권 등에 우선하는 조세(당해세 포함)·공과금에 대해서는 우선하지 못하고 후순위가 된다.

(6) 우선변제권이 없는 가압류 등의 일반채권

우선변제권이 없는 일반채권(가압류, 강제경매신청채권, 집행권원 등으로 배분요구한 일반채권)은 위 (1)과 (3) ~ (5) 채권에 항상 후순위가 된다. 그리고 물권우선주의에 따라 (2)에 대해서도 후순위가 되는 것이 원칙이지만 (2)의 담보물권과 저당권부 채권보다 먼저 등기된 일반채권(가압류나 압류, 강제경매신청채권)이라면 후순위의 (2)의 담보물권 등과 동순위가 되어 안분배당하게 된다.

(7) 일반채권 상호 간의 우선순위

원칙적으로 채권의 평등의 원칙에 따라서 우열이 없이 그 채권의 성립시기를 불문하고 동순위로서 안분배당(=평등배당)하게 된다.

❖ 조세채권과 저당권부 채권이 혼재 시 우선순위 결정방법

1차적으로 1순위 필요비·유익비, 2순위 임차인과 근로자의 최우선변제금, 3순위로 당해세 등의 특별우선채권을 배당하고 나서, 2차적으로 저당권부 채권(근저당, 담보가등기, 전세권, 확정일자부 임차권, 등기한 임차권)보다 법정기일이 빠른 조세채권 ⇨ 저당권부 채권 ⇨ 저당권부 채권보다 법정기일이 늦은 조세채권 순으로 배당하고, 3차적으로 조세채권 중에서 2차에서 법정기일에 따라 배분받은 조세채권 합계금액에서 1등으로 납세담보된 조세채권이 흡수하고(납세담보된 채권은 압류된 채권 보다 우선하여 변제받게 되기 때문) ⇨ 납세담보된 조세채권을 배당하고 남은 배분금을 가지고 압류선착주의를 적용하여 압류한 조세채권이 흡수하고 ⇨ 최초압류권자에 흡수되고 남은 배분금을 가지고 참가압류권자와 교부청구권자가 동순위로 안분배분 받게 됨으로 배분절차가 종결하면 된다.

❖ 극동아파트의 온비드공매 입찰정보 내역

캠코공매물건			
상담전화 : 1588-5321			
[물건명/소재지] : 경기 의정부시 신곡동 669 극동아파트105동 2층 202호			
▶ 기본정보		▶ 기관정보	
물건종류	부동산	입찰집행기관 : 한국자산관리공사	
처분방식	매각	담당자 : 조세정리부 / 공매1팀	
물건상태	낙찰	연락처 : 02-3420-5138 /	
조회수	3324		
▶ 물건정보			
소재지(지번)	경기 의정부시 신곡동 669 극동아파트105동 2층 202호		
소재지(도로명)	경기도 의정부시 추동로 45 극동아파트105동 2층 202호 (신곡동, 극동아파트)		
물건관리번호	2011-22794-001	재산종류	압류재산
위임기관	도봉세무서		
물건용도/세부용도	아파트	입찰방식	일반경쟁
면적	대 26.09㎡ 지분(총면적 35,994.6㎡), 건물 47.88㎡		
배분요구종기	2012/04/09	최초공고일자	2012/02/22

❖ **입찰대상물건에 대한 분석과 실패한 낙찰**

　이 공매물건에서 3명씩이나 낙찰 받고 나서 잔금을 납부하지 않고 입찰보증금을 포기했다. 그러한 연유는 기본적인 권리분석과 공매재산명세서를 확인하지 않고 아파트가 절반 이하로 떨어졌으니 낙찰만 받으면 돈을 벌수 있다는 생각에 치우쳐 제대로 된 분석을 하지 못 해서 였다. 아무리 그래도 공매를 입찰할 정도 수준이라면 그러한 실수를 할까 하시는 독자 분들도 있겠지만 이러한 상황에 부딪치면 아마도 함정에 빠지지 않기가 쉽지 않을 것이다.

　그러면 왜 이러한 실수를 하게 되었는가를 분석해 보기로 하자!
　첫 번째로 공매입찰정보내역을 살펴보면 임차인은 말소기준권리인 도봉세무서의

2011. 06. 03. 압류 이전에 대항요건을 갖추고 있어서 임차인이 미배분금이 발생하면 낙찰자가 인수해야 한다.

둘째로 공매재산명세서로 예상 배분표를 작성해 보면 다음과 같다.

2013년 4월 18일에 8,100만원에 낙찰 받고 공매비용 240만원 빼고 나면 실제로 배분할 금액은 7,860만원이 된다.

간단하게 공매재산명세서를 보고 배분하면 1순위 의정부시 당해세 201,160원, 2순위 고정민 임차인 확정일자부 우선변제금 7,000만원을 배분받고 공매위임관서인 도봉구청이 8,398,840원을 압류선착주의로 강북구청 보다 우선변제 받을 수 있어서 임차인이 전액 배분받고 낙찰자 인수금액 없다고 판단하고 3번씩이나 낙찰 받았던 것으로 예상된다.

그나마 잔금납부 전에 알아서 다행이지, 잔금까지 납부하고 그러한 사실을 알게 되었다면 어쩔 수 없이 임차보증금 7,000만원을 인수해야 한다. 이러한 이유는 도봉구청 조세채권을 압류날짜로 계산해서 임차인의 확정일자와 우선순위로 배분순위를 예상한 결과다. 그러나 조세채권은 압류하든 하지 않든 법정기일에 따라 계산하게 된다는 점을 알고 있어야 하는 이유가 여기에 있다.

❖ 정확한 배분표 작성과 어떻게 해야 성공적인 낙찰자가 되는가?

압류재산 공매재산 명세

처분청	도봉세무서	관리번호	2011-0000-001
공매공고일	2013-10-10	배분요구의 종기	2012-04-09
압류재산의 표시	경기도 의정부시 신곡동 669 국동아파트105동 2층 000호 대 지분 26.09 ㎡ 건물 47.88 ㎡		
매각예정가격/입찰기간/개찰일자/매각결정기일		온비드 입찰정부 참조	
공매보증금		입찰가격의 100분의 10 이상	

■ 점유관계   [조사일시: 2012-02-21 /정보출처 : 현황조사서 및 감정평가서]

점유관계	성명	계약일자	전입신고일자 (사업자등록신청일자)	확정일자	보증금	차임	임차부분
임차인	고정민		2011-03-07		70,000,000	0	

■ 임차인 신고현황

번호	성명	권리신고일	전입신고일자 (사업자등록신청일자)	확정일자	보증금	차임	임차부분
1	고정민	2012-02-22	2011-03-07	2011-03-07	70,000,000	0	

■ 배분요구 및 채권신고 현황

번호	권리관계	성명	설정일자	설정금액	배분요구채권액	배분요구일
1	임차인	고정민	2011-03-07	0	70,000,000	2012-02-22
2	압류	강북구청	2011-08-09	1,764,430	1,764,430	2012-01-16
3	교부청구	국민건강보험공단 강북지사		0	6,322,730	2013-10-14
4	물건지지방자치단체	의정부시청		0	201,160	2013-09-13
5	위임기관	도봉세무서	2011-06-03	0	70,140,030	2011-11-23

(1) 종전 낙찰자들이 인수해야할 임차보증금

임차인의 확정일자 효력발생일시 보다 빠른 도봉 세무서 조세채권(법정기일 2009. 07. 25.)이 5,600만원이고 나머지 14,140,030은 임차인의 확정일자 보다 법정기일이 늦다. 그래서 배분절차에서 공매비용을 빼고 나서 7,860만원을 가지고 1순위로 당해세 201,160원 ⇨ 2순위 도봉세무서 5,600만원 ⇨ 3순위로 임차인 22,398,840원이 된다.

그래서 종전 낙찰자들은 임차보증금 47,601,160원을 인수해야 했다.

(2) 이 물건을 또 6,251만원에 낙찰 받았는데 성공했을 까?

3번씩이나 잔금을 납부하지 않았던 이 물건을 2013. 12. 19. 에 6,251만원에 단독으로 낙찰 받았는데 이 낙찰자는 성공했을까?

배분절차에서 공매비용 241만원을 빼고 나서 6,010만원을 가지고 1순위로 최우선변제금 2,700만원을 배분받게 된다(∵ 2014. 01. 01. 부터 과밀억제권역은 8,000만원 이하인 임차인이 최우선변제금 2,700만원을 받을 수 있도록 개정되었기 때문이다. 담보물권이 없다면 소액임차인을 결정하는 시기는 채권이 소멸되는 시점이 배분 시점으로 봐야 한다). 2순위 당해세 201,160원 ⇨ 3순위 도봉구청 32,898,840원으로 종결된다. 따라서 낙찰자는 임차인의 미배분금 4,300만원을 인수해야하므로 총 취득금액은 낙찰금액 6,251만원 + 인수금액 4,300만원으로 1억551만원이 된다. 독자분들이 이 금액이 비싸다고 생각하면 그다음 5,625만원 아니면 그 다음번 5,000만원에 낙찰 받는 것을 생각해 봐야 투자수익을 올릴 수 있는 것이지 앞에서 3번씩이나 낙찰 받았다가 입찰보증금을 몰수당한 사람들 같이 준비되지 않은 사람들은 성공적인 투자수익을 올릴 수 없다.

이러한 이유들이 공매에서 조세채권에 대한 연구가 필요한 이유입니다. 왜냐하면 공매의 대부분이 세금 체납에 의해 체납자의 재산을 압류해서 KAMCO가 공매를 진행하고 있으니 말입니다.

다음은 국유재산 매각공매와 임대공매에 대해서 강의해 보겠습니다.

Chapter 14

수탁재산과 유입자산 공매는 어떻게 찾아서 입찰하면 되나?

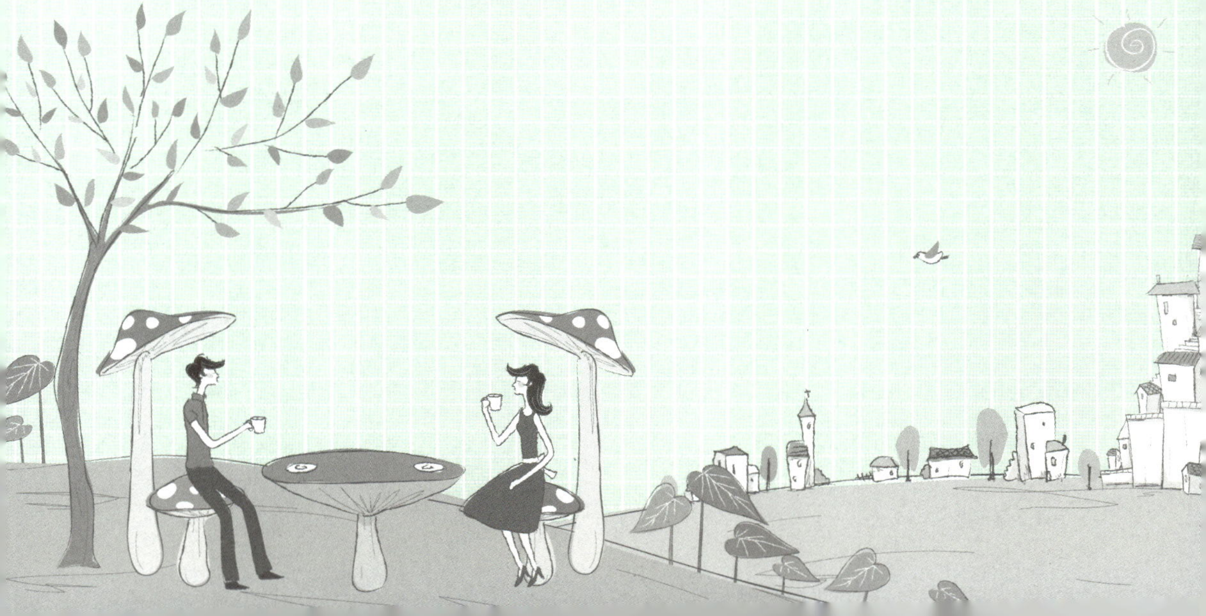

수탁재산과 유입자산 공매 풀이

수탁재산공매에는 <u>금융기관 및 공공기관 등의 비업무용 재산</u>을 한국자산관리공사가 수탁 받아 공매를 진행하는 물건과 <u>양도소득세 감면대상물건</u>을 수탁 받아 공매를 진행하는 물건이 있고, <u>유입자산</u> 공매로 한국자산관리공사 명의로 유입한 재산을 한국자산관리공사가 직접 일반인에게 공개경쟁 입찰방식으로 공매가 있는데, 이들 공매물건은 소유자들이 명도까지 해서 매각하게 되므로 매각조건만 잘 확인하고 낙찰 받으면 압류공매와 다르게 안전한 공매라 할 수 있습니다.

01 금융기관 및 공공기관의 비업무용 재산에 대한 수탁재산 공매

❖ 수탁재산의 매각 흐름도

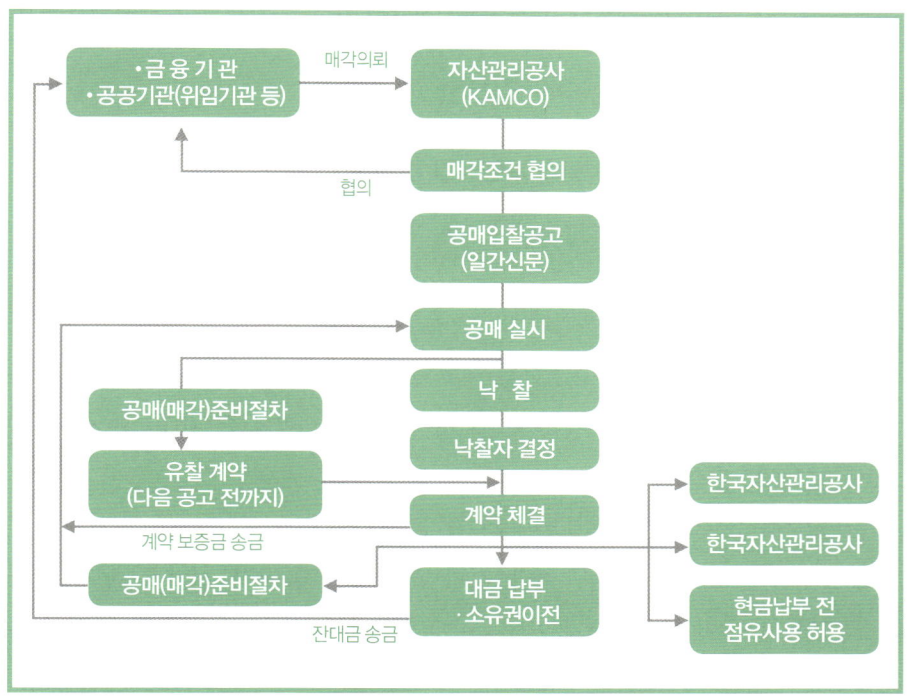

❖ 금융기관 등의 비업무용 재산에 대한 수탁재산의 매각

금융기관이 연체대출금을 회수하기 위하여 법원경매를 통해 금융기관 명의로 유입한 후 KAMCO(한국자산관리공사)에 매각 의뢰된 재산과 공공기관이 소유하고 있는 비업무용재산으로 KAMCO에 매각의뢰된 재산, 즉, 금융기관소유 비업무용 재산과 공공기관소유 비업무용 재산 등을 금융기관 또는 공공기관으로부터 매각이 위임된 재산을 KAMCO가 수탁을 받아 일반인에게 공개경쟁 입찰방식으로 매각하는 부동산을 수탁재산 공매라 합니다.

(1) 매각방법

공매부동산의 소재지, 종별, 공매예정가격과 개별적인 부대조건을 일간지 신문에 공고한 후 일반경쟁입찰을 통하여 처분하는 제도이다. 그러나 때에 따라서는 다음과 같이 온비드(위임기관요청 시 신문 등)에 의하여 공고 후 공매 또는 유찰계약 방법으로 매각하고 있다.

① 공매공고

공매공고는 입찰 전일부터 역산하여 10일 전에 온비드(위임기관 요청시 일간신문 등에 공고)에 게재한다(응찰자는 onbid.co.kr 사이트 방문 – 물건현황, 감정평가서 등을 열람할 수 있다).

② 매각예정가격책정기준

최초는 감정가격으로 하고 2회차 이후로는 매공매 시 최초매각예정 가격의 10/100에 해당하는 금액을 체감하여 실시한다(그러나 위임기관에 따라 체감율이 다르게 정할 수도 있음).

③ 매각대금 할부납부조건(매각예정가격기준)

㉠ 5억 미만 – 주택·임야(2년 이내), 상가빌딩(3년 이내), 공장·선박 등(5년 이내)

㉡ 5억~30억 미만 – 주택·임야(3년 이내), 상가빌딩(5년 이내), 공장·선박 등(7년 이내)

㉢ 30억 이상 – 주택·임야(5년 이내), 상가빌딩(7년 이내), 공장·선박 등(10년 이내)

(2) 유찰계약(수의계약)

① 입찰을 실시해도 매각되지 아니한 경우

전 회차 공매조건 이상으로 입찰절차를 종료한 후 다음 공매공고 전까지 할 수 있다.

② 낙찰자가 계약을 체결하지 아니한 경우

낙찰조건 이상으로 낙찰취소 후 다음 공매공고 전까지 할 수 있다.

❖ 매매대금 납부와 대금완납 전 사용 및 소유권이전

(1) 매매대금 납부방법

① 6개월 일시불이란

매매계약체결일로부터 6개월 이내에 계약보증금을 제외한 잔금을 전액 납부하는

방법

② 6개월 균등(할부금)이란

매매잔금을 매매계약체결일로부터 소정의 할부기간 내에 최장 6개월마다 균등하게 납부하는 방법이다.

예) 2년 6개월 균등이란 – 4회에 분할 납부한다.

(2) 매수자 명의변경(대금완납 전 명의 변경가능)

① 할부대금이 완납 전이라도 매수자명의를 다른 사람으로 변경이 가능하다. 그러나 위임기관에 따라서 명의변경을 불허가하는 경우도 있다.

② 명의변경 승낙기준

㉠ 신청일 현재 최초 도래하는 할부금의 납부기일이 3개월 이후인 경우 명도책임을 매수자로 하고 최초 도래하는 할부금 선납

㉡ 신청일 현재 최초 도래하는 할부금의 납부기일이 3개월 미만인 경우 명도책임을 매수자로 하고 최초 도래하는 할부금의 선납과 최종할부금의 납부기일을 3개월 단축한다.

㉢ 일시급 재산의 경우 : 할부급 재산에 준한다.

③ 명의변경시점에서 매수희망인은 당초 계약자가 지급한 금액에 대한 취득세를 납부하여야 하며 그 이후부터는 할부금 지급일마다 30일 이내에 할부금 금액에 대한 취득세를 납부하여야 한다.

④ 명의변경 시 토지거래허가, 임야매매증명, 농지취득자격증명 등의 규제가 있는 경우에는 허가절차를 다시 밟아야 한다.

⑤ 매수자 명의변경 시 제출서류

㉠ 법인 : 신청서, 정관, 대표자 및 이사의 인감증명서, 이사회의록

㉡ 개인 : 신청서, 계약 탈퇴자 및 잔류매수자의 인감증명서

(3) 대금납부 전 사용

① 매매대금의 1/3 이상 선납할 경우 점유사용(사전사용)이 허용된다. 단 공장 내

의 기계, 기구대금은 전액 선납 또는 사용에 대한 별도의 담보제공이 필요하다.
　② 사전입주가 허용되지 않는 경우
　기업소유의 부동산, 금융기관이 현재 임대 중이거나 점유자를 상대로 소송 중인 경우이다.

(4) 대금선납

잔대금의 전액 또는 일부를 3개월 이상의 할부금을 선납하면 정기예금상당액을 대금에서 감액해준다.

(5) 대금완납 전 소유권이전 가능

금융기관의 지급보증서, 예금·적금증서, 국공채·금융채 이행보증보험증권을 담보제공시? 소유권이전하여 사용·처분할 수 있고 은행담보로도 활용이 가능하다.

(6) 담보대출융자 가능

공매 의뢰자가 금융기관일 때 당해금융기관에서 융자도 가능하다.

❖ **수탁재산 구입 시 유의사항**

① 공매공고문 "물건별 부대조건 등 공지사항"을 정확하게 파악해야 한다.
② 명도책임이 공사인지 매수자인지 책임관계를 파악해야 한다.
③ 공매응찰 전 반드시 다음과 같은 공부를 열람해야 한다.
　㉠ 토지이용계획확인원(도시계획저촉여부, 건축허가구분여부, 용도지역·지구 등 확인, 개발제한구역여부확인), ㉡ 토지대장, ㉢ 임야대장, ㉣ 건축물관리대장, ㉤ 지적도(토지의 면적과 경계·위치 등 확인), ㉥ 환지예정지(확정증명원), ㉦ 등기부등본(소유자, 지번, 지목, 면적 등 확인)(대장과 면적의 차이가 없는지 여부), ㉧ 매각토지 지상의 등기 및 미등기건물이 있는 경우 – 공사에서 제시하지 않은 건물의 소유권이 누구인지 또한 건물철거가 가능한지, 건물이 없을 경우 새로운 건축이 가능한지 등을 살펴보아야 한다.

ⓩ 공장 – 공장신고나 허가가능여부 및 기계기구 수량의 증감내용 또는 기계기구의 사용가능여부 등을 확인
ⓩ 상가, 아파트 – 관리비는 원칙적으로 전소유자가 부담하나 체납이 있을 경우 분쟁의 소지가 있으므로 관리비체납사실을 확인한다.
㉠ 임야 – 지상에 식재된 수목의 소유권취득여부, 임목등기가 되어있는지 여부 등을 확인, ㉤ 토지거래허가지역 – 토지는 토지거래허가를 받아야하고, 임야는 임야매매증명을 농지면 농지취득자격증명서를 받아야 계약이 가능하다. 그러나 토지거래허가지역이라도 3번 이상 유찰된 물건을 구입 시에는 면제된다.

❖ 낙찰 받고 나서 대응방법

(1) 낙찰 받았을 때(수의계약 포함)

매매계약체결을 5일 이내에 주민등록등본, 주민등록증, 도장을 갖추어서 매매계약서를 작성한다. 이 기간 내에 체결하지 않으면 계약보증금은 위임기관에 귀속된다.

(2) 토지거래허가지역

① 계약체결 전 자산관리공사에 토지거래허가신청 및 신고에 필요한 서류를 제출하면 자산관리공사가 행정관청에 신청하여 ⇨ 허가 5일 이내에 매매계약을 체결한다.
② 허가를 받고도 5일 이내에 계약체결을 안할 때 보증금은 반환받지 못한다.
③ 불허가되면 낙찰(수의)계약은 무효이고 보증금을 반환받는다.

(3) 농지취득자격증명

등기신청 시 필요한 것이므로 계약체결 후에 받는다. 단 증명을 받지 못하면 소유권이전등기가 되지 못하므로 사전에 취득가능여부를 확인한다. 이와는 별도로 잔금만 내면 소유권은 취득되는 것이고 등기만 안 되는 것임을 이해해야 된다.

(4) 부동산거래실거래신고

매매계약서 작성일로부터 주택투기지역은 15일 이내, 이외의 지역은 60일 이내에 매매계약실거래신고를 시·군·구청에 하여야 한다.

(5) 소유권이전등기

대금완납 후에는 매각의뢰기관에서 소유권이전에 필요한 서류를 교부받아 등기소에 소유권이전신청을 하면 모든 절차가 끝난다.

(6) 해제된 경우의 계약의 부활

매매계약해제 이후에도 차기공고 전일까지 연체이자와 감정료 등의 부대비용을 납부할 경우 계약부활이 가능하다.

(7) 명도책임

특별한 경우를 제외하고는 명도는 공사가 책임지고 있다.

02 양도세 감면대상 물건에 대한 수탁공매

❖ 매각위임대상주택

한국자산관리공사에 매각을 의뢰하면 양도한 것과 동일하게 인정되어 양도소득세의 비과세 또는 중과제외 혜택을 받을 수 있을 뿐만 아니라 부동산매각전문공기업인 KAMCO의 공신력을 바탕으로 부동산전문사이트인 온비드를 통해 매각되므로 일반매각보다 빠르고 유리하게 매각할 수 있습니다.

(1) 1세대 1주택의 특례로 비과세가 적용되는 주택

1세대 1주택자가 기존주택 취득일로 부터 1년 이상 경과한 후에 새로운 주택을 취득하여 1세대 2주택이 된 경우에 새로 취득한 주택 취득일로 부터 3년 이내에 2년 이상 보유한 기존 주택을 양도하면 일시적 2주택으로 보아 양도소득세가 비과세가 된다(소득세법 시행령155조).

이 밖에도 소득세법 시행규칙 제72조(1세대1주택의 특례) 제1항은 다른 주택을 취득한 날부터 3년이 되는 날 현재 ㉠ 한국자산관리공사에 매각을 의뢰한 경우(수탁재산 공매). ㉡ 법원에 경매를 신청한 경우. ㉢ 국세징수법에 의한 공매가 진행되는 경우 등이면 보유기간에 관계없이 3년 이후에 매각되더라도 9억까지는 비과세 혜택을 받을 수 있다.

(2) 조합원입주권을 소유한 1세대 1주택의 특례로 비과세 적용되는 주택

국내에 1주택을 소유한 1세대가 그 주택을 양도하기 전에 조합원입주권을 취득함으로써 일시적으로 1주택과 1조합원입주권을 소유하게 된 경우 종전의 주택을 취득한 날부터 1년 이상이 지난 후에 조합원입주권을 취득하고 그 조합원입주권을 취득한 날부터 3년 이내에 종전의 주택을 양도하는 경우에는 이를 1세대 1주택으로 보아 비과세 혜택을 받게 된다.

이 밖에도 소득세법 시행규칙 제72조(1세대1주택의 특례) 제1항은 조합원입주권을 취득한 날부터 3년이 되는 날 현재 ㉠ 한국자산관리공사에 매각을 의뢰한 경우(수탁재산 공매). ㉡ 법원에 경매를 신청한 경우. ㉢ 국세징수법에 의한 공매가 진행되는 경우 등이면 보유기간에 관계없이 3년 이후에 매각되더라도 9억까지는 비과세 혜택을 받을 수 있다.

(3) 부득이한 사유가 있어 비사업용 토지로 보지 아니하는 토지

소득세법 시행규칙 제83조의5 및 법인세법 시행규칙 제46조의2는 다음에 해당하는 토지에 대하여는 해당 각 호에서 규정한 날을 양도일로 보아 영 제168조의6의 규정을 적용하게 되는데 그중에서 <u>한국자산관리공사에 매각을 위임한 토지는 매각을 위임한 날을 기준으로</u> 비사업용 토지에 해당하는지 여부를 판단하게 된다.

❖ **매각방법**

한국자산관리공사가 운영하는 인터넷공매입찰 전문사이트인 온비드(www.onbid.co.kr)를 통하여 인터넷 공매방법으로 매각하고 있다. 이는 전국 어디에서나 인터넷으로 쉽게 입찰에 참여할 수 있는 편리한 제도이다.

❖ **양도세 감면대상 수탁재산 매각 흐름도**

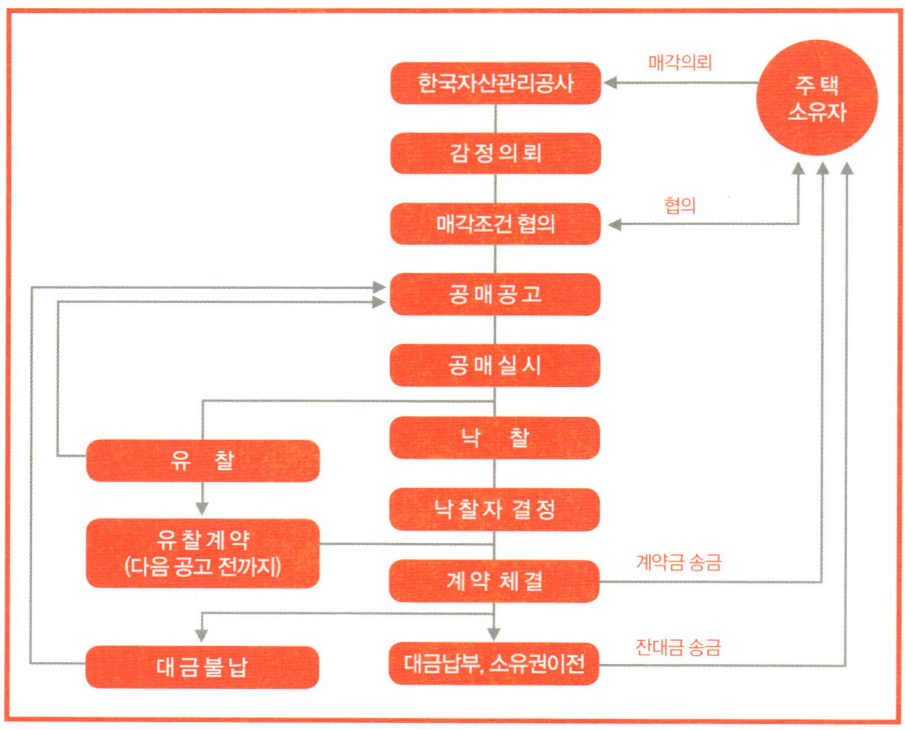

❖ **매각의뢰 접수 시 구비서류**

① 부동산매각의뢰 신청서(소정양식)

② 토지·건축물의 등기필증 및 등기부등본
③ 토지·건축물대장등본
④ 지적도 및 토지이용계획 확인서
⑤ 매각의뢰자 주민등록등본
⑥ 점유·임대차 현황보고서(소정양식)
⑦ 당해주택에 대한 세무서 또는 세무사가 확인한 양도소득세계산서
⑧ 매각비용예납 : 감정수수료 등

❖ 매각수수료

매각금액의 1%(계약 시 0.5%, 잔금납부 시 0.5%)이다.

❖ 명도책임은 매도자에 있다

❖ 매각예정가격

① 최초가격은 감정가격으로 한다.
② 2회차 이후 유찰 시 최초가격에서 매 5%씩 인하한 금액으로 한다.
③ 인하한도는 최초가격의 50%로(단, 최초가격에서 양도세 추정세액차감금액이 최초가격의 50%보다 높을 때에는 이 금액) 한다.

❖ 매각대금 납부조건은 3개월 일시불로 한다

❖ 유찰계약(수의계약)

① 공매에서 유찰된 경우는 유찰된 최종공매조건 이상으로
② 낙찰자가 토지거래허가 못 받은 경우는 낙찰조건 이상으로
③ 가등기권자 등 등기부에 기입된 권리자는 최초가격 이상으로 한다.

03 유입자산공매

❖ 유입자산이란

"금융기관부실자산 등의 효율적 처리 및 한국자산관리공사의 설립에 관한 법률" 및 "동법 시행령"에 의거 금융기관의 구조개선을 위하여 부실채권정리기금으로 KAMCO(한국자산관리공사)가 인수한 금융기관 부실채권을 회수하는 과정에서 법원경매를 통해 KAMCO 명의로 유입한 재산과 부실징후기업을 지원하기 위해 기업체로부터 취득한 재산으로 이러한 재산을 KAMCO가 소유자로 일반인에게 공개경쟁 입찰방식으로 공매절차를 진행하게 됩니다.

❖ 유입자산의 매각방법과 명도책임

(1) 입찰
불특정 다수인을 대상으로 한 일반경쟁 입찰로 유리한 조건 제시자에게 매각하는 방법이다.

① 연 3회 이상 입찰집행기일을 기준으로 15일 전에 일간신문 및 공사 온비드 등에 게재함을 원칙으로 한다.

② 내용 – 일시금의 최저매매가격, 물건내용, 감정가격, 입찰방법, 계약체결 및 부대조건 등(유입자산 입찰공고문 참조)

④ 입찰의 성립 – 경쟁입찰은 1인 이상의 유효한 입찰이다.

⑤ 계약체결과 지자체에 대한 통보
낙찰일로부터 5일 이내에 계약체결(미체결시 낙찰을 취소하고 입찰보증금은 공사

에 귀속됨)하고, 매매계약체결 후에 공사는 부동산소재지 관할시장, 군수, 구청장에게 통보해야 한다.

(2) 유찰계약

일정한 조건을 갖춘 자에게 부동산의 매수 기회를 우선적으로 부여하여 매매계약을 체결하는 매각방법이다.

① 연고자로부터 계약요청이 있는 경우 : 공사가 정한 조건 이상
② 입찰을 실시하였으나 미매각된 물건에 매수요청이 있는 경우 : 공고된 최저매매가격이상으로.
③ 낙찰 취소된 물건에 매수요청이 있는 경우 : 낙찰조건 이상으로
④ 유찰계약기간 : 다음 공매공고 전일까지
⑤ 유찰계약절차 : 유찰계약체결요청서 제출 및 매매가격의 10% 이상 계약 보증금 납부

㉠ 경합이 있는 경우 지명경쟁입찰에 의하며 통보 후 7일 이내에 실시, ㉡ 연고자와 일반인 경합은 연고자우선, 연고자가 경합은 채무관계연고자가 우선한다.

(3) 분양

대단위 임야 및 농지 또는 집합건물, 레저, 전원주택지로서 분양에 의하는 것이 용이하다고 판단되는 경우의 매각방법이다.

(4) 유입자산의 명도책임

자산관리공사가 부담함을 원칙으로 한다. 그러나 경우에 따라서는 매수자가 부담할 수도 있으니 공매공고 내용을 확인해야 한다.

❖ 매매대금의 납부기한

(1) 일시급 납부

계약체결일로부터 1개월 내에 납부

(2) 할부납부

매매대금에서 계약보증금을 차감한 금액을 납부기간에 대하여 기금채권발행금리에 해당하는 이자를 가산한 금액을 6개월 단위로 균등 분할하여 납부함(동산의 경우 일시급에 의함)

① 대금연체 시 연체발생 시점의 기금채권발행금리를 기준으로 연체이율에 해당하는 지연손해금을 납부해야 한다.

② 매매대금 선납 시 이자를 감면한다.

❖ **소유권이전**

(1) 대금완납 전 소유권이전

① 잔대금전액 이상을 충당할 수 있는 담보(예금, 적금, 은행지급보증서, 국·공채, 금융채, 이행보증보험증권 등)를 제공하는 경우

② 매매대금의 1/2 이상을 납부하고 매매목적물에 1순위근저당을 설정하는 경우
– 나대지인 경우 근저당권과 지상권을 동시에 설정하는 조건이다.

(2) 대금 완납 후 소유권이전

매매대금 및 매수자부담의 제비용을 완납한 경우에는 소유권에 필요한 서류를 교부한다.

❖ **매수자 명의변경**

소유권취득 후 등기를 하지 않고 제3자에게 처분하는 미등기전매와는 구별되며 이는 공사법상 "부실자산 등의 정리촉진을 위한 특례(제45조의3)"에 의거 부동산등기특례조치법 제2조 및 제4조를 적용받기 때문이다.

① 매수자 명의변경계약을 체결 시에는 동법 제3조제1항 및 제4조에 의거 매수자는 원매매계약서에 매수자 명의변경계약서를 합철하여 검인받고, 공사는 동 변경내

용을 부동산 소재지 관할시장, 군수, 구청장에게 통보한다.

❖ 대금완납 전 점유사용

① 매매대금의 1/3 이상 선납하거나 대금완납 전 소유권이전을 위한 담보를 제시한 경우

② 기계수리비가 매매대금의 1/3 이상 소요되어 매수자가 직접 수리하여 사용하는 경우

③ 점유사용 중 매매계약이 해약되는 경우 - 점유사용료를 징수(매매대금에 부동산 10%, 기계기구 및 시설물은 14.2%의 사용료를 매1년마다 징수한다)

❖ 매매계약의 해약

① 대금납부최고 등의 조치에도 불구하고 부동산을 2개월 이상, 동산은 1개월 이상 매매대금을 납부하지 아니한 경우 매매계약은 해제된다.

② 매수자가 해약의사를 분명히 표시한 경우도 해제된다.

③ 해약처리 후 중도금반환 및 계약금, 보증금(지연손해금 등)은 공사 귀속된다.

④ 계약의 부활 - 매매계약해지 후 60일 이내에 매수자가 연체된 매매대금과 지연손해금 및 제비용을 납입할 경우 재공매를 중지하고 해제된 계약을 부활할 수 있다.

04 수탁재산과 유입자산 공매 입찰대상물건 검색방법

 이 화면은 회원로그인 한 후의 온비드 화면입니다.

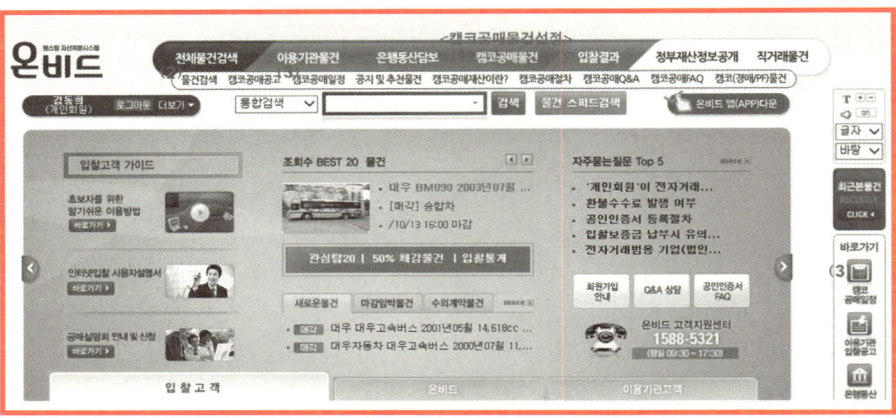

온비드 화면에서 (1) 캠코공매물건 에서 ➪ (2) 물건검색 과 (3) 캠코공매일정 을 검색하면 다음과 같은 화면들이 나타납니다.

❖ **수탁재산과 유입자산 공매물건을 검색하는 방법**

(1) 물건검색을 통한 공매물건을 검색하는 방법

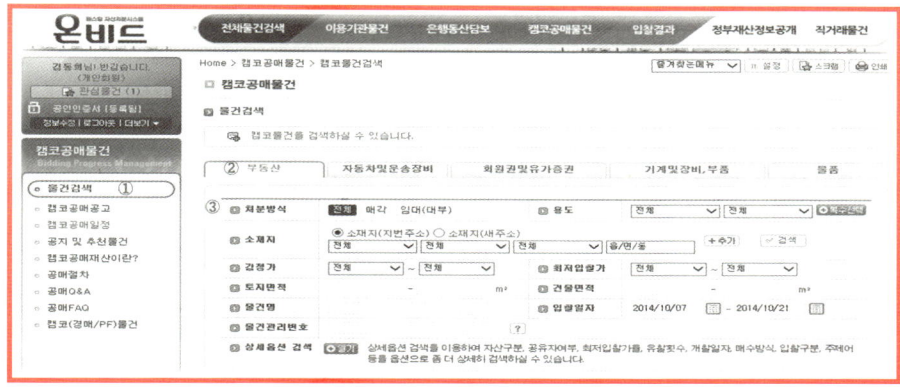

캠코공매물건에서 ⇨ ① 물건검색을 선택하고 ⇨ ② 용도별검색에서 부동산을 선택하고 ⇨ ③ 처분방식, 용도, 소재지, 감정가, 입찰일자, 기관명 등을 입력한 후 ⇨ 하단 검색버튼을 클릭하면 공매가 진행 중이거나 공매예정인 물건정보를 조회할 수 있습니다.

(2) 캠코공매일정을 통한 공매물건을 검색하는 방법

캠코공매물건에서 ⇨ 캠코공매일정 검색해서 ⇨ (1) 수탁·유입재산을 선택 후 ⇨ (2) 수탁재산 또는 (3) 유입자산 보기 를 클릭하면 다음과 같이 수탁재산 또는 유입

자산 공매물건을 확인할 수 있습니다.

 이렇게 검색해서 입찰할 금융기관 등의 수탁재산 또는 유입자산 공매물건을 찾았다면 다음과 같이 분석해서 입찰하면 됩니다.

05 금융기관 등의 수탁재산 공매물건에 입찰하기

❖ **에너지관리공단의 수탁재산 공매물건에 입찰하기**

(1) 온비드 입찰정보 내역

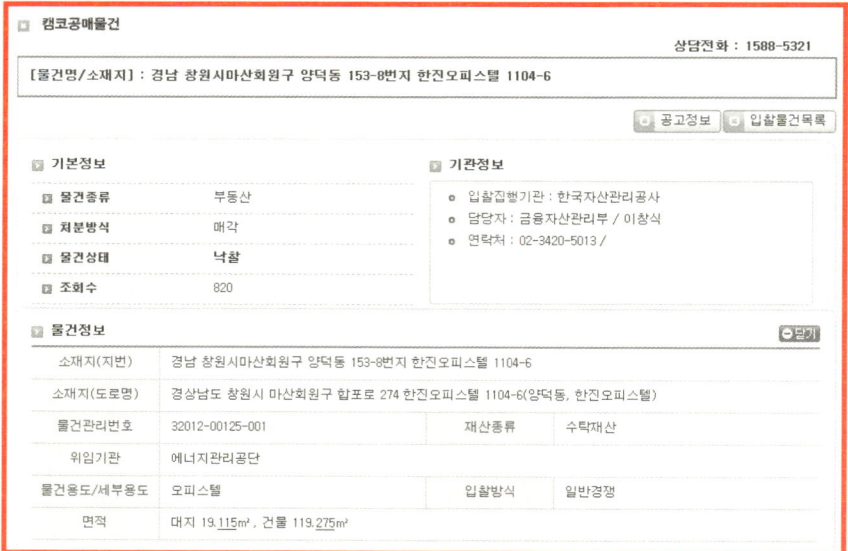

감정정보						
감정평가금액	125,000,000 원	감정평가일자	2013/10/17	감정평가기관	나라감정평가법인	감정평가서 >
위치 및 부근현황	경상남도 창원시 마산회원구 양덕동 소재 한진오피스텔 제11층 제1104-6호로서 제반 교통환경은 보통시되며 마산고속버스터미널 인근으로 부근은 상업용건물 및 은행 등이 혼재함.					
이용현황	현황 공실 상태임					
명도책임	매도자					

입찰이력정보								
입찰번호	처분방식	물건관리번호	개찰일시	최저입찰가	낙찰가	낙찰율	입찰결과	입찰상세
077	매각	32012-00125-001	2014/06/27 11:00	61,250,000	73,600,000	120.2%	낙찰	보기
081	매각	32012-00125-001	2014/05/30 11:00	73,500,000			유찰	보기
086	매각	32012-00125-001	2014/04/25 11:00	85,750,000			유찰	보기
107	매각	32012-00125-001	2014/03/28 11:00	98,000,000			유찰	보기
076	매각	32012-00125-001	2014/02/28 11:00	110,250,000			유찰	보기

(2) 이 오피스텔을 입찰대상으로 선정하게 된 이유는?

온비드 입찰정보내역 화면 중간부분에서 물건정보와 감정평가서, 매각물건의 사진정보, 위치도 및 지도를 다음과 같이 분석해서 내가 사고자하는 목적에 맞으면서도 돈이 되는 물건을 찾아야 하는데...

① 오피스텔의 사진

② 오피스텔 주변 현황도

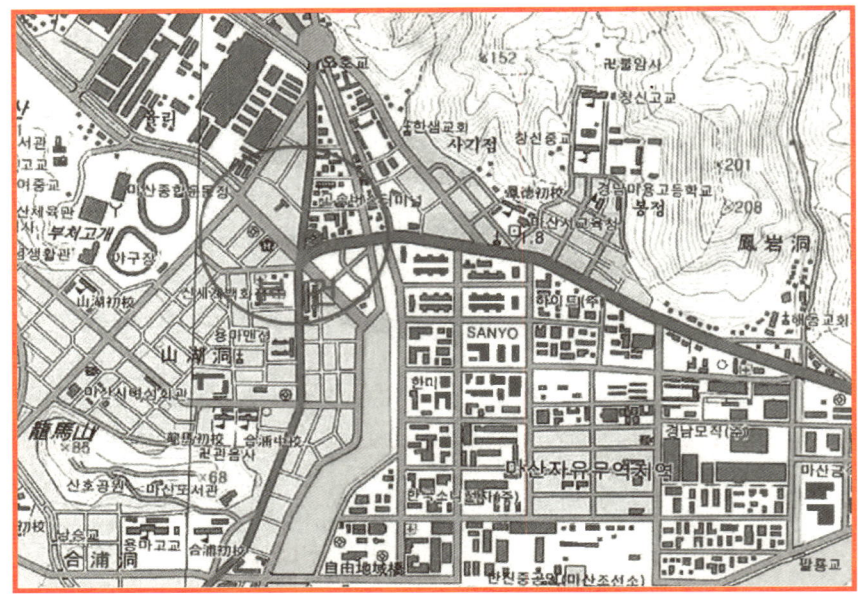

　매각물건의 오피스텔의 사진과 주변 현황도를 보면 알 수 있듯이 이 오피스텔은 창원시 마산회원구 함포로에 있고, 주변이 버스 등의 대중교통과 재래시장 및 상가 등이 발달한 상업지대입니다. 그리고 우수한 학군 등이 근접해 있어서 학부모와 직장인 들이 선호하는 곳으로 높은 실수요가 예상되고 그러한 실수요증가가 미래가치를 끌어 올릴 수 있다는 판단 하에 이 오피스텔을 선정한 것 같이 보입니다. 그리고 마음에 드는 것은 시세가 1억원 정도 가고 있는데 공매로 매각되는 가격이 6,125만원으로 떨어져 있어서, 7,360만원에 낙찰 받으면 임대수익을 올리거나 바로 팔아도 기대수익이 예상되므로 입찰했을 것입니다.
　그리고 이 오피스텔을 낙찰 받으면 인수할 권리나 금액은 없는지를 확인해야 하는데 이 물건은 에너지관리공단이 소유하다가 비업무용재산으로 분리해 한국자산관리공사에 공매를 의뢰한 수탁재산공매 이므로 압류재산 공매와 같이 권리의 하자는 발생하지 않고 안전하게 소유권을 취득할 수 있으나 매각기관 마다 다른 조건으로 매각할 수도 있으니 반드시 공매공고 내용을 확인해야 합니다. 그래서 그러한 조건을 확인하기 위해서 온비드 입찰정보내역 상단 공매 공고정보를 클릭해서 다음과 같이 확인하고 입찰에 참여하면 됩니다.

(3) 공매 공고정보 내용과 2014년 제6회 수탁재산 공매공고문 확인

공고 정보				
[공고제목] : 2014년 제6회 수탁재산 공매공고 일반공고 인터넷				
기관정보				
공고기관	한국자산관리공사			
담당자 정보	금융자산관리부 / 이창식 / 02)3420-5013 / csiklee@kamco.or.kr			
공고정보				
공고종류	일반공고 (인터넷 입찰)	공고일자	2014/06/12	
공고년도	2014 년도	공고회차	006 회차	
재산종류	수탁재산	공고대상자산	비업무용자산	
공고번호	201406-00873-00	기관공고번호	-	
공고매체	지정정보처리장치(온비드)			
입찰정보				
입찰방식	일반경쟁	처분방식	매각	
총액/단가 구분	총액	참가자격	-	
재공고 가능 여부	가능	재입찰 가능 여부	불가능	
공동입찰 허용	가능(서류제출방식)	대리입찰 허용	허용함	
기타사항	-			
입찰방식	공매 (2회 이상 입찰서 제출가능)			
2인 미만 유찰	1인이 입찰하더라도 유효한 입찰로 성립합니다.			
전자 보증서	물건별로 적용됩니다.			
입찰방식				
구분	회차 / 차수	참가수수료 / 입찰보증금률	입찰시작일시 / 입찰마감일시	개찰일시	개찰장소
인터넷	006 / 01	0 원 / 10 %	2014/06/24 10:00 / 2014/06/26 17:00	2014/06/27 11:00	전자자산처분시스템 (www.onbid.co.kr)
공고문				
2014년 제6회 수탁재산 공매공고문				
첨부파일				
2014년 제6회 수탁재산 공매공고문				

공고문을 확인해 보니 이 오피스텔은 에너지관리공단에서 직원들의 숙소로 사용하다 그 이용가치를 다해서 비업무용재산으로 분리해서 매각하는 재산이므로 현황은 공실로 되어 있고 명도 책임도 에너지관리공단이 하는 조건, 그리고 공매담당자

의 도움을 받아 내부를 확인해 보았더니 공단이 수리해서 사용하다가 매각하고 있어서 내부가 깨끗해서 별 수리 없이 사용하거나 매각할 수 있다는 점이 마음에 들어 입찰에 참여한 것 같습니다.

> **잠깐만 이러한 내용을 확인하는 것을 잊지 마세요**
>
> 이 수탁재산 공매는 에너지관리공단의 비업무용재산을 한국자산관리공사가 매각을 의뢰 받아 공매를 진행하고 있어서 금융자산관리부 담당자인 이창식을 통해서 오피스텔 내부와 인수할 임차인 등이 있는 가를 확인하고 이때 공매 담당자와 공매공고문을 통해서 확인해야 합니다.

이 공고문을 확인하니 입찰방법을 다음과 같이 정하고 있었습니다.

① 입찰자는 반드시 온비드에 회원가입 및 실명확인을 위한 공인인증기관의 공인인증서를 등록해야 한다.

② 입찰자를 대리하여 입찰에 참여하거나 공동명의로 인터넷입찰에 참가하고자 하는 경우에는 인터넷 입찰기간 마감시간 전까지 우리공사 소정의 공동입찰신청서 또는 대리입찰신청서를 공사에 제출해야 하며, 대표입찰자 또는 대리인 명의로 인터넷입찰에 참가해야 한다.

③ 입찰금액의 10% 이상을 인터넷입찰 마감시간 전까지 온비드 지정 예금계좌에 입금해야 한다.

④ 입찰보증금이 1,000만원을 초과하는 경우에는 분할납부가 가능.

⑤ 낙찰자는 낙찰일로부터 5일 이내에 신분증과 주민등록등본 1통을 지참하여 매매계약을 체결해야 하며, 이에 응하지 않을 경우에 낙찰은 무효로 하고 입찰보증금은 매도자 귀속한다.

⑥ 국토의 계획 및 이용에 관한 법률에 의한 토지거래허가 대상에 의한 토지취득 신고 물건에 대하여는 낙찰일로부터 5일 이내에 우리공사와 토지거래허가 또는 신고절차를 완료해야 하며 동 절차를 이행하지 않을시 낙찰은 무효로 하고 입찰보증금은 매도자 귀속으로 처리한다(토지거래허가대상중 우리공사에서 3회 이상 유찰된 부동산은 토

지거래허가가 면제된다).

⑦ 부동산 거래신고는 매수자 책임으로 하며 계약체결일로부터 60일 이내에 신고 절차를 완료해야 한다.

⑧ 입찰에서 매각되지 않은 물건은 다음 공매 공고 전까지 위 공매조건 이상으로 유찰계약(수의계약) 요청을 할 수 있다. 단 양도소득세 관련재산은 매각의뢰자의 사전 동의가 있어야 유찰계약체결이 가능하다.

그래서 입찰에 참여해도 인수할 권리가 없어서 다음과 같이 입찰해서 낙찰 받게 되었답니다.

(4) 이 오피스텔은 5대 1의 경쟁을 뚫고 홍길동이 낙찰 받았다

입찰결과			
물건관리번호	32012-00125-001	조회수	821
물건명	경남 창원시마산회원구 양덕동 153-8번지 한진오피스텔 1104-6		
입찰자수	유효 5명 / 무효 0명 (인터넷)		
입찰금액	73,600,000원, 69,000,000원, 68,235,000원, 63,333,333원, 63,320,000원		
개찰결과	낙찰	낙찰금액	73,600,000원
물건누적상태	유찰 14회 / 취소 0회 [입찰이력보기]		
감정가격 (최초 최저입찰가)	125,000,000원	낙찰가율 (감정가격 대비)	58.9%
최저입찰가	61,250,000원	낙찰가율 (최저입찰가 대비)	120.2%
공매정보			
자산구분	수탁재산	담당부점	금융자산관리부
회차/차수	006 - 01	개찰일시	2014/06/27 11:04

❖ **국방기술품질원의 수탁재산 공매물건에 입찰하기**

(1) 온비드 입찰정보 내역

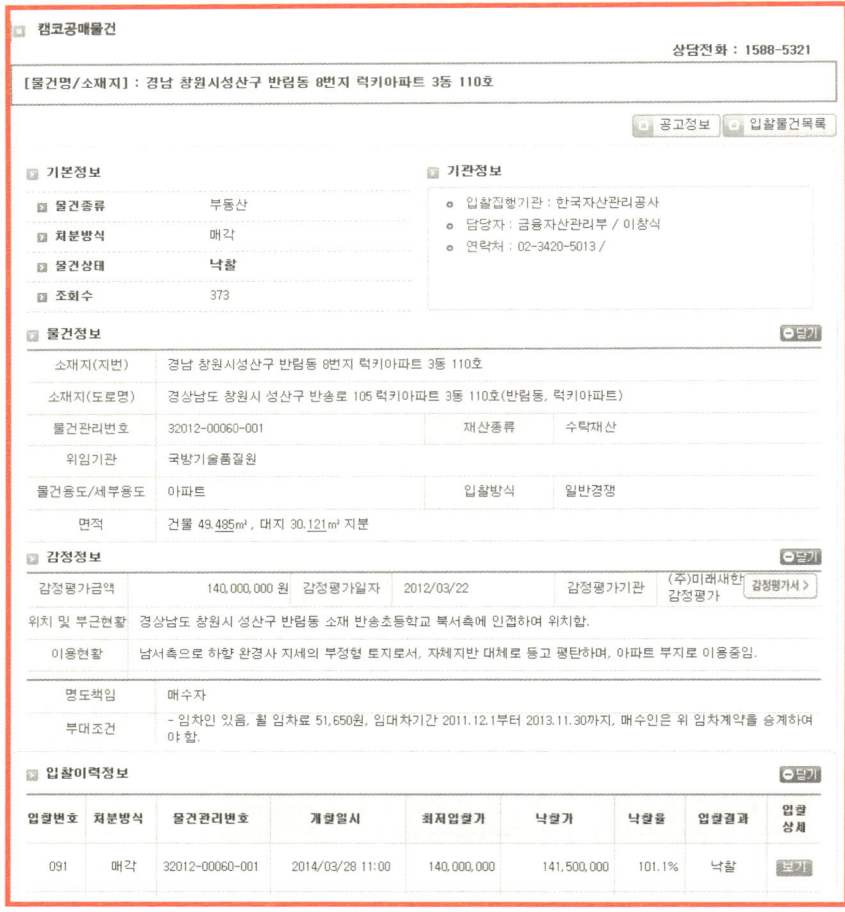

① 아파트의 사진

② 아파트 주변 현황도

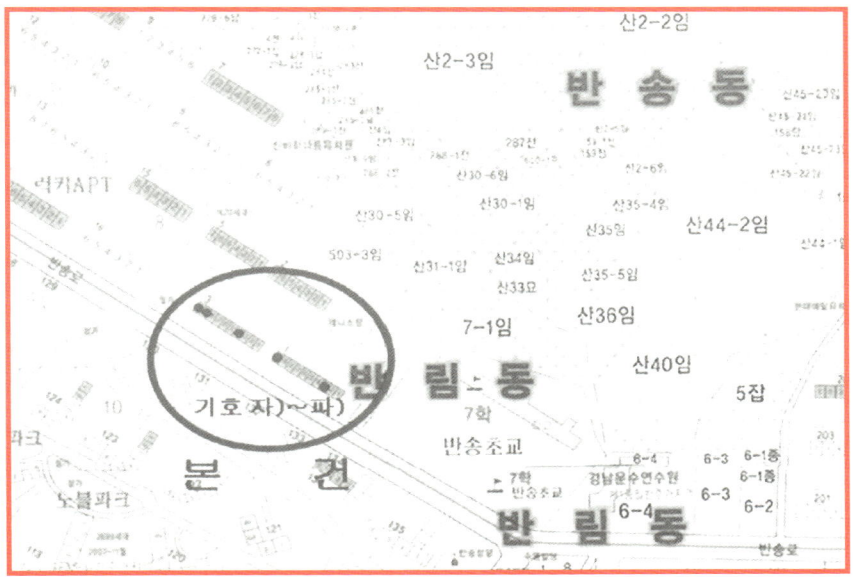

(2) 이 아파트를 입찰대상으로 선정하게 된 이유는?

공고문을 확인해 보니 이 아파트는 국방기술품질원에서 직원들의 숙소로 사용하다 그 이용가치를 다해서 비업무용재산으로 분리해서 매각하려 했다가 매각되지 않아서 임대하고 있다 매각하는 조건으로 현 임대차기간(2011. 12. 01. ~2013. 11. 30.)을 승계하는 조건입니다. 이러한 상황에서는 임차인이 묵시적갱신을 주장할 수도 있어서 공매담당자의 도움을 받아 임차인과 명도문제를 상의하고 입찰에 참여해야 합니다. 어쨌든 공매담당자의 도움을 받아 임차인을 만나서 명도를 협의한 결과 낙찰자가 잔금을 납부하면 이사 가기로 했고, 아파트 내부를 확인해 보았더니 국방기술품질원이 입주할 때 수리해서 그런지 깨끗해서 마음에 들어 입찰에 참여했다고 합니다.

 잠깐만 이러한 내용을 확인하는 것을 잊지 마세요

이 수탁재산 공매는 국방기술품질원의 비업무용재산을 한국자산관리공사가 매각을 의뢰 받아 공매를 진행하고 있어서 금융자산관리부 담당자인 이창식을 통해서 아파트 내부와 인수할 임차인 등이 있는 가를 확인하고 이때 공매 담당자와 공매공고문을 통해서 확인해야 합니다.

(3) 공매 공고정보 내용과 2014년 제3회 수탁재산 공매공고문 확인

〈앞의 공매공고문을 참고하면 되므로 지면상 생략했지만, 입찰자는 확인하고 입찰에 참여하는 것을 잊지 말아야 한다〉

(4) 이 아파트는 2대 1의 경쟁을 뚫고 이순신이 낙찰 받았다

입찰결과			
물건관리번호	32012-00060-001	조회수	374
물건명	경남 창원시성산구 반림동 8번지 럭키아파트 3동 110호		
입찰자수	유효 2명 / 무효 0명 (인터넷)		
입찰금액	141,500,000원, 140,000,000원		
개찰결과	낙찰	낙찰금액	141,500,000원
물건누적상태	유찰 22회 / 취소 0회 [입찰이력보기]		
감정가격 (최초 최저입찰가)	140,000,000원	낙찰가율 (감정가격 대비)	101.1%
최저입찰가	140,000,000원	낙찰가율 (최저입찰가 대비)	101.1%
공매정보			
자산구분	수탁재산	담당부점	금융자산관리부
회차/차수	003 - 01	개함일시	2014/03/28 11:13

❖ **매각이 진행 중인 상봉1동 새마을금고의 수탁재산 공매**

(1) 아파트의 사진과 내부 및 주변 현황도

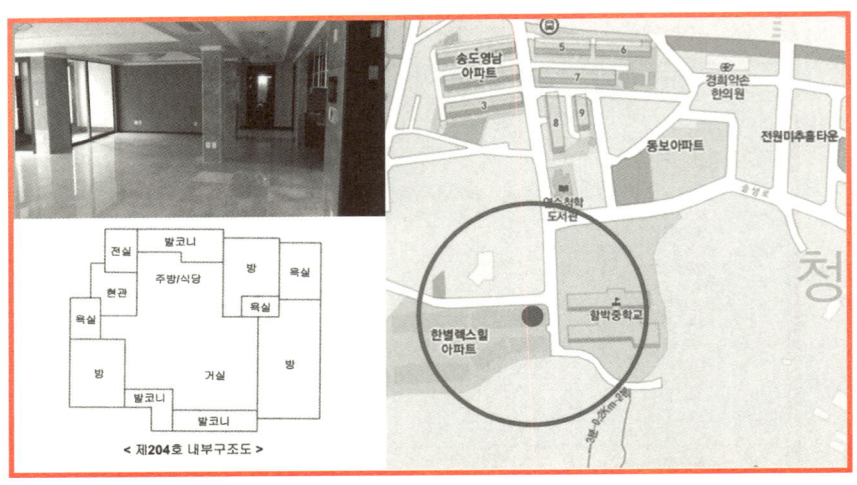

(2) 유찰계약(수의계약) 체결이 가능한 시기는 언제?

입찰번호	처분방식	물건관리번호	개찰일시	최저입찰가	낙찰가	낙찰율	입찰결과	입찰상세
001	매각	32013-00024-001	2014/10/31 11:00	405,000,000			인터넷 입찰 준비중	보기
003	매각	32013-00024-001	2014/09/26 11:00	405,000,000			유찰	보기
003	매각	32013-00024-001	2014/08/22 11:00	412,000,000			유찰	보기

 입찰에서 매각되지 않은 물건은 다음 공매 공고 전까지 위 공매조건 이상으로 유찰계약(수의계약) 요청을 할 수 있는데, 단 양도소득세 관련재산은 매각의뢰자의 사전 동의가 있어야 유찰계약체결이 가능합니다.

그래서 이 아파트에서 유찰계약을 체결할 수 있는 시기는 2014. 09. 26. 유찰된 날로부터 다음 공고일(2014. 10. 16.) 이전까지인 2014년 10월 15일까지 신청할 수 있다고 생각하면 됩니다.

(3) 입찰자가 없어서 공고후 재매각 되는 온비드 입찰정보

캠코공매일정

공고정보 | 물건목록 | **물건정보**

상담전화 : 1588-5321

[물건명/소재지] : 인천 연수구 청학동 산48-2번지 한별렉스힐 타운하우스 제101동 제2층 제204호

기본정보

물건종류	부동산
처분방식	매각
물건상태	입찰공고중
조회수	22

기관정보

- 입찰집행기관 : 한국자산관리공사
- 담당자 : 인천지역본부 / 박경미
- 연락처 : 032-509-1505 /

물건정보

소재지(지번)	인천 연수구 청학동 산48-2번지 한별렉스힐 타운하우스 제101동 제2층 제204호
소재지(도로명)	인천광역시 연수구 비류대로232번길 60 한별렉스힐 타운하우스 제101동 제2층 제204호(청학동)
물건관리번호	32013-00024-001	재산종류	수탁재산
위임기관	상봉1동새마을금고		
물건용도/세부용도	연립주택	입찰방식	일반경쟁
면적	건물 185.62㎡ , 대지 200.194㎡ 72분의1		

감정정보

감정평가금액	495,000,000 원	감정평가일자	2013/07/24	감정평가기관	(주)써브감정평가법인
위치 및 부근현황	본 건은 인천광역시 연수구 청학동 소재 '함박중학교' 서측 인근에 위치하며, 공동주택, 단독주택, 교육시설 및 근린생활시설 등이 소재하는 주거지대로서 제반 주변환경은 보통임.
명도책임	매도자
부대조건	현재[공실]이며, 연체된 관리비 없음.

입찰정보

- 2회이상 입찰서 제출 가능합니다.

입찰번호 회차/차수	공고일 입찰방식	대금납부 납부기한	인터넷입찰시작 인터넷입찰마감	현장입찰기간 개찰일시	현장입찰장소 개찰장소	최저입찰가
001	2014-10-16	일시불	2014/10/28 10:00	-	-	405,000,000 원
010 / 01	일반경쟁	1개월	2014/10/30 17:00	2014/10/31 11:00	전자자산처분시스템(www.onbid.co.kr)	입찰참가

06 양도세 감면대상 수탁재산 공매물건에 입찰 참여하기

❖ **양도세 감면대상 우남아파트 수탁재산 공매에 입찰하기**

(1) 온비드 입찰정보 내역

① 아파트의 사진과 내부현황

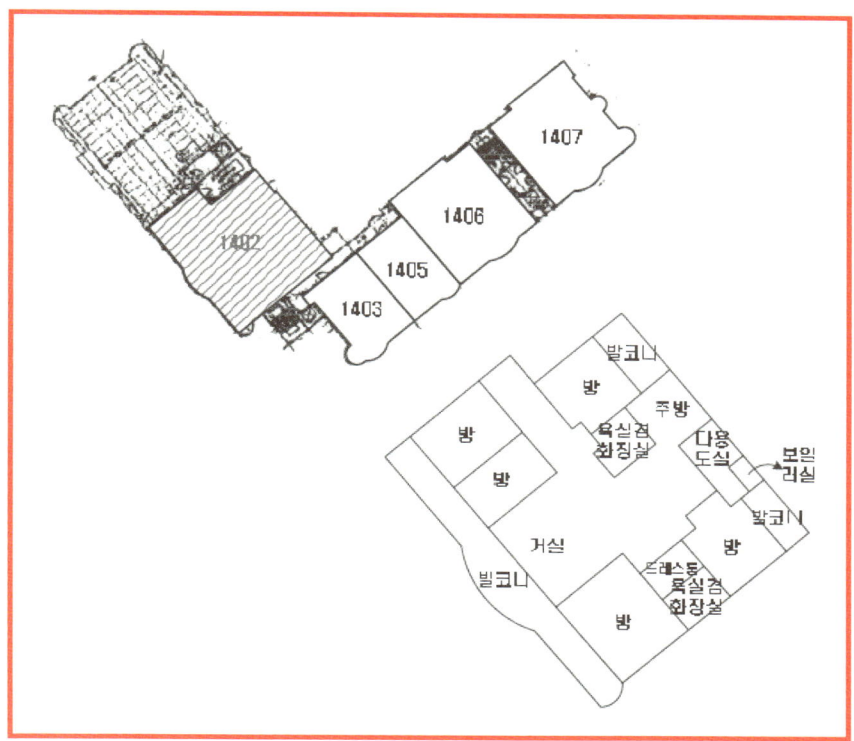

Chapter 14 수탁재산과 유입자산 공매는 어떻게 찾아서 입찰하면 되나? **425**

② 아파트 주변 현황도

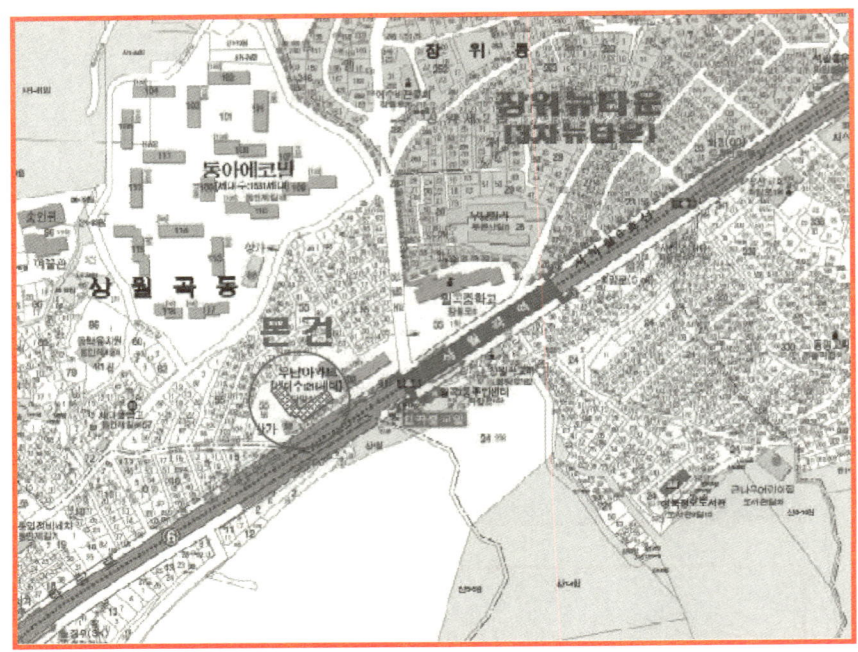

(2) 유찰 되었다가 재매각 시 유찰계약을 할 수 있었던 시기?

입찰에서 매각되지 않은 물건은 다음 공매 공고 전까지 위 공매조건 이상으로 유찰계약(수의계약) 요청을 할 수 있는데, 단 양도소득세 관련재산은 매각의뢰자의 사전 동의가 있어야 유찰계약체결이 가능합니다.

따라서 매각의뢰자의 동의를 얻어 유찰계약을 체결할 수 있는 시기는 2013. 03. 29. 유찰된 날로부터 다음 공고일(2013. 04. 11.) 이전까지인 2013년 04월 10일까지 신청할 수 있습니다.

(3) 이 아파트를 입찰대상으로 선정하게 된 이유는?

공고문을 확인해 보니 이 아파트는 양도소득세 감면적용을 위해 소유자의 의뢰로 매각하는 물건으로 소유자가 제시한 매각조건은 매각 시 현 소유자가 매수자와 전세계약(보증금 2억3,000만원) 할 수 있는 조건도 가능하다고 함. 매수자가 입주를 원할 때 언제든지 이사 가기로 하는 조건까지 달고 있고, 공매담당자의 도움을 받아 아파트 내부를 확인해 보았더니 소유자가 거주하고 있던 집이고 매도의사가 강한 탓인지 수리해 놓고 있어서 깨끗한 집이 마음에 들었다고 합니다. 그리고 주변 부동산에서 문의해 본 결과 아파트 시세가 5억5,000만원 정도 여서 4억9,300만원에 낙찰 받더라도 2년 거주 후 팔게 되면 양도차익에 대한 비과세 혜택을 볼 수 있고, 역세권이라 아파트 가격 상승도 예상할 수 있어서 입찰하기로 결심을 했답니다.

> **잠깐만 이러한 내용을 확인하는 것을 잊지 마세요**
>
> 이 양도세 감면대상 수탁재산 공매물건을 한국자산관리공사가 매각을 의뢰 받아 공매를 진행하고 있어서 금융자산관리부 담당자인 이창식을 통해서 우남 아파트 내부와 매매조건을 확인하고 입찰해야 하는데, 이때 공매 담당자와 공매공고문, 그리고 매도자를 통해서 확인해야 합니다.

(4) 공매 공고정보 내용과 2013년 제4회 수탁재산 공매공고문 확인

〈앞의 공매공고문을 참고하면 되므로 지면상 생략했지만, 입찰자는 확인하고 입찰에 참여하는 것을 잊지 말아야 한다〉

(5) 이 아파트를 단독으로 감강찬이 낙찰 받았다

입찰결과			
물건관리번호	32011-00135-002	조회수	254
물건명	서울 성북구 상월곡동 55-56번지 우남아파트 101동 1402호 (양도소득세관련재산)		
입찰자수	유효 1명 / 무효 0명 (인터넷)		
입찰금액	493,000,000원		
개찰결과	낙찰	낙찰금액	493,000,000원
물건누적상태	유찰 3회 / 취소 0회 입찰이력보기		
감정가격 (최초 최저입찰가)	580,000,000원	낙찰가율 (감정가격 대비)	85%
최저입찰가	493,000,000원	낙찰가율 (최저입찰가 대비)	100%
공매정보			
자산구분	수탁재산	담당부점	금융자산관리부
회차/차수	004 - 01	개찰일시	2013/04/26 11:07

Chapter 15

국유재산의 매각공매와 임대공매를 알아보는 시간이다

01 국유재산의 매각공매는 어떻게 진행되고 있나요?

 국유재산에서 알고 넘어야할 산

국유재산공매는 어떠한 공매가 있나요?

　국유재산 중 일반재산의 관리와 처분을 기획재정부로부터 한국자산관리공사가 위임받아 일반인에게 매각하는 공매와 임대(대부)하는 공매가 있고, 그리고 납세자가 세금을 현금대신 유가증권 등으로 납부한 경우(국세물납유가증권) 한국자산관리공사가 해당 유가증권을 정부로부터 위임받아 관리·처분하고 있는 유가증권 공매가 있습니다.
서 확인해야 합니다.

❖ **국유재산 관리**

　국유재산 관리란 국가가 행정목적을 수행하기 위해 필요로 하여 소유하고 있는 일체의 재산(광의) 및 국가의 부담이나 기부의 체납, 법령이나 조약의 규정에 의하여 국유로 된 재산(협의)을 말한다.

(1) 국유재산의 범위

① 부동산	토지 및 그 정착물과 그 종물	국유 재산법
② 동 산	선박, 항공기, 유가증권, 부표, 부장교, 부선거 및 그들의 종물, 쾌도차량	
	군수품	군수품관리법
	현 금	국가재정법
③ 기타 동산	관용자동차 등	물품관리법

(2) 국유재산의 분류

국유재산	행정재산	공용재산 ⇨ 국가가 직접 사무용·사업용 또는 공무원의 주거용으로 사용하거나 대통령으로 정하는 기한까지 사용하기로 결정한 재산. 예) 청사, 관사, 학교 등
		공공용재산 ⇨ 국가가 직접 공공용으로 사용재산 또는 대통령령으로 정하는 기한까지 사용하기로 결정한 재산. 예) 도로, 제방, 하천, 구거, 유지, 항만 등
		기업용재산 ⇨ 정부기업이 직접 사무용·사업용 또는 그 기업에 종사하는 직원의 주거용으로 사용하거나 대통령령으로 정하는 기한까지 사용하기로 결정한 재산 예) 우편, 우체국, 양곡, 조달 등
		보존용재산 ⇨ 법령이나 그 밖의 필요에 따라 국가가 보존하는 재산 예) 문화재, 사적지 등
	일반재산	행정재산 외의 모든 재산. 예) 공매대상재산

(3) 관리기관별 재산관리 유형

① 자산관리공사	㉠ 일단의 면적이 5,000㎡ 이하인 토지, ㉡ 건물과 그 부속토지, ㉢ 매각을 위해 용도폐지한 재산, ㉣ 국세물납으로 인하여 취득한 재산, ㉤ 한국자산관리공사에 위탁하는 것이 필요하다고 기획재정부가 결정한 재산.
② 한국토지공사	㉠ 일단의 면적이 5,000㎡ 초과하는 토지, ㉡ 한국토지공사에 위탁하는 것이 필요하다고 기획재정부가 결정한 재산
③ 지방자치단체	㉠ 농업진흥구역 내 농경지, ㉡ 상수원보호구역, 국립공원구역 등 개발제한구역 내에 위치하거나 기타 관계법령에 의거 사용개발이 부적합한 재산. ㉢ 지방자치단체에 위임하는 것이 필요하다고 기획재정부가 결정한 재산

(4) 국유재산관리

① 국유재산은 재산의 위치, 규모, 형상, 용도 등으로 보아 매각하는 것이 유리하다고 판단되는 경우에 관리계획 심의를 거쳐 매각한다.

② 국유재산의 매각은 사법상의 계약이지만 공법상의 제약에 따라 매각절차를 진행시킬 수 없는 경우도 있다.

③ KAMCO가 국가소유 잡종재산의 처분을 위임받아 입찰의 방법으로 일반인들에게 매각하는 부동산이다.

❖ 국유재산 매각방법

한국자산관리공사는 재산의 위치, 규모, 형태, 용도 등으로 보아 보존이 부적합하고 장래 행정목적으로의 활용가치가 없는 재산에 대하여 매각하는 것이 필요하다고 판단되는 경우에 '국유재산관리계획'에 계상하여 다음과 같이 일련의 과정을 거쳐 매각하고 있다.

① 근거 : 국유재산법 제12조, 제33조
② 매각방법
 ㉠ 원칙 : 공개경쟁입찰방식(전자입찰 방식인 Onbid로 매각)
 ㉡ 예외 : 수의계약방식(국유재산관리계획 제7조~제10조)

❶ 국가지분 토지면적이 일정 면적 이하(특별시·광역시 300㎡, 기타 시 500㎡, 기타 1,000㎡)인 토지를 공유지분권자에게 매각할 경우
❷ 2회에 걸쳐 유효한 입찰이 성립되지 아니한 경우
❸ 좁고 긴 모양으로 되어 있으며 폭이 5m 이하로서 국유지 이외의 인접 사유토지와 합필이 불가피한 토지
❹ 좁고 긴 모양으로 되어 있는 폐도, 폐구거, 폐하천으로서 인접 사유토지와 합필이 불가피한 토지
❺ 농업진흥지역 안의 농지로서 시 이외의 지역에 위치한 재산을 10,000㎡ 이하의 범위 안에서 5년 이상 계속 경작한 실경작자에게 매각하는 경우
❻ 일단의 토지 면적이 시 지역은 1,000㎡, 시 이외 지역은 2,000㎡ 이하로서 '89.1.24. 이전부터 국유 이외의 건물이 있는 토지
❼ 건축법(제49조제1항)에 의한 최소분할면적에 미달하는 일단의 토지로서 그 경계선의 2분의 1 이상이 사유토지와 접하여 있는 경우 등

ⓒ 낙찰자는 입찰공고에서 정한 기일인 5일 이내에 주민등록등본1통을 지참하여 계약을 체결해야 한다. 체결하지 아니할 경우 입찰보증금은 국고에 귀속된다.

❖ 국유재산 매각절차흐름도

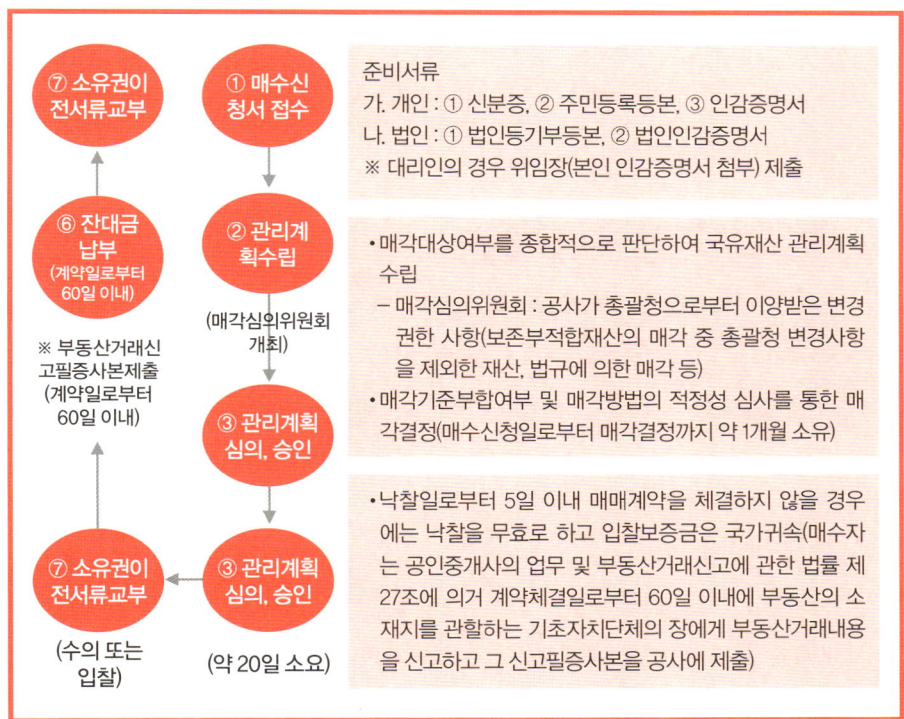

❖ 국유재산 가격결정 및 소유권이전

(1) 매각재산 가격결정

① 결정방법 : 2개 감정평가법인(대장가격이 3,000만원 이상은 2개의 감정평가, 미만인 경우 1개 감정평가기관)에게 의뢰한 평가액을 가지고 산술평균한 금액

② 적용기간 : 감정평가일로부터 1년

③ 2회 이상 경쟁입찰을 실시해도 낙찰자가 결정되지 아니하는 경우에 3회부터 경

쟁입찰을 실시할 때마다 최초매각예정가격의 100분의 10에 해당하는 금액을 체감하여 최고 80%(국가가 활용할 가치가 없는 재산으로서 관리기관에서 정한 잡종재산의 경우에는 10분의 50)까지 체감하여 매각한다.

(2) 매각잔금 납부

1,000만원 이하는 매매계약 체결일로부터 60일 이내에 일시납부.
1,000만원 초과 시 매매계약 체결일로부터 3년 이내 분할 납부조건(연 6%이자 적용).

분할납부 매수자선택가능

1년 단위로 3회 분할 납부, 6개월 단위로 6회 분할납부, 3개월 단위로 분할납부를 선택 할 수 있고, 이밖에도 예외규정으로 납부기한 5년내 규정(연6% 이자적용), 납부기한 10년내 규정(연 5% 이자적용), 납부기한 20년내 규정(연3% 이자적용) 등이 있습니다.

(3) 소유권이전

① 매각재산의 소유권이전은 매각대금이 완납된 이후 이전함을 원칙
② 도시재개발구역 안의 토지매각 시 분할납부의 경우 매각대금 완납 전에 이전 가능. 단, 저당권설정 등 채권확보가 필수
③ 계약체결일로부터 60일 이내에 관할 시·군·구청장에게 부동산거래신고를 하고 그 신고필증 사본을 제출해야 한다. 그러나 압류재산공매나 법원경매절차에서는 부동산거래신고가 면제 된다.

02 국유재산의 임대공매에 관해서 알아보는 시간입니다

임대공매로 낙찰 받고 5일 이후에 계약을 체결하고 부동산 등을 사용 ? 수익이 가능 한데 이는 일반 임대차계약과 유사한 것으로 일반재산에서 임대를 대부라 합니다. 그래서 용어를 대부라 하지만 임대공매로 혼용해 쓰기도 합니다.

❖ 국유재산 대부

① 법률의 규정에 의해 국가가 국가 이외의 자에 대해 사법상의 계약 체결하여 사용·수익하게 하는 것

② 민법상의 임대와 유사한 것으로 국유재산 중 일반재산의 임대를 말한다.

③ KAMCO가 국가소유 일반재산의 관리를 위임받아 입찰의 방법으로 일반인에게 임대하는 부동산이다.

④ 대부계약체결방법은 정보공개, 입찰공고, 입찰참가 및 낙찰자결정은 한국자산관리공사 온비드시스템에서 일괄적으로 이루어지며 대부계약은 낙찰된 금액 중 보증금을 제외한 잔대금 및 주민등록등본 등 관련서류를 지참하여 입찰공고에서 정한 기일(5일) 이내에 공사를 방문하여 체결하게 된다.

❖ 임대(대부)방법

(1) 원칙 – 공개경쟁입찰방식

(2) 예외 – 수의계약방식

① 주거용으로 대부하는 경우, ② 경작목적으로 실경작자에게 대부하는 경우, ③

2회에 걸쳐 유효한 입찰이 성립되지 아니한 경우, ④ 기타 법률 등의 규정에 의하여 대부하는 경우

(3) 대부계약 체결 후 사용

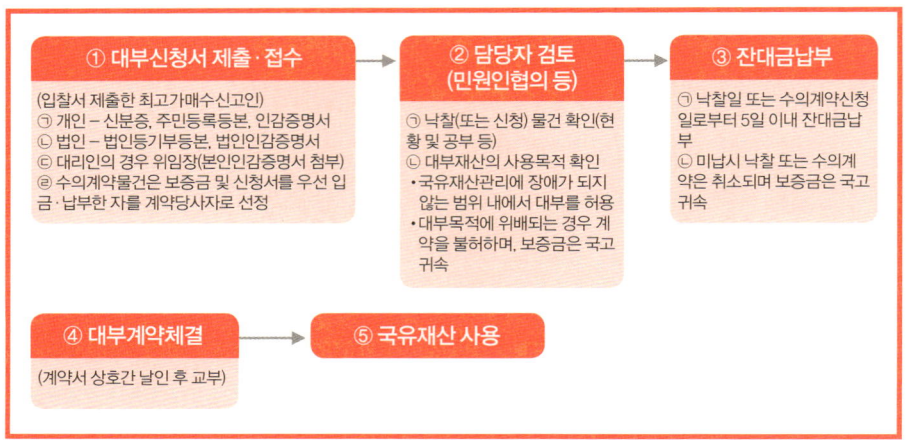

❖ 임대(대부)기간 및 대부료

경쟁입찰에 의하여 낙찰된 대부물건은 첫해의 대부료는 최고입찰가로 결정되고 보통 최장 5년까지 대부계약을 체결할 수 있으며 1년 단위로 재 산정된 대부료를 납부한다. 다음 대부재산(① 임대기간)에 해당하는 대부기간이 끝난 재산에 대해서는 대통령령으로 정하는 경우를 제외 하고는 그 종전 대부기간을 초과하지 않는 범위 내에서 대부계약을 갱신할 수 있다. 다만 수의계약의 방법으로 대부할 수 있는 경우가 아니면 1회만 갱신할 수 있다. 그러나 주거용이나 농지 그리고 수의계약으로만 대부할 수 있는 경우에는 갱신 횟수가 1회의 제한이 없이 계속해서 갱신하여 사용이 가능하다. 갱신을 요청하는 경우에는 종전 대부기간이 끝나기 1개월 전에 신청해야 된다.

이러한 대부 계약기간 종료 후에는 재산을 반납하고 다시 입찰을 통하여 낙찰 받아야 한다.

(1) 임대기간

① 10년 이내 – 조림을 목적으로 하는 토지와 그 정착물

② 5년 이내 – 조림목적 이외에 토지 및 그 정착물(상업, 주거, 경작용)

③ 1년 이내 – 기타의 물건

(2) 대부료산정 : 연간대부료=재산가액 × 사용요율

① 주거용 – 재산가액의 2% 이상(기초 수급자의 경우 1%)

② 경작용재산가액의 1% 이상과 최근 공시된 해당 시도의 농가별 단위면적당 농업총수익의 10분의 1에 해당 하는 금액 중 적은 금액으로 한다.

③ 행정목적의 수행에 사용하는 경우 – 2.5%. ⓓ 공무원 후생목적으로의 사용하는 경우 – 4%

④ 기타(상업용) – 재산가액의 5% 이상

(3) 대부료 납부방법

① 연간 대부료는 전액 선납하는 것이 원칙(시행령 제27조제1항)다만 연간 대부료가 100만원 초과하는 경우에는 연 4회 이내에서 분할납부할 수 있으며 이 경우 잔액에 대하여 연 6%의 이자가 추가되며 또한 연간 대부료가 1,000만원 이상의 경우에는 연간 대부료의 100분의 50에 해당하는 금액을 대부계약일까지 보증금으로 예치하거나 이행보증조치를 하여야 한다.

② 대부계약체결 이후 연체 시 최고 연 15% 연체료 부과된다.

국유재산 대부방법과 대부기한에 관한 근거법령

1년 단위로 3회 분할 납부, 6개월 단위로 6회 분할납부, 3개월 단위로 분할납부를 선택 할 수 있고, 이밖에도 예외규정으로 납부기한 5년내 규정(연6% 이자적용), 납부기한 10년내 규정(연5% 이자적용), 납부기한 20년내 규정(연3% 이자적용) 등이 있습니다.

❖ **임대(대부)계약의 해지**

① 대부료 연체 시 : 연 15%의 연체이자부과(정당한 사유 없이 납부기한을 3개월 이상 경료한 때에는 대부계약이 해지된다)
② 대부재산의 전대 또는 권리의 처분
③ 대부목적의 변경, 대부재산의 원상변경
④ 국가가 공용, 공공용으로 필요한 경우 등이다.

03 국유재산의 유가증권 공매 절차는 어떻게 진행 되나요?

❖ **국세물납이란?**

상속, 증여, 양도 등으로 받은 재산 중에서 부동산과 유가증권의 가액이 2분의 1을 초과하고 납부세액이 1천만원을 넘는 경우 그 부동산과 유가증권으로 현금대신 세금을 낼 수 있도록 하고 있는데 이 납부한 정부소유 부동산 또는 증권을 한국자산관리공사가 정부로부터 위탁받아 관리하고 있는데 부동산인 경우 앞에서 설명한 1번 내용이고, 이번에는 유가증권 공매에 관해서 알아보는 시간입니다.

❖ **국세물납 유가증권의 종류**

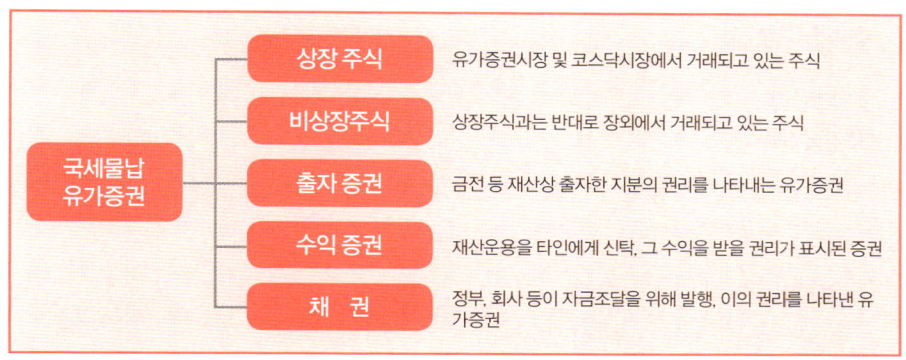

❖ 국세물납 유가증권 관리기관

① 납세자가 물납한 유가증권은 국유잡종재산(주주 : 國)(기획재정부)으로서 기획재정부는 국세물납유가증권의 관리 및 처분을 한국자산관리공사에 위임·위탁

② 한국자산관리공사는 관할세무서로부터 해당 유가증권 및 관련서류를 인계받아 국세물납 유가증권의 관리 및 처분 업무를 수행

③ 유가증권물납(납세자) ⇒ 유가증권수납(국세청) ⇒ 유가증권관리/처분(한국자산관리공사)

❖ 국세물납 주식 관리·처분 흐름도

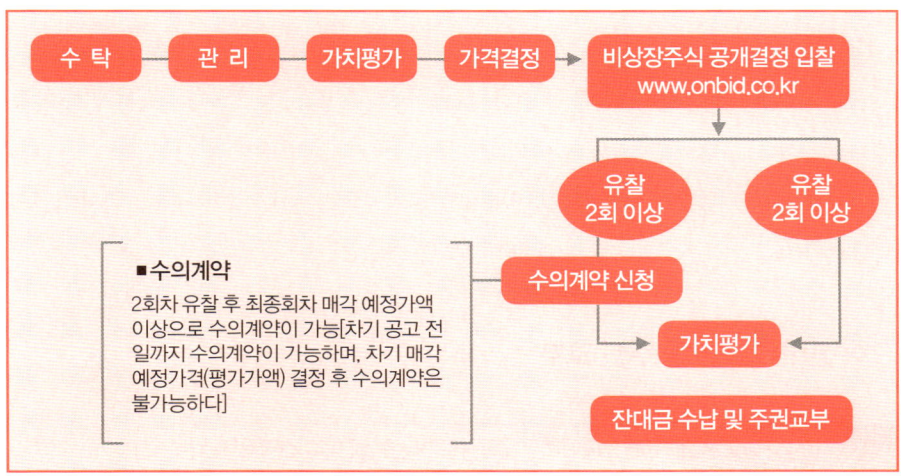

❖ **매각방법**

(1) 상장주식
거래소나 코스닥을 통하여 시장가격으로 매각

(2) 비상장주식
① 원칙 : 온비드를 이용한 경쟁입찰방식
② 예외 : 수의계약방식(2회에 걸쳐 유효한 입찰이 성립되지 아니한 경우)

❖ **비상장주식 매각절차(경쟁입찰방식) 및 준비서류**

(1) 경쟁입찰절차

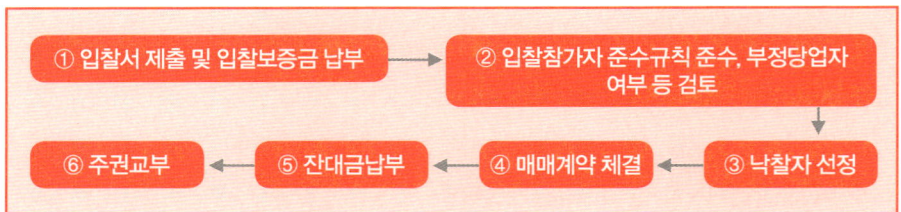

(2) 준비서류
① 개인 – ㉠ 매수신청서, ㉡ 매수자(대리인)신분증 및 도장, ㉢ 매수자 주민등록등본
② 법인 – ㉠ 매수신청서, ㉡ 법인등기부등본, ㉢ 법인인감증명서, ㉣ 이사회결의서사본(원본대조필), ㉤ 대표이사(대리인)신분증 및 도장

❖ **잔대금납부 및 주권 교부**

| 잔대금납부 | 매매계약체결일로부터 60일 이내 전액 일시 납부 |

① 단, 자연재해, 전쟁 및 사변 등이 발생한 경우 분할 납부 가능
② 잔대금납부기한 경과시 납부지연기간에 대한 지연손해금 부과

주권 교부 → 잔대금납부일로부터 5일 이내 교부

04 온비드에서 입찰할 매각공매와 임대공매 물건 찾기

이 화면은 회원로그인 한 후의 온비드 화면입니다.

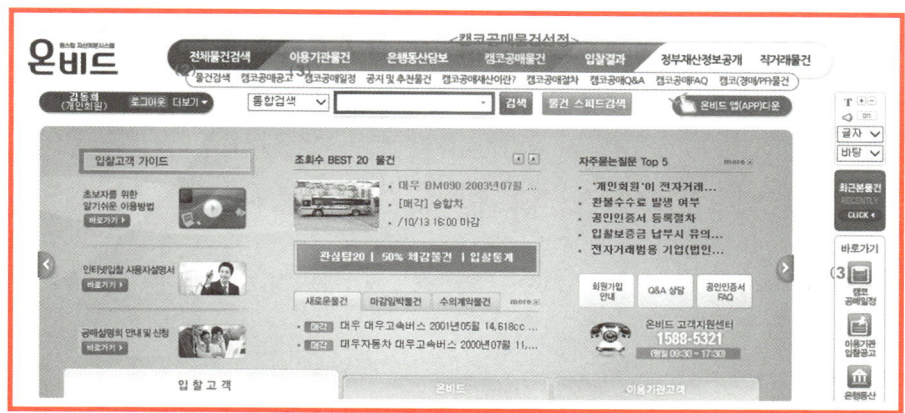

온비드 화면에서 (1) 캠코공매물건 에서 ⇨ (2) 물건검색 과 (3) 캠코공매일정 을 검색하면 다음과 같은 화면들이 나타납니다.

❖ **매각공매와 임대공매 물건을 검색하는 방법**

(1) 물검검색을 통한 공매물건을 검색하는 방법

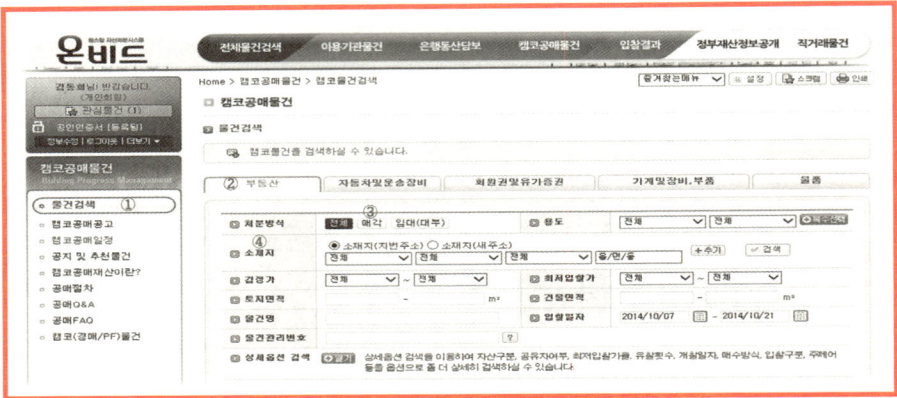

캠코공매물건에서 ➪ ① 물건검색을 선택하고 ➪ ② 용도별검색에서 부동산을 선택하고 ➪ ③ 매각공매, 또는 임대공매를 선택하고 ➪ ④ 용도, 소재지, 감정가, 입찰일자, 기관명 등을 입력한 후 ➪ 하단 검색버튼을 클릭하면 공매가 진행 중이거나 공매예정인 물건정보를 조회할 수 있습니다.

(2) 캠코공매일정을 통한 공매물건을 검색하는 방법

캠코공매물건에서 ⇨ ① 캠코공매일정 검색해서 ⇨ ② 국유재산을 선택 후 ⇨ ③ 유가증권, ④ 매각공매, ⑤ 임대공매 물건에서 보기 를 클릭하면 입찰하고자하는 공매물건을 확인할 수 있습니다.

05 국유재산의 매각공매 물건을 낙찰 받아 성공한 사례

다음 주공아파트와 현대아파트는 국유재산 매각공매 절차가 진행되고 있는 가운데 어느 시기에 어떻게 입찰해서 낙찰 받으면 되는가를 분석해 보겠습니다.

❖ **영종주공아파트가 국유재산 공매로 매각되고 있습니다.**

(1) 영종주공아파트의 입찰정보 내역

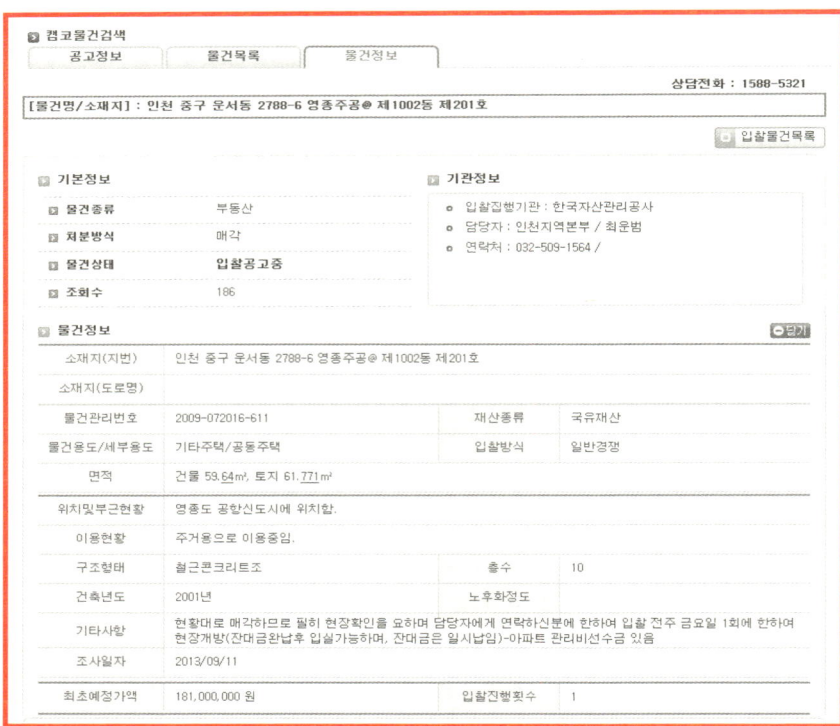

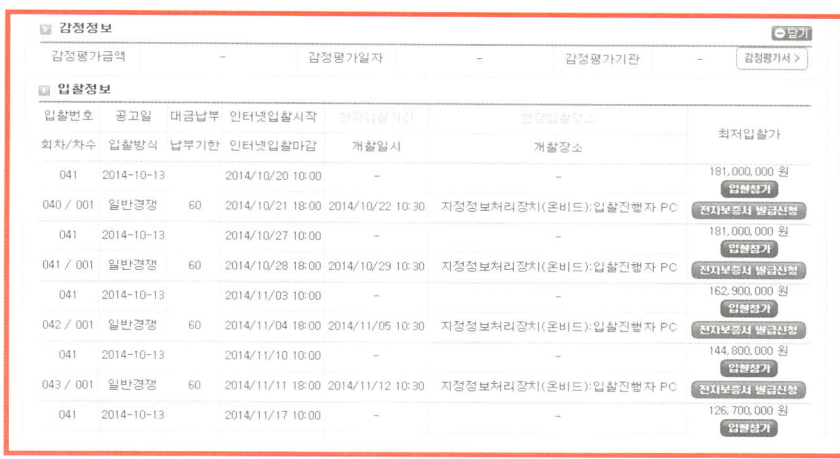

이와 같이 입찰대상 아파트를 찾았으면 캠코공매물건 입찰정보 내역에서 첫 번째로 이 아파트가 어디에 위치하고, 면적 등은 적당한 크기인가를 소재지와 아파트 면적 그리고 아파트 사진정보, 위치도 및 지도를 확인해야 합니다.

(2) 아파트의 사진과 지도 및 주변 현황도

① 아파트의 사진과 내부 현황도

② 아파트 지도 및 주변 현황도

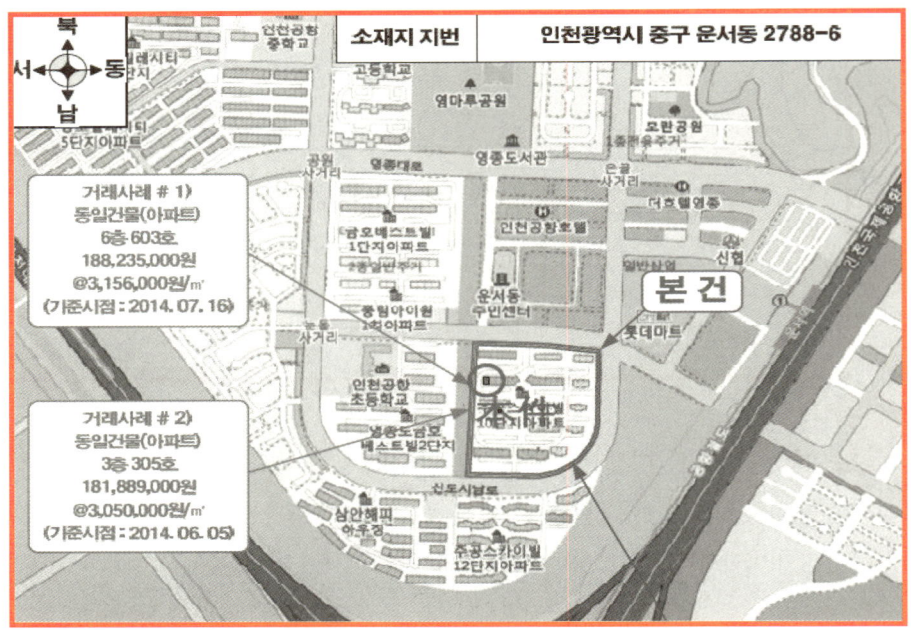

 주공아파트 내부는 확인할 수 없나요?

 있습니다. 두 번째로 아파트 내부를 확인하려면 아파트의 입찰정보 내역에서 중간부분을 보면? 기타 사항란 "현황대로 매각하므로 필히 현장 확인을 요하며 담당자에게 연락하신분에 한하여 입찰 전주 금요일 1회에 한하여 현장 개방(잔대금 완납 후 입실 가능하며, 잔대금은 일시 납임) 그리고 아파트 관리비 선수금이 있음" 이 표시 되어 있으니, 입찰하실 분들은 이 담당자와 연락해서 아파트 내부를 확인하면 되고, 그리고 이밖에도 매각절차에서 궁금한 내용이 있다면 상단 메뉴 오른쪽 공매담당자를 통해서 문의하면 되고요.

아하 그렇게 하면 되는 군요.

세 번째로 어떠한 조건으로 공매가 진행되는가를 확인해야 합니다. 왜냐하면 공매는 매각기관마다 다른 조건으로 매각하는 경우가 많기 때문에 일반적으로 매각된다고 생각하고 공매공고 내용을 확인하지 않고 낙찰 받았다가 낭패를 볼 수 있기 때문이죠. 그래서 온비드 아파트의 입찰정보 내역 좌측 상단 공매공고 메뉴를 검색해서 공매공고 내역을 다음과 같이 확인해야 합니다.

(3) 공매공고 정보내역

공매공고 정보내역을 보니 이 아파트는 국가소유 재산이기 때문에 국유재산 공매로 매각되고 있군요. 그래서 공매 공고문 중에서 꼭 알고 있어야할 내용만 정리하고 나머지는 생략 했으니 참고하세요.

2. 입찰참가 자격
　가. 모든 사람(내외국인 및 법인포함)의 참여가 가능합니다.
　　단, 입찰번호 11번은 지명경쟁입찰이므로 참가자로 지명된 자만 입찰이 가능합니다.
　나. 대리인이 입찰에 참가하고자 하는 경우에는 입찰마감일까지 대리입찰신청서
　　(입찰자의 날인 및 인감증명이 첨부된 위임장)를 작성하여 한국자산관리공사
　　재산관리부에 제출하여야 합니다.
　다. 2인 이상이 공동명의로 입찰에 참여하고자 하는 경우에는 입찰마감일까지
　　공동입찰참가신청서(공동입찰자의 날인 및 인감증명이 첨부된 위임장)를
　　한국자산관리공사 재산관리부에 제출하고 대표입찰자 명의로 입찰에 참여해야
　　합니다.
　라. <이 내용생략함>

3. 입찰 및 개찰

회차	차수	입찰기간	개찰일자	계약체결일	적용율
40	01	2014.10.20 10:00~2014.10.21 18:00	2014.10.22 10:00	2014.10.29한	100%
41	01	2014.10.27 10:00~2014.10.28 18:00	2014.10.29 10:00	2014.11.05한	100%
42	01	2014.11.03 10:00~2014.11.04 18:00	2014.11.05 10:00	2014.11.12한	90%
43	01	2014.11.10 10:00~2014.11.11 18:00	2014.11.12 10:00	2014.10.19한	80%
44	01	2014.11.17 10:00~2014.11.18 18:00	2014.11.19 10:00	2014.10.26한	70%
45	01	2014.11.24 10:00~2014.11.25 18:00	2014.11.26 10:00	2014.12.03한	60%
46	01	2014.12.01 10:00~2014.12.02 18:00	2014.12.03 10:00	2014.12.10한	50%

※ 낙찰자발표 : 한국자산관리공사 전자자산처분시스템(http://www.onbid.co.kr)

4. 입찰방법
5. 입찰 참가 전 준비사항
6. 입찰예정가격 및 입찰보증금.
7. 입찰의 무효 및 취소
8. 낙찰자 결정방법
　　<위 4~8번 내용은 생략함>
9. 계약체결 및 대금납부방법
　가. 낙찰자는 낙찰일로부터 5영업일 이내에 신분증, 주민등록등본1통 및 인장을 지참하여
　　매매계약을 체결해야 하며 이에 응하지 않을 경우에는 낙찰을 무효로 하고
　　입찰보증금은 국고에 귀속됩니다.
　나. 매매계약 체결일로부터 60일 이내에 잔대금 전액을 납부해야 하며, 미납시 매매
　　계약은 해지(해제)되고 입찰보증금은 국고에 귀속됩니다.
　　다만, 토지에 한하여 매각대금이 1천만원을 초과하는 경우에는 그 매각대금을
　　3년 이내의 기간에 걸쳐 나누어 낼 수 있으나, 개별 물건정보에서 매매계약 조건이
　　일시납 조건(계약일로부터 60일이내 잔금 납부)일 경우는 분할납부가 되지 않습니다.
　　또한, 분할납부시에는 매각대금 잔액에 대해서는 국유재산법에서 정한 이자가 추가되며,
　　연부취득(2년이상 분할납부)하는 경우, 계약금 납부시 포함하여 분할 대금 납부시마다
　　60일이내 취득세 신고 및 납부를 하여야 합니다.
　다. <생략>
　라. 농지법등 관계법령에 의하여 농지취득자격증명이 필요한 경우 등 취득(소유권등기)이
　　제한되는 사항은 매수자가 갖추어야 할 요건이므로 사전확인 후 응찰하시기 바랍니다.

10. 물건별 부대조건
    <생략>
11. 공통조건
    가. 나. 다. 라. 마. <가~마항은 생략함>
    바. 매매계약의 당사자는 공인중개사의 업무 및 부동산거래신고에 관한법률 제27조에 의거 매매계약 체결일로부터 60일 이내에 부동산의 관할기초자치단체의 장에게 부동산 거래내용을 신고할 의무가 있습니다.
12. 수의계약안내
    가. 금번 매각 입찰결과 2회에 걸쳐 유효한 입찰이 성립되지 아니한 물건에 대해서는 입찰종료 후 차기 입찰기일 전까지 공고된 매각예정가격 이상으로 수의계약이 가능합니다.
    나. 개찰일 이후부터 차기 입찰기일 전일 사이에 수의계약 체결을 희망하는 자는 금번 입찰공고내용에서 정한 매각예정가격의 10% 이상을 계약보증금으로 지정계좌에 입금하고 매수신청서를 제출하여야 하며, 우선 입금·납부한 자를 당사자로 선정합니다.
    다. 계약보증금의 납부전에 수의계약 신청인이 2인 이상 경합하는 경우에는 매수희망가격을 제출받아 최고가격을 제시한 자를 계약당사자로 결정합니다.
    라. 계약대상자로 선정된 자는 입금일로부터 5영업일 이내에 신분증, 주민등록등본1통 및 인장을 지참하여 매매계약을 체결하여야 하며 이에 응하지 않을 경우에는 수의계약 의사가 없는 것으로 간주하여 계약보증금은 국고에 귀속됩니다.
    마. 매매계약 체결일로부터 60일 이내에 잔대금전액을 납부해야 하며, 미납시 수의계약 의사가 없는 것으로 간주하여 계약보증금은 국고에 귀속됩니다. 다만, 토지에 한하여 매각대금이 1천만원을 초과하는 경우에는 그 매각대금을 3년 이내의 기간에 걸쳐 나누어 낼 수 있으나, 개별 물건정보에서 매매계약 조건이 일시납(계약일로부터 60일이내 잔금 납부)일 경우는 분할납부가 되지 않습니다.
    또한, 분할납부시에는 매각대금 잔액에 대해서는 국유재산법에서 정한 이자가 추가되며, 계약금 납부시 포함하여 분할 대금 납부시마다 60일이내 취득세 신고 및 납부를 하여야 합니다.

        2014년 10월 13일
        한국자산관리공사 국유재산기획실장

이렇게 입찰 및 개찰방식, 입찰참가 전에 준비할 사항, 입찰예정가격 및 입찰보증금, 낙찰자결정방법, 그리고 낙찰 받고 나서 계약체결 및 대금납부방법을 확인하고 나서 입찰에 참여해야 합니다.

잠깐만, 선생님 이 국유재산 공매물건도 권리분석과 수익분석을 해야지요.

국유재산 공매물건은 압류재산 공매와 같이 권리분석이 필요하지 않아요. 국가소유 재산을 매각하는 것이므로 권리에 하자가 있을 수는 없어요. 다만 매각조건에서 다를 수 있으니 방금 분석했던 것처럼 공매공고문을 자세히 분석하고 입찰하면 됩니다.

그리고 수익분석은 앞에서 수십 번 거론 했으니 이제 생략해도 되고...

그렇죠. 답답할 정도로 수익분석하고 그것을 연봉과 월봉만들기를 아마 100번은 했으니, 안하셔도 제가 계산해 볼게요.

　이 아파트 시세가 1억8,000만원 정도 가고 있으니 2014년 11월 10일에서 11월11일 입찰기간에 최저입찰가가 1억4,480만원이니 1억5,108만원에 입찰해야 겠어요.

 정 사장님도 이제 선수가 되셨군요.

 선생님 온비드 회입가입과 범용공인인증서 등록하고 입찰서도 제출했습니다. 그리고 입찰보증금도 납부하고....

 수고했습니다. 입찰결과를 기다려 봅시다.

❖ **박 선생이 국유재산 공매로 현대아파트에 입찰하고 있어요**

(1) 현대아파트의 입찰정보 내역

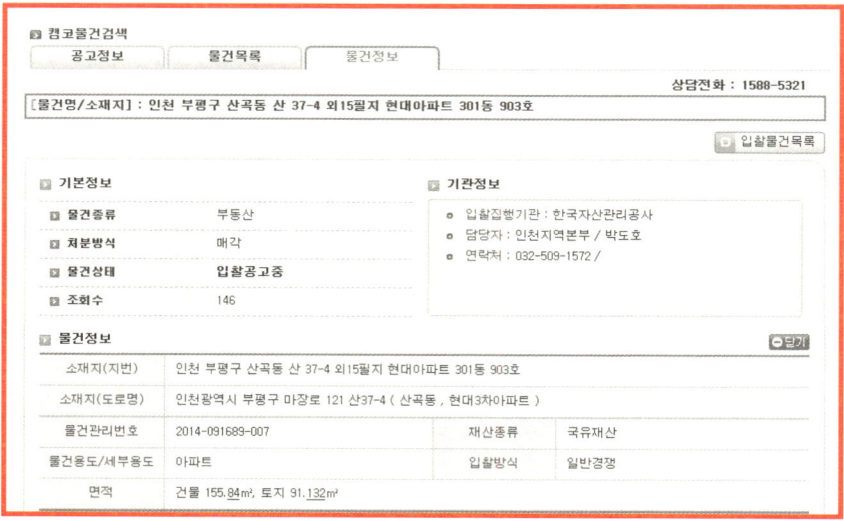

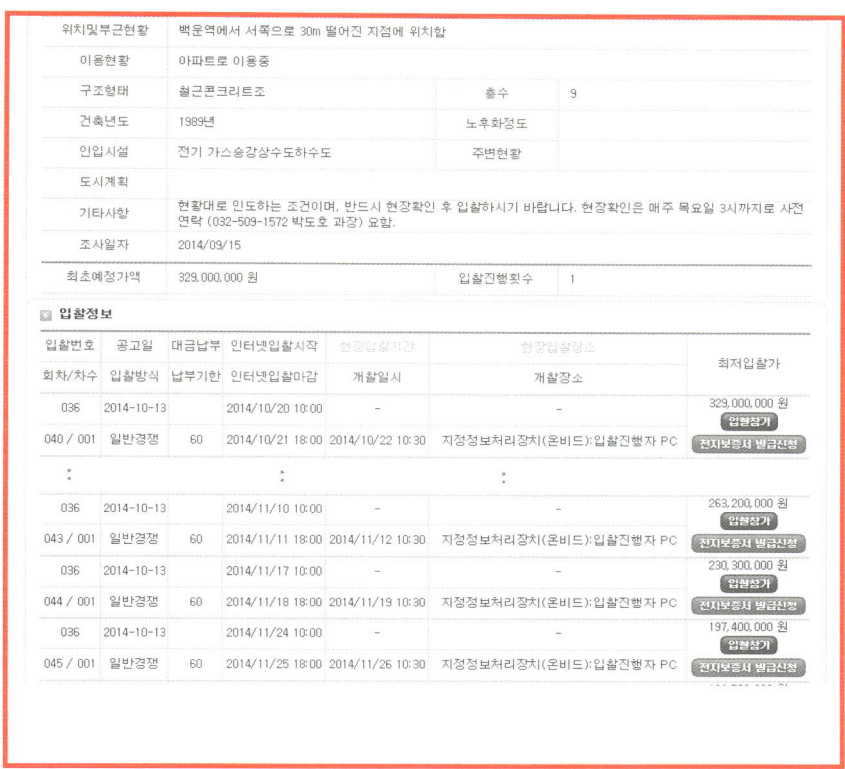

이와 같이 입찰대상 아파트를 찾았으면 캠코공매물건 입찰정보 내역에서 첫 번째로 이 아파트가 어디에 위치하고, 면적 등은 적당한 크기인가를 소재지와 아파트 면적 그리고 아파트 사진정보, 위치도 및 지도를 확인해야 합니다.

(2) 아파트의 사진과 주변 현황도

① 아파트의 사진

② 아파트 주변 현황도

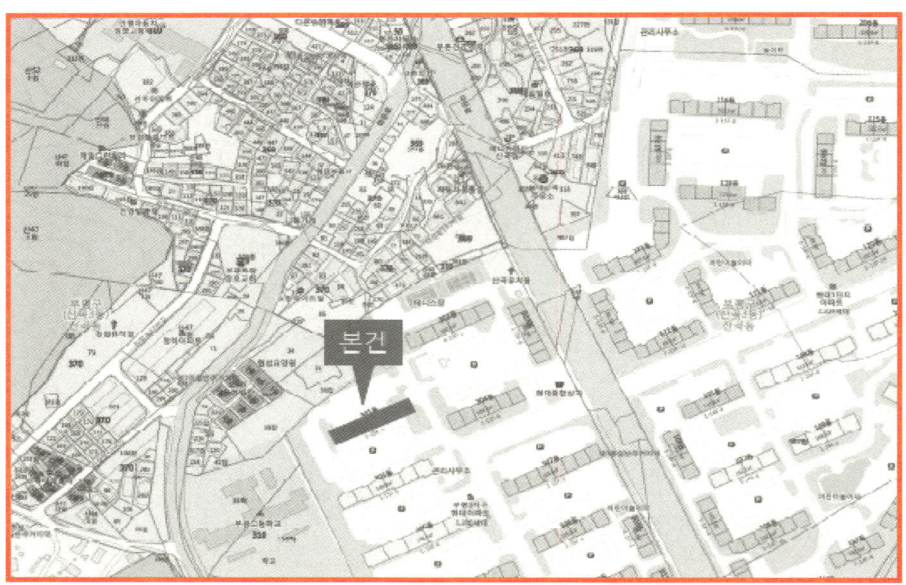

현대아파트 내부는 확인할 수 없나요?

있습니다. 두 번째로 현대아파트 내부를 확인하려면 아파트의 입찰정보 내역에서 중간부분을 보면 ⇨ 기타 사항란 "현황대로 인도하는 조건이며, 반드시 현장 확인 후 입찰하시기 바랍니다. 현장 확인은 매주 목요일 3시까지로 사전 연락 (032-509-1572 박도호 과장) 요함" 이 표시 되어 있으니, 입찰하실 분들은 이 담당자와 연락해서 아파트 내부를 확인하면 되고, 그리고 이밖에도 매각절차에서 궁금한 내용도 이 공매담당자를 통해서 문의하면 되고요.

 아하 그렇게 하면 되는 군요.

세 번째로 어떠한 조건으로 공매가 진행되는가를 확인해야 합니다. 왜냐하면 공매는 매각기관마다 다른 조건으로 매각하는 경우가 많기 때문에 일반적으로 매각된다고 생각하고 공매공고 내용을 확인하지 않고 낙찰 받았다가 낭패를 볼 수 있기 때문이죠. 그래서 온비드 아파트의 입찰정보 내역 좌측 상단 공매공고 메뉴를 검색해서 공매공고 내역을 다음과 같이 확인해야 합니다.

(3) 공매공고 정보내역

[공고제목] : 2014년도 21회차 국유재산 매각 공고 일반공고 / 인터넷		
기관정보		
공고기관	한국자산관리공사	
담당자 정보	물건정보참조 / 물건정보참조 / 물건정보참조 / 물건정보참조	
공고정보		
공고종류	일반공고 (인터넷 입찰)	공고일자 : 2014/10/13
공고년도	2014 년도	공고회차 : 21 회차
재산종류	국유재산	공고대상자산 : 국유일반재산
공고번호	201410-00750-00	기관공고번호 : -
공고매체	지정정보처리장치(ON-BID)	
관련공지사항	[RTN '성공재테크 공매길잡이' 1회-경기 국유] 파주시 소재 역세권 건물	
입찰정보		
입찰방식	일반경쟁/지명경쟁	처분방식 : 매각
총액/단가 구분	총액	참가자격 : -
재공고 가능 여부	가능	재입찰 가능 여부 : 불가능
공동입찰 허용	가능(서류제출방식)	대리입찰 허용 : 허용함
입찰방식	공매 (2회 이상 입찰서 제출불가)	
2인 미만 유찰	1인이 입찰하더라도 유효한 입찰로 성립합니다.	
전자 보증서	전자보증서를 사용한 입찰이 가능합니다.	

입찰일시 및 장소

구분	회차/차수	참가수수료/입찰보증금률	입찰시작일시/입찰마감일시	개찰일시	개찰장소
인터넷	040	0 원	2014/10/20 10:00	2014/10/22 10:30	지정정보처리장치(온비드): 입찰진행자 PC
	001	10 %	2014/10/21 18:00		
	⋮	⋮	⋮		
인터넷	044	0 원	2014/11/17 10:00	2014/11/19 10:30	지정정보처리장치(온비드): 입찰진행자 PC
	001	10 %	2014/11/18 18:00		
인터넷	045	0 원	2014/11/24 10:00	2014/11/26 10:30	지정정보처리장치(온비드): 입찰진행자 PC
	001	10 %	2014/11/25 18:00		
인터넷	046	0 원	2014/12/01 10:00	2014/12/03 10:30	지정정보처리장치(온비드): 입찰진행자 PC
	001	10 %	2014/12/02 18:00		

공고문

2014년 제21회 국유재산 매각 입찰 공고
< 이 공고문 내용은 앞의 영종주공아파트 공고문을 참조하면 되므로 생략 했지만 입찰하시는 분들은 꼭 확인하고 입찰에 참여하셔야 합니다>

공매공고 정보내역을 보니 이 아파트는 국가소유 재산이기 때문에 국유재산 공매로 매각되고 있군요. 그리고 2014년 제21호 국유재산 매각 입찰 공고문을 확인해야 하지 앞의 주공아파트에서 설명한바 있어서 이 내용은 지면상 생략했어요. 그러나

입찰하실 분들은 꼭 확인하고 입찰에 참여하셔야 합니다.

 네 확인했습니다.

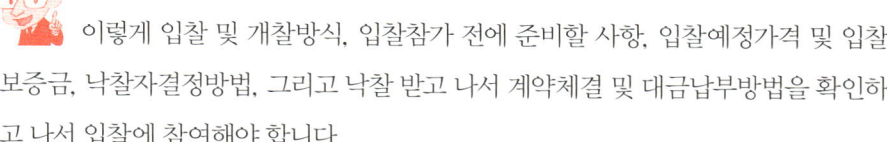 이렇게 입찰 및 개찰방식, 입찰참가 전에 준비할 사항, 입찰예정가격 및 입찰보증금, 낙찰자결정방법, 그리고 낙찰 받고 나서 계약체결 및 대금납부방법을 확인하고 나서 입찰에 참여해야 합니다.

 선생님, 알겠습니다. 이제 입찰에 해야겠는데 입찰가는 얼마를 쓰면 될까요.

 이 아파트는 52평형 아파트로 감정가에 비해 낮은 2억9,000만원에 거래되고 있으니 2014년 11월 17일에서 11월18일 입찰기간에 입찰에 차명하면 되는데 최저입찰가가 2억3,030만원이니 2억5,008만원에 입찰하도록 하세요.

 저도 그 정도 가격에 써야 낙찰 받을 것 같았어요
선생님 온비드 회입가입과 범용공인인증서 등록하고 입찰서도 제출했습니다. 그리고 입찰보증금도 납부하고....

 수고했습니다. 입찰결과를 기다려 봅시다.
　다음은 제가 어제 지인에게 소개해서 낙찰 받은 따끈 따끈한 사례입니다.

Chapter 15 국유재산의 매각공매와 임대공매를 알아보는 시간이다 **455**

❖ 정 사장이 국유재산 공매로 토지를 낙찰 받아 건물을 신축하려 한다

(1) 봉천동 토지의 입찰정보 내역

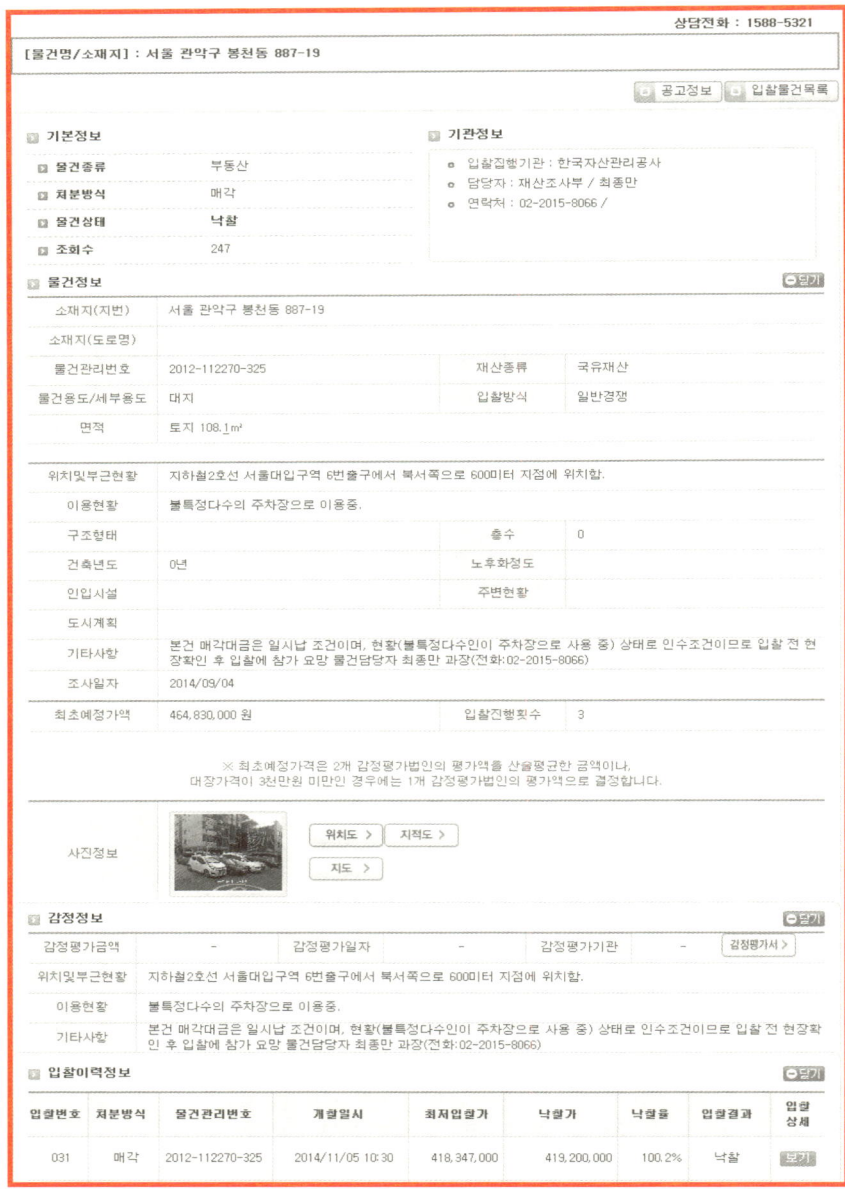

이와 같이 입찰대상 토지를 찾았으면 캠코공매물건 입찰정보 내역에서 첫 번째로 이 토지가 어디에 위치하고, 건물을 신축하기에 면적은 적당한 크기인가를 소재지와 토지면적 그리고 토지 사진정보, 위치도 및 지도 등을 가지고 확인해야 합니다.

(2) 아파트의 사진과 주변 현황도

① 토지 및 주변의 사진

② 봉천동 토지의 주변 현황도

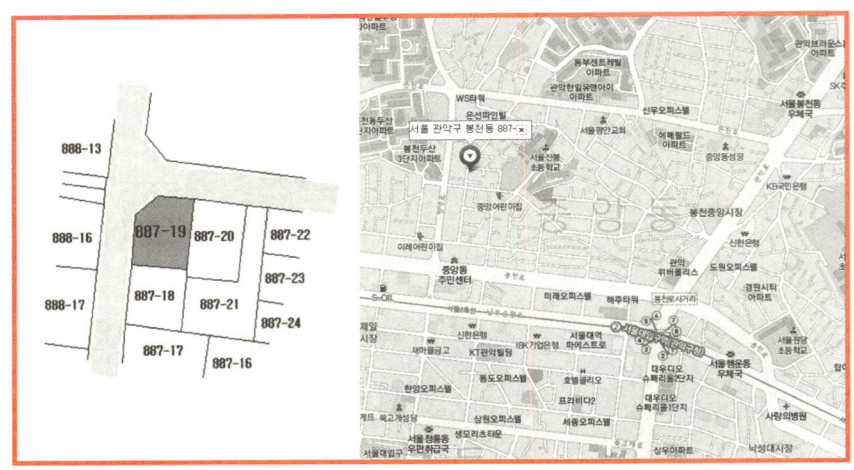

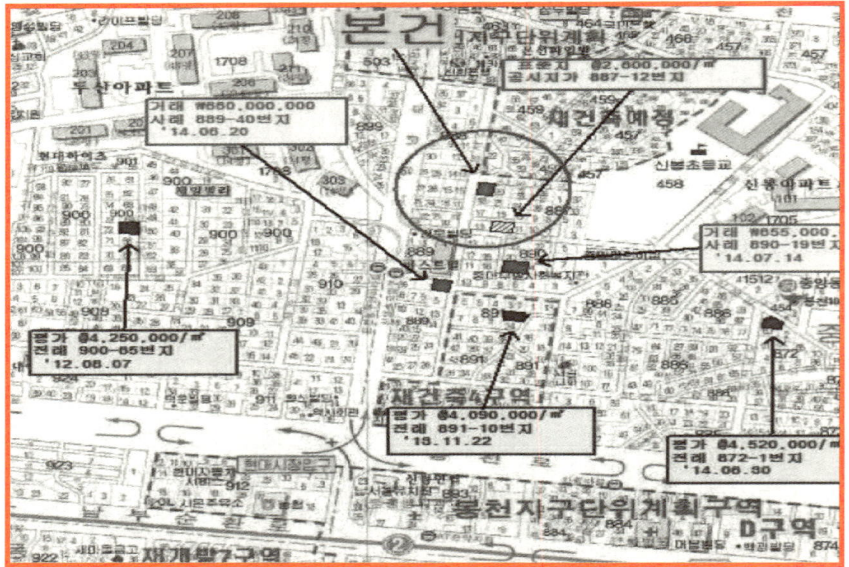

 선생임 제가 이 토지를 사서 건물을 짓고 싶어요.

 그럼 서울시 관악구 봉천동에 있는 물건은 정 사장님이 입찰하는 것으로 결정하지요. 다른 분들 이의가 없겠죠.

 네, 정 사장님 축하드려요.

뭘 낙찰 받은 것도 아닌데, 홍 대리의 축하는 너무 일러...

 잘 되실 거예요. 국유재산 공매는 관심을 가지는 분들이 적다고 선생님께서 말씀하셨고, 또 주택이 없는 토지를 사서 건물을 짓고자하는 분들은 많지 않을 거예요.

선생님, 제가 현장조사와 건축설계사 등을 만나서 설계를 떠받는데 생각보다 좋은 땅이더군요. 좋은 땅 소개 해주셔서 감사합니다.

그런데 입찰가를 얼마를 써야 될 까요?

 시세가 4억8천에서 5억원 정도고, 국유재산 공매라는 점, 그리고 건물을 신축할 사람이 그리 많지 않다는 점을 고려할 때 최저가에서 조금 더 쓰면 될 것 같군요.

선생님 말씀처럼 최저가가 418,347,000원에서 80만원 정도 더써서 419,200,000원에 입찰서를 제출했고 입찰보증금도 납부했습니다.

좋은 결과가 있을 겁니다. 어젯밤 제 꿈에서 정 사장님이 낙찰 받으시던데요.

(3) 정 사장이 봉천동 토지를 단독으로 낙찰 받아서 축하하고 있다

입찰결과			
물건관리번호	2012-112270-325	조회수	248
물건명	서울 관악구 봉천동 887-19		
입찰자수	유효 1 명 / 무효 0 명 (인터넷)		
입찰금액	419,200,000원		
개찰결과	낙찰	낙찰금액	419,200,000원
물건누적상태	유찰 2 회 / 취소 0 회 [입찰이력보기]		
감정가격 (최초 최저입찰가)	465,911,000원	낙찰가율 (감정가격 대비)	90%
최저입찰가	418,347,000원	낙찰가율 (최저입찰가 대비)	100.2%
공매정보			
자산구분	국유재산	담당부점	국유재산기획실
회차/차수	042 - 001	개함일시	2014/11/05 10:30
집행완료일시	2014/11/05 10:49		
입찰일시	2014/11/03 10:00 ~ 2014/11/04 18:00		
입찰방식	일반경쟁		

 선생님 제가 낙찰 받았어요.

 축하드립니다. 이제 건물 짓는 일만 남았군요. 참 5일 이내에 한국자산관리공사에 가서 계약하는 것 잊지 마세요.

 벌써 전화가 왔어요. 신분증과 도장 가지고 5일 이내에 와서 계약하라고…

 정 사장님 축하해요. 오늘은 정 사장님이 한턱 쏘세요.

"하하, 그러죠"

〈정 사장은 요즘 바쁘다. 토지를 낙찰 받아서 잔금을 납부하고 건물을 신축하고 있기 때문이다.〉

다음은 국유재산 공매 중 임대공매 사례입니다.

 임대공매 내게 딱 맞는 공매, 열심히 배워야지..

06 국유재산 매각공매 물건을 낙찰 받아 성공한 사례

다음 사례 3가지는 이미 제6장에서 "4. 민기가 임대공매로 아파트를 600만원에 낙찰 받아 신혼집을 마련하다(000쪽)" 과 "5. 단독주택을 임대(대부)공매로 2,300만원에 낙찰 받아 부모님을 모시다(000쪽)", "6. 홍길동은 한강맨션을 임대공매로 2,100만원에 낙찰 받았다(000쪽)"에서 설명한 한 내용으로 중복을 피하기 위해 임대공매 물건에 대해서만 간단히 소개했으니 본 내용과 입찰방법은 이쪽을 찾아서 분석하면 됩니다.

❖ **민기가 임대공매로 아파트를 낙찰 받아 신혼집을 마련하다**

(1) 임대공매 아파트의 입찰정보 내역

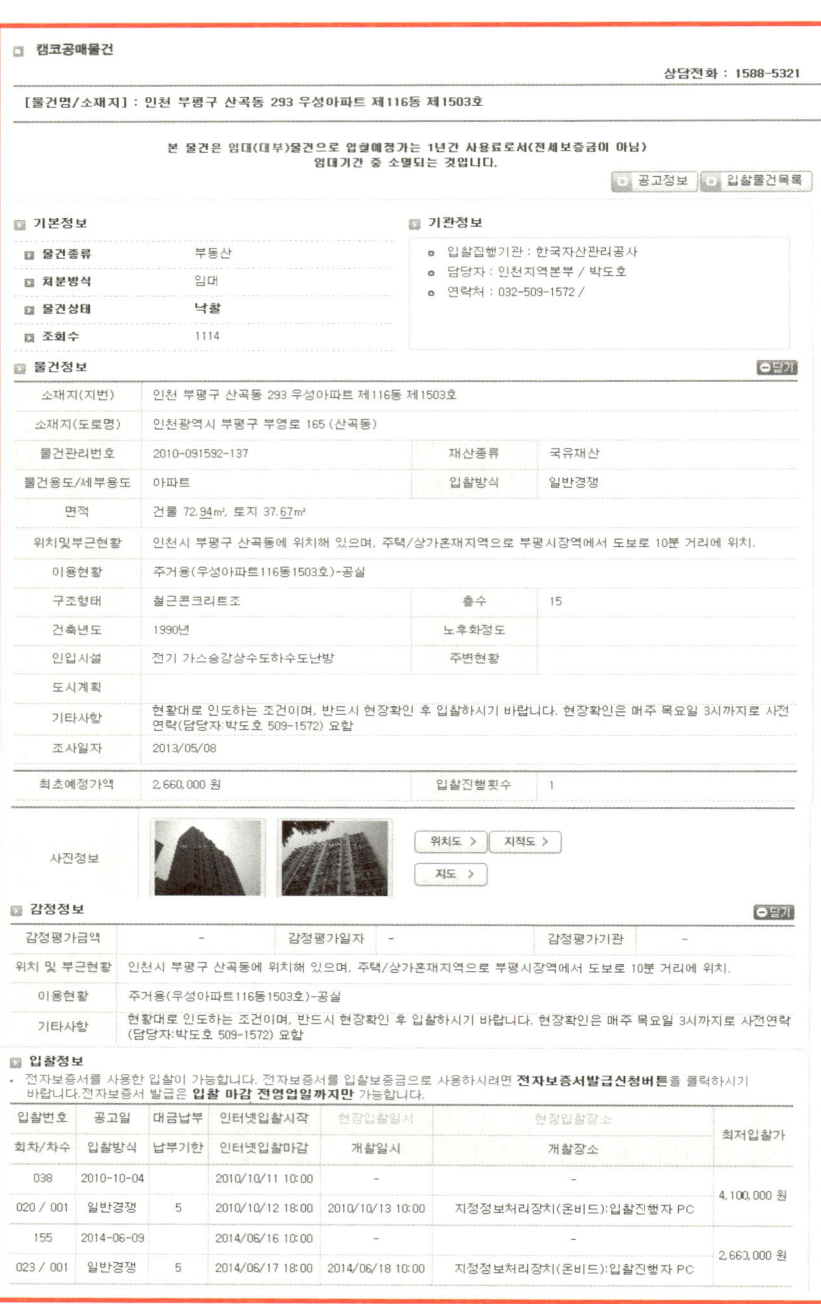

이와 같이 입찰대상 아파트를 찾았으면 캠코공매물건 입찰정보 내역에서 첫 번째로 이 임대아파트가 어디에 위치하고, 면적 등은 적당한 크기인가를 소재지와 아파트면적 그리고 아파트 사진정보, 위치도 및 지도를 확인해야 합니다.

(2) 임대아파트의 사진과 지도 및 주변 현황도

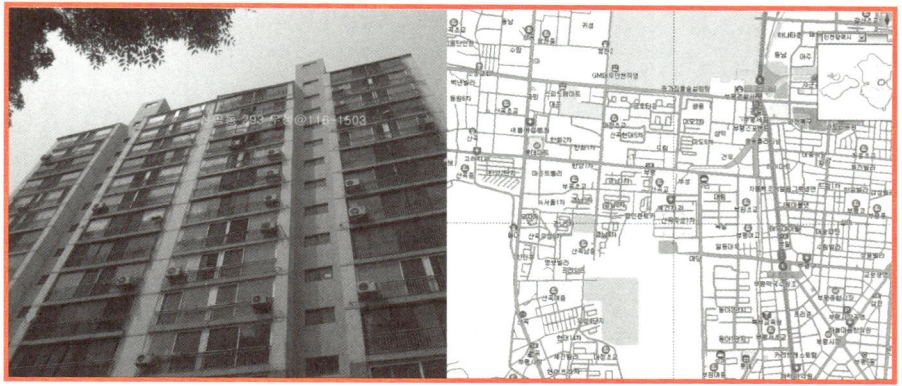

(3) 2014년도 12회차 국유재산 대부공매 공고 정보내역

〈이 내용은 제6장 4번 000쪽에 있으므로 중복을 피하기 위해 생략했음〉

(4) 민기가 아파트를 임대공매로 낙찰 받아 기뻐하고 있다

입찰결과			
물건관리번호	2010-091592-137	조회수	1115
물건명	인천 부평구 산곡동 293 우성아파트 제116동 제1503호		
입찰자수	유효 16명 / 무효 1명 (인터넷)		
입찰금액	6,020,000원, 5,210,000원, 4,360,000원, 4,089,000원, 4,010,000원, 3,890,000원, 3,780,000원, 3,711,000원, 3,270,000원, 3,210,000원, 3,165,000원, 3,111,000원, 3,070,000원, 3,010,000원, 2,718,000원, 2,700,000원		
개찰결과	낙찰	낙찰금액	6,020,000원
물건누적상태	유찰 0회 / 취소 0회 [입찰이력보기]		
감정가격 (최초 최저입찰가)	4,100,000원	낙찰가율 (감정가격 대비)	146.8%
최저입찰가	2,660,000원	낙찰가율 (최저입찰가 대비)	226.3%

❖ 단독주택을 임대공매로 낙찰 받아 부모님을 모시다

(1) 임대공매 단독주택의 사진과 주변 현황도

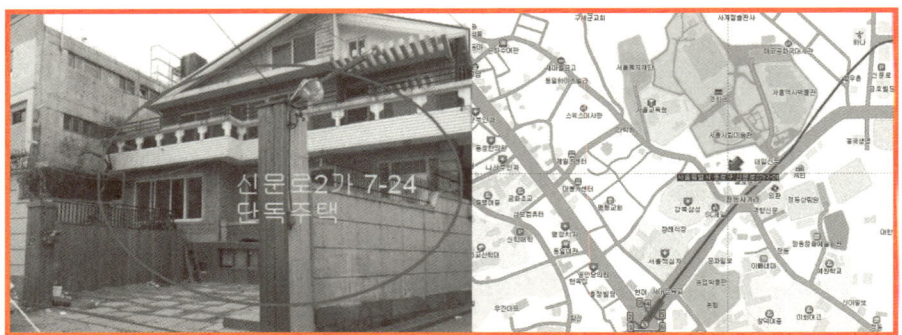

(2) 임대공매 단독주택의 입찰정보 내역

(3) 박 사장이 단독주택을 임대공매로 낙찰 받아 기뻐하고 있다

〈(2)번과 (3)번 내용은 제6장 5번 000쪽에 있으므로 중복을 피하기 위해 생략했음〉

❖ 홍길동은 한강맨션을 임대공매로 낙찰 받았다

(1) 임대공매 한강맨션의 사진과 주변 현황도

(2) 임대공매 한강맨션의 입찰정보 내역

(3) 홍길동이 한강맨션을 임대공매에서 단독으로 낙찰 받았다

〈(2)번과 (3)번 내용은 제6장 6번 000쪽에 있으므로 중복을 피하기 위해 생략했음〉

 내일은 이용기관 등의 재산 공매에 대해 알아보는 시간입니다.

Chapter 16

이용기관재산 공매물건에서는 어떻게 투자해야 성공하나?

01 이용기관재산 공매는 어떻게 진행되고 있나?

❖ **이용기관은 어떠한 기관 등이 있나요?**

이용기관에는 공공기관으로 국가기관(국유재산), 지방자치단체(시유재산, 군유재산, 구유재산), 국가 또는 지방자치단체가 출자·출연한 기관과 기타의 공공기관 등(공유재산)이 있으며 이러한 공공기관 등을 보면 행정자치부, 기획예산처, 기획재정부, 교육부, 정보통신부, 국가보훈처, 법원행정처, 국방부, 군수사령부 및 각 사령부, 조달청, 환경청, 통계청, 경찰청과 각 지방경찰서, 검찰청, 감사원 등의 중앙행정기관 및 이들 산하기관과 서울특별시와 각 도, 시·군·구 등의 지방자치단체 그리고 교육기관(초·중·고·대학교 등), 한국전력공사, 한국철도공사, 한국가스공사, 국립공원관리공단, 중앙전파관리소, 우체국, 수도사업소, 시설관리공단 등 약 2만 이상의 공공기관 등이 온비드 사이트를 이용하여 보유 중이거나 관리중인 재산을 매각 또는 임대절차를 진행하고 있습니다.

이밖에도 이용법인으로 금융기관, 한국증권선물거래소 유가증권·코스닥시장 상장법인 등 공사가 온비드 이용을 승인한 법인인데 이러한 법인 중에서 인터넷입찰공고의 등록 가능 법인은 은행, 증권, 보험, 신탁, 한국주택금융공사(한국토지신탁, 생보부동산신탁, 대한토지신탁, KB부동산신탁, 다올부동산신탁, 코람코자산신탁 등)이 있는데, 이러한 이용법인 등은 금융기관 등을 제외하고 신탁회사나 개인기업 등은 일부만이 이용하고 대부분의 기관 등은 자체적으로 직접 매각절차를 진행시키고 있습니다.

그러나 앞으로는 이러한 기관들도 온비드를 통해서 매각절차를 진행하게 될 전망

인데,

　그 매각절차를 진행하는 방법에는 이용법인이 온비드에서 공매공고 후 입찰절차를 진행하는 방법과 온비드에서 공매공고만 하고 입찰절차는 이용법인 본사에서 현장 입찰방식으로 입찰절차를 진행하는 방법이 있는데 후자 현장 입찰방식이 많다고 생각하면 됩니다.

❖ 이용기관재산에 대한 매각 또는 임대공매 방법

　이용기관 등이 자산관리공사 온비드사이트에 자신의 정보를 제공하기 위하여 이용기관 회원 가입 후 온비드사이트의 전자처분시스템을 이용하여 보유 또는 관리 중인 재산과 물품의 관리·처분을 위한 입찰공고를 등록하고, 전자입찰을 통해서 이용기관 재산에 대한 매각 또는 임대(대부)공매 절차로 자산관리공사에 입찰등록수수료(1건당 5,000원)와 낙찰수수료(1억 이상~10억 미만은 20만원)를 지급하고 직접 매각 또는 임대하는 이용기관재산의 공매가 있다.

　이러한 이용기관 등의 매각재산으로는 아파트·다세대·연립주택·단독(다가구)주택·상가·오피스텔·공장·토지·자동차·기계·골프회원권·유가증권·동물·기타 불용품 등의 매각이 대상이 되는 공매물건이 있고, 대부재산은 아파트·토지·지하철상가·학교매점운영권·주차장운영권·기타 시설 등의 다양한 종류의 공매물건이 있다.

(1) 이용기관재산의 입찰 또는 유찰계약(수의계약)

　공개경쟁 입찰방식에 의한 매각방식이 원칙으로 하고 있지만 각 기관별로 정한 방법에 따라서 일정횟수 이상 입찰자가 없어서 유찰되는 경우 유찰계약(수의계약)방식으로도 매각 할 수 있다.

　수의계약은 입찰을 실시해도 매각되지 않는 경우 전 회차 공매조건 이상으로 다음 공매공고 전까지 할 수 있다. 보통의 경우 2회에 거쳐 유효한 입찰이 성립되지 아니한 경우 종전 공매조건(종전 최저매각금액) 이상으로 수의계약을 할 수 있는 제도이다. 수의계약 절차는 수의계약 체결요청서 제출 및 매매가격의 10% 이상 계약보증금을 납부하면 되는데 경합이 있는 경우 지명경쟁입찰에 의하며 통보 후 10일 이내에 계약을 체결하면 된다.

특히 이용기관 매각방식 등은 이용기관별로 다소 차이가 있으므로 이용기관 매각공고문 등을 반드시 참고해서 입찰에 참여해야 한다.

(2) 온비드사이트에서 낙찰 받고 이후의 절차

이용기관 등이 온비드사이트의 전자처분시스템을 이용하여 매각 또는 대부로 매각되면 그 이후의 모든 절차 즉 계약체결에서 대금납부 후 소유권이전등기절차까지 직접 이용기관 등이 진행하게 된다. 앞의 제6장 자산관리공사 공매대행 물건은 온비드사이트의 전자처분시스템을 통한 전자입찰방식에 의해서 모든 절차가 이루어져서 대금납부 후 소유권이전등기 및 배분절차까지 자산관리공사가 대행하게 된다.

그러나 이용기관재산 등의 공매절차는 온비드사이트의 전자처분시스템을 이용수수료를 지급하고 매각절차까지만 이용하고 그 이후의 모든 절차는 이용기관 등이 직접 진행하게 된다는 차이가 있다.

02 이용기관재산의 매각공매

국유재산매각은 매수신청서가 접수되면 관리계획수립(매각심의위원회개최)하여 심의, 승인을 거친 다음 감정평가를 의뢰 그 금액으로 매각예정금액을 정하여 매각하고, 공유재산은 매각계획수립(공유재산심의회 심의)하고 관리계획을 반영한 다음 감정평가를 의뢰하여 그 평가액을 매각예정금액으로 정하게 되고 그 이후의 절차는 다음과 같습니다.

❖ 이용기관 등의 매각공매 흐름도

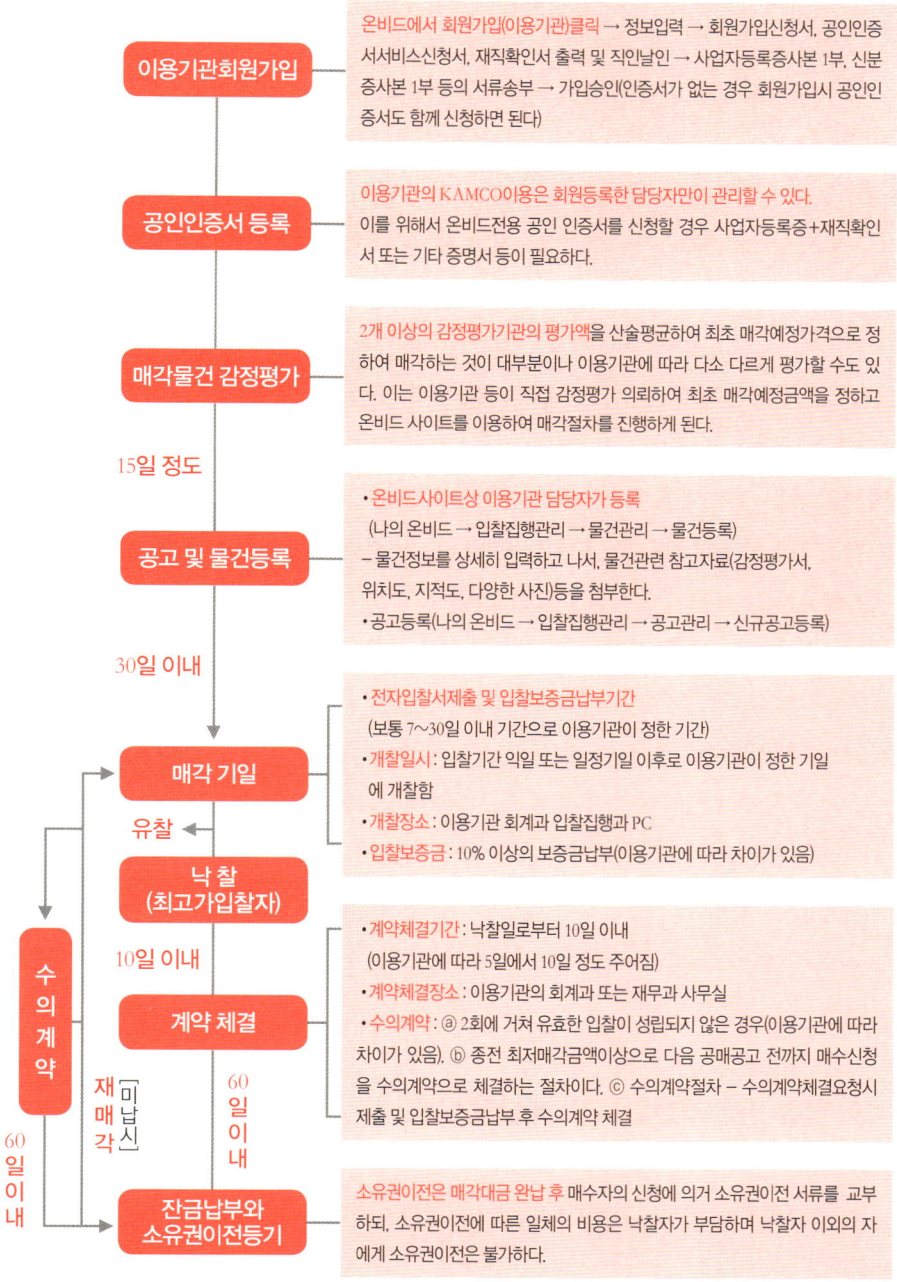

❖ 공고방법과 감정평가에 따른 최초 매각예정가격 결정

(1) 공고방법
이용기관에 따라 차이가 있으나 온비드사이트에 전자공고만으로 공고하는 이용기관이 대부분이나 전자공고·신문공고·자체홈페이지 등에 공고를 병행하는 이용기관 등이 있다.

실무적으로 이용기관 등의 공고는 온비드사이트에서만 공고하는 것으로 공매절차를 진행하고 있는 실정이다.

(2) 감정평가에 따른 최초 매각예정가격 결정
2개 이상의 감정평가기관의 평가액을 산술평균하여 최초 매각예정가격으로 정하여 매각하는 것이 대부분이나 이용기관에 따라 다르게 평가할 수도 있다. 즉 500만원 이상은 2개 이상의 감정평가기관, 500만원 이하인 경우는 1개의 감정평가기관에서 평가한 금액을 가지고 매각금액으로 정할 수도 있다.

실무상으로는 2개 이상의 감정평가기관의 평가액으로 계산한 산술평균금액으로 최초매각예정금액을 정하고 있으나 이용기관에 따라서 감정평가 비용까지 계산하여 최초매각예정금액으로 하는 경우도 있고, 그밖에 감정가액이 시세보다 많은 차이를 보이면 이 금액에 시가를 반영하여 최초매각예정금액을 정하여 매각하기도 한다.

이러한 감정평가서는 온비드화면의 입찰대상물건 정보에 첨부하여 공개하는 경우가 대부분이나 이용기관에 따라서 이용기관 등이 자체적으로 보관하고 열람을 원하는 입찰 대상자가 있으면 직접 방문하는 경우에 한해서 열람을 하고 있는 이용기관도 있다.

❖ 입찰기간, 개찰일시 및 개찰장소
① 입찰기간은 이용기관에 따라 7일~30일 이내의 기간이 주어진다.
② 개찰일시는 입찰기간 익일 또는 일정기일 이후로 이용기관이 정한 기일에 개찰하고 있다.

③ 개찰장소는 이용기관의 회계과 입찰집행관 PC 또는 재무과 입찰집행관 PC에서 하고 있다.

❖ 입찰보증금 및 최고액입찰자(낙찰자) 결정방법

(1) 입찰보증금 및 납부방법

입찰참가자는 입찰금액의 10% 이상의 입찰보증금을 납부(보증금액은 이용기관에 따라 다소 차이가 있음)하여야 한다. 그러나 이용기관에 따라서 입찰 시에 5%의 입찰보증금으로 매각하는 이용기관 등이 있을 수 있는데 이러한 경우는 10일 이내 계약체결 시에 나머지 5%를 추가 납부하여 계약금을 10%로 하고 있다. 납부계좌는 입찰자에게 온비드상 입찰화면에서 부여된 가상계좌에 보증금 전액을 한 번에 전자입찰서 접수마감 일시까지 납부해야한다. 그러나 2010. 04월부터는 온비드 전자처분시스템 변경에 따라서 1,000만원 이하의 입찰보증금은 일시 입금해야 되나 1,000만원 초과되는 입찰보증금은 여러 번에 거쳐서 입찰 마감시한 까지 입찰보증금을 전액 입금하면 되도록 변경되었다. 이는 국유재산, 압류재산, 유입자산, 수탁재산, 이용기관 등의 재산 공매절차에서 모두가 해당된다.

(2) 최고액입찰자(낙찰자) 결정방법

입찰은 2인 이상 유효한 입찰로 성립 유효한 입찰로서 예정가격이상 최고액입찰자를 낙찰자로 결정하고, 최고액입찰자가 2인 이상 동가인 때에는 온비드에 의한 무작위 추첨으로 최고액입찰자를 결정하게 된다. 입찰결과는 한국자산관리공사 전자자산처분시스템 온비드에서 확인할 수 있으며 낙찰·유찰결과여부 확인은 입찰자 본인의 책임사항이다.

❖ 계약체결 방법과 대금납부 후 소유권이전 방법

(1) 계약체결방법과 부동산 실거래가 신고

① 계약체결기간은 낙찰일로부터 10일 이내(이용기관에 따라 5일에서 10일 정도 주어짐)

② 계약금은 계약체결 시 매매금액의 10% 납부

③ 계약체결 장소는 이용기관의 회계과 사무실에서 계약체결

⑤ 부동산 실거래신고와 신고대상이 아닌 경우

㉠ 공인중개사의 업무 및 부동산 실거래신고에 관한법률 제27조에 의거 거래당사자(매도인 및 매수인), 중개업자는 계약체결일로부터 60일 이내에 부동산 소재지 관할 시장·군수·구청장에게 공동으로 신고해야 한다.

㉡ 부동산 실거래신고대상이 아닌 사례(국토해양부고시 2009-719호)는 ❶ 법원경매로 취득하는 경우 ❷ 체납압류부동산을 공매로 취득하는 경우이다. 그러나 압류재산매각 이외에 국유재산이나 수탁재산 또는 다른 재산 등을 자산관리공사에 위탁하여 온비드사이트를 통해 매각하는 경우와 이용기관 등의 재산 공매절차에서 낙찰 받은 경우는 계약 체결일로부터 60일 이내에 실거래 신고해야 된다. 이밖에 신탁회사 또는 개인 사기관 등의 공매로 취득하는 경우로 주택거래신고대상이다.

(2) 매각대금 납부방법

① 계약금은 계약체결 시 매매금액의 10% 납부

② 잔금은 계약체결일로부터 60일 이내(이용기관에 따라 다소 차이가 있을 수 있음)

(3) 소유권이전 등기방법과 명도

① 소유권이전은 매각대금 완납 후 매수자의 신청에 의거 소유권이전 서류를 교부하되, 소유권이전에 따른 일체의 비용은 낙찰자가 부담하며 낙찰자 이외의 자에게 소유권이전은 불가하다.

② 명도는 공고문이나 입찰대상 물건정보 란에는 매수자 책임으로 되어 있는 경우

가 대부분이나 이용기관 등의 재산을 매각하는 공매절차에서는 이용기관 등이 보유하고 있으므로 특별한 경우를 제외 하고는 이용기관 등이 인도하여 주는 경우가 대부분이므로 명도에 관해서는 문제가 되지 않는다.

03 이용기관재산의 대부공매

이용기관재산의 대부절차는 대부 신청서가 제출되거나 이용기관 등이 대부가 필요하다고 판단되면 대부계획을 수립하고 대부 심사를 거쳐서 대부료의 산정 및 납부시기를 결정하게 되고 이러한 대부료와 대부절차 등을 온비드사이트를 이용하여(사전에 온비드사이트에 이용기관회원 가입하고 공인인증서 등록을 마친 담당자만 관리가 가능) 온비드에 물건을 등록하고, 공고하는 절차를 진행하게 됩니다. 대부물건을 공고 후 입찰기간이 주어지게 되는데 낙찰자선정은 이 기간이 끝난 다음날 또는 이용기관 등이 특별히 정한 날에 공표하게 된다. 이 내용은 공고문에 자세히 기재되어 있습니다.

❖ 이용기관 등의 대부공매절차

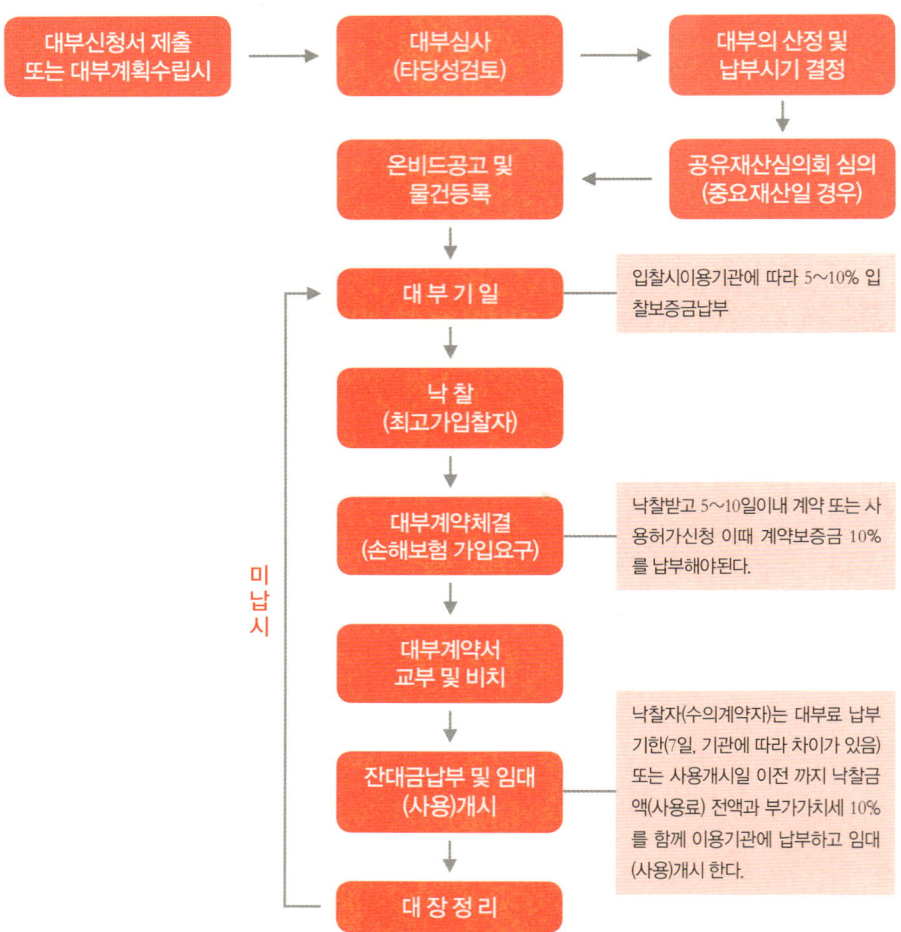

❖ 공고방법과 대부료(사용료) 산정방법

(1) 공고 방법

이용기관 등에 따라 차이가 있을 수 있으나 대부분의 이용기관 등의 대부공매 공고는 온비드사이트에서만 공고하는 방법으로 공매절차를 진행하고 있는 실정이다. 즉 이용기관 등이 대부료의 산정 및 납부시기를 결정하고 이러한 대부료와 대부절차 등을 온비드사이트를 이용하여(사전에 온비드사이트에 이용기관회원 가입하고 공인인증서 등록을 마친 담당자만 관리가 가능) 온비드에 물건을 등록하고, 공고하는 절차를 진행하게 된다.

(2) 대부료(사용료) 산정방법

대부계약을 체결(사용허가를 받은 자)한 자가 납부하여야 할 첫째연도 대부료(사용료)는 낙찰가격으로 하며 지정 기일 내 납부하여야 한다. 둘째연도 이후의 대부료는 다음의 산식에 의하여 산정한다.

① 대부료산정
연간대부료=재산가액(토지평가액+건물평가액)×사용요율×사용일수(365일)
㉠ 사용요율

❶ 주거용 - 재산가액의 2% 이상(기초 수급자의 경우 1%)
❷ 경작용재산가액의 1% 이상과 최근 공시된 해당 시도의 농가별 단위면적당 농업총수익의 10분의 1에 해당 하는 금액 중 적은 금액으로 한다. ❸ 행정목적의 수행에 사용하는 경우 - 2.5%. ❹ 공무원 후생목적으로의 사용하는 경우 - 4%. ❺ 기타(상업용) - 재산가액의 5% 이상

㉡ 재산가액

❶ 토지 = 면적(㎡)×당해연도 개별공시지가. ❷ 건물 = 면적(㎡)×건물시가표준액(또는 1개의 감정평가금액)

② 다음해 1년 대부료 재산정 방법
당해연도 재산가액×(입찰에 의하여 결정된 첫 해의 사용료÷입찰당시의 재산가액)

(3) 입찰기간, 개찰일시 및 개찰장소
① 입찰기간은 이용기관에 따라 7일~30일 이내의 기간이 주어진다.
② 개찰일시는 입찰기간 익일 또는 일정기일 이후로 이용기관이 정한 기일에 개찰함
③ 개찰장소는 이용기관의 회계과 입찰집행관 PC에서 한다.

(4) 입찰보증금 및 최고액입찰자(낙찰자) 결정방법
① 입찰참가자는 입찰금액의 10% 이상의 입찰보증금을 납부(보증금액은 이용기관에 따라 다소 차이가 있음)하여야 한다. 그러나 이용기관에 따라서 입찰 시에 5%의 입찰보증금으로 대부하는 이용기관 등이 있을 수 있는데 이러한 경우는 10일 이내 계약체결 시에 나머지 5%를 추가 납부하여 계약금을 10%로 하고 있다.

② 입찰은 1인 이상 유효한 입찰로 성립 유효한 입찰로서 예정가격 이상 최고액입찰자를 낙찰자로 결정하고, 최고액입찰자가 2인 이상 동가인 때에는 온비드에 의한 무작위 추첨으로 최고액입찰자를 결정하게 된다. 입찰결과는 한국자산관리공사 전자자산처분시스템 온비드에서 확인할 수 있으며 낙찰·유찰결과 여부 확인은 입찰자 본인의 책임사항이다.

(5) 계약체결(사용허가 신청)방법과 대금 납부후 임대 개시
① 계약체결방법
㉠ 계약체결기간은 낙찰일로부터 10일 이내(이용기관에 따라 5일에서 10일 정도 주어짐)
㉡ 계약금은 계약체결 시 매매금액의 10% 납부
㉢ 계약체결장소는 이용기관의 회계과 사무실에서 계약체결

② 매각대금납부방법은 현금 또는 자기앞 수표로 우리시 시금고에 납부, 낙찰자는 낙찰 금액(사용료) 전액과 부가가치세법 시행령 제38조에 의거 부가가치세 10%를 계약일로 7일 이내(이용기관에 따라 다소 차이가 있을 수 있음) 또는 사용개시일 이전까지 대

부기관에 납부하고 대부물건의 임대(사용)를 개시하게 된다.

(6) 사용허가기간과 허가기간 이후

대부물건의 사용기간은 이용기간 등에 따라서 1년에서 5년으로 사용허가기간이 다양한데 이는 공고문에 자세히 기재되어 있다. 보통의 경우는 2년이 많으며 1년간은 낙찰금액으로 대부료로 하고 다음 해는 당해연도 재산가액×입찰에 의하여 결정된 첫 해의 사용료÷입찰당시의 재산가액을 가지고 산정하게 된다.

사용허가기간이 2년인 경우 이 기간 이후에는 경우 처음 대부공매 입찰당시 처럼 또다시 입찰절차에 참여해서 낙찰을 받아야하고, 기존 운영권자에게 연고권 등의 권리는 주어 지지 않는다.

04 온비드에서 입찰할 매각공매와 임대공매 물건 찾기

 이 화면은 회원로그인 한 후의 온비드 화면입니다.

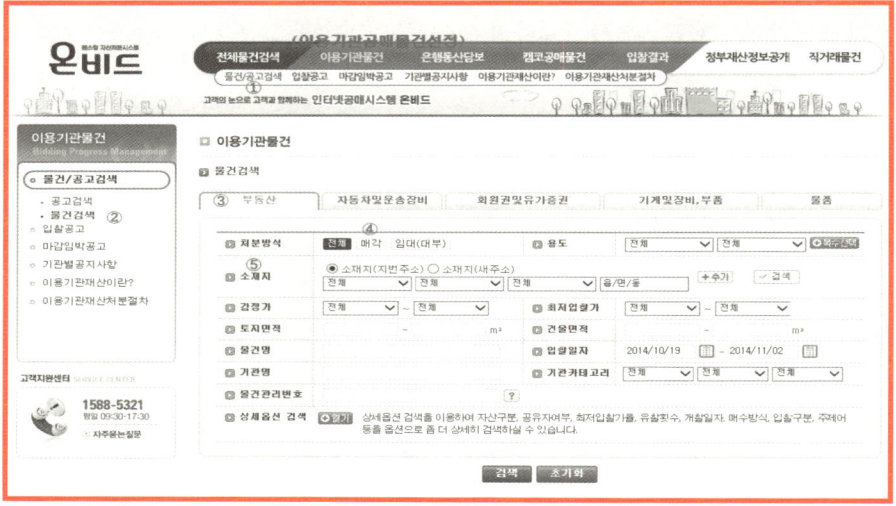

    온비드 화면에서 이용기관물건 에서 ⇨ ① 물건/공고검색 ⇨ ② 물건검색 ⇨ ③ 부동산검색 ⇨ ④ 매각공매, 또는 임대공매를 선택하고 ⇨ ④ 용도, 소재지, 감정가, 입찰일자, 기관명 등을 입력한 후 ⇨ 하단 검색버튼을 클릭하면 공매가 진행 중이거나 공매예정인 물건정보를 조회할 수 있습니다.

    그러니까 이용기관물건에서 매각공매를 선택하면 정부기관, 지자체, 공공기관, 그리고 신탁회사 등의 이용법인의 매각물건을 찾을 수 있고, 임대공매를 선택했다면 임대물건을 찾을 수 있는 것입니다.

05 한국감정원의 소유 아파트가 이용기관 매각공매로 진행되고 있다

다음 상계주공아파트는 한국감정원이 이용기관으로 매각공매 절차가 진행되고 있는 가운데 어느 시기에 어떻게 입찰해서 낙찰 받으면 되는가를 분석해 보겠습니다.

❖ **상계주공아파트가 이용기관 공매로 매각되고 있습니다.**

(1) 상계주공아파트의 입찰정보 내역

위치 및 부근현황	상계중학교 북서측 인근, 부근은 대단위 아파트단지 및 근린생활시설 등이 소재하는 주거지대				
이용현황	주거용				
구조형태			층수/총층수	/	
명도책임	매수자(낙찰자)				
부대조건	현 임대차계약 승계, 기타조건 입찰공고문 참조				

입찰정보						
입찰번호	공고일	대금납부	인터넷입찰시작	현장입찰기간	현장입찰장소	최저입찰가
회차/차수	입찰방식	납부기한	인터넷입찰마감	개찰일시	개찰장소	
001	2014-10-13	분할납부	2014/10/14 10:00	-	-	252,500,000 원
2 / 1	일반경쟁	계약일로부터 1개월	2014/10/20 16:00	2014/10/21 09:30	한국감정원 입찰집행관 PC	입찰참가

이와 같이 입찰대상 아파트를 찾았으면 캠코공매물건 입찰정보 내역에서 첫 번째로 이 아파트가 어디에 위치하고, 면적 등은 적당한 크기인가를 소재지와 아파트 면적 그리고 아파트 사진정보, 위치도 및 지도를 확인해야 합니다.

(2) 아파트의 사진과 지도 및 주변 현황도

① 아파트의 사진과 내부 현황도

② 아파트 지도 및 주변 현황도

주공아파트 내부는 확인할 수 없나요?

있습니다. 두 번째로 아파트 내부를 확인하려면 아파트의 입찰정보 내역에서 중간부분을 보면 ⇨ 기타 사항란 "현 임대차계약 승계, 기타조건 입찰 공고문 참고"라고 기재되어 있으니 다음과 같이 공매공고정보와 그 하단에 첨부된 공매공고문을 확인해 봐야 합니다.

(3) 공매공고정보 내용과 공고문

① 공매공고정보 내용

물건검색

| 공고정보 | 물건목록 | 물건정보 |

[공고제목] : 한국감정원 소유 부동산 매각공고(2회차) 재공고 인터넷

기관정보

공고기관	주식회사 한국감정원
담당자 정보	재무관리부 / 신화석 / 053-663-8354 / k25561@kab.co.kr

공고정보

공고종류	재공고 (인터넷 입찰)	공고일자	2014/10/13
공고년도	2014 년도	공고회차	2 회차
재산종류	기타재산	공고대상자산	소유 합숙소 및 사옥
공고번호	201410-00816-00	기관공고번호	-
공고매체	지정정보처리장치(온비드)		

입찰정보

입찰방식	일반경쟁	처분방식	매각
총액/단가 구분	총액	참가자격	-
재공고 가능 여부	가능	재입찰 가능 여부	가능
공동입찰 허용	불가능	대리입찰 허용	허용하지 않음
입찰방식	공매 (2회 이상 입찰서 제출불가)		
2인 미만 유찰	1인이 입찰하더라도 유효한 입찰로 성립합니다.		
전자 보증서	적용하지 않음		

입찰일시 및 장소

구분	회차	참가수수료	입찰시작일시	개찰일시	개찰장소
	차수	입찰보증금률	입찰마감일시		
인터넷	2	0 원	2014/10/14 10:00	2014/10/21 09:30	한국감정원 입찰집행관 PC
	1	10 %	2014/10/20 16:00		

공고문

첨부 입찰공고문 등 참조

첨부파일

1. 매각공고문(2회차).hwp (62.976 Kb)
첨부1. 매각 대상 부동산 내역(2회차).xlsx (19.056 Kb)
첨부2. 청렴계약 이행서약서(2회차).hwp (15.36 Kb)

② 공매공고문

한국감정원 소유 부동산 매각공고문(2회차)

1. 입찰에 부치는 사항, 2. 부가가치세 관련 사항, 3. 입찰방법 – 이 내용은 생략함.

4. 대금납부방법

물건 번호	매매대금 납부방법					
	계약보증금		중도금		잔금	
	금액	납부	금액	납부	금액	납부
1~14	매매대금의 10%	계약 체결시	매매대금의 40%	계약일로부터 15일	매매대금의 50%	계약일로부터 1개월

5. 입찰일정, 6. 입찰참가자격, 7. 입찰서 제출 – 이 내용은 생략함.

8. 입찰보증금

① 입찰하실 금액의 10/100 이상에 해당하는 입찰보증금을 입찰서 제출 마감시간까지 온비드에서 부여하는 가상계좌로 일시납부(분할납부 불가)하여야 합니다.
② – 생략함.

9. 입찰보증금의 귀속 – 이 내용은 생략함.

10. 계약체결

낙찰자는 낙찰일로부터 7일 이내에 우리 원이 정하는 계약서 서식에 의하여 계약을 체결하여야 하며, 기한 내에 계약체결하지 아니할 경우에는 낙찰을 무효로 하고 입찰보증금은 우리 원에 귀속됩니다.

11. 계약체결 시 구비서류~ 17. 기타사항은 생략함

18. 특약사항

① 매각재산 중 현재 임대중인 부동산에 대하여 낙찰자는 잔금일로부터 10일 이전에 임대차 계약내용 등을 우리 원 및 임차인과 협의하여 승계하여야 하며, 인도이후 이와 관련한 행정사항 등에 대하여 우리 원은 어떠한 책임을 지지 아니 합니다.
② 임대차 내역은 공고문에 첨부된 매각대상 부동산 내역의 임대차내역에서, 임대차기간 2014년 5월 16일부터 2016년 5월 15일까지 승계하는 조건이고 입차보증금 1억3,000만원은 매각대금에서 공제후 잔금을 지불하는 조건임을 확인할 수 있습니다.

확인해 보니 알 수 있지요. 그리고 현황대로 매각하므로 필히 아파트 내부를 확인하고 입찰에 참여해야 합니다. 아파트 내부 확인을 위해서는 공매담당자와 협의해서 확인하면 됩니다.

 아하 그렇게 하면 되는 군요.

세 번째로 어떠한 조건으로 공매가 진행되는 가를 공매공고문과 공매담당자를 통해서 확인해야 합니다. 왜냐하면 공매는 매각기관마다 다른 조건으로 매각하는 경우가 많기 때문에 일반적으로 매각된다고 생각하고 공매공고 내용을 확인하지 않고 낙찰 받았다가 낭패를 볼 수 있기 때문이죠.
공매공고 정보내역을 보니 이 아파트는 한국감정원 소유 아파트로 이용기관 공매로 매각되고 있군요. .

이렇게 입찰 및 개찰방식, 입찰참가 전에 준비할 사항, 입찰예정가격 및 입찰보증금, 낙찰자결정방법, 그리고 낙찰 받고 나서 계약체결 및 대금납부 방법을 확인하고 나서 입찰에 참여해야 합니다.

"잠깐만, 선생님 이 이용기관 공매도 국유재산 공매처럼 권리분석은 생략해도 되는 거지요. 이용기관이 자기들 물건을 파는 것이니...

이용기관 공매물건은 국유재산공매 처럼 권리분석이 필요하지 않아요. 이용기관이 한국감정원으로 사옥으로 사용하다가 필요성이 상실된 물건을 공매로 매각하는 것이므로 권리에 하자가 있을 수는 없어요. 다만 매각조건에서 다를 수 있으니 방금 분석했던 것처럼 공매공고문을 자세히 분석하고 입찰하면 됩니다.

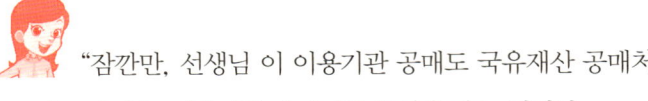

그리고 수익분석은 앞에서 여러 번 거론 했으니 이제 생략해도 되고...

이 아파트는 감정가가 2억5,250만원인데 요즘 소형평형이고 9.1 부동산대책으로 인해서 가격이 많이 올라 2억8,000만원에서 2억9,000만원 갑니다. 그래서 임차인을 안고 사면 보증금 1억3,000만원을 제외하고 잔금을 납부하게 되니 1억2,250만원만 있으면 되고, 큰아들 명의로 사면 무주택자로 비과세 혜택도 볼 수 있을 것 같아서 입찰에 참여하고 싶습니다.

그래요. 2년만 보유해도 비과세 혜택을 보니 좋은 선택인 것 같습니다. 입찰가는 감정가에서 조금 높여 2억5,508만원 쓰세요..

네, 끝에 700원도 더 써야지요. 선생님 말씀처럼 10원차이로 떨어진 사람도 있으니, 그리고 뭐니 뭐니 해도 동순위가 나오면 기분 나쁠 것 같아요.

 박 선생님은 교직에서 평생 몸담아서 그런지 꼼꼼하시군요. 지나가는 말로 한 내용도 놓치지 않고 챙기고 있으니, 정 사장님도 배워야 겠어요.

알겠습니다.

 선생님 온비드 회입가입과 범용공인인증서 등록하고 입찰서도 제출했습니다. 그리고 입찰보증금도 납부하고....

수고했습니다. 입찰결과를 기다려 봅시다.

다음은 이용기관이 부천시청으로 시유재산 공매절차에서 제가 낙찰 받아 시세 차익을 보고 팔았던 사례입니다.

06 김 선생이 부천시청 소유 토지를 공매로 낙찰 받았던 사례이다

이 사례는 부천시 원미구에 있는 토지로 낙찰 받을 때에는 재개발 구역으로 지정되지 않아서 건축이 가능 했었는데 소유권 취득 후 한 달 정도 있다가 원미뉴타운 지역으로 지정되어 건축이 제한된 토지입니다. 그러다 보니 재개발구역으로 시세가 오르게 되는 장점도 있었지만 건축 목적을 달성하는 데에는 단점이 되었죠.

❖ **온비드 입찰물건 정보 내역은 다음과 같습니다**

기본정보

공고기관	부천시	담당부장	회계과
담당자	○○○	담당자 E-mail	jang22@bc.go.kr
소속부서	회계과	전화번호	032-320-2725
공고종류	일반공고	공고번호	200701-00218-00
공고일자	2007-01-08	기관공고번호	부천시공고 제2007-31호
공고년도	2007	공고회차	1

자산구분	공유 재산		
공고대상자산	비업무용자산		
공고매체	지정정보처리장치(온비드)		
입찰방식	일반경쟁	처분방식	매각
총액단가구분	총액	참가자격	일반경쟁입찰
재공고 가능 여부	가능	재입찰 가능 여부	불가능
기타사항			

입찰정보

입찰방식	공매(2회 이상 입찰서 제출불가)
2인 미만 유찰	모든 물건은 2인 이상 유효한 입찰자가 있을 경우에만 유효한 입찰이다.

입찰일시 및 장소

구분	회차	차수	참가수수료 입찰보증금율	입찰시작 입찰마감	현장입찰일시 개찰일시	현장입찰장소 개찰장소
인터넷	22	1	0원	2007/01/08 11:06	–	부천시청 회계과 입찰집행관 PC
			5%	2007/01/17 18:00	2007-01-18	

❖ 시유재산 공매물건 분석

① 공매입찰공고, ② 감정평가서, ③ 각종 공부열람(등기부등본, 대장, 지적도, 토지이용계획확인원 등), ④ 주민센터에서 전입세대열람 등을 통하여 다음과 같이 공매물건의 제반권리 등을 정리했습니다.

주소	면적	공매가 진행과정	1) 임차인조사내역 2) 기타청구	등기부상의 권리관계
경기도 부천시 원미구 원미동 ○○○ -○○	대지 125㎡ (원미뉴타운지역) (재정비촉진지역)	감정가 155,715,720원 최저가 1차 155,715,720원 낙찰(금액확인불가) 그러나 단독입찰로 유찰되었음. 공유재산매각은 입찰자가 2인 이상이어야만 유효한 입찰이다. 2차 155,715,720원 낙찰 177,080,000원 입찰자수 2명 〈2071.18〉	1) 임차인내역 〈나대지로 임차인 없음〉	소유자 조민구 2002.8.20. 소유자 부천시 **공공용지의 협의취득** 2004.4.28. 시유재산 매각공매 신청 부천시 〈매각공매 공고일 207.1.8〉

이 공매물건은 부천시청 보유 시유재산을 한국자산관리공사 온비드사이트를 이용하여 공매 매각절차에 따라서 매각한 것인데 1차에서 입찰자가 있었으나 단독입찰로 유찰되었고, 2차에서 2인 이상의 입찰로 우리 회사가 낙찰 받을 수 있었습니다. 시

유재산 공매물건은 2인 이상 입찰이 있어야 매각이 유효하게 되는데 반해서 압류공매는 단독입찰도 가능합니다. 이러한 시유재산 공매 부동산은 명도가 매도자 책임이 되므로 낙찰자에게 유리한 조건입니다. 어쨌든 다음과 같이 낙찰 받았던 사례입니다.

| 입찰상세정보

물건관리번호	2007-31	조회수	483
물건명	공유재산매각		
유효입찰자수	2명(현장 0명/인터넷 2명)		
2인 미만 유찰	2인 이상 유효한 입찰자가 있을 경우에만 유효한 입찰이다.		
개찰결과	낙찰	낙찰금액	177,080,000원
감정가격 (최초 최저입찰가)	155,715,720원	낙찰가율 (감정가격 대비)	113.72%
최저입찰가	155,715,720원	낙찰가율 (최저입찰가 대비)	113.72%

이 물건을 낙찰 받고 나서 부천시와 7일 이내에 계약을 체결하고 잔금 납부하는 과정은 다음 공고문을 참고하시면 알 수 있을 것입니다.

시유재산 매각 재입찰 공고

1. 매각재산의 표시(입찰에 부치는 사항)
   (본문 내용은 생략함)

2. 입찰·개찰의 일시 및 개찰장소

가. 전자입찰서 접수개시 일시 : 2007. 1. 8(월) 09:00
나. 전자입찰서 접수마감 일시 : 2007. 1. 17(수) 18:00
다. 개찰일시 : 2007. 1. 18(목) 10:00
라. 개찰장소 : 부천시청 회계과 입찰집행관 PC

3. 참가방법 : 전자입찰

4. 입찰서 제출. 5. 입찰참가 자격. 6. 입찰보증금. 7. 매각방법 : 일반경쟁입찰
   (본문 내용은 생략함)

8. 낙찰자 결정
가. 입찰은 2인 이상 유효한 입찰로 성립

나. 유효한 입찰로서 예정가격 이상 최고금액 입찰자를 낙찰자로 결정

다. 최고금액 입찰자가 2인 이상 동가인 때에는 온비드에 의한 무작위 추첨으로 낙찰자 결정

라. 입찰결과는 한국자산관리공사 전자자산처분시스템 온비드에서 확인할 수 있으며 낙찰여부 확인은 입찰자 본인의 책임사항입니다.

9. 입찰보증금 처리방법
가. 낙찰자로 결정될 경우 전액 계약보증금으로 전환

나. 유찰자의 입찰보증금은 입찰서 제출 시 지정한 환불계좌로 이자 없이 환불되며, 별도의 송금수수료가 발생될 경우에는 입찰보증금에서 이를 공제

다. 낙찰자가 계약기간 내 계약을 체결하지 않을 경우에는 예치한 입찰보증금은 전액 우리시에 귀속됩니다.

10. 입찰의 무효 (본문 내용은 생략함)

11. 계 약
가. 계약체결기간 : 낙찰일로부터 7일 이내

나. 계약체결장소 : 부천시청 회계과(2층)

다. 구비서류

12. 매각대금납부방법 – 현금 또는 자기앞 수표로 우리시 시금고에 납부【연번 : 1~7번】
가. 계약금 : 계약체결시 매매금액의 10% 납부

나. 잔　금 : 계약체결일로부터 60일 이내

13. 소유권이전
소유권이전은 매각대금 완납 후 매수자의 신청에 의거 소유권이전 서류를 교부하되, 소유권이전에 따른 일체의 비용은 낙찰자가 부담하며 낙찰자 이외의 자에게 소유권이전은 불가합니다.

14. 추가정보 사항
가. 한국자산관리공사 전자자산처분시스템 "온비드"이용에 관한 사항

　– 전화번호 : 온비드 콜센타 : 1588-5321

나. 입찰에 관한 진행사항 확인 : http//www.onbid.co.kr "온비드" 시스템상

다. 도시계획에 관한 사항 : 부천시 도시계획과 032)320-2372

〈~이하 생략〉

07 잠실고등학교 매점이 임대공매로 진행되고 있어요

다음은 잠실고등학교가 이용기관으로 학교 매점을 임대공매하고 있는 가운데 어느 시기에 어떻게 입찰해서 낙찰 받으면 되는가를 분석해 보겠습니다.

❖ **잠실고등학교 학교매점이 임대공매 되고 있습니다**

(1) 잠실고등학교 학교매점의 입찰정보 내역

(2) 학교매점 사진

(3) 공매공고정보 내용과 공고문

① 공매공고정보 내용

공고 정보			
[공고제목] : 잠실고등학교 행정재산(매점) 사용허가 입찰공고 일반공고 인터넷			
기관정보			
공고기관	잠실고등학교		
담당자 정보	행정실 / 김정희 / 02-2141-3703 / sharkaim47@korea.com		
공고정보			
공고종류	일반공고 (인터넷 입찰)	공고일자	2010/05/29
공고년도	2010 년도	공고회차	1 회차
재산종류	공유재산	공고대상자산	학교 구내 매점 사용허가 건
공고번호	201005-02100-00	기관공고번호	잠실고등학교 공고 제2010-12호
공고매체	지정정보처리장치(온비드)		
입찰정보			
입찰방식	제한경쟁 입찰참가자격	처분방식	임대(대부)
총액/단가 구분	총액	참가자격	서울,경기
재공고 가능 여부	불가능	재입찰 가능 여부	불가능
공동입찰 허용	불가능	대리입찰 허용	허용하지 않음
기타사항	공고문 참조		

입찰방식	공매 (2회 이상 입찰서 제출불가)				
2인 미만 유찰	1인이 입찰하더라도 유효한 입찰로 성립합니다.				
전자 보증서	전자보증서를 사용한 입찰이 가능합니다.				

입찰방식

구분	회차/차수	참가수수료/입찰보증금률	입찰시작일시/입찰마감일시	개찰일시	개찰장소
인터넷	1	0 원	2010/05/31 11:00	2010/06/10 11:00	본교 행정실 집행관 PC
	1	5 %	2010/06/09 16:00		

공고문
공고문 참조

첨부파일
잠실고등학교 행정재산(매점)사용허가 전자입찰 공고.hwp (52.224 Kb)

② 공매공고문

잠실고등학교 행정재산(매점)사용허가 전자입찰 공고

1. 입찰에 부치는 사항.
   가. 건 명 : 잠실고등학교 행정재산(매점) 사용허가 전자입찰
   나. 사용허가 재산현황

소재지	사용면적	용도	학교현황 및 기타사항
서울시 송파구 신천동 17-1	부지 49.5㎡	매점	• 학생수 1,892명(50학급) • 매점구조물(컨테이너박스, 27㎡) • 학사일정 : 205일 (중간·기말고사, 수련 활동 기간 등 포함)

   다. 사용허가기간 : 2년 (2010. 7. 1 ~ 2012. 6.30, 2년)
   라. 예정가격 : 금이천오백오십육만육천원정(₩25,560,000, 부가가치세 별도)
   마. 허가조건 : 붙임 "허가조건"에 따름
2. 입찰방법, 3. 입찰방법 – 이 내용은 생략함.

3. 입찰서 제출 및 보증금 납부 일시 : 2010. 5. 31(월) 11:00 ~ 2010. 6. 9(수) 16:00
4. 입찰(개찰) 일시 및 장소
   가. 일 시 : 2010. 6.10(목) 오전 11:00
   나. 장 소: 잠실고등학교 행정실 입찰집행관 PC
5. 입찰참가자격, 6. 입찰 참가방법 – 이 내용은 생략함.
7. 입찰서 제출

가. 입찰서는 "온비드"의 인터넷입찰공고를 이용하여 입찰서로 제출해야 한다.
나항 ~ 마항은 생략함.

8. 입찰보증금 및 수수료

가. 입찰금액의 100분의 5에 해당하는 입찰보증금을 전자입찰마감 시간까지 "온비드" 입찰 화면에서 입찰자에게 부여된 "신한은행" 또는 "외환은행" 보증금 계좌 납부하여야 한다.
나항 ~ 바항은 생략함
9. 낙찰자 결정방법 ~ 12. 사용료 산정방법은 생략함.

13. 사용허가 및 대금납부 방법

가. 낙찰자는 낙찰일로부터 5일 이내에 잠실고등학교 행정실에 비치된 행정재산(매점) 사용 허가 신청서에 다음 서류를 첨부하여 제출하여야 합니다. 기한 내에 허가신청서를 제출 하지 않을 시에는 입찰보증금을 우리학교에 귀속된다.
나항 ~ 다항은 생략함.
14. 청렴계약 이행각서 제출 – 이 내용은 생략함.

15. 기타 유의사항

가항 ~ 나항은 생략함
다. 입찰공고, 입찰결과, 낙찰자 결정 등 문의 사항
기타 입찰에 관한 사항은 우리 학교 행정실(02-2141-3703)로 문의하기 바란다.

❖ 학교매점 임대공매 물건분석

이 공매물건은 잠실고등학교 행정재산(매점) 대부를 위한 공매절차로 잠실고등학교가 자산관리공사의 온비드사이트를 이용하여 공매 대부절차를 진행하는 것으로 행정재산(매점)을 대부하는 과정에서 권리분석은 그다지 문제가 되지 않지만 물건분석이 중요합니다.

특히 이 물건은 계약기간 동안 대부료를 지급하고 학교매점을 대부하여 영업을 해서 이익을 증가시키는 것이 목적이므로 학생 수와 매출액, 매출액 대비 수익률 등을 잘 분석해야 하며 학교에서 교육 기간 동안 외출 등이 허락되는 가 등은 수익분석에 있어서 중요한 요인이 될 수도 있는데, 교육 기간 중에 외출이 허용되게 된다면 수업시간 이외에 특히 점심시간 등을 이용하여 외부 마켓 등에서 구입이 가능하여 학교매점에서의 매출액 감소를 가져올 수 있기 때문이므로 이러한 사항 등을 잘 판단하고 입찰에 참여해야 합니다. 간혹 대부공매절차에서 입찰가를 너무 높게 써서 1년간의 매점 운영료가 수익을 능가하는 경우가 있어서 2년 동안 매점 운영권이 있음에도 불구하고 1년만 운영하고 포기하는 경우도 있음을 유의해야 합니다. 필자가 확인한 바에 의하면 이 매점도 1년 전 입찰에서 과다한 금액으로 입찰하여 포기하는 것으로 판단됩니다.

 음, 그렇게 분석하면 되겠군요. 초기투자비용이 적어서 좋은 것 같습니다. 이 임대공매물건은 제가 입찰해도 되겠지요.

정 사장님, 그렇게 하셔도 됩니다.

〈김 선생은 다음날 이 사장이 현장을 확인하고 마음에 들어서 입찰서와 보증금을 납부했다는 연락을 받았다〉

❖ 정 사장이 학교매점을 13대 1의 경쟁을 뚫고 낙찰 받았다

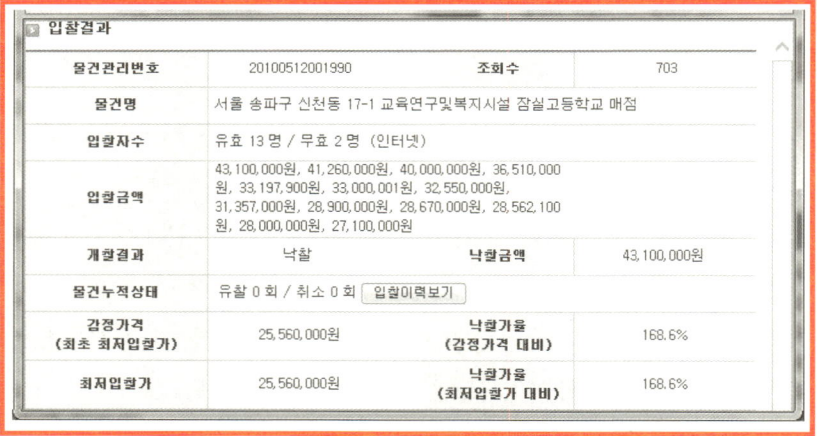

 정 사장님 축하합니다. 13대 1의 경쟁률을 뚫는 것은 어려운 일인데 대답합니다.

학생 수가 많아서 장사가 되겠는 걸요. 그래서 조금 더 썼어요.

 축하드려요. 저도요. 한턱 쏘세요.

 선생님 학생들이 한턱내라는데 함께 하시죠.

〈그래서 김 선생과 7총사 일행이 조촐한 저녁 식사를 하고 있다〉

08 신탁회사 등의 이용법인 공매

이용법인 중에서 온비드 인터넷입찰공고의 등록 가능 법인은 은행, 증권, 보험, 신탁, 한국주택금융공사(한국토지신탁, 생보부동산신탁, 대한토지신탁, KB부동산신탁, 다올부동산신탁, 코람코자산신탁 등)가 있는데, 이러한 이용법인 등은 금융기관 등을 제외하고 신탁회사나 개인기업 등은 일부만이 이용하고 대부분의 기관 등은 자체적으로 매각절차를 진행시키고 있습니다.

온비드를 이용하고 있는 신탁회사 등의 이용법인도 온비드에 공고만하고 매각절차는 신탁회사에서 자체적으로 다음과 같이 현장입찰로 공매를 진행하고 있으니...

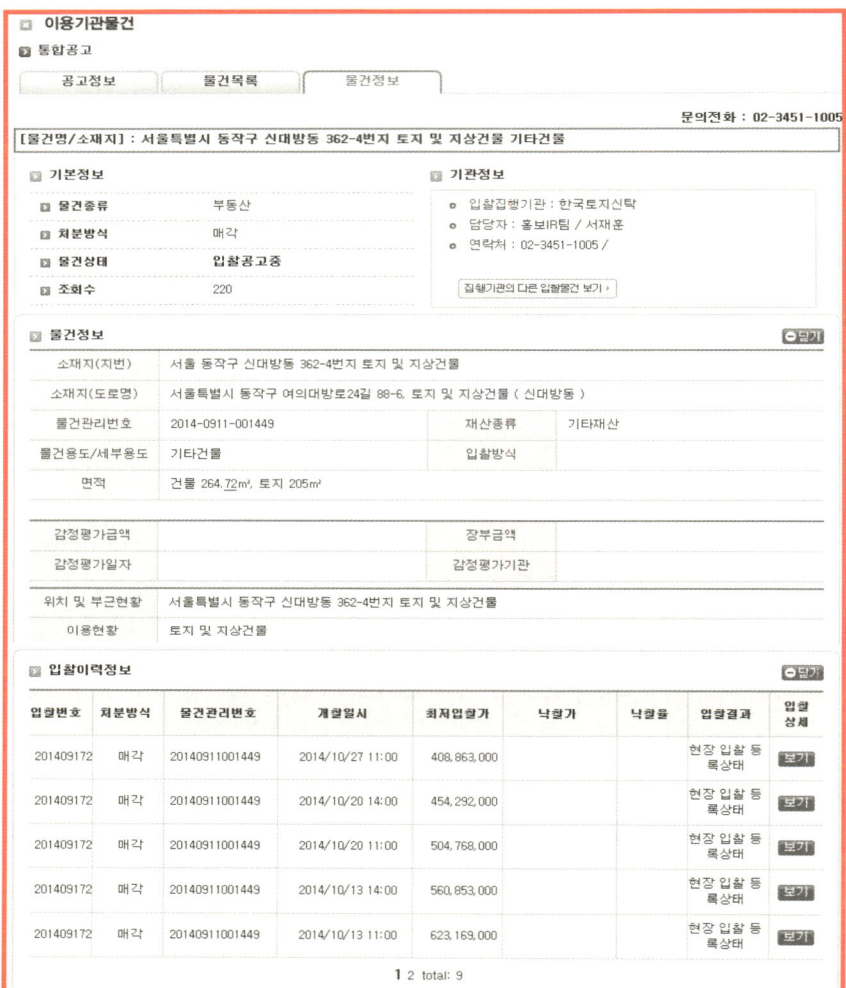

　온비드에서 이용법인 공매물건을 찾았다면 1차적으로 이용기관 물건정보 내용과 공매공고내용을 확인해서 어떻게 진행되고, 2차적으로 물건정보내역 우측상단에 있는 공매담당자에 전화, 또는 직접 방문하여 감정평가서와 기타 물건정보를 확인하고 입찰에 참여하면 됩니다.

　이 신탁회사 공매절차는 다음 장에서 상세하게 분석해 놓았으므로 이 장에서는 간단히 설명하고 생략한 것입니다.

Chapter 17

신탁회사 등의 직접공매로 성공하려면?

01 담보신탁과 처분신탁이란

　신탁업무란 자산관리, 자금관리, 부동산금융상품, 신탁상품(토지신탁, 담보신탁, 관리신탁, 처분신탁, 투자자문, 대리사무, 분양관리신탁, 국·공유지신탁, 프로젝트대출) 등을 주요업무로 하고 있습니다. 이 중에서 신탁회사에서 공매하는 것은 담보신탁 물건과 처분신탁 물건 등이 있는데 대부분이 담보신탁된 물건입니다. 그래서 담보신탁 절차를 기준으로 위탁자(채무자겸 소유자)와 수탁자(신탁회사) 간의 담보신탁 절차와 위탁자가 채무불이행 시 수탁자가 신탁등기 된 물건에 대해서 공매를 진행하는 신탁공매 절차 전반에 대해서 기술해 보았습니다. 그리고 실제로 낙찰 받았던 신탁공매 사례를 가지고 낙찰 받아 5일 이내에 계약서를 작성하고 잔금을 납부해 소유권을 취득하는 과정까지 분석해 놓았습니다.

❖ 담보신탁이란

　① 부동산소유자(위탁자)가 자신 또는 타인의 채무 내지는 책임의 이행을 보장하기 위해 자기소유의 부동산을 담보로 제공할 목적으로 이용하는 신탁이다. 신탁회사(수탁자)는 신탁계약을 통해 부동산소유자로부터 부동산을 수탁 받아 일정기간 동안 채권자(우선수익자)를 위하여 수탁부동산의 담보가치가 유지·보전되도록 관리하다가 위탁자가 채무를 상환하면 수탁부동산을 위탁자에게 환원하게 된다. 그러나 채무가 불이행되면 대출 금융기관이 환가를 요청하게 되고 이 경우 신탁회사가 부동산을 환가하여 그 처분대금으로 채권자에게 채무를 변제하고 잔여금은 위탁자에게 교부한다.

　② 신탁계약에 의하여 위탁자가 수탁자에게 소유권이전 신탁등기하면 소유권이 넘어가면서 발생하는 수익자 개념으로 이와 같이 수탁자에게 부동산소유권을 맡기고

수탁자는 위탁자에게 수익권증서를 발급해주고 위탁자는 이를 신탁회사와 협약이 체결된 금융기관에 담보로 제공하여 대출을 받게 되므로 위탁자가 채무자가 되어 대출을 받게 된다.

③ 소유권이 신탁에 의해 보호되므로 압류 등의 각종 권리 설정 등이 배제되어 재산권을 안전하게 보전/관리할 수가 있어서 채권관리가 용이하다.

④ 대출금이 상환되지 아니하는 경우 저당권 설정 시에는 장기간의 경락지연 등으로 비용 및 매각가격의 하락이 예상되나 담보신탁의 경우 신탁회사가 공매처리하게 되어 기간 단축은 물론 상대적으로 고가의 매각이 가능하다.

⑤ 우선수익자의 채권회수금액은 신탁부동산의 매각대금에서 우선수익권 한도범위 내에서 이루어지는데 담보신탁에 의한 대출금액은 통상 감평가액의 50~60% 정도가 대출금액이며 이 대출금액의 130% 정도가 담보가액이 된다.

⑥ 신탁회사가 발행하는 수익권증서의 효력은 일정의 담보부채권으로서 우선수익자의 지위를 증명하고 증거증권의 효력이 있다. 여기에는 채권최고액이 표시된다.

❖ 처분신탁이란

부동산의 처분방법이나 절차에 어려움이 있는 부동산 또는 대형 고가의 부동산을 효율적으로 처분할 필요가 있을시 신탁회사에 부동산을 의뢰하면 신탁회사가 일정 처분신탁 비용을 받고 부동산을 처분하여 그 처분대금을 수익자에게 교부하는 제도이다.

이와 같이 처분신탁 등기 된 경우 위탁자를 채무자로 하는 채권자는 더 이상 신탁등기 이후에 가처분이나 가압류 압류 등의 등기를 할 수가 없어서 소유권이 안전하게 보전할 수 있다. 그런데 채권자 등이 자신의 채권보전을 위해서 위탁자와 수탁자에 대한 채권가압류를 할 수가 있는데 이 경우 배분잉여금(매각대금)에 대해서 수탁자는 가압류권자를 위해서 공탁하게 된다. 이러한 상황에 접하면 위탁자는 신탁계약을 해지 할 수도 있으므로 채권가압류와 소유권이전청구권 가압류도 함께 하는 것이 좋은 방법이다. 이밖에도 매수인이 지정되어 있는 경우도 장래에 대해서 소유권관리를 안전하게 보전 위해서 하는 경우도 있다.

02 담보신탁 절차 및 신탁재산의 반환, 또는 공매실행

❖ **담보신탁 신청절차**

① 접수상담 → ② 담보부동산 조사 및 평가 → ③ 신탁계약 및 신탁등기 → ④ 수익권증서 발급 및 금융기관제출 → ⑤ 담보신탁대출 실행

❖ **담보신탁절차도**

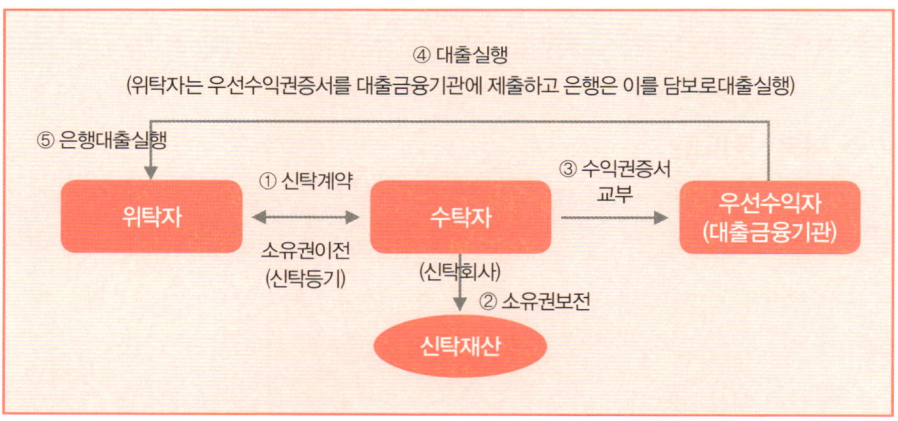

실무에서는 위탁자(채무자)가 대출금융기관(우선수익자)에 담보신탁 대출을 요청 시 대출금융기관이 담보감정을 통하여 평가액의 50~60%의 수익권증서를 기 약정된 신탁회사에 요청하게 되면 위탁자와 수탁자간의 신탁계약을 체결하는 절차로 이어진다.

❖ **신탁재산의 반환 및 공매실행**

(1) 채무 상환 후 소유권 환원

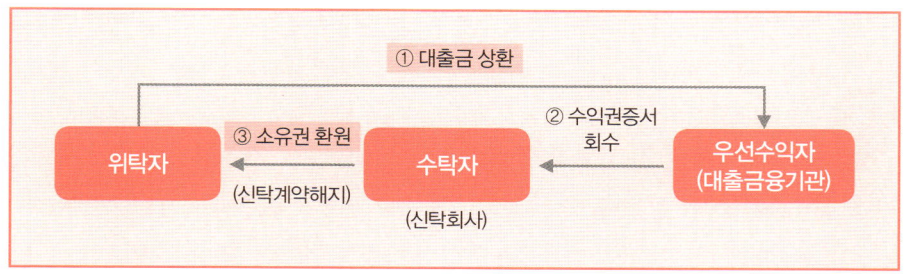

(2) 채무 불이행 시 공매 실행

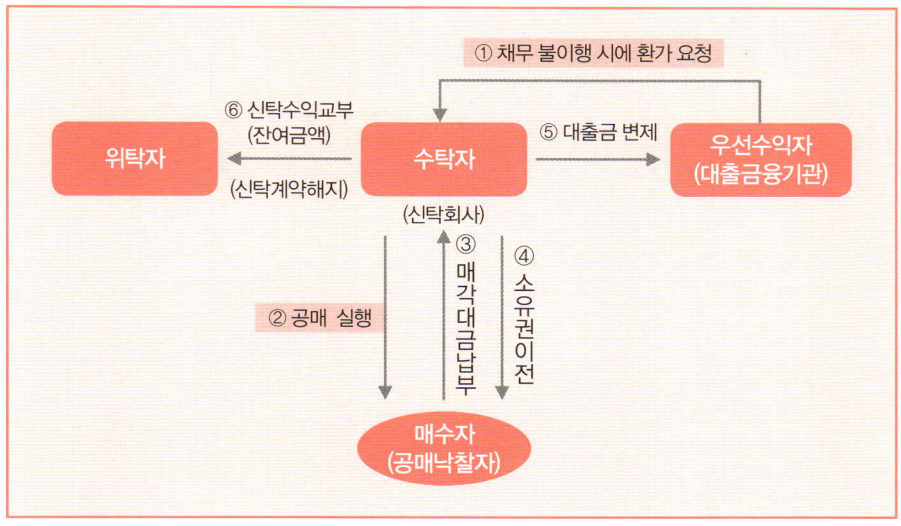

03 신탁공매 진행절차

신탁회사 등의 사기관(즉 신탁회사, 일반금융기관, 정부공공기관, 일반개인기업 등이 자체공매 실시하는 경우) 등의 공매절차는 민사집행법에 따르는 법원경매와 국세징수법에 따르는 공매절차에 비교하면 단순한 절차에 의하여 진행되지만, 넓은 틀에서 보면 같은 방법이고 협의부분에서 다소 공매집행기관 별로 차이가 있습니다. 매각방식이나 매각장소, 계약체결방법 및 체결기간, 첨부서류 등의 각 기관별로 차이가 있을 뿐 기본 절차는 법으로 정해져 있는 방식을 취하고 있기때문에. 다음과 같이 사기관 등이 집행하는 공매절차를 간략하게 기술하였습니다.

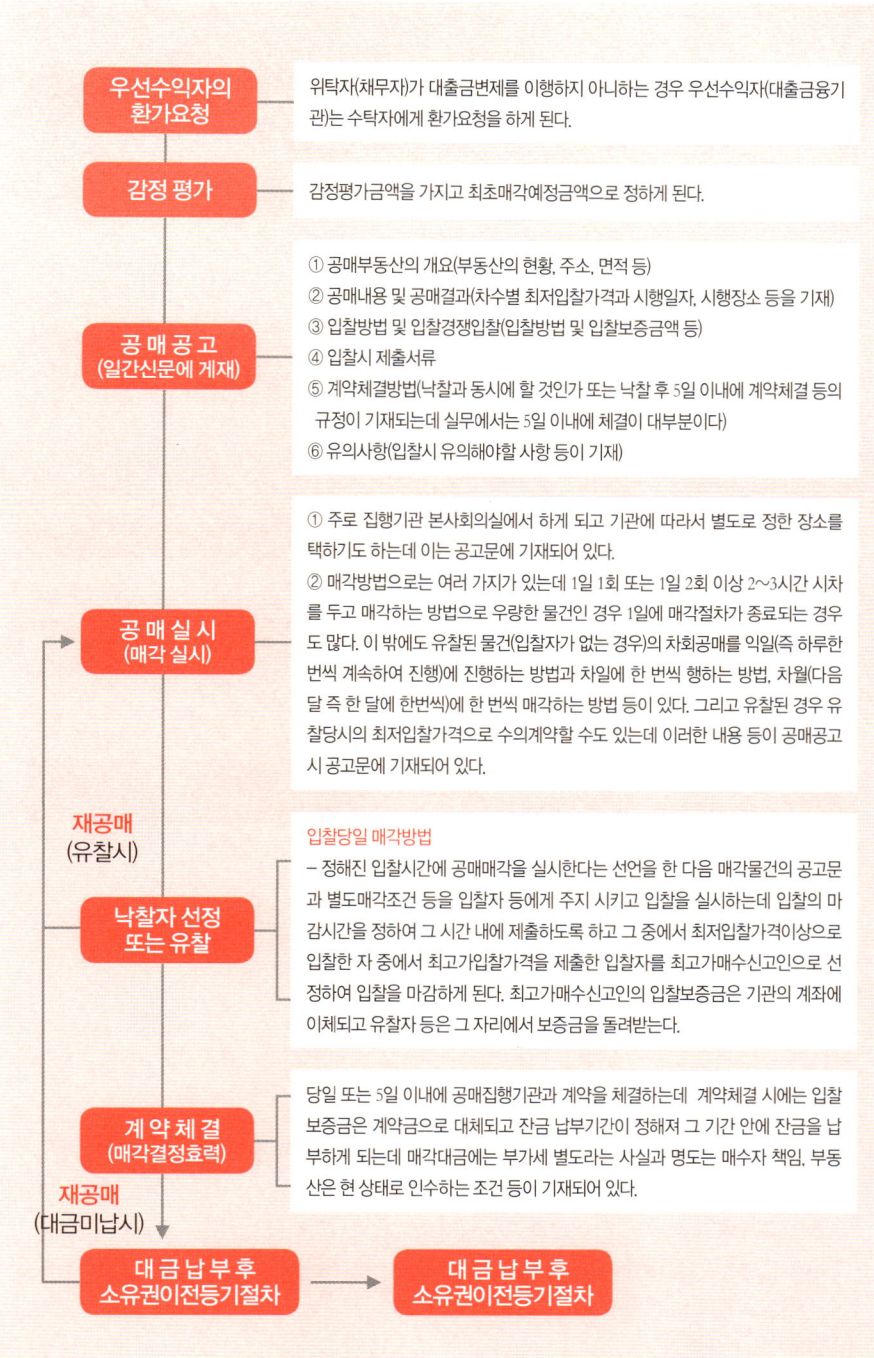

04 생보부동산 신탁 공매절차에서 낙찰 받고 점유자를 명도한 경우

❖ 생보부동산 신탁 공매공고

공매공고를 통한 공매입찰물건정보내역을 확인하면 다음과 같다.

(1) 공매부동산의 개요

소재지	내용	면적(㎡)	현황
서울시 송파구 가락동 ○○○-○ 외 1필지 SK허브파크 ○○호	아파트	108.82 (분양면적 : 146.48)	

전용면적 : 108.82, 분양면적 : 146.48(평형)

(2) 공매내용 및 공매결과

회차	입찰일시	공매결과	공매예정가격(원) 부가가치세별도가격임	공매장소 (주)생보부동산신탁 회의실
1차	2006.6.28. (水) 16:00	유찰	583,200,000	서울 강남구 삼성동 157-27 경암빌딩 12층
:	:	:	:	:
6차	2006.6.30. (金) 16:00	유찰	472,392,000	상동
7차	2006.6.30. (水) 17:00	유찰	425,152,800	상동

(3) 입찰방법 : 입찰경쟁 입찰
① 일반경쟁입찰로서 1인 이상의 유효한 입찰로 성립한다(단독입찰도 가능).
② 공매예정가 이상 최고 입찰자에게 낙찰
③ 최고가 동일 입찰이 2인 이상의 경우 즉시 추첨으로 낙찰자를 결정
④ 입찰보증금 : 입찰금액의 10% 이상 현금 또는 금융기관 및 우체국 발행 자기앞수표(단, 추심료 별도 납부)를 입찰서에 동봉 제출

(4) 입찰서류 – 생략함.

(5) 계약체결

① 낙찰자는 낙찰과 동시에 당사 소정의 매매계약서로 계약을 체결하여야 하며 (단, 입찰보증금은 매매계약금으로 대체)낙찰 익일 16:00까지 계약을 체결하지 않은 경우 그 낙찰은 무효로 하여 이자 없이 입찰보증금을 반환한다.)
② 매매계약 체결 후 30일 내에 잔금을 납부하여야 한다.
③ 소유권이전등기 비용과 책임은 매수인이 부담한다.
④ 매매계약체결 시 계약자(매수인)는 낙찰자 본인이어야 하며, 계약체결 이후 소유권이전 완료시까지 계약 당사자 변경할 수 없다.
⑤ 소유권이전과 관계없이 잔금납부일 이전에 고지된 매매목적물에 대한 당해세(재산세, 종합부동산세에 한함)만 매도자가 부담하며, 이후 체납된 제세공과금은 매수자 부담이다.
⑥ 소유권이전 완료시까지 발생된 공매부동산의 관리비는 매수자 부담이다.

(6) 유의사항

① 공매부동산의 현황과 행정상의 규제 사항 등 일체에 대해서는 응찰자가 사전파악하며 응찰하기 바란다.
② 공매 부동산에 대한 일체의 명도는 매수자 부담사항이다.
③ 단, 기진행중인 명도소송은 매수자가 승계하기로 한다.
④ 매수자는 공매 부동산의 잔금납부 시 현황대로 인수한다.
⑤ 공매 실시 후 유찰되면 전차 공매조건 이상으로 수의계약이 가능하다.
⑥ 응찰자는 공매공고, 입찰자 준수사항(입찰 전 당사에 비치), 매매계약서 등 입찰에 필요한 사항은 입찰 전에 완전히 이해한 것으로 간주한다.
⑦ 입찰당일 입찰장에는 입찰서류, 입찰보증금을 지참한 입찰 희망자만 입장할 수 있으니 양지하기 바란다.

❖ 입찰대상 공매물건 정리와 권리분석 및 배분표 작성

(1) 입찰대상 공매물건 정리

① 공매입찰공고, ② 감정평가서, ③ 각종 공부열람(등기부등본, 대장, 지적도, 토지이용계획확인원 등), ④ 주민센터에서 전입세대열람 등을 통하여 아래와 같은 공매물건의 제반권리 등을 정리한다.

주 소	면 적	공매가 진행과정	1) 임차인내역 2) 기타청구	등기부상권리관계
서울시 송파구 가락동 166-2 에스케이 허브파크 제18층 제000호 (개롱역에 있는 SK 허브파크아파트) ① 위탁자겸 채무자 : (주)이도디엔씨 ② 수탁자(신탁회사) 겸 공매집행기관 : (주)생보부동산신탁 ③ 공매신청기관 (환가요청기관) : 대출금융기관 (우선수익자)	대지 19.2989㎡ (총면적 1995㎡) 건물 108.82㎡ (44평형 아파트)	감정가 8억원 최저가 1차 8억원 　유찰 10% 저감 2차 7억8,000만원 　유찰 10% 저감 3차 6억4,800만원 　유찰 10% 4차 5억8,320만원 　유찰 10% 5차 5억2,488만원 　유찰 10% 6차 472,392,000원 　유찰 10% 7차 425,152,800원 부가세 29,761,200원 합계 454,914,000원 낙찰금액 4억2,516만원 (부가세별도금액) 〈2006.6.30〉	1) 임차인내역 ① 점유자 유수근 전입 2004.6.10 확정 × 배당 × 보증 × 점유자 유수근은 (주)이도디엔씨에서 분양받은 분양권자로 계약후 2년이 넘게 잔금을 납부하지 않아 (주)이도디엔씨가 점유자 유수근에게 분양계약을 해제통보 후 (주)생보부동산신탁에게 담보 신탁을 한 경우이다.	소유권보존 (주)이도디엔씨 2004.1.13. (최초아파트소유자) 신탁등기 (주)생보부동산신탁 공매집행기관 (주)생보부동산신탁 〈공매공고 06.5.10〉 (공매장소 : 서울시 강남구 삼성동 157-27 경암빌딩 12층 (주)생보부동산 신탁회의실

(2) 신탁공매물건의 권리분석 및 배당표 작성

상기 공매대상물건은 위탁자 (주)이도디엔씨가 수탁자 (주)생보부동산신탁에게 아파트를 담보신탁하고 수탁자와 약정을 체결한 대출금융기관(우선수익자)에서 대출을 받았는데 위탁자가 대출금을 상환하지 아니하여 대출금융기관이 공매(환가)를 신청한 공매사건이다.

위 공매사건은 말소기준권리인 근저당권이 없어서 낙찰만 받으면 모든 것이 해결될 것같이 보이나 신탁회사와 점유자 유수근과 다툼이 있어서 이 다툼에서 패소하게 되면 낙찰자의 소유권을 잃을 수 있는 함정이 있는 물건이다. 이에 대해서는 주의할 점 및 대책에 대하여 앞에서 설명하였으므로 그 내용을 참고하기 바란다.

여기서 말소기준권리는 신탁등기일로 보면 된다. 신탁등기 전에 대항요건을 갖춘 임차인이 있다면 낙찰자가 인수해야 되므로 유의해야 한다.

배당표를 작성하여 보면 배당금액 425,160,000원, 공매집행비용(3,500,000원)＝421,660,000원(부가세는 별도이므로 배당금액에서 계산하지 아니하였음)

1순위 : (주)생보부동산신탁 421,660,000원 ∵ 위탁자 (주)이도디엔씨와 수탁자(주)생보부동산신탁자 사이에서의 신탁계약에 따라서 수탁자(주)생보부동산신탁이 에스케이허브파크 아파트 공매 매각대금에서 신탁회사관리비·신탁수수료 및 공매집행비용, 위탁자은행대출금 등을 공제하고 차액을 있다면 위탁자에게 교부하게 되지만 이 사례에서는 배당잉여가 없었다.

이 공매사건에서는 (주)생보부동산신탁이 대금 납부하는 것을 이유로 수차례 내용증명을 통보하였고 이에 응하지 아니하자 계약해제 통보까지 확인할 수가 있어서 법률전문가와 협의한 후 생보부동산 신탁이 패소할 경우라도 생보부동산신탁에게서 부당이득 반환청구 절차로 공매대금을 돌려받을 수 있다는 확신을 가지고 입찰에 참여하게 되었습니다. 입찰 장에는 참여자가 5명 있었는데 이러한 위험성이 있어서 다른 입찰자들이 입찰에 참여하지 아니하였고 시세가 6억5천만원 정도인 것을 감안하여 단독으로 최저가인 425,160,000원에 낙찰 받았던 물건인데, 입찰 당시 아파트 시세가 6억5,000만원 정도였으나 낙찰 받고 매각하는 시점에서 7억 이상으로 가격이 올랐던 우량한 물건이었습니다. 글기 신탁공매를 잘 하려면 다음과 같이 신탁공매에서 배당하는 방법도 알고 있어야 합니다.

❖ 신탁공매매각대금에서 배분우선순위 결정

(1) **0순위** : 신탁비용(신탁부동산 관리비, 신탁보수(신탁수수료 등), 공매집행비용)

(2) **1순위** : 신탁등기 이전의 소액보증금 중 일정액

(3) **2순위** : 신탁등기 이전의 등기된 재산세 등의 당해세

신탁등기 이후에 위탁자를 채무자로 하는 채권으로 압류 및 배당요구를 할 수 없

다.(대법원 2012.7.12.?선고?2010다67593 판결)

신탁법 제1조 제2항의 취지에 의하면 신탁법에 의한 신탁재산은 대내외적으로 소유권이 수탁자에게 완전히 귀속되고 위탁자와의 내부관계에서 그 소유권이 위탁자에게 유보되어 있는 것이 아닌 점(유보되어 있는 것이 아니다)(대법 2000다70460 판결, 대법 93다62119 판결 참조), 따라서 위탁자에 대한 조세채권에 기하여는 수탁자 소유의 신탁재산을 압류하거나 그 신탁재산에 대한 집행법원의 경매절차에서 배당을 받을 수 없다는 판결 내용이다.

이 밖에도 대법원 96다17424 판결에서도 신탁법상 신탁이 이루어진 경우, 위탁자에 대한 조세채권에 기하여 신탁재산을 압류할 수 없다.

(4) 3순위 : 신탁등기 이전의 임차보증금(최우선변제금 제외)과 등기된 채권자(근저당, 전세권, 가압류, 압류 등)

(5) 4순위 : 신탁회사에게 반환의무가 있는 임차보증금 중 2순위, 3순위에 해당되지 않는 것.

임대차계약에서 위탁자의 요청으로 우선수익자의 동의를 거쳐 신탁회사(수탁자)를 임대인으로 계약한 경우 또는 위탁자가 임대인인 경우로 수탁자와 우선수익자의 동의를 거쳐 계약한 경우

(6) 5순위 : 우선수익자의 채권(이들 간의 신탁계약서 원부에 우선순위가 기재되어 있음)

우선수익자(대출금융기관)의 우선순위는 신탁계약서에서 정한 우선순위에 의해서 결정되는데 이러한 내용을 이해하기 위해서 공매물건에 대한 신탁계약서 원본을 법원등기과 또는 등기소에서 발급받아 확인할 수 있다.

(7) 6순위 : 매각잔여금이 있는 경우 위탁자에게 교부한다.

❖ 공매낙찰 후 5일 이내에 공매부동산 매매계약서 작성

공매로 낙찰 받고 공매집행 신탁회사와 당일에 매매계약서 작성(이를 위해서 다음에 매매계약서 전면기재)하였는데, 원칙적으로는 공매낙찰 후 5일 이내에 공매부동산매매계약서 작성을 하여야 하나 재 방문하여 계약서를 작성하는 것이 불편한 점 등을 이유로 당일 계약할 것을 요청하여 신탁회사가 이를 받아들인 사례입니다.

공매부동산매매계약서

본 공매부동산은 2004년 1월 2일 부동산담보신탁계약을 체결한 신탁부동산으로 공매를 실시한 후 다음과 같이 매매계약을 체결한다.

매도인(甲) : 서울특별시 강남구 삼성동 157-27
　　　　　　주식회사 생보부동산신탁
　　　　　　대표이사 : ○○○

매수인(乙) : 서울시 중랑구 묵동 128-63
　　　　　　○ ○ ○

• 부동산의 표시

소재지	사용면적		비고
서울시 송파구 가락동 ○○○-○ 외 1필지 SK허브파크 ○○○○호	토지	19.2989m²	※ 별첨목록 참조
	건물	108.82m²(전용면적)	

- 다　음 -

제1조 (매매대금) ① 甲은 위 표시 부동산을 일금 사억오천사백구십이만일천이백원정(₩454,921,200)에 乙에게 매도한다(건물부가가치세 포함).
제2조 (계약금) 乙은 계약금으로 일금 사천이백오십일만육천원정(₩42,516,000)을 甲에게 지급하기로 한다.
제3조 (대금지급방법 등) ① 매매대금은 다음과 같이 지급하기로 한다.

(단위 : 원)

구 분	토 지	건 물	공급가격	부가세	매매가격	지급일자
계약금	12,754,800	29,761,200	42,516,000	0	42,516,000	2006.6.30.
잔 금	114,793,200	267,850,800	382,644,000	29,761,200	412,405,200	2006.7.26.
합 계	127,548,000	297,612,000	425,160,000	29,761,200	454,921,200	

② 乙이 제1항에서 정한 기일에 대금을 지급하지 아니할 때에는 별도의 통보없이 지급기일 익일 계약해제키로 하고 기 납부한 계약금은 甲에게 귀속키로 한다.
③ 매매대금의 지급장소는 甲이 지정하는 장소로 한다.
〈뒷면 이하 계약서 생략함〉

05 한국토지신탁 공매절차에서 낙찰 받고 점유자를 명도한 경우

❖ 한국토지신탁 공매공고

공매공고를 통한 공매입찰물건정보내역을 확인하면 다음과 같다.

신탁물건 공매(입찰)공고

1. 공매대상물건

구분	소재지	지목(구조)	면적(㎡)	비고
건물	서울 강남구 논현동 ○○○-○, ○○○-○○ 제4층 ○○○호	철근콘크리트구조	79.62	

2. 회차별 공매예정가격, 공매일시 및 접수기한

회차	강남구 논현동 공매예정가격(원)	공매일시	접수기한
1차	336,000,000	2006.4.10.14:00	2006. 4.10. 12:00
2차	302,400,000	2006.4.17.14:00	2006. 4.17. 12:00
3차	272,160,000	2006.4.24.14:00	2006. 4.24. 12:00
4차	244,944,000	2006.5. 3.14:00	2006. 5. 3. 12:00

3. 공매 장소 : 당사 10층 부동산유통센터(공매접수는 14층 신탁사업1팀에서 함)
4. 공매방법 : 일반경쟁입찰(단독응찰도 유효)
① 각 공매물건당(원주 금대리, 강남구 논현동 각각) 공매예정가격 이상 최고가 응찰자에게 낙찰
② 최고가 응찰자가 2인 이상인 경우에는 즉시 재입찰하여 최고가격입찰자를 낙찰자로 결정
③ 유찰시 다음 공매 시까지 본 회차 공매조건으로 수의계약할 수 있음.
5. 입찰보증금 : 응찰가격의 5% 이상(입찰결과 유찰자의 입찰보증금은 이자 없이 3일 이내 반환함)
6. 계약체결 : 낙찰일로부터 5일 이내에 매매계약을 체결하여야 하며, 낙찰자가 기한 내 매매계약을 체결하지 않을 경우 낙찰은 무효로 하고 입찰보증금은 당사에 귀속됨.
7. 대금납부기간 및 방법(60일 내 완납)
– 계약금 : 계약체결시 매매대금의 10% 이상 납부(입찰보증금 포함)
– 중도금 : 계약체결일로부터 30일 이내 40% 이상 납부

- 잔금 : 계약체결일로부터 60일 이내 잔금납부
8. 입찰신청서류 – 이 내용은 지면상 생략함.
9. 기타사항
- 본 물건에 대한 인도일 이후에 발생한 제세공과금은 매수자 부담임.
- 입찰에 응할 시에는 공매공고 및 입찰유의서, 계약조건 등 필요한 사항을 사전숙지 후 응찰하기 바람.
- 본 공매계획은 입찰전까지 당사 사정에 의해 변경 또는 취소될 수 있음.
10. 기타 자세한 사항은 당사 부동산금융사업처 신탁사업1팀(02-3451-1167)으로 문의하기 바란다

❖ 입찰대상 공매물건 정리와 권리분석 및 배분표 작성

(1) 입찰대상 공매물건 정리

① 공매입찰공고, ② 감정평가서, ③ 각종 공부열람(등기부등본, 대장, 지적도, 토지이용계획확인원 등), ④ 주민센터에서 전입세대열람 등을 통하여 아래와 같은 공매물건의 제반권리 등을 정리한다.

주소	면적	공매가 진행과정	1) 임차인내역 2) 기타청구	등기부상 권리관계

서울시 강남구 논현동 ○○○-○ 외 1필지 논현동 연립주택 제4층 제○○○호 (일명 하나센스빌 ○○○호)
 	
채무자겸 위탁자 : 이수자
 	
공매집행 기관 : (주)한국토지 신탁
	대지 45.37㎡ (총면적 407.4㎡)
	
	건물 철근콘크리트 전용면적 79.62㎡ (31평형 연립주택)
		감정가 336,000,000원 (이 감정가가 최초 분양가격임)
		
		최저가
		1차 336,000,000원
		  유찰 10% 저감
		2차 302,400,000원
		  유찰 10% 저감
		  : : :
		6차 198,404,640원
		  유찰 10% 저감
		7차 178,564,176원
		  유찰 10% 저감
		8차 160,707,758원
		
		낙찰 160,800,000원
		+부가세 8,040,000원
		=168,840,000원
		〈2006.7.7〉
			1) 임차인
			① 이수자
			  전입 2003.10.5.
			  확정 ×
			  배분요구 ×
			  보증금 ×
			
			이수자는 임차인이 아니고 전 소유자로 (주)금오건영에 매각한 전 소유자로 보증금 없이 월세만 지급하면서 점유자였음.
			따라서 매각 시에는 명도하기로 함.
				소유자 이수자
				2003.9.29.
				
				소유자
				(주)금오건영
				2004.5.12.
				
				소유권
				이전수탁자
				(주)한국토지신탁
				2004.9.17.

(2) 위 공매물건에 대한 권리분석 및 배당표 작성

이러한 신탁회사의 공매물건은 임차인 인수조건 등 특별한 매각조건이 없는 한 낙찰자 책임 하에 점유자 등의 모든 문제를 해결하여야 한다. 매각조건에서도 명도는 낙찰자 책임이었다. 이 공매사건도 점유자 이수자는 전 소유자로 위탁자 (주)금오건영과 임대차계약서를 작성한 선순위임차인지 여부를 자세히 모르는 상황이므로 입찰에 참여하지 못하고 낙찰가격이 이와 같이 낮은 가격으로 이루어진 것 같다. 신탁등기되기 전 전입한 대항력 있는 임차인이라면 낙찰자가 인수할 수도 있기 때문이다. 입찰당시 수탁자인 (주)한국토지신탁에서도 위탁자 (주)금오건영의 말만 믿고 무상거주라고 하였으나 실제 임차인이었다면 대항력 있는 임차인으로서 문제가 발생할 수 있다.

∵ 전소유자의 임차인의 대항력 발생은 (주)금오건영소유권이전일 2004.5.12. 익일인 5.13. 오전 0시인데 수탁자의 소유권이전일은 2004.9.17이므로 충분한 문제가 될 수 있다. 그러나 수탁자가 소유권이전일 이후에 전입하였다면 대항력 없는 임차인이다. 어쨌든 낙찰 받고 나서 점유자 이수자를 만나서 대화를 나눈 결과 임차인이 아닌 것은 사실이었다. 따라서 이사비용을 주는 조건으로 명도에 관한 협의가 이루어진 사건이지만 실제 선순위임차인이었다면 잔금납부 전 이를 이유로 한 법적대응을 할 생각까지 하였으나 문제가 없이 해결된 공매사건이다. 이러한 문제가 발생한다면 이를 대응하기위해서 공매나 경매에서 낙찰을 받았을 경우 잔금납부 전에 충분한 시간을 갖고 점유자를 방문하여 실제상황을 확인하는 것이 중요하다. 모든 문제 등을 직접 점검하는 것이 중요하지 다른 분들의 말만 믿고서 기다리다가 잔금 납부하였다면 법적소송에 휘말릴 수 있기 때문이다. 또한 금전적으로 손실이 클 수 있다.

∴ 낙찰 받은 후 **빠른** 시일 내에 점유자를 만나서 점유자들의 사정을 파악하는 것이 중요하다.

배당금이 (1억6,080만원−공매집행비용 150만원)=1억5,930만원이므로 1순위 : (주)한국토지신탁 159,300,000원(우선변제금 1)

수탁자 (주)한국토지신탁은 신탁계약서에 따라 위탁자 (주)금오건영과의 사이에서 수탁회사 관리비·신탁수수료 및 위탁자의 은행대출금 등을 공제한 후 잉여금이 있는 경우 이 잉여금을 위탁자에게 지급할 것이 예상된다.

그리고 신탁공매는 낙찰 받고 5일 이내에 계약을 체결해야 하며 계약을 체결하지 않으면 보증금은 몰수 된다.

❖ 공매낙찰 후 5일 이내에 공매부동산 매매계약서 작성

공매로 낙찰 받고 공매집행 한국토지신탁과 5일 이내에 매매계약서 작성하였고, 그 매매계약서는 다음과 같습니다.

부 동 산 매 매 계 약 서

위 부동산을 매매함에 있어 매도인 주식회사 한국토지신탁(이하 "갑"이라 함)과 매수인 ○○○(이하 "을"이라 함)은 다음과 같이 매매계약을 체결한다.

- 다 음 -

제1조 (매매대금) 위 부동산을 매매함에 있어 매매대금은 금 일억육천팔십만원정(₩160,800,000-)(부가세별도)으로 한다.

제2조 (대금지급시기)
　① 을은 제1조의 매매대금을 다음과 같이 갑의 예금통장에 입금(국민은행 529401-01-104353 예금주 : (주)한국토지신탁)하기로 한다.
　1. 계약금 금 일천육백팔만원정(₩16,080,000-)은 2006년 7월 7일에 지급
　2. 중도금 금 육천사백삼십이만원정(₩64,320,000-)은 2006년 8월 6일까지 지급
　3. 잔대금 금 팔천사십만원정(₩80,400,000-) 및 부가가치세 금 팔백사만원정(₩8,040,000-)은
　　 2006년 9월 5일까지 지급
　② 을이 제1항에서 정한 기일에 중도금 및 잔대금을 납부하지 아니할 때에는 그 다음 날로부터 지연금에 대하여 환가처분의뢰 금융기관의 신탁계정대출 연체이율을 적용한 지연손해금을 갑에게 가산지급하기로 하되, 30일 이상 연체한 때에는 갑은 계약을 해제할 수 있다.

제3조 (소유권이전)
　① 을이 제2조에서 정한 매매대금과 기타 부담하여야 할 제비용 등을 완납하였을 때에는 갑은 을에게 소유권이전등기에 필요한 서류를 교부하여야 한다.

② 을이 제1항의 서류를 교부받은 때에는 부동산등기특별조치법이 정하는 기일 내에 이전등기를 완료하여야 하며, 이를 지연함으로 인해 발생하는 모든 책임은 을이 부담한다.
③ 갑은 을이 매매대금 및 제비용 완납전이라도 잔대금 등 전액을 충당할 수 있는 예금, 적금 또는 금융기관발행 지급보증서를 담보로 제공하였을 때에는 소유권이전등기에 필요한 서류를 교부할 수 있다.

〈뒷면 이하 계약서 생략〉

Chapter 18

공매로 낙찰 받고 명도는 이렇게 해라!

이번 시간은 『낙찰 받고 나서 명도는 이렇게 해라』에 대해서 강의를 하시는 구나!

네, 쉬는 시간에 선생님께 물어보니 그 동안 낙찰 받고 명도 했던 경험을 가지고 강의를 하신다 던데요.

"명도가 어려워서 공매를 꺼린다는 말을 많이 들어 왔는데, 어떻게 해서 점유자를 내 보내면 되는지를 자세히 공부해 보자고, 민기 씨도 열심히 듣고"

네, 오늘 이 시간 때문에 바쁜 일 모두 제처 놓고 왔어요, …이제 시작하시는 군요.

01 건물 명도도 전략이 필요하다.

공매로 낙찰 받고 나서 3일이 되면 매각결정이 나는데 이때부터 낙찰 받은 주택을 방문해 점유자가 있으면 낙찰자임을 증명하는 서류(매각결정문 사본)를 보여주고 건물 명도에 관하여 협의하면 되는데, 20~30% 정도는 여기서 끝날 수도 있다.

이때 낙찰자가 사용할 수 있는 카드는 이사비용이다. 이사비용은 건물 명도를 위해 소요되는 강제집행비용 그리고 2~3개월 소요기간 동안 지출비용(대출이자)을 계산해서 적정선에서 이사 날자와 이사비용에 합의하고 합의각서를 작성하면 30~40일 이내에도 건물 명도를 끝낼 수도 있다.

이사비용은 매수인이 점유자에게 지급할 금액은 아니지만 법률적인 비용(강제집행 절차에 소요되는 비용)을 들이는 것 보다 협상카드로 이사비용으로 지급한다면 사회적으로도 건전한 비용으로 사용될 수 있는 금액이 될 수 있는데, 그 비용은 매각대금의 1% 정도 내에서 입찰 전에 예상지급비용으로 산정하고 입찰에 참여하면 된다.

여기서 합의가 안 된다 해도 1~2주일 이내에 다시 만나거나 유선으로 협의하면 점유자도 변호사나 법무사 등의 상담을 통해서 건물 명도를 계속 거부할 경우 강제집행 당하게 된다는 사실을 알고 그에 따라 이사비용이라도 조금 더 받고 이사를 가야겠다는 마음의 결정을 하고 나온다. 그러면 여기서 협의가 50~60% 결정되고 이 시기에 결정되지 못한다 해도 1주일 정도 기다렸다 협의를 하면 70~80%는 합의가 이루어진다.

건물명도 협의과정은 점유자와 매수자 사이에서 협의에 의해서 결정하는 방법으로 대화의 기법이 필요한 데, 유의할 점은 처음 명도에서 매수인이 긴장해서 제대로 대처하지 못하게 되므로 명도가 길어지게 될 수도 있겠지만, 자주하다 보면 점유자의 생각을 알 수 있어서 대화로 쉽게 풀어 갈 수 있다.

매수인도 처음이겠지만 점유자도 이러한 일을 겪는 것에 대해 경험이 없기 때문에 당황하게 된다는 점을 이해하면서 접근하면 된다.

점유자도 건물을 비우고 이사를 가려면 이사할 시간과 돈도 필요하기 때문에 신속하게 협의가 이루어지지 못한다고 조급해 할 필요가 없다.

한 번 만나서 협의가 이루어지는 경우도 많이 있지만 한 번에 협의가 끝나는 것은 드물고 2~3번의 만남이 필요한데 그 기간을 매각결정 이후부터 적극대응하면 건물명도는 그만큼 빠르게 끝낼 수 있어 금융비용도 줄일 수 있다.

명도에서 고수와 하수의 차이점은 명도 협의과정에서 냉정함을 잃지 않고 협의 도중 점유자의 의도를 정확하게 파악해서 협의과정을 이끌고 가서 빠른 시기에 건물을 인도받느냐, 못 받느냐에 달려있다.

냉정함이란 협의과정에서 웃음을 보이거나 점유자가 편하게 생각하지 못하게 하는 엄숙함이면 충분한 것이지, 점유자에게 함부로 대하는 것을 말하는 것이 아니므로 언행만큼은 조심해야 한다. 잘못된 언행으로 시비가 붙어 명도가 2~3개월 늦어지거나 대화 자체가 어려워져 강제집행 할 수밖에 없는 경우가 있는데 법 집행을 좋아하면 비용절감에도 도움이 안 되며 경매를 즐겁게 할 수도 없다. 경매를 잘 하려면 명도를 즐길 줄 알아야 한다.

고수는 건물 명도란, 건물을 인도받는 것이지만 건물을 점유하고 있는 사람으로부터 인도받게 되는 것이라는 사실을 알고 그 사람과 대화로 잘 풀어나갈 수 있는 사람이다.

어쨌든 낙찰자가 대금납부하기 전에는 강제집행절차를 진행할 수 없는 시기지만, 낙찰 받고 3일 이후부터 명도에 관한 협의를 계속 시도하므로 건물을 신속하게 명도받을 수 있다.

어째든 앞에서와 같은 협의과정에서도 해결이 안 되었을 경우 20~30% 정도만이 강제집행절차에 들어가게 되는데 이 경우에도 건물명도소송과 점유이전금지가처분을 신청해서 명도소송 전에 가처분을 집안거실 벽에 붙이게 되면 20~30% 대상자 중에서 50%는 협의가 이루어진다.

그리고 나머지 50%도 명도소송을 진행해서 판결문을 만들고 그 판결문을 보여주면서 약간의 이사비용을 주고 이사 나가도록 하는 것이 좋다. 이때 이사비용은 실제 이사비용으로 100만원 정도면 충분하다. 점유자들이 강제집행당하는 것을 좋아할 사람은 없을 것이고, 매수인 역시 강제집행방법은 어쩔 수 없을 때 하게 되는 것이지 이를 즐길 필요까지는 없다.

강제집행절차는 가끔씩 부작용도 낳게 된다는 점을 고려한 다면 더욱 그렇게 해야 한다. 혹자들은 그동안 많이 고생시켜서 강제 집행한다고 하는데 이는 어리석은 행동이다.

'법 좋아하는 사람은 법으로 망한다.'는 속담이 있다. 즉 다툼이 발생 시 매사 법으로 해결하는 사람치고 잘되는 사람이 없다는 말이다.

'대화를 좋아하는 사람은 좋은 사람을 얻을 수 있고 그에 따라 불편함 보다 즐거움을 얻을 수 있다'는 말도 있다.

"선생님, 그런 속담이 어디 있어요…"

"내가 만든 얘긴데, 좋은 내용이지요. 홍 대리는 나무보다 숲을 보는 지혜가 필요하군요." "네, ㅎㅎㅎ…"

02 점유자가 없거나 있어도 문을 열어주지도 않으면

집에 점유자가 없거나 있어도 대화 자체를 거부 시에는 점유자에게 연락 바란다는 내용을 1통은 편지함에, 1통은 대문 밑에 꽂아둔다. 이렇게 해도 연락이 오지 않는다면 1~2주일 이내에 내용증명을 발송하게 되는데 이때에도 1통은 등기우편으로, 1통은 일반우편으로 발송한다. 등기우편은 사람이 없으면 반송되지만 일반우편은 우편함에 꽂혀있어서 언제든지 점유자가 볼 수 있기 때문이다. 이렇듯이 대금납부 전부터 적극대응하면 시간적인 비용도 줄일 수 있는데 간혹 잔금납부 전에도 건물을 인도받을 수도 있다.

이때 유의할 점은 점유자와 협의하는 과정과는 별도로 강제집행절차는 계속 진행시켜야 되므로 대금납부와 동시에 명도소송과 점유이전금지 가처분 등을 함께 진행하면서 압박을 주어야 합니다.

(1) 내용증명통보서

주택명도이행통보서

수신 : 전소유자 홍 길 동
　　　주소지 : 서울시 동작구 노량진동 225-285 거성팔레스빌 비동 4층 제○○호
　　　우편번호 ○○○-○○○
발신 : 현소유자 왕 수 철 서울시 ○○○구 ○○○동 ○○○번지
　　　우편번호 ○○○-○○○

제목 : 거성팔레스빌 비동 4층 제○○호 명도이행에 관한 건
안녕하십니까? 상기인은 수신인이 점유하고 있는 거성팔레스빌 비동 4층 제○○호를 경매(사건번호 2013타경51234호)로 낙찰 받고 2013년 10월 15일 잔금 납부하여 적법하게 소유권을 취득한 사람입니다.
따라서 전소유자 홍길동 사장님은 현소유자가 대 금 납부하여 소유권을 취득한 2013년 10월 15일부터 점유하고 계신 다세대주택의 명도를 이행할 의무가 있습니다.
그런데 주택명도를 위해서 수차례 방문했으나 만나지 못했고 점유자 연락 바란다는 내용으로 연락전화번호를 남겼으나 연락이 없는 관계로 부득이 내용증명을 보내게 되었습니다. 본인은 현재 명도이행절차를 법적으로 진행하고 있으나 강제집행하는 것보다 현재 점유하고 계신분들과 원만한 협의가 이루어지길 바랍니다.
그동안 많은 시간을 드렸고 생각을 많이 해보셨을 줄 압니다.
2013년 10월 25일까지 이에 대한 답변 바랍니다(전화번호: ○○○-○○○○-○○○○).
이 기한까지 답변이 없을 시 부득이하게 주택을 명도받기 위해서 강제집행절차를 진행할 것입니다.

2013년 10월 20일

발신인(소유자) : 왕 수 철 (인)

전소유자 : 홍 길 동 귀하

03 협의가 이루어져 명도합의각서를 작성하는 방법

명도합의가 이루어지는 경우 다음과 같이 명도이행에 관한 합의서를 작성해 두어야 다툼을 줄일 수 있습니다. 왜냐하면 합의서가 없고 명도비용으로 ○○○만원을 지급하기로 하면 관리비나 제세공과금 선수관리비 등을 공제하느냐 마느냐에 따라 다툼이 발생할 수 있기 때문입니다.

명 도 합 의 각 서

갑(현소유자) : 왕 수 철 (주민등록번호 :   )
　　　　　　서울시 ○○구 ○○동 ○○○번지
　　　　　　(전화번호 :   )
을(전소유자) : 홍 길 동 (주민등록번호 :   )
　　　　　　주소지 : 서울시 동작구 노량진동 225-285 거성팔레스빌 비동 4층 제○○호
　　　　　　(전화번호 :   )
제목 : 거성팔레스빌 비동 4층 제○○호 명도 합의에 관한 건
상기 갑과 을은 거성팔레스빌 비동 4층 제○○호 명도에 관한 다음과 같은 사항을 합의한다.

　　　　　　　　　　　－ 다　　　음 －

1. 명도시기 : 2013년 11월 20일로 한다.
2. 명도에 대한 비용으로 갑은 을에게 ○○○만원을 지급하고 을은 이 날에 집을 명도해야 하며 이에 대한 모든 책임을 진다.
3. 을은 1항 기간까지 주택을 명도하기로 하고 이 기간에 비워주지 못할 시에는 계약은 해제된 것으로 하고 계약 위반에 따른 상대방에 손해배상 책임을 진다.
4. 을은 명도시 임차인 이형준(주민번호 :   )과 정화수(주민번호 :   )포함 모든 점유자들을 책임지고 명도하기로 한다.

5. 명도비용 중 우선적으로 관리비(도시가스, 수도료, 전기료 등) 및 제세공과금을 우선 공제 후 잔금을 지급하기로 한다. 이는 명도와 동시이행으로 한다.
6. 선수관리비는 명도비용에 포함시키기로 하며 갑이 승계 취득한다.
7. 위 1항에서 6항 내용은 갑과 을이 합의하였고, 이를 위반하는 상대방은 민·형사상책임을 지기로 한다.

2013년 10월 23일

갑(현소유자) : 왕 수 철 (인)
을(전소유자) : 홍 길 동 (인)

영 수 증

일금 ○○○원정을 명도비용으로 영수하였음을 확인한다.
입금방법 : 은행계좌번호 ○○○○○-○○○○○ 예금주 : ○○○

입금일시 : 2013년 ○○월 ○○일
영 수 자 : 홍 길 동 (서명날인)

※ 명도합의금 지급 시 유의해야할 내용 - 명도합의금은 점유자가 매수인에게 건물명도와 동시이행으로 지급하는 것이지 건물명도 전에 지급해서는 안 된다.

04 반드시 이사비용을 지급하거나 강제집행을 하는 것은 아니다.

선생님, 주택을 명도 받기위해서 입찰 전에 이사비용을 염두에 두고 입찰해야 겠어요. 그래야 명도가 깔끔해지고, …

아닙니다. 반드시 이사비용이나 강제집행절차가 필요한 것이 아니고, 무혈입성하게 되는 경우도 있습니다.

"네, 그런 경우도 있어요?"

"이사비용을 지급하거나 강제집행이 필요한 점유자는 대항력이 없는 임차인으로 배분금이 없는 경우와 체납자가 점유하는 경우가 그렇지요. 배분받을 금액이 없어서 버티고자 하고, 조금만 버티면 이사비용을 준다는 소문이 공경매시장에 퍼져 있어서 그렇습니다.

대항력 있는 임차인이 전액 배분받는 경우와 대항력이 없는 임차인이 배분받게 되는 경우 명도는 이사비용 없이 무혈입성하게 됩니다.

그러나 전액 배분받지 못하게 되면 대항력이 있는 임차인은 낙찰자가 인수하게 돼 보증금의 손실이 없지만, 대항력이 없는 임차인은 소멸하게 되므로 손실이 발생하게 되고 이때 명도가 어려워지므로 협상카드로 이사비용을 쓰게 되는 것이지요. 그렇다고 하더라도 소액임차인으로 4,000만원 이하의 임차인이 1,600만원을, 6,000만원 이하의 임차인이 2,000만원을, 또는 7,500만원 이하의 임차인이 2,500만원을 최우선변제금으로 배분받게 되면 배분금을 받기 위해서 낙찰자의 명도확인서가 있어야 하니 별도 이사비용이나 법적조치가 없어도 임차인을 명도할 수 있습니다.

아하, 그런 경우도 있군요. 임차인이 대항력이 없어도 소액임차인으로 최우선변제금을 받아야 명도가 쉬워지므로 ....그래서 선생님이 권리분석의 마지막 장식이 배분이라고 하셨군요. 저는 그때 이해가 잘 안되었는데, ...
배분은 법원관계자가 짜면 되고 입찰자들은 그 배분표 대로 하면 되는 것 정도만 알았거든요. 정 사장님도 그랬죠.

나도 이상하다고 했어. 대항력이 있는 임차인은 낙찰자가 인수하게 되므로 알아야 하지만, 대항력이 없는 임차인은 알 필요가 없을 텐데, 하면서도 물어보지 못 했는데 그게 아니었구나, ...

"그러게요. 배분공부도 열심히 해야 겠어요."
그래서 온비드 119 특별과외(573쪽)에서 배분 공부를 할 수 있도록 특강을 하고 있으니 참석 하셔서 강의를 듣도록 하세요.

05 협의가 안 될때 법적으로 어떻게 하면 되나요?

건물을 낙찰 받았다면 점유자를 내보내야 하는데 실무에서 점유자와 협의해서 명도비용을 지급하고 해결하는 방법이 가장 많지만,

협의가 안될 때를 대비해서 경매에서는 인도명령신청해서 그 인도명령결정문을 가지고, 공매에서는 인도명령신청 제도가 없어서 건물명도(인도)청구소송을 통해서 그 판결문으로 점유자를 강제집행을 해야만 합니다. 공매에서 인도명령제도가 없어서 명도소송을 진행하게 되므로 경매보다 공매를 꺼리고 있지만 그것은 잘못된 생각입니다. 왜냐하면 공매든, 경매든 대부분 강제집행하기 보다는 이사비용을 주고 내 보내고 있고, 배분받는 임차인이면 앞에서 설명한바와 같이 무혈 입성하게 되니 큰 걱정 안 해도 됩니다.

그런데 이 결정문 또는 판결문으로 강제 집행하기 전에 점유자가 변경되면 또다시 이와 같은 절차가 필요하기 때문에 점유이전금지가처분 신청방법과 인도명령신청 및 건물명도(인도)청구소장 작성방법에 대해서 기술하게 되었습니다.

❖ 부동산의 인도명령 신청

인도명령신청은 경매로 낙찰 받고 매각대금을 납부한 경우 그 납부일로부터 6개월 이내에 채무자, 소유자, 부동산점유자에 대하여 매수인에게 부동산을 인도하도록 법원에 인도명령을 신청하여 그 인도명령결정문을 집행권원으로 집행관에게 인도집행을 위임하여 부동산을 인도받는 것을 말합니다. 인도명령결정정본을 집행받은 자(채무자, 소유자, 제3점유자 등)에게 송달하는 것이 집행개시요건이므로 신청인과 상대방에게 송달되어야만 매수인이 송달증명원을 첨부하여 점유자들을 강제집행을 할 수 있는 것이죠.

〈인도명령신청서 작성 방법과 인도명령신청서를 법원에 제출하는 방법은 지면상 생략했지만 네이버 까페 '김동희 부사모'와 홈페이지 'onbid119.com'에 있으니 참고해서 작성하시기 바랍니다〉

❖ 건물명도(인도)청구소송

건물명도(인도)청구소송은 매수인에게 인수되는 권리로 말소권리보다 우선하는 대항력 있는 임차권, 지상권, 유치권 등은 인도명령신청대상이 아니므로 건물명도(인도)청구소송 대상입니다.

그리고 공매의 경우 인도명령신청대상이 아니므로 모두가 건물명도청구소송을 해야 합니다.

그런데 인도명령신청에 대해서는 잘 알고 있지만 명도(인도)청구소송에 대해서는 어렵게 생각하고 시간이 많이 소요되는 것으로 판단해서 공매를 꺼리는 경우가 있는데 원고(낙찰자)가 소장을 제출해서 소장부본이 피고(점유자)에게 송달되면 재판기일이 열리게 되는데 송달만 신속하게 이루어지면 재판기일은 30일 이내에 정해지고, 그 기일에 다툼이 없으면 30일 이내에 판결선고가 이루어지게 되므로 보통 명도소송은 3개월 이내에 끝이 납니다.

〈건물명도(인도)청구소송에서 소장 작성방법과 법원에 제출하는 방법은 지면상 생략했지만 네이버 까페 '김동희 부사모'와 홈페이지 'onbid119.com'에 있으니 참고해서 작성하시기 바랍니다〉

❖ 점유이전금지가처분이란

　인도명령신청이나 명도청구소송이 진행되는 과정에서 점유가 타인에게 이전되면 결정문이나 판결문을 득해도 강제집행이 불가능하게 되어 다시 판결을 득해야 하는 경우가 발생될 수 있으므로 매수인은 소유권이전 등기 이후 인도명령신청, 명도소송과 동시에 점유이전가처분을 해 놓아야 합니다. 그래야만 가처분 이후 점유자가 변경된 경우 승계집행문을 받아 간단히 강제집행을 할 수 있습니다.

　〈점유이전금지가처분신청서 작성방법과 법원에 제출하여 결정문을 받는 방법은 지면상 생략했지만 네이버 까페 '김동희 부사모'와 홈페이지 'onbid119.com'에 있으니 참고해서 작성하시기 바랍니다〉

 명도하는 방법까지 공부했으니 기본적인 공매공부는 끝난 것입니다.
　계속해서 좋은 물건을 찾아서 부족한 연봉과 노후연금을 채우는 평생직장을 찾아 가도록 하세요.

 그래도 계속 멘토가 돼 주실 거죠.

　정 사장이 대표로 계속적인 멘토가 되 줄 것을 말씀드렸고, 김선생도 흔쾌히 대답했다.

 공매를 정리하는 의미에서 설악산 3부 능선에 있는 설악산장에서 '특수권리를 정복하고, 본인이 낙찰 받았던 사례와 특수한 공매물건 투자비법'에 대해서 특강을 하고, 등산을 마칠 예정이니 등산준비도 단단히 하고 오세요. 이날은 가족동반이 필수입니다.

Chapter 19

7총사가 설악산 산장에서 특수권리를 정복하고 있다

7총사 일행은 김 선생과 함께 설악산으로 1박2일 코스로 여행을 가고 있다. 등산을 하면서 그동안 정리하지 못한 특수권리에 대해서 특강을 듣는 시간을 김 선생이 마련했기 때문이다.

자. 그럼 우린 애들 데리고 근처 콘도 수영장에서 1박 하면서 시간을 보내고 있을 테니, 당신은 이 음식 간단히 싼 거 가지고, 함께 설악산에 쉬엄쉬엄 올라갔다 오면서 공부하세요. 모두 열심히 하세요. 등산도, 공부도.

고마워. 재미있게 놀다 와. 내일 오후 12시쯤에 내려오면서 전화할게. 픽업 부탁해.

〈정 사장 부인은 정 사장 일행을 내려주고 7총사 부인들과 아이들을 태운 차를 몰고 떠나갔다. 콘도 수영장에 도착해서 아이들을 챙기고 나서 뒤늦게 박 선생 부인과 식사를 하고 있는 중이다.〉

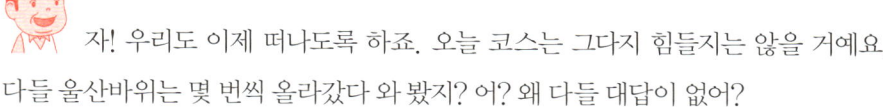 자! 우리도 이제 떠나도록 하죠. 오늘 코스는 그다지 힘들지는 않을 거예요. 다들 울산바위는 몇 번씩 올라갔다 와 봤지? 어? 왜 다들 대답이 없어?

 전 대학 때 놀러 와서 쳐다만 보고 술만 먹다가 갔는데요?

 전 흔들바위까지 와서 사진만 찍고 내려갔는데요?

 두 분 다 잘나셨습니다.

 오늘 코스는 이 앞 소공원에서 신흥사를 거쳐 흔들바위를 지나 울산바위 정상까지 가는 길로 약 3.8km, 편도 2시간 20분 정도 걸리고, 내려오는 길은 조금 빠르니 2시간 안쪽 거리가 되나 우리들은 정상 밑에 있는 설악산장에서 1박 하면서 강의를 듣고 조촐한 자리를 함께하니 그다지 어렵지는 않을 거예요.

 정 사장님. 지난번 청계산보다 정말 안 힘든 거죠?
박 선생이 걱정스럽게 물었다.

 사실, 여기서 흔들바위까지는 산책한다고 생각해도 돼요. 문제는 흔들바위부터 정상인 울산바위까지 급격한 난코스라는 점이 문제지만, 흔들바위에 가서 울산바위 쪽으로 오르는 입구에 보면 '도전 하는 사람은 아름답다'는 글귀가 있어요. 오늘은 그 문구를 생각하면서 가는 거로 하지요. 철계단이 힘들고 무섭고 그럴 수 있는데 맘 편하게 이보다 힘든 게 인생이다 생각하면 일도 아니겠지요. 후, 걸으면서 말하려니 힘들구먼.

 선생님이 기다리고 있다고 전화가 왔어요.

선생님은 언제 울산바위까지 올라가신 거야... 우리는 언제 올라가지! 빨리 올라가야겠어요. 시작합시다.

 과장님 여기 단풍도 잘 들었는데 사진 한방 찍죠.

그래 홍 대리. 그런데 선생님이 기다리고 계시니 마음이 급하구먼.

고생들 많이 하셨어요. 울산바위를 내려가면 조그만 설악산장이 있는데 그곳에서 조금 쉬었다가 특수권리에 대해서 공부하고 저녁 식사겸 조촐한 자리가 마련되어 있으니 기운을 내서 내려갑시다.

자, 물 한 모금씩 하고 시작하죠.

01 먼저 가처분과 가등기를 분석하는 시간입니다

❖ **부동산 처분금지가처분을 분석하는 시간**

(1) 가처분이란

채권자가 금전 이외의 물건이나 권리를 대상으로 하는 청구권을 가지고 있을 때 그 강제집행 시 까지 다툼의 대상이 처분·멸실되는 등 법률적·사실적 변경이 생기는 것을 방지하고자 다툼의 대상의 현상을 동결시키는 보전처분(민사집행법 제300조제1항)입니다.

그리고 권리분석은 다음과 같이 하면 됩니다.

(2) 부동산 처분금지가처분과 권리분석

부동산가처분은 소유권이전뿐만 아니라 담보로 제공(저당권설정 등)하여 돈을 대출받거나, 부동산을 전세(전세권설정)를 놓거나, 기타 임차권 등 일체의 처분행위를 할 수 없도록 하는 조치이다. 이 내용과 권리분석에 대해서 자세하게 설명하면 다음과 같다.

① 소유권에 관한 가처분(갑구에 기재)과 ② 소유권이외에 저당권(을구에 기재) 등에 관한 가처분 등이 있는데 가처분권자가 말소기준권리보다 선순위인 경우에는 매수인이 인수하는 것이 원칙이나 후순위인 경우에는 소멸대상이 된다.

다만 ①번의 소유권에 관한 가처분 즉 소유권을 다투는 가처분이라면 후순위가처분도 소멸되지 아니하고 낙찰자가 소유권을 상실하는 경우도 발생될 수 있다.

즉 후순위가처분이 경매절차 등에서 촉탁으로 말소되더라도 소유권이전등기말소청구소송에 따른 가처분이면 가처분이 갖는 효력 즉 본안소송을 제기하여 소유권 이전등기말소청구소송에서 가처분권자가 승소하게 된다면 경매 등으로 인한 소유권이전등기가 말소될 수밖에 없다.

③ 토지소유자가 건물소유자를 상대로 토지인도 및 건물철거청구권 보전을 위해 건물에 가처분등기를 완료되고, 그 건물만의 경매가 진행되어 낙찰 받은 매수인은 가처분의 처분금지효력 때문에 가처분에서 토지소유자가 승소하게 되면 건물이 철거가 되므로 주의해야 된다.

이러한 가처분등기는 말소기준권리 이후에 설정된 경우뿐만 아니라 경매개시 이후에 설정등기된 경우에도 소멸되지 아니하고 매수인의 부담으로 남게 된다.

❖ 가등기는 소유권보전가등기와 담보가등기가 있습니다

(1) 소유권보전가등기와 담보가등기를 구분하는 방법

가등기는 등기부에 등기된 형식으로만 보면 대부분이 소유권청구권보전가등기로 등기되어 있어서 실제로 소유권청구권보전가등기인지, 담보가등기인지 확인하기가 어렵습니다.

그래서 가등기된 부동산이 공매가 진행되는 경우에 공매집행기관은 이러한 가등기를 이해하기 위하여 가등기담보 등에 관한 법률 제16조 제1항에 의한 담보가등기인지 소유권이전청구권 보전가등기인지를 법원에 신고할 것을 가등기권자에게 최고하고 있죠.

공매집행기관의 최고에 따라 집행기관에 소유권보전가등기로 권리신고를 했거나 권리신고 또는 배당분구 등이 없다면 소유권보전가등기로 보고 이해하고 입찰해야 합니다.

(2) 가등기권자에 대한 권리분석 및 배분방법
① 소유권청구권보전을 위한 가등기의 낙찰자 인수 여부

소유권청구권보전을 위한 가등기는 말소기준권리보다 선순위인 경우 경매절차상의 매각으로 소멸되지 아니하고 낙찰자가 인수하게 된다.

그러나 말소기준권리보다 후순위인 경우에는 담보물권이 아닌 청구권보전을 위한 가등기로 우선변제권이 없어서 배당절차에 참여할 수 없다. 따라서 배분받지 못하고 소멸될 수밖에 없어서 선순위채권자를 대위변제하는 사례에 대비해야 한다.

② 갑 소유권보전가등기 2005. 5. 10. → 을 근저당권(4,000만원) 2007. 7. 10. → 병 세금압류(3,000만원) 2010. 8. 30(소득세 2,000만원 법정기일 09. 05. 31.) → 병의 공매신청 → 정 낙찰자

배분금액이 5,000만원이고 주택이 서울 소재한다면

1순위 : 을 근저당권 4,000만원(우선변제권 1)

2순위 : 병 세금 1,000만원(우선변제권 2)

이와 같이 배분이 종결되나 정 낙찰자는 갑의 보전가등기를 인수해야 되므로 갑이 본등기하면 정은 소유권을 잃을 수도 있다.

③ 갑 근저당(4,000만원) 2005. 2. 1 → 을 소유권보전가등기 2007. 3. 30 → 병 세금압류(2,500만원) 2007. 10. 10. → 병의 공매신청 → 정 낙찰자

배분금액 5,000만원이고 주택이 서울에 소재한다면

1순위 : 갑 근저당 4,000만원(우선변제금 1)

을이 소유권보전가등기로 권리신고를 했거나 하지 않은 경우에는 공매집행기관은 소유권청구권보전가등기로 보게 되는데, 보전가등기는 소유권을 보전하기 위한 권리에 불과해서 배분받을 권리가 없고 후순위로 공매절차에서 소멸되는 권리에 불과하다.

그러나 을 가등기권자는 후순위로 소멸되기 때문에 권리를 보전하기 위하여 갑 근저당권 채권액을 대위변제하고 본등기절차를 이행하게 되면 낙찰자는 소유권을 취득하지 못하게 된다.

따라서 선순위저당권이 소액인 경우는 대위변제를 대비해야 하고 최소한 대금납부 전에는 이를 확인하고 대금을 납부해야 한다.

(3) 담보가등기는 선순위이든 후순위이든 상관없이 매각절차상에서 배당받고 소멸된다

담보가등기는 우선변제권이 있어서 우선순위에 따라 후순위권리자보다 우선하여 배분받을 권리가 있다.

공매절차에서는 저당권자와 동일시 보게 되며 배분을 못 받는다 해도 소멸대상이다.

① 갑 담보가등기(4,000만원) 02. 02. 17. → 을 세금압류(3,000만원) 법정기일 02. 05. 10 → 병 임차인(3,000만원) 전입/확정 02. 07. 10 → 을 공매신청

배분금 7,000만원이고 서울에 소재하는 주택이다.

1순위 : 병 임차인 1,600만원(최우선변제금 1)

2순위 : 갑 담보가등기 4,000만원(우선변제금 1)

3순위① : 을 세금 1,400만원(우선변제금 2)으로 배분절차가 종결되며 갑 가등기는 소멸되므로 낙찰자 인수금액은 없다.

02 주택에 유치권자가 점유하고 있다면 어떻게 대응해야 하나?

　　공매 기본서인데 특수권리에 해당하는 유치권을 기술하게 된 동기는 요즘 주택에서 임차인들이 배분 받지 못하는 보증금에 대해 유치권신고를 통해 낙찰자로부터 많은 이사비를 받아내려 하는가 하면, 채무자가 다른 사람을 내세워 유치권신고를 하는 경향이 발생하고 있기 때문입니다.

　그래서 인지 주택에서 임차인이 배분요구하면서 유치권신고를 하든가, 다른 사람이 유치권신고 해도 경쟁률이 높아 유치권이 더 이상 특수한 권리에 끼지도 않죠. 주택에서 허무맹랑한 유치권이 많이 있는 것이 사실이지만 신규 주택이고 유치권자가 권리신고 하면서 점유를 하고 있다면 관심 갖고 그 진정성 여부를 확인하고 입찰에 참여해야 합니다. 어쨌든 유치권은 다음과 같이 이해하면 됩니다.

❖ 유치권은 어떠한 권리고 대응방법은

　　유치권이란 타인의 물건 또는 유가증권을 점유한 자가 그 물건이나 유가증권에 관하여 생긴 채권을 가지는 경우 그 채권의 변제를 받을 수 있을 때까지 그 물건 또는 유가증권을 유치할 수 있는 권리로, 유치권의 종류에는 건축업자가 공사한 대금을 받지 못한 경우 그 건물을 점유해서 공사대금을 받을 때까지 건물인도를 거절할 수 있는 권리, 임차인이 임차목적물에 대하여 지출한 필요비·유익비가 있는 경우 이 비용을 받을 때까지 주택의 인도를 거절할 수 있는 권리, 타인의 물건을 수선한 자가 수선비를 지급 받을 때까지 그 물건의 인도를 거절할 수 있는 권리, 유가증권의 수취인이 그 임치에 대한 보수를 받을 때까지 그 유가증권의 교부를 거절할 수 있는 권리를 말하는 것입니다.

그럼 유치권자는 공사대금을 누구한테서 받게 되는 거죠?

유치권자는 공사대금을 상환 받을 때까지 부동산을 점유하고 있다가 공사대금상환과 동시에 반환할 수 있는 권리를 가진 자로, 이 부동산이 공매로 매각되었다면 낙찰자에게 공사대금을 변제받을 때까지 부동산인도를 거절할 수 있는 권리로 낙찰자는 유치채권액을 인수해야 되므로, 유치권이 있는 부동산을 공매로 낙찰 받는 사람은 이러한 문제를 해결하기 위해 유치권자와 상의하여 해결하는 방법이 있을 수 있고 서로 협의가 안 되는 경우 법원에 소송을 제기할 수밖에 없으므로, 공매집행기관에 유치권이 신고 되었거나 신고하지 않았으나 현장답사로 알게 된 유치권이 있다면 입찰 전에 유치권의 채권금액을 사전에 계산하고 입찰에 참여해야 합니다.

그럼 유치권자는 반드시 공매절차에서 권리신고를 해야만 유치권자로 인정받게 되는 것인가요?

 아닙니다. 유치권자는 공매 절차에서 유치권을 반드시 신고해야만 유치권자가 될 수 있는 것은 아니고, 진정한 유치권자인 경우라면 어느 단계에서 밝힐지는 자유죠. 따라서 이러한 사실 등을 확인하지 아니하고 낙찰 받고 나서 건물인도를 위해서 주택을 방문 시 문제가 될 수도 있기 때문에 대금납부 전까지, 아니 낙찰 받고 3주일 후에 매각결정이 나면 주택을 방문해서 유치권자가 점유하고 있는 가를 확인해야 합니다.

유치권자는 배당요구해서 배당받을 수는 있는 권리는 아닌가 봐요?

유치권자는 권리신고를 해도 배분에 참여할 수는 없고, 주택을 점유하면서 낙찰자에게 공사대금채권 등을 받을 때까지 인도를 거절할 수 있는 권리이지만, 공사대금채권을 가압류 또는 본안소송을 거쳐서 확정판결을 받았다면 공매절차에서 배분요구해서 배분에 참여할 수 있고, 배분받지 못한 금액은 그대로 유치권으로 남아 낙찰자에게 주장하게 되겠죠?"

 선생님. 좀 더 자세히 설명해 주세요.

알았어요. 김 소위, 다들 공부를 어느 정도는 했군요. 지금부터 유치권의 성립요건에 대해서 자세히 분석해 보고, 또 공매절차에서 낙찰 받고 나서 유치권이 존재하는 것을 알게 되었을 때 어떻게 대응하면 되는지도 함께 살펴보겠습니다.

❖ **유치권이 성립되려면 이러한 요건을 갖춰야 한다.**

① 유치권이 될 수 있는 것은 부동산, 동산 또는 유가증권 등이다.
이들은 등기를 요하지 아니하고 점유하거나 유치하는 경우 유치권이 발생한다.
② 채권이 유치권의 목적물에 관하여 생긴 것이어야 한다.
③ 채권이 변제기에 있어야 한다
④ 타인의 물건 또는 타인의 유가증권의 점유자이어야 한다.
⑤ 점유는 적법하게 점유해야 되고 불법행위에 의해서 시작된 것은 인정되지 않는다.
⑥ 유치권 발생 배제의 특약이 있는 경우 성립되지 아니하므로 이러한 특약이 없어야 한다.
⑦ 유치권은 공매공고등기 이전에 전에 성립되어야한다
　㉠ 경매는 경매개시기입등기 이전에 발생된 채권이어야 하고, 점유개시도 이 압류효력 이전부터 점유를 하고 있어야 한다.
　㉡ 경매개시결정기입등기가 경료 되어 압류효력이 발생한 후에 채무자가 위 부동산에 관한 공사대금채권자에게 그 점유를 이전함으로서 그로 하여금 유치권을 취득하게 한 경우 그와 같은 점유의 이전은 압류의 처분금지효에 저촉되므로 위 유치권을 내세워 그 부동산에 관한 경매절차에서 매수인에게 대항할 수 없다(대법2008다70763).

❖ 유치권과 소멸시효

유치권은 점유상실에 의하여 유치권은 당연히 소멸된다. 이밖에 채권 소멸시효에 의해서 유치권이 소멸될 수 있다. 유치권의 행사는 채권의 소멸시효의 진행에는 영향을 미치지 아니한다. 채권이 소멸하면 담보물권도 당연히 소멸된다(민법제326조).

❖ 유치권자에 대한 확인 및 매수인의 대응 방안

(1) 공매절차에서 유치권이 신고 된 경우

공매절차에서 유치권이 신고 된 경우는 공매재산명세서에 "유치권 신고 있음" 등이 기재되어 있으니 이를 잘 살펴보고 입찰에 참여하여야 한다.

(2) 유치권자에 대한 확인 및 매수인의 대응방안

공매 입찰시 특히 신축건물인 경우나 공사가 진행 중일 경우의 입찰 물건이라면 우선적으로 유치권 신고가 있는지 공매기록 등을 확인하고, 유치권이 신고가 되지 아니 하였더라도 부동산 현장을 방문하여 유치권을 위하여 점유하는 자가 있는 가 등을 확인하고, 유치권자가 있다면 유치권자의 채권액이 얼마인지, 이 금액을 인수하고도 수익이 있다면 입찰에 참가해야지 이를 확인하지 아니하고 공매집행기관의 기록만 믿고 입찰에 참여한다면 낭패를 볼 수 있다.

경매매각물건명세서의 기록에 유치권신고가 기록되지 아니 하였을 경우에 낙찰자가 낙찰 받고난 다음에 소멸되지 아니하는 유치권을 알게 된 경우에는 다음 판례와 같이 매가허가 또는 매각결정취소를 요청할 수 있다.

① 대법원 2005. 8. 8. 자 2005마643 결정【매각허가취소】
② 대법원 2008.6.17. 자 2008마459 결정【매각허가결정에 이의】

부동산 임의경매절차에서 이미 최고가매수신고인이 정해진 후 매각결정기일까지 사이에 유치권의 신고가 있고 그 유치권이 성립될 여지가 없음이 명백하지 아니한 경우, 집행법원이 취할 조치(=매각불허가결정)

❖ 앞으로 등기된 부동산에 대한 유치권 제도가 폐지된다.

　최근 2013년 7월 9일 국무회의에서 심의·의결된 민법 일부 개정 법률안에 따르면 부동산의 경우 등기 이전단계에 한해서만 유치권이 인정되고, 대신 부동산 등기 이후 6개월 내에 저당권설정을 청구할 수 있도록 하는 제도를 도입하기로 했다.

　따라서 미등기 부동산에 대한 유치권을 가진 채권자는 해당 부동산이 등기된 날부터 6개월 내에 저당권 설정 청구권을 행사해야 하고 이 기간 내에 소송을 제기하지 않으면 저당권 설정 청구권과 유치권을 행사할 수 없게 된다. 그동안 동산, 부동산, 유가증권을 불문하고 인정하던 유치권 대상을 앞으로는 동산, 유가증권, 미등기 부동산에 한정해 인정하게 됐다.

　그러나 이 제도는 아직까지 법이 개정되지 못하고 있고 개정될 때 내용이 변경될 수 있다는 사실에 유의해서 접근하면 됩니다.

　다음은 법정지상권에 대해서 성립되는 사례와 성립되지 않는 사례를 쉽게 이해할 수 있도록 간단히 정리해 보았습니다.

03 법정지상권을 이해하는 시간

❖ 법정지상권이란 어떠한 권리인가

법정지상권은 당사자 사이에 계약을 체결하지 않더라도 건물소유자가 법에서 정한 요건만 갖추고 있으면 법률적으로 당연히 지상권을 취득하는 것을 말하고, 관습법상 법정지상권은 관습에 의해서 성립되는 지상권입니다.

❖ 법정지상권의 성립 요건

(1) 토지에 저당권 설정당시에 건물이 존재하여야 한다.

건물이란 미등기건물이든 무허가건물이든(즉 4개의 기둥과 벽, 지붕이 있는 것 등으로 이동이 용이하지 아니한 것으로 등기되었든 미등기이든 무허가건물이든) 모두가 인정된다.

(2) 토지와 건물의 소유자가 동일인이어야 한다.

① 관습법상의 법정지상권이 성립되기 위해서는 토지와 건물 중 어느 하나가 처분될 당시에 토지와 그 지상건물이 동일인의 소유에 속하였으면 족하고 원시적으로 동일인의 소유였을 필요는 없다(대법95다9075).

② 가압류가 있고 그 가압류의 본 집행으로 강제경매가 진행된 경우에는, 애초 가압류가 효력을 발생하는 때를 기준으로 토지와 그 지상 건물이 동일인에 속하였는지를 판단해야 한다(대법 2010다52140 판결).

③ 가압류의 본압류로 강제경매가 진행돼 토지와 건물소유자가 달라졌더라도 그 가압류 이전에 근저당권이 있었다면 근저당권 설정당시에 토지와 건물 소유자가 같았는지를 가지고 판단해야 한다(대법2009다62059 판결).

(3) 단독저당인 경우에만 한한다.

토지나 건물 어느 한 쪽에만 저당권이 설정된 후에 경매를 통하여 토지소유자와 건물소유자가 달라졌을 것이어야 한다.

그러나 공동저당권 설정(건물과 토지에 함께 저당권 설정) 후 ⇨ 근저당 설정된 건물이 멸실되고 신축건물이 건축되었고 ⇨ 토지경매로 토지소유자와 건물소유자가 달라졌을 경우에는 법정지상권이 성립되지 않는다(대법 2009다66150 판결).

(4) 경매 등으로 인하여 토지와 건물소유자가 달라져야 한다.

❖ **법정지상권의 기본 원리를 알아야 합니다**

지상 건물이 법정지상권이 성립하려면 민법 제366조에 따라 토지와 건물소유자가 동일인 이었다가 달라져야 합니다. 동일 소유자였다가 달라지면 원칙적으로 법정지상권 또는 관습법상법정지상권이 성립하게 됩니다. 왜 법정지상권은 인정하게 되는가? 그 이유는 건물소유자를 보호할 목적이고 그 건물 철거로 인해 사회적인 비용증가가 예상되기 때문이죠. 이렇게 쉬운데 법정지상권이 어렵다는 말은 왜 나오게 되는 것일까요? 동일 소유자였다가 달라지더라도 그로인해서 예측하지 못한 손실을 보게 되는 권리자나 채권자가 발생하면 그들을 보호하기 위해서 예외적으로 법정지상권을 인정하지 않고 있기 때문입니다. 더 쉽게 이해하려면 예측하지 못한 손실로 이어지는 채권자가 없다면 성립한다고 이해하면 됩니다.

❖ 법정지상권이 성립되는 사례

(1) 토지에 저당권이 설정당시 그 지상에 건물이 존재한 경우

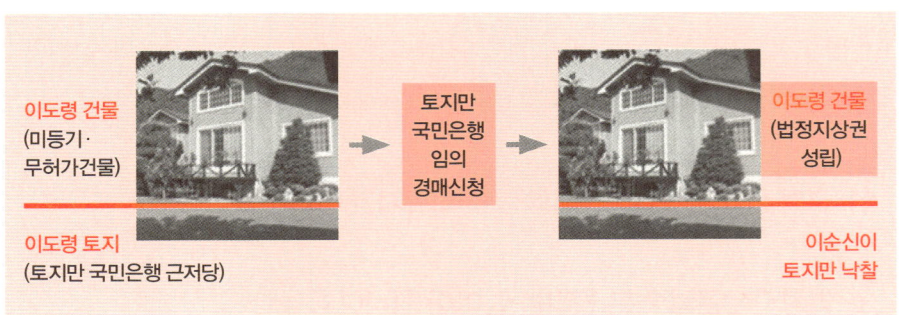

(2) 신축 도중에 설정된 저당권으로 토지소유자가 변경된 경우

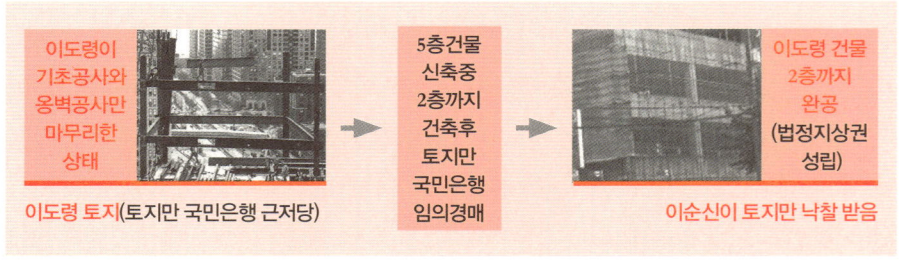

(3) 신축 도중에 설정된 저당권이 있는 미완성건물을 매수해 완성한 경우

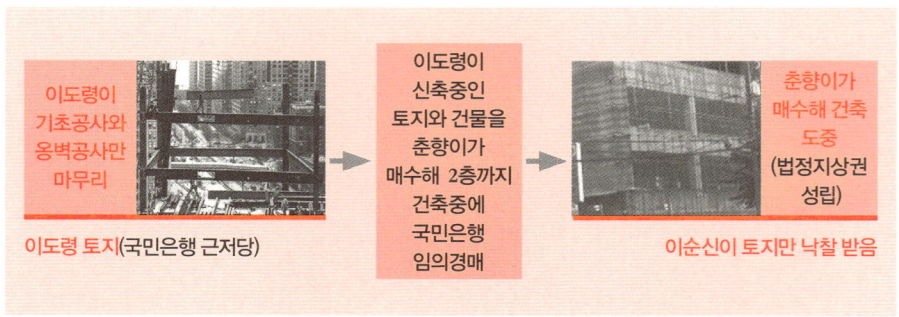

(4) 후순위채권자가 경매를 신청했더라도 선순위근저당권을 기준으로 동일소유자면 된다

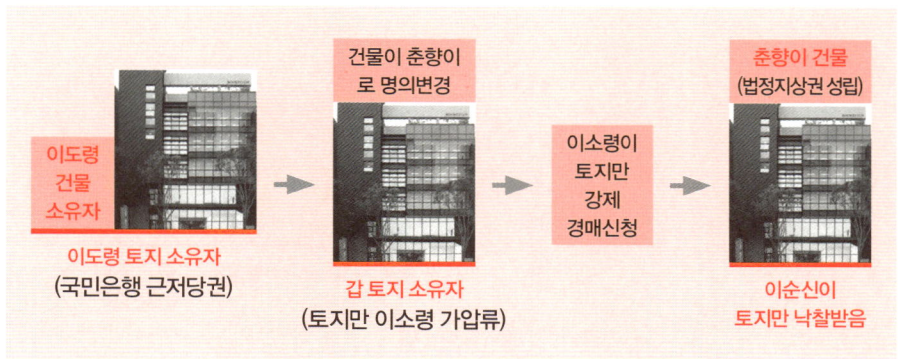

> **김선생의 도움말 1**
>
> **법정지상권이 인정되는 이유는 다음과 같습니다.**
> ① 근저당권 설정당시에 건물이 존재했다면 그 지상건물이 법정지상권이 성립될 것을 알고 설정한 것이므로 법정지상권을 인정하더라도 예측하지 못한 손실이 아니다.
> ② 신축중인 상태에서 설정된 저당권에 기해 토지만 경매로 소유자가 달라졌을 때 법정지상권을 인정하고 있는데 그 이유는 건물이 신축 중에 있었으므로 저당권자가 완성될 건물을 예상할 수 있으므로 법정지상권을 인정하여도 불측의 손해를 입는 것이 아니며 사회경제적으로도 건물을 유지할 필요가 인정되기 때문이다(대법 92다7221 판결).
> ③ 사례 (4)에서와 같이 강제경매의 목적이 된 토지 또는 그 지상 건물에 관하여 강제경매를 위한 압류나 그 압류에 선행한 가압류가 있기 이전에 저당권이 설정되어 있다가 그 후 강제경매로 인해 그 저당권이 소멸하는 경우에는, 그 저당권 설정 당시를 기준으로 토지와 그 지상 건물이 동일인에게 속하였는지 여부에 따라 관습상 법정지상권의 성립 여부를 판단해야 한다(대법 2009다62059판결).

결론적으로 종합해 보면 토지와 건물소유자가 동일 소유자였다가 달라지면 원칙적으로 성립되고, 설령 토지에 근저당권 등의 채권이 있더라도 설정당시에 건물이 있었거나 신축될 것을 예견할 수만 있었다면 법정지상권이 성립된다고 볼 수 있습니다. 그러나 다음 사례와 같이 예견할 수 없었을 때에는 인정하지 않게 됩니다.

❖ 법정지상권이 성립되지 않는 사례

(1) 토지에 저당권이 설정될 당시 건물이 존재하지 않았을 경우

(2) 토지에 저당권이 설정될 당시에 건물소유자가 다른 경우

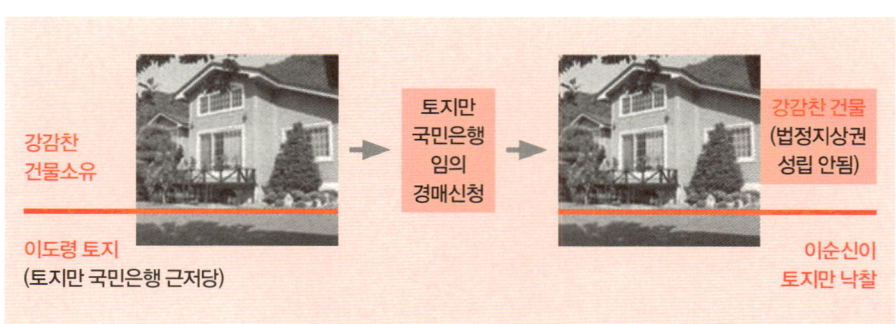

(3) 후순위채권자가 경매를 신청했더라도 선순위근저당권을 기준으로 동일소유자여야 한다

(4) 토지와 건물에 공동저당권이 설정되고 나서 건물을 멸실하고 신축한 경우

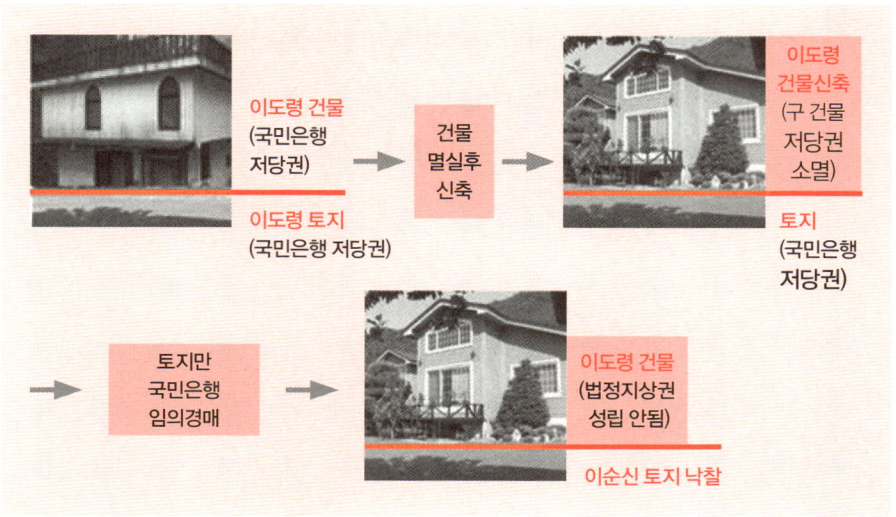

김선생의 도움말 2

법정지상권이 성립되지 않는 이유는 다음과 같습니다.
① 건물 없는 토지에 대하여 저당권이 설정된 후 저당권설정자가 그 위에 건물을 건축하였다가 저당권자의 경매신청으로 그 토지와 지상 건물이 소유자를 달라졌을 경우에는 법정지상권이 성립되지 않는다(대법95마1262).
② 위 사례 (2)에서와 같이 저당권 설정당시 건물소유자와 토지소유자가 다른 경우에는 민법 제366조의 법정지상권은 성립되지 않는다. 왜냐하면 민법 제366조의 법정지상권은 저당권 설정당시에 동일소유자였다가 달라지는 경우만 인정하고 있기 때문이다.
③ 사례 (3)에서와 같이 1순위 저당권 설정당시에 건물과 토지소유자가 다르고 그 이후 2순위 가압류채권에 의해 강제경매가 진행되는 상황에서 가압류 또는 강제경매 시점에서 동일소유자 요건이 성립되므로 법정지상권이 성립되지 않는다(대법 2009다62059판결).
④ 사례 (4)에서와 같이 공동저당권 설정(건물과 토지에 함께 저당권 설정) 후 ⇨ 근저당 설정된 건물이 멸실되고 신축건물이 건축되었고 ⇨ 토지경매로 토지소유자와 건물소유자가 달라졌을 경우에는 법정지상권이 성립되지 않는다(대법98다43601).

 오늘 강의는 이것으로 마치고 내일 오전엔 내가 낙찰 받았던 사례와 특수한 공매사례를 가지고 해결해 나가는 투자비법을 강의하게 될 것입니다.

수고하셨습니다. 저녁 식사겸 조촐한 자리가 마련되어 있으니 이동하시죠.

Chapter 20

김 선생이 낙찰 받았던 사례와 특수한 공매물건 투자비법

01 토지는 공매가 진행되고, 건물은 경매가 진행되고 있다

 김선생 말풍선

이 사례는 토지가 공매로 진행되고 있는 상황인데 지상에 건물이 있어서 그런지 50% 가격으로 유찰되었는데 입찰자가 없어 곧 재매각절차가 진행될 예정입니다. 재미있는 상황은 건물도 대전지방법원 2013타경27336호로 경매가 진행 중인 사실을 확인할 수 있습니다. 그래서 토지를 낙찰 받고 그 토지사용료로 건물을 강제경매신청하게 된다면 좋은 결과를 얻을 수 있겠죠. 그런데 이 사례는 공매가 먼저 매각되었다가 취소되고 건물이 매각되는 과정입니다.

❖ **이 장군이 지상에 주택 있는 토지를 공매로 낙찰 받고자 한다**

(1) 대지가 온비드공매로 매각되는 물건정보 현황

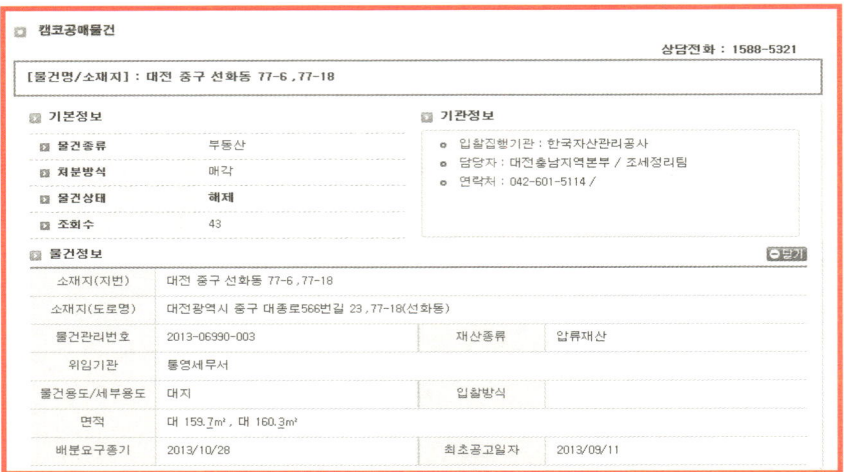

감정정보

감정평가금액	222,400,000 원	감정평가일자	2013/07/02	감정평가기관	프라임감정평가법인(주)

위치및부근현황	대전광역시 중구 선화동 소재 "선화초등학교" 북서측 인근에 위치하며, 주위일원은 기존주택지대임.
기타사항	본건 지상에 타인소유 제시외건물이 소재함.

임대차정보

임대차내용	이 름	보증금	차임(월세)	환산보증금	확정(설정)일	전입일
전입세대주	이OO	0 원	0 원	0 원		2005/10/26
전입세대주	김OO	0 원	0 원	0 원		2006/08/28
전입세대주	임OO	0 원	0 원	0 원		2007/08/23
전입세대주	이OO	0 원	0 원	0 원		2008/02/25
전입세대주	박OO	0 원	0 원	0 원		2008/04/17
전입세대주	박OO	0 원	0 원	0 원		2008/08/21
전입세대주	정OO	0 원	0 원	0 원		2010/04/15
전입세대주	이OO	0 원	0 원	0 원		2010/12/08
전입세대주	남OO	0 원	0 원	0 원		2011/02/21
전입세대주	장OO	0 원	0 원	0 원		2011/09/30
전입세대주	박OO	0 원	0 원	0 원		2012/10/25
전입세대주	이OO	0 원	0 원	0 원		2013/03/14
전입세대주	김OO	0 원	0 원	0 원		2013/07/24

등기사항증명서 주요 정보

순번	권리종류	권리자명	등기일	설정액(원)
1	위임기관	통영세무서		미표시
2	근저당권	(주)중앙상호신용금고 파산관재인 예금보험공사	1991/01/08	120,000,000 원
3	압류	서대전세무서	1997/09/13	미표시
4	가압류	주식회사대주가구	1997/11/04	415,375,578 원

명도책임	매수인
유의사항	- 본건 지상에 매각에서 제외하는 타인소유의 제시외건물(주택및소매점)이 소재하는 바, 사전조사후 입찰바람 - - 임차인에 관하여 신고된 사항이 없으므로 사전조사후 입찰바람.

입찰이력정보

입찰번호	처분방식	물건관리번호	개찰일시	최저입찰가	낙찰가	낙찰율	입찰결과	입찰상세
201306990003	매각	2013-06990-003	2014/03/13 11:00	111,200,000			취소	보기
201306990003	매각	2013-06990-003	2014/03/06 11:00	133,440,000			취소	보기
201306990003	매각	2013-06990-003	2014/02/27 11:00	155,680,000			취소	보기
201306990003	매각	2013-06990-003	2014/02/20 11:00	177,920,000			취소	보기
201306990003	매각	2013-06990-003	2014/02/13 11:00	200,160,000			취소	보기

(2) 토지를 공매로 낙찰 받고 나서 건물에 대한 권리행사 계획

이장군은 지상에 근린주택이 있는 토지가 50% 이하 가격(감정가 2억2,240만원인데 1억1,120만원)으로 공매가 진행되는 것을 확인했는데 그동안 자신이 없어서 입찰에 참여하지 못했었다.

그러나 이장군도 동기생인 황장군이 투자하는 것을 보면서 마음을 단단히 먹고, 재매각절차에서는 반드시 토지를 낙찰 받아서 지상 근린주택이 법정지상권이 성립되지 않음을 이유로 토지인도 및 건물철거소송에 따라 가처분하고 토지사용료를 원인으로 하는 부당이득을 청구하거나 그 주택을 강제경매 신청해서 주택에서 완전하게 소유권을 취득할 계산이다.

그런데 문제는 시간 싸움이다. 토지는 곧 공매로 재매각될 예정이고, 진행만 된다면 1주일마다 진행되니 곧 50% 이하로 저감(공매는 1주일 마다 10%씩 저감돼 매각절차가 진행되므로)될 것이지만, 건물도 2014. 06. 02.에 50% 가격으로 저감돼 매각되고 있어서 시간이 부족하다.

그렇다고 건물을 먼저 낙찰 받으려니 제3자가 토지를 낙찰 받게 되면 건물이 법정지상권이 없기 때문에 철거의 위험에 빠질 수 있다.

그래서 이장군은 안전한 전략을 짜느라 지금도 고민 중이다.

어쨌든 구경꾼들은 근린주택이 어떻게 경매로 진행되고 있는가를 확인해 보기로 하자!

❖ 이장군은 건물을 먼저 낙찰 받아 주택에서 소유권을 취득할 계획인가 보다

(1) 경매로 매각되는 근린주택 현황

2013타경27336

• 대전지방법원 본원 • 매각기일 : 2014.07.07(月)(10:00) • 경매 1계(전화:042-470-1801)

소 재 지	대전광역시 중구 선화동 77-6 도로명주소검색							
물건종별	근린주택	감 정 가	327,146,540원	오늘조회: 0 2주누적: 11 2주평균: 1 조회동향				
토지면적	토지는 매각제외	최 저 가	(34%) 112,211,000원	구분	입찰기일	최저매각가격		결과
				1차	2014-03-17	327,146,540원		유찰
				2차	2014-04-21	229,003,000원		유찰
건물면적	627.35㎡(189.773평)	보 증 금	(10%) 11,230,000원	3차	2014-06-02	160,302,000원		유찰
				4차	2014-07-07	112,211,000원		
매각물건	건물만 매각	소 유 자	김정O	낙찰: 112,214,000원 (34.3%)				
				(입찰1명,낙찰:이성수외1)				
개시결정	2013-11-13	채 무 자	김정O	매각결정기일 : 2014.07.14 - 매각허가결정				
				대금지급기한 : 2014.08.13				
사 건 명	강제경매	채 권 자	김용O	대금납부 2014.08.11 / 배당기일 2014.09.25				
				배당종결 2014.09.25				

※ 매각토지.건물현황 (감정원 : 나라감정평가 / 가격시점 : 2013.11.26 / 보존등기일 : 1998.11.19)

목록	지번		용도/구조/면적/토지이용계획		㎡당 단가	감정가	비고
			1층	주택 4가구 106.49㎡(32.213평)	574,000원	61,125,260원	• 사용승인:1998.11.09
	대종로566번길 23		일용품소매점 53.86㎡(16.293평)		546,000원	29,407,560원	• 사용승인:1998.11.09
건물	[선화동 77-6외 1 필지]		2층	주택 6가구 159.84㎡(48.352평)	574,000원	91,748,160원	• 사용승인:1998.11.09
	철근콘크리트조 평스라브지붕		3층	주택 1가구 181.44㎡(54.886평)	574,000원	104,146,560원	• 사용승인:1998.11.09
			지하	지하대피소 69.12㎡(20.909평)	350,000원	24,192,000원	• 사용승인:1998.11.09
			면적소계 570.75㎡(172.652평)			소계 310,619,540원	
	대종로566번길 23		옥상	계단실 등 12.4㎡(3.751평)	210,000원	2,604,000원	매각포함
제시외 건물	[선화동 77-6외 1 필지]		1층	발코니 20.5㎡(6.201평)	315,000원	6,457,500원	매각포함
	철근콘크리트구조		2층	발코니 23.7㎡(7.169평)	315,000원	7,465,500원	매각포함
	제시외건물 포함 일괄매각		면적소계 56.6㎡(17.122평)			소계 16,527,000원	
감정가			건물:627.35㎡(189.773평)			합계 327,146,540원	건물만 매각

※ 임차인현황 (말소기준권리 : 2013.11.08 / 배당요구종기일 : 2014.02.03)

임차인	점유부분	전입/확정/배당	보증금/차임	대항력	배당예상금액	기타
김국O	주거용 202호	전 입 일: 2006.08.28 확 정 일: 미상 배당요구일: 없음	미상		배당금 없음	
김용O	주거용 206호	전 입 일: 2013.07.24 확 정 일: 미상 배당요구일: 없음	미상		배당금 없음	
남상O	주거용 101호	전 입 일: 2005.08.25 확 정 일: 미상 배당요구일: 없음	미상		배당금 없음	
박성O	주거용 103호 전부	전 입 일: 2008.08.21 확 정 일: 2008.08.21 배당요구일: 2013.11.28	보2,000,000원 월150,000원	있음	소액임차인	
박종O	기타 301호	전 입 일: 2008.04.17 확 정 일: 미상 배당요구일: 없음	미상		배당금 없음	
박철O	주거용 301호	전 입 일: 미상 확 정 일: 미상 배당요구일: 없음	미상		배당금 없음	
이은O	주거용 104호 전부	전 입 일: 2014.01.03 확 정 일: 2005.10.26 배당요구일: 2014.01.03	보15,000,000원	없음	배당순위있음	경매등기후 전입신고 임차권등기자

		전 입 일: 2008.02.25		
이재O	기타 101호	확 정 일: 미상 배당요구일: 없음	미상	배당금 없음
이재O	주거용 102호	전 입 일: 2010.12.08 확 정 일: 2013.12.23 배당요구일: 2014.01.13	보15,000,000원	있음	소액임차인
이택O	기타 101호	전 입 일: 2007.02.06 확 정 일: 미상 배당요구일: 없음	미상	배당금 없음
임혜O	주거용 203호 전부	전 입 일: 2007.08.23 확 정 일: 2013.12.04 배당요구일: 2013.12.05	보1,000,000원 월260,000원	있음	소액임차인
장진O	주거용 201호	전 입 일: 2011.09.30 확 정 일: 미상 배당요구일: 없음	미상	배당금 없음
정영O	주거용 105호 전부	전 입 일: 2010.04.15 확 정 일: 2010.04.15 배당요구일: 2013.11.21	보15,000,000원	있음	소액임차인

* 건물등기부 (채권액합계 : 119,000,000원)

No	접수	권리종류	권리자	채권금액	비고	소멸여부
1(갑1)	1998.11.19	소유권보존	김정O		말소기준등기 2013카합1080	
2(갑2)	2013.11.08	가압류	윤현O	104,000,000원		소멸
3(갑3)	2013.11.13	강제경매	김용O	청구금액: 15,000,000원	2013타경27336	소멸
4(을3)	2014.01.17	주택임차권(104호)	이은O	15,000,000원	전입:2014.01.03 확정:2005.10.26 2014카기18	소멸

(2) 이장군이 건물을 경매로 낙찰 받고 난 다음 전략을 짜고 있다

① 이 근린주택은 법정지상권이 성립할까?

건물이 법정지상권이 성립하지 않으면 철거의 위험으로 인해서 건물소유자가 토지를 안전하게 사용·수익할 수 없게 된다. 그러한 이유로 법정지상권에 대해서 알고 있어야 한다.

이 근린주택이 건축되기 전에 1991. 01. 13. 설정된 ㈜중앙상호금고 근저당권이 있다. 이 근저당권에 의해 공매가 진행되는 것은 아니지만 공매로 인해서 1순위 ㈜중앙상호금고 근저당권도 소멸하게 되니 이 근저당권을 기준으로 저당권설정당시 건물이 토지와 동일소유자로 존재했는가를 확인해야 한다. 이 저당권은 건물이 없는 상태에서 설정되었기 때문에 법정지상권이 성립하지 못한다.

② 인수하는 권리나 채권은 없는 것일까?

대항력 있는 임차인들은 모두가 배당요구를 했고 보증금이 소액에 해당되어 최우선변제금으로 배당받고 모두 소멸되므로 낙찰자가 인수할 임차보증금은 없다. 담보물권이 없는 근린주택의 매각절차에서는 소액임차인은 매각대금 2분의 1범위 내에서 최우선변제금 2,000만원(현행법상 광역시는 6,000만원중 일정액 2,000만원)을 1순위로 배당받게 되기 때문이다.

③ 건물철거의 위험 때문에 이장군이 토지를 먼저 낙찰 받으려고 고민 중이다.

이장군은 건물을 시세의 3분의 1정도의 가격에 낙찰 받았으므로 토지를 조금 높은 가격으로 낙찰 받아도 괜찮다는 생각을 하고 있는 모양이다. 왜냐하면 토지를 제 3자가 낙찰 받게 되면 토지사용료를 원인으로 부당이득반환청구로 잘못하다간 근린주택이 경매 당하게 되는 사례까지 발생할 수 있다는 생각을 계산했기 때문이다.

그리고 그 이전에 법정지상권이 성립되지 않는 이유로 토지인도 및 건물철거소송에 따른 가처분을 하고 건물을 철거하거나 철거까지 하지 않더라도 토지사용료를 원인으로 경매를 신청하게 된다면 철거소송에 따른 가처분이 있는 건물로 싸게 매각되어 손해를 볼 수밖에 없다는 판단에서이다.

와! 정말 예술이네요. 토지와 건물 중 일부만 경매로 나오면 어떻게 대처해야 하는 가에 대한 모범 답안이군요.

선생님 고맙습니다. 이번 사례는 또 다른 세계를 보는 것 같군요.

02 지상에 다세대주택이 있는 토지의 일부 지분이 공매로 매각된 경우

❖ 한국자산관리공사의 지분공매 입찰정보 내역

캠코공매물건　　　　　　　　　　　　　　　　　　　　　　　상담전화 : 1588-5321

[물건명/소재지] : 서울 성북구 길음동 909-1

기본정보
- 물건종류 : 부동산
- 처분방식 : 매각
- 물건상태 : 낙찰
- 조회수 : 532

기관정보
- 입찰집행기관 : 한국자산관리공사
- 담당자 : 조세정리부 / 공매1팀
- 연락처 : 02-3420-5126 /

물건정보

소재지(지번)	서울 성북구 길음동 909-1		
소재지(도로명)			
물건관리번호	2010-12592-001	재산종류	압류재산
위임기관	성북구청		
물건용도/세부용도	대지	입찰방식	일반경쟁
면적	대지 134.8㎡ 지분(총면적 157.9㎡)		
배분요구종기		최초공고일자	2010/08/25

감정정보

감정평가금액	417,880,000 원	감정평가일자	2010/08/03	감정평가기관	(주)온누리감정평가법인
위치및부근현황	서울특별시 성북구 길음동 소재 "현대백화점" 북서측 인근에 위치하며, 대중교통사정은 보통시됨.				
이용현황	인접도로 대비 환경사진 토지로서, 현황 다세대주택의 건부지로 이용중임.				
기타사항	(1) 등기부등본상 공유자 지분 157.9분의 134.8 임승순임. (2) 본건 지상에 임승순의 소유 건물은 없는 것으로 조사됨.				

임대차정보

임대차내용	이 름	보증금	차임(월세)	환산보증금	확정(설정)일	전입일
감정서상 표시내용 또는 신고된 내용이 없습니다.						

등기사항증명서 주요 정보

순번	권리종류	권리자명	등기일	설정액(원)
1	위임기관	성북구청		미표시
2	근저당권	이정기	2006/12/04	400,000,000 원
3	가압류	이정기	2007/09/27	500,000,000 원
4	전소유자압류	성북구청(체납자 이광호)		0 원

입찰이력정보

입찰번호	처분방식	물건관리번호	개찰일시	최저입찰가	낙찰가	낙찰율	입찰결과	입찰상세
201012592001	매각	2010-12592-001	2011/05/26 11:00	208,940,000	210,160,000	100.6%	낙찰	보기

입찰결과			
물건관리번호	2010-12592-001	조회수	533
물건명	서울 성북구 길음동 909-1		
입찰자수	유효 1명 / 무효 0명 (인터넷)		
입찰금액	210,160,000원		
개찰결과	낙찰 (매각결정(낙찰자))	낙찰금액	210,160,000원
물건누적상태	유찰 5회 / 취소 18회 입찰이력보기		
감정가격 (최초 최저입찰가)	417,880,000원	낙찰가율 (감정가격 대비)	50.3%
최저입찰가	208,940,000원	낙찰가율 (최저입찰가 대비)	100.6%

❖ 재개발구역 내의 토지 지분공매 입찰대상 물건분석표

KAMCO의 입찰정보내역과 감정평가서, 등기부등본, 건축물대장, 전입세대열람 등을 통해서 물건분석표를 작성하면 다음과 같습니다.

주소	면적	공매가 진행과정	1) 임차인내역 2) 기타청구	등기부상 권리관계
서울시 성북구 길음동 909-1번지 체납자 겸 소유자 : 임미순지분 압류공매 공매위임관서 : 성북구청 공매집행기관 : 자산관리공사 (관리번호 : 2010-12592-001) 공매담당자 (02)3420-5126.	대지 57.9㎡ 중 134.8㎡ 임미순 지분 압류공매 (토지 면적의 85.37%만 공매가 진행된 경우) (지상에 타인 소유로 추정되는 다세대 주택 건물은 매각 대상에서 제외) 성북구 길음동 소재 "현대백화점" 북서측에 위치하며, 주택재개발 예정지로 2종 일반주거 지역, 재정비 촉진지구	감정가 417,880,000원 (10.08.03) 최저가 1차 417,880,000원 유찰 (10%저감) 2차(10% 저감) 376,092,000원 유찰 (10%저감) : : 6차(10% 저감) 208,940,000원 낙찰 210,160,000원 (2011.05.26.)	1) 임차인 토지만 매각된 경우로 임차인 없음 2) 기타청구 ① 성북구청 재산세460만원 (법정 07.09.10.) ② 강남세무서 부가세 570만원 (법정 06.10.25.) ③ 서대문세무서 소득세 1,548만원 (법정 07.5.031.) ④ 국민건강 134만원 (납부 09.7.10.)	소유권이전 이광기 03.11.13. 소유권일부이전 157.9분의 23.1㎡ 정남기(3.3), 이종기(3.3) 정형기(3.3), 김정기(3.3) 고재기(3.3), 강귀기(3.3) 김태기(3.3) 03.12.03. 이광기 지분 압류 성북구청 05.04.26. 이광기 지분 전부이전 임미순 157.9분의 134.8 05.05.25. 임미순 지분 근저당 이정기 4억원 06.12.04. 임미순 지분 압류 강남세무서 07.09.04 임미순 지분 가압류 이정기 5억원 07.09.27. 임미순 지분 압류 성북구청 08.01.03.

| | | | | | 임미순 지분 압류
서대문세무서 08.04.23.
임미순 지분 압류
서대문구청 08.06.24.
임미순 지분 압류
국민건강 10.01.28.

압류공매 : 성북구청
청구 460만원
〈공매공고 2011.03.03〉 |

❖ **토지 지분공매 물건의 현황도와 제시 외 지상의 다세대주택 사진**

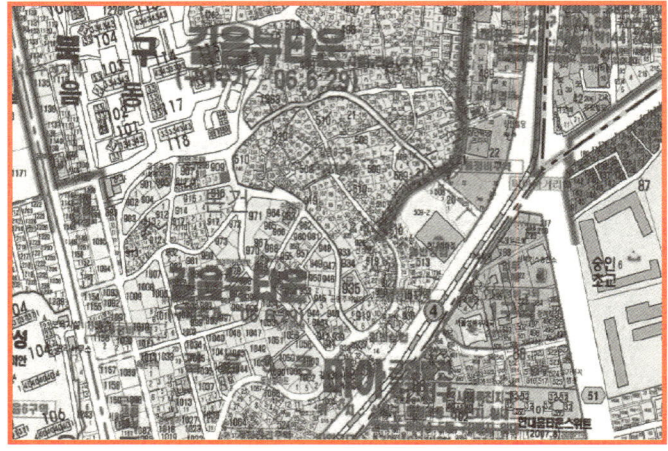

❖ 이 지분공매 물건에서 배분표를 작성하면 다음과 같다

매각대금이 210,160,000원이고 공매비용이 6,304,800원이면 배분금액은 203,855,200원이다.

  1순위 : 성북구청 460만원(재산세 우선변제금 1)

  2순위 : 강남세무서 570만원(우선변제금 2)

  3순위 : 이정기 근저당권 193,555,200원(우선변제금 3)으로 배분절차가 종결되고 매수인은 인수권리가 없다.

❖ 공매물건을 낙찰 받는 경우 대응방법을 분석해 보자!

① 토지와 건물이 준공 시부터 소유자가 다른 경우는 물론 권리산정기준일 이후에 달라지는 경우도 건축물을 소유하는 경우는 물론 토지소유자도 일정 면적($90m^2$) 이상이면 단독분양대상자가 될 수 있다.

이 토지매수지분은 $134.8m^2$이고 권리산정기준일 이전에 공유 분할되었으므로 분양대상자가 될 수 있고 지분도 크므로 많은 청산금의 부담 없이 중대형의 신축아파트를 분양받을 수 있는 데 비해서 그 지분을 매수하는 210,160,000원은 적은 편이다.

② 지상의 다세대주택의 각 구분소유자 등에게 자신의 전유면적 비율에 해당되지 못하는 면적의 소유로 그 부족분에 대해서 지료청구가 가능할 것으로 판단되어, 재개발 전까지는 지료로 수익성을 창출하고 재개발 시 신축된 아파트분양권을 얻게 된다면 성공적인 투자가 될 수 있다.

③ 지료를 지급하지 않는다면 그를 원인으로 하여 그 집합건물에 대해서 강제경매를 신청하여 그 매각대금에서 채권(지료의 채권)을 회수하든가, 집합건물을 매수하면 된다.

이렇게 생각하고 투자해야 성공할 수 있죠. 다음은 본인이 투자했던 사례를 가지고 분석한 것인데 이러한 사실이 더욱 확인할 수 있는 사례입니다.

03 구분소유자가 아닌 자만 구분소유자들에게 부당이득을 청구할 수 있다

 김선생이 도움을 주는 얘기

　공매와 경매로 대지 일부를 낙찰 받고 부당이득반환청구 소송을 진행하게 되었는데 구분소유자들 끼리는 부당이득을 청구할 수 없지만, 이 사례와 같이 구분소유자가 아닌 사람이 구분소유자들을 대상으로 부당이득반환청구를 하는 과정에서는 대지 지분이 없는 사람은 물론이고 적정 대지 지분을 가지고 있는 사람도 그 대상이 된다는 판결 내용입니다.

❖ **공매 물건과 경매물건 정보내역과 매각결과**

① 공매 물건의 온비드공매 입찰정보 내역 —공매4 정정

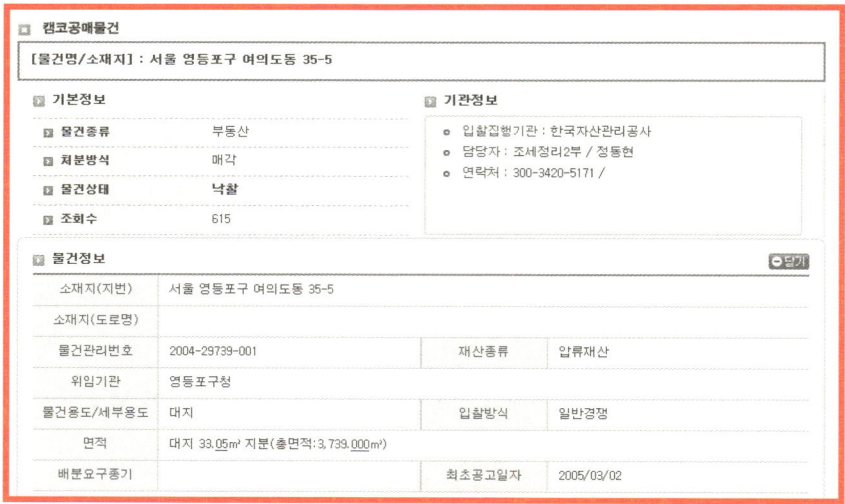

② 경매 물건 정보내역

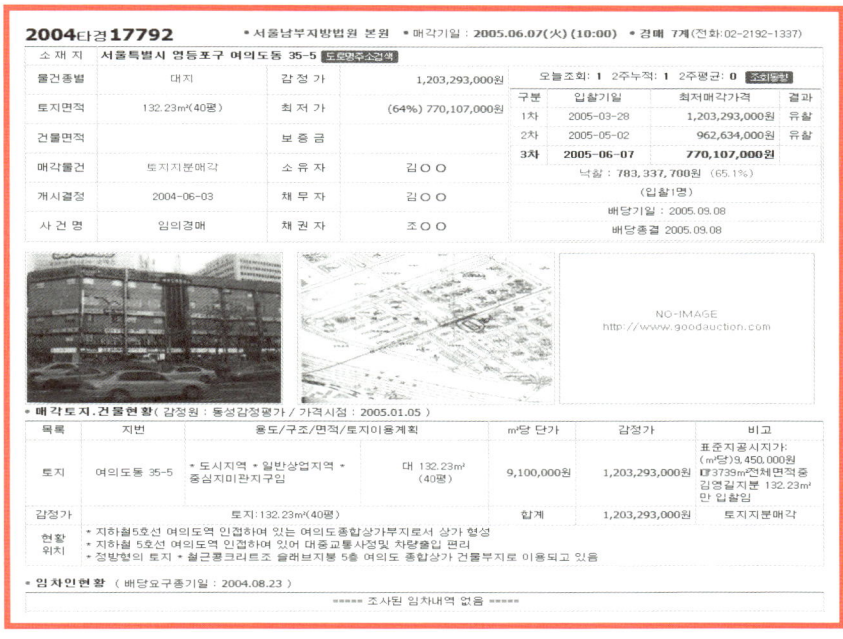

❖ 이 사건 2심 서울고등법원 2009나31873 판결내용 정리

이 2심 판단에서는 대지 지분이 없는 피고만을 대상으로 부당이득을 인정했고, 대지지분이 일부를 가지고 있는 피고들에 대해서는 부당이득을 얻고 있지 않고 있다고 판단했었다. 이 판결내용이 잘못되었다는 것으로 다음 대법원 2011다58701 판결로 파기 환송돼 다음 파기환송심 서울고등법원 2013나22449 판결하게 된 사건이다.

❖ 파기환송심 서울고등법원 2013나22449 판결내용

1동의 건물의 구분소유자들이 당초 건물을 분양받을 당시대지 공유지분 비율대로 그 건물의 대지를 공유하고 있는 경우에는 별도의 규약이 존재하는 등의 특별한 사정이 없는 한 각 구분소유자가 그 대지에 대하여 가지는 공유지분의 비율에 관계없이 그 대지 전부를 용도에 따라 사용할 수 있는 적법한 권원이 있으므로, 그 구분소유자들 사이에서는 대지 공유지분 비율의 차이를 이유로 부당이득반환을 구할 수 없다(대법 93다60144, 대법 2009다76522 참조). 그렇지만 그 대지에 관하여 구분소유자 외의 다른 공유자가 있는 경우에는 위에서 본 공유물에 관한 일반 법리에 따라 대지를 사용·수익·관리할 수 있다고 보아야 하므로, 다른 공유자가 자신의 공유지분권에 의한 사용·수익권을 포기하였다거나 그 포기에 관한 특약 등을 승계하였다고 볼 수 있는 사정 등이 있는 경우가 아니라면 구분소유자들이 무상으로 그 대지를 전부 사용·수익할 수 있는 권원을 가진다고 단정할 수 없고 다른 공유자는 그 대지 공유지분권에 기초하여 부당이득의 반환을 청구할 수 있다(대법 2010다108210 참조).

공매와 경매로 대지 일부를 낙찰 받고 그 지상 집합건물의 구분소유자에게 부당이득반환청구 소송을 진행하게 되었는데 구분소유자들 끼리는 대지 지분이 크거나 적음에 따라 부당이득을 청구할 수 없지만, 이 사례와 같이 구분소유자가 아닌 사람이 구분소유자들을 대상으로 부당이득반환청구를 하는 과정에서는 대지 지분이 없는 사람은 물론이고 적정 대지 지분을 가지고 있는 사람도 그 대상이 된다는 판결 내용입니다.

그러나 유의할 점은 구분소유권과 대지 사용권이 분리처분 금지(집합건물법 20조)에 해당되지 않아야 합니다. 이 내용은 다음 사례를 분석하면 자세히 알 수 있을 것입니다.

04 압류당시 대지사용권이 성립하지 않아 분리처분이 가능한 사례

 김선생이 도움을 주는 얘기

채무자겸소유자는 이 사건 토지 지분을 공매로 취득하였고, 위 지상건물의 소유자들에 대해 건물철거 등 소송을 제기하여 승소확정판결 받음(서울서부지법 2008가단104607, 서울고법 2010나121338, 대법원 2012다24064) 3. 위 서울고법 항소심판결의 판결이유에 의하면, "① 피고들을 포함한 건축주들이 구분소유자로서 각 전유부분을 소유하기 위해 대지사용권을 취득하였다고 보기 어렵다. ② 법정지상권이 성립되지 않는다"고 판결함. 그런데 어떠한 이유로 공매로 매수한 대지 지분이 또 다시 경매로 매각되는 이유 것일까요?

❖ 이 사건에 대한 기본적인 사실관계

① 피고들과 제1심 공동 피고들 46인은 이 사건 토지 및 서울 마포구 성산동 000번지 대 422㎡, 000번지 대 370㎡, 000번지 대 1,038㎡ 등 4필지 위에 오피스텔을 건축하기로 하고 마포구청장의 건축허가를 받아 건축공사를 시행했다.

② 당초 이 사건 토지의 400/814 지분을 피고 OOO가, 414/814 지분을 망 000가 각 소유하고 있었는데 000가 사망함에 따라 그 상속인들인 한OO, 이OO, 이OO, 이OO가 2007. 3. 6. 이 사건 토지 지분에 관하여 상속을 원인으로 소유권이전등기를 경료 했다.

③ 그리고 이 사건 토지 지분에 관하여 다음과 같이 공매가 진행되자 원고가 2008. 1. 3. 에 낙찰 받아 2008. 3. 19. 공매를 원인으로 하는 소유권이전등기를 마쳤다.

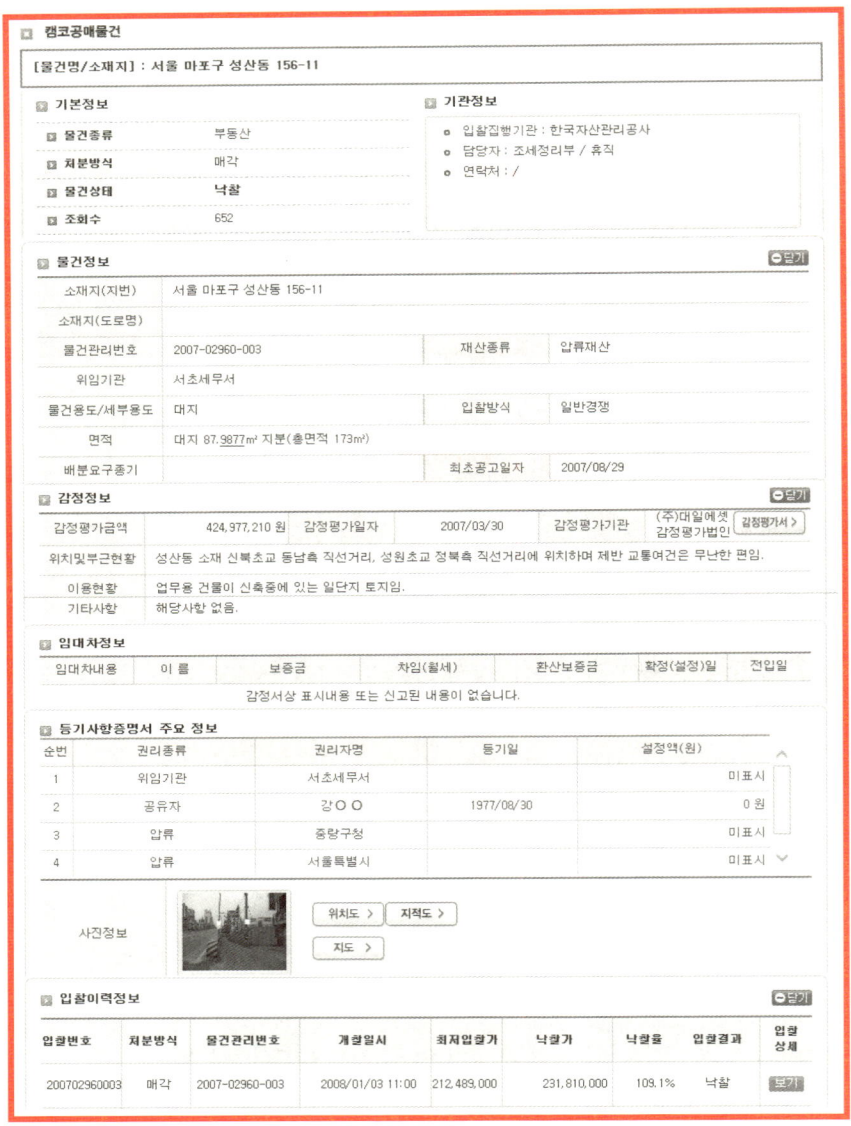

④ 이사건 토지 등 4필지 위에 건축된 10층 아파트의 각 전유부분에 관하여 2009. 4. 9. 가처분등기의 촉탁으로 피고들 및 제1심 공동 피고들 명의의 소유권보존등기가 마쳐졌다(한○○의 지분은 3/414, 이○○, 이○○, 이○○의 지분은 각 2/414이고, 피고들 및 나머지 제1심 공동 피고들 지분은 각 1/46이다)

❖ 원고의 건물철거, 토지인도 및 부당이득반환에 대한 판단

① 앞서 인정한 사실에 의해 피고들은 이 사건 토지 위에 건물을 소유함으로써 그 부지인 이 사건 토지 중 다툼이 발생하는 부분을 점유하고 있음을 알 수 있다.

따라서 특별한 사정이 없는 한 피고들은 각자 원고에게 이 사건 다툼이 발생하는 부분 내 건물을 철거하고 이 사건 해당 토지를 인도하며, 위 토지에 해당하는 부당이득을 반환할 의무가 있다.

② 부당이득의 액수는 제1심 감정인 OOO의 임료감정 결과에 의해 원고가 이 사건 토지 지분을 매수한 2008. 3. 14. 부터 2009. 8. 13. 까지의 이 사건 토지의 차임 합계액은 20,461,100원, 2009. 8. 14.부터 2010. 8. 13. 까지의 차임은 월 1,069,950원인 사실이 인정되고, 그 이후의 차임도 같은 액수일 것으로 추인된다. 그러므로 피고들이 반환하여야할 부당이득의 액수는 2008. 3. 14. 부터 2010. 8. 13. 까지는 20,461,100원 + 7,489,650원(1,069,950원×7개월)이고, 그 다음날부터는 토지를 인도할 때까지 월 1,069,650원의 비율에 의한 금원이 된다.

❖ 법정지상권이 성립한다는 주장에 대한 법원의 판단

피고들은 이 사건 토지의 소유자이던 OOO가 이 사건 건물을 건축하여 그 소유권을 취득함으로써 토지와 건물이 동일인의 소유였는데, 그 후 원고가 OOO의 토지지분을 취득하였으므로 관습상의 법정지상권이 성립한다고 주장한다.

그러나 토지의 공유자중의 1인이 공유토지 위에 건물을 소유하고 있다가 토지지분 만을 전매함으로써 단순히 토지공유자의 1인에 대하여 관습상의 법정지상권이 성립된 것으로 볼 사유가 발생하였다고 하더라도 당해 토지 자체에 관하여 건물의 소유를 위한 관습상의 법정지상권이 성립된 것으로 보게 된다면 이는 마치 토지공유자의 1인으로 하여금 다른 공유자의 지분에 대하여서까지 지상권설정의 처분행위를 허용하는 셈이 되어 부당하다 할 것이므로 위와 같은 경우에 있어서는 당해 토지에 관하여 건물의 소유를 위한 관습상의 법정지상권이 성립될 수 없다(대법 86다카2188 판결 참조).

따라서 설령 OOO가 이 사건 건물을 취득하였더라도 이 사건 토지의 공유자 중

1인인 OOO의 이 사건 토지 지분의 처분으로는 이 사건 건물의 소유를 위한 관습상의 법정지상권이 성립될 수 없다.

❖ **공매로 매수한 대지 지분이 또 다시 경매로 매각되고 있다.**

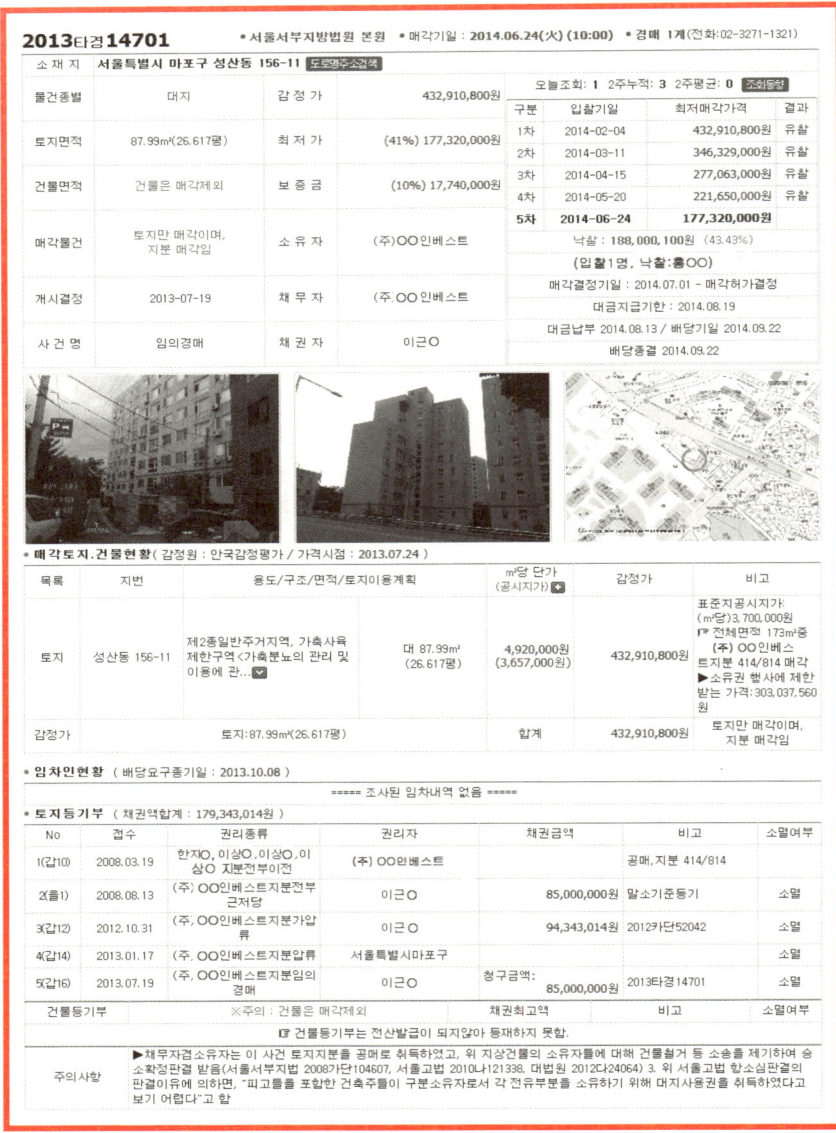

채무자겸소유자가 위 지상건물의 소유자들에 대해 건물철거 등 소송을 제기하여 승소확정판결 받았으나 부당이득반환과 건물을 철거하지 못하고 또다시 경매가 나온 이유는 집합건물전체를 대상으로 철거판결을 받았다면 철거가 가능하겠지만(실무적으로 이러한 경우도 상당한 건물소유자들의 저항이 예상된다), 이 사례와 같이 대지 일부 지분을 가진 사람의 철거소송을 하는 과정에서 법원 대부분은 철거 판단하지 않고 있으나 이 판결은 그야말로 법리적으로만 판단해서 판결을 했으나 그 청거판결문을 가지고 강제집행하려면 집행문을 별도 부여 받아야 하는데 집행문을 부여하는 담당판사가 집행문부여를 거부했기 때문입니다.

이러한 이유로 해서 집합건물에서 대지 지분이 공매로 매각될 때 가격만 싸다고 낙찰 받을 것이 아니라 두 가지 관점에서 유의해야 한다.

첫 번째는 그 대지 지분에 해당하는 집합건물 소유자(구분소유자)가 누구인가(구분호수가 OOO호)를 정확하게 파악하고, 두 번째로 그 집합건물에 소유자가 거주하면서 등기부에 등기된 채권이 없는 지, 임차인이 거주하면서 등기된 채권 등이 많은 지를 분석해야 합니다.

만일 대지지분에 해당하는 구분 호수를 알 수 없거나 알 수 있더라도 대항력 있는 임차인이 거주하고 등기부에 등기된 채권도 많다면 집합건물에서 건물철거가 어려운 점을 감안해서 경매를 신청할 수밖에 없는데 해봐야 무잉여가 되기 때문에 낭패를 볼 수밖에 없게 됩니다.

그렇다면 대지지분이 싸게 나온 물건에서 성공하려면 구분호수를 정확하게 파악하고 그 구분 호수에서 등기된 채권이나 임차인 등이 없는 물건을 선택해야 건물소유자와 협의로 해결을 빨리 볼 수 있고, 해결이 안 된다고 하더라도 부당이득을 원인으로 강제경매를 신청할 수 있어서 투자수익을 기대할 수 있습니다.

마지막으로 대지 지분 일부를 낙찰 받았으나 무효가 된 사례를 분석해 보겠습니다.

05 집합건물의 대지 지분 일부를 낙찰 받았으나 무효가 돼 실패한 사례

 김선생이 도움을 주는 얘기

이 공매절차에서 낙찰 받아 소유권을 취득하고 집합건물소유자들을 상대로 토지사용료 청구 소송을 진행했으나 공매로 대지 지분을 취득한 것이 집합건물법 제20조의 분리처분 금지에 해당되어 무효가 된 사례입니다.

❖ **대지 지분을 공매로 낙찰 받았던 공매 입찰대상물건 내역**

□ 캠코공매물건

[물건명/소재지] : 서울 서대문구 북아현동 187-5

□ 기본정보

물건종류	부동산
처분방식	매각
물건상태	낙찰
조회수	249

□ 기관정보
- 입찰집행기관 : 한국자산관리공사
- 담당자 : 조세정리부 / 공매5팀
- 연락처 : 02-3420-5079 /

□ 물건정보

□ 감정정보

감정평가금액	593,319,600 원	감정평가일자	2008/02/21	감정평가기관	(주)나라감정평가법인	감정평가서 >
위치및부근현황	"추계예술대" 북서측 인근에 소재, 마을버스정류장이 도보로 3~4분거리./"망원1동사무소" 북동측 인근에 소재, 버스정류장 및 망원역이 인근에 소재.
이용현황	공동주택부지/다가구용 단독주택부지.
기타사항	해당사항 없음.

□ 임대차정보

| 임대차내용 | 이 름 | 보증금 | 차임(월세) | 환산보증금 | 확정(설정)일 | 전입일 |

□ 등기사항증명서 주요 정보

순번	권리종류	권리자명	등기일	설정액(원)
1	위임기관	서울특별시		미표시
2	근저당권	아현1동새마을금고	2002/08/05	341,669,296 원
3	공유자	허욱O	2002/08/08	0 원
4	공유자	김기O	2002/08/27	0 원

입찰번호	처분방식	물건관리번호	개찰일시	최저입찰가	낙찰가	낙찰율	입찰결과	입찰상세
200621139001	매각	2006-21139-001	2008/11/20 11:00	296,660,000	301,781,000	101.7%	낙찰	

이 공매절차에서 2008. 11. 20. 이 사건 지분 소유권을 취득하고, 2008. 11. 28. 원고 김소령 앞으로 13/265.5 지분, 선정자 이소령, 박소령 앞으로 각 101.77/265.50 지분소유권 이전등기를 마쳤다.

❖ 공매낙찰자들은 다음과 같이 토지사용료 청구소송을 진행했습니다

공매낙찰자는 2008. 11. 28.부터 2009. 9. 27.까지 사이의 이 사건 지분 216.54㎡에 대한 기간임료는 32,430,000원이고, 월임료는 3,243,000원으로 계산해서 각 구분소유자들(피고)에게 다음과 같이 토지 사용료 청구소송을 진행하게 되었습니다.

제1심 판결 서울서부지방법원 2010. 6. 29. 선고 2008가단107828 판결, 환송전 판결 서울고등법원 2010. 12. 30. 선고 2010나77899 판결, 환송판결 대법원 2012. 10. 25. 선고 2011다12392 판결, 파기환송 판결 서울고등법원 2013. 4. 4. 선고 2012나89728 판결, 다음 환송심 상고로 대법 2013. 11. 14. 선고 2013다33577 판결로 마무리가 된 사례인 데 그 판결내용은...

집합건물의 부지 전체에 대하여 대지권이 성립한 이후에는 구분소유자의 대지사용권은 규약으로 달리 정한 경우가 아니면 전유부분과 분리하여 처분할 수 없으므로(집합건물법 제20조), 집합건물의 분양자가 전유부분 소유권은 구분소유자들에게 모두 이전하면서도 대지는 일부 지분에 관하여만 소유권이전등기를 하고 나머지 지분을 그 명의로 남겨 둔 경우에 그 분양자 또는 그 보유지분을 양수한 양수인이 구분소유자들에 대하여 공유지분권을 주장할 수 있으려면, 전유부분과 대지사용권을 분리 처분할 수 있도록 규약에서 달리 정하였다는 등 특별한 사정이 있어야 한다(대법 2011다12392 참조).

이 사건 건물의 소유를 위하여 이 사건 대지 전체에 대하여 이미 대지사용권이 성립하였지만 그 대지사용권을 이 사건 건물 전유부분과 분리 처분할 수 있도록 정한 규약이 있음을 인정할 증거는 없다는 이유로, 이 사건 지분에 대한 서울 서대문구의 압류는 전유부분과 대지의 분리처분이라는 결과를 낳게 하는 것으로서 집합건물법 제20조 제2항에 반하여 효력이 없고, 위 압류에 이은 공매처분도 권리자의 직접적인 처분행위는 아니지만 권리자를 대신하여 세무관서 등이 하는 매매로서 금지되는 처분에 해당하므로, 결국 원고들이 위 공매를 원인으로 하여 이 사건 지분에 관하여 마친 소유권이전등기는 원인무효라고 판단하였습니다.

이 공매낙찰자들이 집합건물소유자들을 상대로 토지사용료 청구소송을 진행했으나 공매로 대지 지분을 취득한 자체가 전유분분과 분리처분하는 것을 위반한 것(집합건물법 제20조에 의 분리처분 금지)에 해당되어 무효가 된 사례입니다. 이러한 부분에 유의 하라고 마지막 TIP으로 강의한 것입니다. 7총사 여러분이 이러한 함정에 빠지면 본인은 마음이 어떻겠습니까?

 선생님 감사, 감사 합니다.

 선생님 강의도 끝나셨으니 하산 하시죠.

〈정 사장이 안내하는 대로 김 선생이 설악산을 하산해서 어느 음식점에 도착 했더니 그 자리에 7총사 가족 모두가 기다리고 있었다.〉

 저의 집 사람입니다. 인사드리세요.

안녕하세요. 그동안 고생 많으셨어요. 선생님 덕분에 공매로 투자한 주택이 많이 올라서 저희 부부는 기쁨이 두 배랍니다. 다른 분들 도 그렇게 생각하더군요. 그래서 저희들이 선생님 노고에 보답하기 위해서 예약해 놓고 기다리고 있었습니다.

만나서 반갑습니다. 자! 모두 건배합시다.

직장인들의 부족한 연봉과 퇴직 후의 노후 연봉을 걱정에서 해방시키고, 이 책의 독자들의 성공까지 기원하면서…

책을 저술하면서 필자는 많은 생각을 하게 되었고, 많은 것을 얻고 갑니다.

필자가 책을 왜 쓰고 있는 지 독자분 들도 궁금하지요.

책을 쓰려면 전달할 지식이 정확해야 합니다. 그러니 자료도 많이 찾게 되고 그러한 노력이 폭 넓은 지식을 얻게 하는 것이죠.

독자분 들도 필자와 같은 생각으로 김 선생을 따라 오셨기 바랍니다.

참! 지면이 부족해서 부득이 하게 "온비드 119에서 특별과외" 를 하고 있으니 놓치지 마시고 열공하시기 바랍니다.

부록편

온비드 119
김 선생 특별과외

지면이 부족해서 어쩔 수 없이 김 선생특별과외로 "온비드 119" 홈페이지에 첨부했지만 이 분야도 중요한 분야니 공부하는 것을 게을리 해서는 안 될 것입니다. "네이버 까페 김동희 부사모"와 "온비드 119 홈페이지"에서 책 제목을 검색하면 다운받을 수 있게 해 놓았습니다.

〈차례〉

제1강 김 선생이 낙찰 받았던 특수한 공매물건 연구사례
1. 지상에 다세대주택 14세대가 있는 토지만 공매로 낙찰 받았다
2. 2분의 1지분은 공매로, 2분의 1지분은 경매로 동시에 매각되는 경우
3. 토지가 지분공매로 진행되고 그 지상에 법정지상권이 성립하는 건물이 존재하는 경우

제2강 배분은 권리분석에서 양념과 같은 존재다
1. 배분하는 절차는 어떻게 되는가?
2. 배분에서 우선순위는 어떻게 결정되죠?
3. 배분순위가 충돌하는 경우 이렇게 배당해라!

제3강 압류재산, 유입자산, 국유재산, 수탁재산, 이용기관재산 등의 공매의 차이점과 공매집행비용을 계산
1. 압류재산, 유입자산, 국유재산, 수탁재산, 이용기관재산등의 공매는 어떠한 차이가 있는가!
2. KAMCO의 공매대행과 이용기관 공매절차에서 공매비용 계산

제4강 공매와 경매의 차이점 분석